AF672256

Findbuch der Bestände Abt. 51 bis Abt. 55

von Jörg Rathjen

Veröffentlichungen des Landesarchivs Schleswig-Holstein
Band 99

# Findbuch der Bestände Abt. 51 bis Abt. 55

Abt. 51
Regierungen der Herzogtümer während der Erhebung 1848-1851

Abt. 52
Dänische Immediatkommission zur gemeinsamen Regierung der Herzogtümer in Sonderburg 1848-1849

Abt. 53
Landesverwaltung für das Herzogtum Schleswig 1849-1851 und Dänischer Regierungskommissar 1850-1851

Abt. 54
Oberste Zivilbehörde für das Herzogtum Holstein in Kiel 1851-1852

Abt. 55
Militärische Behörden der Erhebungszeit 1848-1851

von Jörg Rathjen

Hamburg University Press
Verlag der Staats- und Universitätsbibliothek Hamburg
Carl von Ossietzky

## Impressum

Bibliografische Information der Deutschen Nationalbibliothek:

Die Deutsche Nationalbibliothek verzeichnet diese Publikation in der Deutschen Nationalbibliografie; detaillierte bibliografische Daten sind im Internet über http://dnb.d-nb.de abrufbar.

Die Online-Version dieser Publikation ist auf der Verlagswebseite frei verfügbar *(open access)*. Die Deutsche Nationalbibliothek hat die Netzpublikation archiviert. Diese ist dauerhaft auf dem Archivserver der Deutschen Nationalbibliothek verfügbar.

*Open access* über die folgenden Webseiten:

Hamburg University Press – http://hup.sub.uni-hamburg.de
PURL: http://hup.sub.uni-hamburg.de/purl/HamburgUP_LASH_Findbuch51-55
Archivserver der Deutschen Nationalbibliothek – http://deposit.d-nb.de/

ISBN 978-3-937816-78-4
ISSN 1864-9912



Redaktion: Malte Bischoff, Veronika Eisermann, Rainer Hering, Sven Schoen

Produktion: Elbe-Werkstätten GmbH, Hamburg, Deutschland
http://www.ew-gmbh.de

Gestaltung von Schutzumschlag und Buchdecke: Atelier Bokelmann, Schleswig

# INHALTSVERZEICHNIS

# VORBEMERKUNG

## Behördengeschichte Abt. 51-54

Der deutsch-dänische Nationalitätenkonflikt mündete vor dem Hintergrund der revolutionären Bewegung in Europa im Frühjahr 1848 in die schleswig-holsteinische Erhebung (1848-1851). Als Reaktion auf die Einsetzung eines „eiderdänischen" Ministeriums in Kopenhagen bildete sich am 24. März 1848 in Kiel die Provisorische Regierung. Ihr gehörten der Advokat Wilhelm Beseler, der Klosterpropst Friedrich Graf von Reventlou, Prinz Friedrich von Schleswig-Holstein-Sonderburg-Augustenburg (Prinz von Noer), der Kaufmann Martin Thorsen Schmidt sowie der Eisenbahndirektor Theodor Olshausen an. Die Verwaltung der Herzogtümer erfolgte durch fünf Abteilungen (Auswärtiges, Krieg, Justiz, Finanzen, Inneres), für die jeweils ein Mitglied der Provisorischen Regierung verantwortlich zeichnete.
Im Sinne einer moderneren Behördenorganisation wandelte die Provisorische Regierung im Oktober 1848 die bisherigen Verwaltungsabteilungen in sogenannte Ministerialdepartements um, denen folgende Geschäftsfelder zugeordnet waren:

Departement des Innern: städtische und ländliche Kommunalsachen, adlige Güter, Armenwesen, Wegesachen samt Eisenbahnen und Fähren, Deich-, Wasserlösungs- und Hafensachen, Brandversicherungswesen, Gewerbe- und Gesundheitspolizei

Departement der geistlichen und Unterrichtsangelegenheiten: Oberaufsicht über das gesamte Kirchenwesen samt Lehranstalten mit Ausnahme der Marineschule

Departement der Justiz: Oberaufsicht über die Rechtspflege mit Einschluss der freiwilligen Gerichtsbarkeit sowie über Gefängniswesen und Strafanstalten

Departement der Finanzen: Staatsvermögen, Steuer- und Geldwesen, Forst- und Domänensachen, Landwesenssachen, Postsachen, Zollsachen, Handels- und Schifffahrtssachen samt Kanal-, Leuchtfeuer-, Tonnen-, Baken- und Lotsenwesen

Departement des Kriegswesens: Aushebung zum Land- und Seedienst, militärisches Unterrichtswesen, allgemeine Land- und Sicherheitspolizei

Die Leitung der auswärtigen Angelegenheiten durch das Departement des Auswärtigen übernahm der Chef des Departements des Innern.

Kurz nach Einführung dieser neuen Behördenorganisation trat die Provisorische Regierung als Folge des Waffenstillstands von Malmö (26. August 1848) zurück. Ihre Nachfolge übernahm die deutsch-dänische Gemeinsame Regierung mit ihren Mitgliedern Paul Johann Fr. Boysen (Landvogt in Heide), Josias Friedrich E. v. Heintze (Amtmann in Bordesholm), Alexander Friedrich W. Preusser (Oberappellationsgerichtsrat in Kiel), Adolf Bernhard W. Erdmann von Moltke und Theodor Graf von Reventlou zu Jersbek.
Das Auslaufen des Waffenstillstands im März 1849 beendete die Tätigkeit der Gemeinsamen Regierung. Am 26. März 1849 übernahm die Statthalterschaft (Graf Re-

ventlou-Preetz und Wilhelm Beseler) die Regierungs- und Verwaltungsgeschäfte in den Herzogtümern mit Sitz in Schleswig. Im Herzogtum Schleswig vermochte die Statthalterschaft ihre Tätigkeit jedoch nur bis zum August des Jahres auszuüben, da der im Juli 1849 vereinbarte Waffenstillstand zwischen Preußen und Dänemark die Ablösung der Statthalterschaft durch die preußisch-dänische Landesverwaltung im Herzogtum Schleswig mit sich brachte. Die Statthalterschaft verlegte ihren Sitz nach Kiel. Im Herzogtum Holstein verblieb sie bis zum Ende der schleswig-holsteinischen Erhebung im Amt. Im Februar 1851 übergab die Statthalterschaft die Regierungsgeschäfte den Kommissaren des Deutschen Bundes und dem landesherrlichen Kommissar, die ihrerseits die Verwaltung des Herzogtums der Obersten Zivilbehörde für das Herzogtum Holstein unter Baron Adolf von Blome auf Heiligenstedten übertrugen.
Die Zuständigkeiten der verschiedenen Erhebungsbehörden gingen letztlich im 1851 errichteten Ministerium für das Herzogtum Schleswig bzw. im 1852 gebildeten Ministerium für die Herzogtümer Holstein und Lauenburg auf.
Die dänische Regierung errichtete gleichsam als Antwort auf die Vorgänge in Kiel ihrerseits am 18. September 1848 die königliche Immediatkommission zur gemeinsamen Regierung der Herzogtümer Schleswig und Holstein mit Sitz in Sonderburg. Da sie jedoch weder von der Provisorischen Regierung noch von Preußen anerkannt wurde, blieb ihre Wirksamkeit nur auf die dauerhaft von dänischen Truppen besetzten Inseln Alsen und Aerö beschränkt. Später wurde die Immediatkommission in die Oberverwaltungskommission für Alsen und Aerö umgewandelt und blieb bis November 1849 im Amt.

## Bestandsgeschichte Abt. 51-54

Die Akten der schleswig-holsteinischen Erhebungsbehörden kamen beim Ende der Erhebung nach Kopenhagen. Ein Großteil des Bestandes wurde 1876/77 an Preußen abgegeben und gelangte zwischen 1877 und 1933 in das Staatsarchiv in Schleswig. Dort wurden die Unterlagen der verschiedenen Behörden anfänglich im Bestand A XIV zusammengefasst. In den 1920er-Jahren wurde dieser Bestand aufgelöst, und es erfolgte eine Aufteilung der Akten nach Provenienzen auf verschiedene neu gebildete Abteilungen (Abt. 51-55). In Abt. 51 befindet sich vorrangig die Überlieferung der Provisorischen Regierung, der Gemeinsamen Regierung und der Statthalterschaft. Bedingt durch die Überlieferungsgeschichte und spätere Aussonderungen und Zugänge bildete die Abt. 51 allerdings keinen einheitlichen Bestand, sondern setzte sich aus mehreren Unterabteilungen zusammen:

Abt. 51 Provisorische und Gemeinsame Regierung
Abt. 51 Departement der Justiz
Abt. 51 Departement der geistlichen und Unterrichtsangelegenheiten
Abt. 51 Departement des Innern
Abt. 51 Departement der Finanzen
Abt. 51 Departement des Kriegswesens
Abt. 51 Protokolle

Abt. 51 A XIV
Abt. 51 A XXV (ausgesonderte Akten aus dem Bestand der obersten Zollbehörden in Abt. 68)

Als Findmittel für diese Unterabteilungen der Abt. 51 diente eine Zettelkartei.

Daneben existierte noch ein vorsortierter, jedoch bislang für die allgemeine Benutzung nicht zugänglicher Bestand an Unterlagen der zivilen und militärischen Erhebungsbehörden.

Die Unterlagen der Abt. 51 wurden im Jahr 2007 neu erschlossen mit dem Ziel, die verschiedenen Unterabteilungen zu einem einheitlichen Bestand zusammenzuführen. Als Grundlage für die Neuordnung diente die Geschäftsverteilung der Departements von Oktober 1848, die bis zum Ende der Erhebung 1851 weitgehend unverändert blieb. Die Unterlagen der Abt. 51 Provisorische und Gemeinsame Regierung, Abt. 51 A XIV sowie Abt. 51 A XXV wurden dabei auf die entsprechenden Departements verteilt. Der Bestand erhielt eine neue durchgehende Nummerierung. Konkordanzen am Ende des Findbuches informieren über den Verbleib der alten Signaturen.
Es fanden sich in Abt. 51 Prot. einige Protokolle der Landesverwaltung für das Herzogtum Schleswig, die in der entsprechenden Abt. 53 verzeichnet wurden. Außerdem wurden einige Befehls- und Kopiebücher aus den Archiven einzelner Truppenabteilungen (A XIV Nr. 33-39) zu Abt. 55 gelegt (Nr. 3049-3055).

Die Bestände der Abt. 51 bis 54 beinhalteten jedoch nur den geringeren Teil der Behördenüberlieferung. Die meisten Akten der Erhebungsbehörden wurden von den Nachfolgebehörden, dem Ministerium für das Herzogtum Schleswig sowie dem Ministerium für die Herzogtümer Holstein und Lauenburg, fortgeführt und sind daher in diesen Beständen (Abt. 79 und Abt. 80) sowie im Bestand der Holsteinischen Regierung in Plön (Abt. 56) zu suchen. Der Großteil der Archivalien der Immediatkommission befindet sich im Reichsarchiv in Kopenhagen; einige wenige Schriftstücke dieser Behörde liegen auch im Landesarchiv in Apenrade. Dasselbe trifft auf die Akten der gemeinsamen Landesverwaltung zu: Der Hauptteil ihrer Unterlagen befindet sich im Reichsarchiv in Kopenhagen; Mikrofilme des Kopenhagener Bestandes liegen auch im Landesarchiv für Nordschleswig in Apenrade.

Der Großteil der militärischen Unterlagen liegt im Bestand der militärischen Behörden der Erhebungszeit (Abt. 55). Weitere Akten, vor allem zu militärischen und auswärtigen Angelegenheiten, gelangten nach der Erhebung zudem in das Hausarchiv der Herzöge von Schleswig-Holstein-Sonderburg-Augustenburg (Abt. 22).

Die Bestände besitzen folgenden Umfang:
Abt. 51 = 46 lfd. Meter
Abt. 52 = 0,5 lfd. Meter
Abt. 53 = 0,1 lfd. Meter
Abt. 54 = 1 lfd. Meter

## Behördengeschichte Abt. 55

Mit Ausbruch der schleswig-holsteinischen Erhebung im März 1848 stand die Provisorische Regierung angesichts des bevorstehenden Waffengangs mit Dänemark vor der Aufgabe, eine schlagkräftige Armee und entsprechende militärische Verwaltungsstrukturen aufzubauen.
Zu Beginn der Erhebung entstand als erstes militärisches Verwaltungsorgan das Kriegsdepartement. Sein Aufgabengebiet umfasste die Bereiche Rekrutierung, Versorgungswesen, Rechnungs- und Kassenwesen, Militärsanitätswesen, Kriegsfuhrwesen sowie die Aufsicht über das Ingenieur- und Artilleriewesen. Dem Kriegsdepartement waren mehrere Abteilungen angegliedert, wie z. B. die Intendantur (Verpflegung), das Oberkriegskommissariat (Finanzen) oder das Obermedizinalbüro (Medizinalwesen).
Als die Provisorische Regierung im Oktober 1848 ihre bisherigen Verwaltungsabteilungen in Ministerien umwandelte, entstand das Ministerialdepartement des Kriegswesens als zweite Verwaltungsstelle für die militärischen Angelegenheiten. Die Zuständigkeit des Departements erstreckte sich auf die Aushebungen zum Land- und Seemilitärdienst, das militärische Schulwesen sowie auf die allgemeine Land- und Sicherheitspolizei.
Bestanden beide Behörden für einige Zeit noch nebeneinander, machten die steigenden Anforderungen an die militärische Verwaltung im Lauf des Krieges jedoch die Schaffung einer zentralen Behördenstruktur notwendig. Im September 1849 wurde daher das Kriegsdepartement aufgelöst. Seine Geschäftsbereiche gingen an das Departement des Kriegswesens über. Entsprechend dem erweiterten Aufgabenbereich erhielt das Departement auch eine neue Organisation. Nach kleineren Änderungen setzte es sich von Februar 1850 bis zum Ende der Erhebung 1851 aus einem Sekretariat und sechs Abteilungen (Personelles, Materielles, Justiz und Aushebung, Militärökonomie, Revision, Marine) zusammen. Den einzelnen Abteilungen waren jeweils ausführende Behörden unterstellt: Kriegsmedizinalbüro (zur 1. Abteilung), Montierungsdepot für die Ausrüstung (zur 2. Abteilung), Generalkriegskommissariat für die Aushebungen (zur 3. Abteilung), Armeeintendantur für die Versorgung der Truppen und Lazarettvorstand (beide zur 4. Abteilung) sowie die Marinekommission (zur 6. Abteilung).
Während Kriegsdepartement und Departement des Kriegswesens militärische Verwaltungsbehörden mit planerischen Aufgaben waren, oblag die Führung der Schleswig-Holsteinischen Armee dem Generalkommando. Seine Befugnisse umfassten den Oberbefehl über die Armee, deren Einteilung, die Zuweisung von Einquartierungs- und Versorgungsgebieten sowie die Planung der Truppenbewegungen. Darüber hinaus besaß das Generalkommando noch bedeutende Kompetenzen in Personalangelegenheiten. So konnte es Vorschläge für Beförderungen, Anstellungen und Entlassungen von Offizieren unterbreiten, während es Versetzungen eigenständig vornehmen konnte.
Nach dem Ende der Erhebung im Februar 1851 wurde das Departement des Kriegswesens aufgelöst. Seine Geschäftsbereiche gingen auf die von den Bundeskommissaren eingesetzte Oberste Zivilbehörde in Kiel über. Für die Abwicklung der Schleswig-Holsteinischen Armee und die Bildung des Holsteinischen Bundeskontingents errichtete man jedoch noch ein nunmehr verkleinertes Kriegsdepartement mit dem

ehemaligen Chef der 1. Abteilung des Departements des Kriegswesens, Oberstleutnant Seweloh, an der Spitze.
Mit der Auflösung der Schleswig-Holsteinischen Armee endete gleichfalls die Tätigkeit des Generalkommandos.

## Bestandsgeschichte Abt. 55

Die Abt. 55 umfasste bislang mehrere Sammelüberlieferungen, die auf unterschiedlichen Wegen ins Staats- bzw. Landesarchiv gelangten.
Die Unterlagen der militärischen Behörden kamen nach dem Ende der Erhebung nach Kopenhagen, von wo sie zwischen 1873 und 1876 an Preußen ausgeliefert wurden. Dieses überwies die Akten an die Provinzialregierung in Schleswig, die ihrerseits einen geringeren Teil dieser Akten bereits 1877 dem damaligen Staatsarchiv in Schleswig übergab (vgl. die Aussonderungsliste in Abt. 309 Nr. 6770) und dort zusammen mit den Akten der zivilen Behörden der Erhebungszeit die Abteilung A XIV bildete. Der Rest der Unterlagen gelangte 1922 mit der Abgabe des Regierungsarchivs ins Staatsarchiv. Im Rahmen einer Erschließungsmaßnahme in den 1920er-Jahren erfolgte die Auflösung der Abteilung A XIV, und die Archivalien wurden auf nach Provenienz auf verschiedene neu gebildete Abteilungen verteilt. Die Akten der militärischen Behörden bildeten fortan die neue Abt. 55. Ihr Bestand wurde 1966/67 zunächst verzettelt und 1971/72 schließlich in die Abt. 55 Auditoriate und Abt. 55 Ungeordnet aufgeteilt. Für beide Unterabteilungen enstanden maschinenschriftliche Findbücher.
Ein anderer Teil des Schriftguts der militärischen Behörden gelangte nach 1876 in das preußische Kriegsministerium, kam später in das Staatsarchiv in Berlin und wurde schließlich 1929 an das Schleswiger Staatsarchiv abgegeben, wo die Unterlagen als „Berliner Abgabe“ dem Bestand Abt. 55 hinzugefügt wurden.
Eine dritte Sammelüberlieferung entstand durch den deutsch-dänischen Archivalienaustausch 1933, in dessen Folge Unterlagen militärischer Provenienz in das Staatsarchiv gelangten und dort in Abt. 55 den Bestand „Kopenhagener Abgabe I-IV“ bildeten.
Mit Ausnahme der Abt. 55 Auditoriate unterblieb eine Ordnung der einzelnen Überlieferungen nach Provenienz, sodass kein einheitlicher Bestand vorhanden war, sondern sich Abt. 55 aus den Unterabteilungen Abt. 55 Auditoriate, Abt. 55 Ungeordnet, Abt. 55 Berliner Abgabe und Abt. 55 Kopenhagener Abgabe I-IV zusammensetzte.
Zusätzlich zu diesen in Findbüchern bzw. Ablieferungslisten verzeichneten Archivalien existierten noch zahlreiche Unterlagen zu militärischen Angelegenheiten, die zwar bereits vorsortiert, aber noch nicht verzeichnet und somit von der allgemeinen Benutzung ausgeschlossen waren.
Dieser insgesamt unbefriedigende Ordungszustand der Abt. 55 führte 2007 zu einer grundlegenden Neuerschließung mit dem Ziel, die verschiedenen Unterabteilungen zu einem einheitlichen Bestand zusammenzuführen. Dementsprechend wurden Abt. 55 Ungeordnet, Abt. 55 Berliner Abgabe sowie Abt. 55 Kopenhagener Abgabe I-IV aufgelöst und ihre Unterlagen mit neuen Nummern versehen. Die Abt. 55 Auditoriate hingegen behält ihre bisherigen Nummern bei, da sie nach wie vor den Anfang

des Bestandes bildet. Mit der Einarbeitung der unverzeichneten Archivalien konnten dem Bestand rund 250 neue Verzeichnungseinheiten hinzugefügt werden.
Die Klassifizierung der Unterlagen erfolgte auf Grundlage der Geschäftsverteilung des Departements des Kriegswesens von 1850 sowie anhand eines 1853 erstellten Aktenverzeichnisses des Archivs des Departements und verschiedener militärischer Unterbehörden. Gleichwohl erwies sich eine provenienzgerechte Einordnung der Akten als schwierig, da sich oftmals die Aktenbildner nicht oder nicht eindeutig feststellen ließen. In diesen Fällen erfolgte die Verzeichnung der Unterlagen in einer passenden Klassifikationsgruppe.
Die Akten der militärischen Behörden der Erhebungszeit sowie der Schleswig-Holsteinischen Armee sind nicht vollständig überliefert. So ließ etwa der damalige Staatsarchivdirektor in Schleswig, Georg Hille, bereits 1876 einen Großteil der an das Staatsarchiv abgegebenen Akten kassieren (vgl. Kassationslisten in Abt. 309 Nr. 6754). Den Schwerpunkt der Überlieferung bilden Personalangelegenheiten. Hinzuweisen ist hierbei besonders auf den nahezu vollständigen Bestand an Unterlagen der Auditoriate (Militärjustiz).
Weitere Akten des Kriegsdepartements und des Departements des Kriegswesens befinden sich in Abt. 51 (Behörden der Erhebungszeit). Des Weiteren gelangten militärische Unterlagen nach der Erhebung in das Hausarchiv der Herzöge von Schleswig-Holstein-Sonderburg-Augustenburg (Abt. 22). Militärrechnungen der Jahre 1848-1851 liegen im Bestand der Abt. 26 (Schleswig-Holsteinische Hauptkasse). Lageregister und Aushebungsprotokolle aus der Erhebungszeit sind auch in Abt. 45 (Holsteinische Land- und Seekriegskommissare) zu suchen. Einige wenige Akten zur Schleswig-Holsteinischen Armee befinden sich außerdem im Reichsarchiv in Kopenhagen (Forsvarets Arkiv).

Der Umfang des Bestandes umfasst 46 laufende Meter Archivalien.

Ein für alle Bestände gemeinsamer Orts-, Sach- und Personenindex bildet den Abschluss dieses Findbuchs. Für die Suche nach einem Thema oder einem Sachbegriff sollte zuerst die sachsystematische Gliederung benutzt werden und als Ergänzung der Index. Es ist dabei zu beachten, dass die Begriffe für die Indices aus den Aktentiteln stammen, also nicht etwa alle Nennungen in den Akten selbst erfassen. Hingewiesen sei zudem bei der Benutzung des Personenregisters auf die Möglichkeit unterschiedlicher Schreibweisen für einzelne Namen wie z. B. „Hans“ für „Johann“ oder „Hinrich“ für „Heinrich“.

Weitere Unterlagen der zivilen und militärischen Erhebungsbehörden finden sich in folgenden Beständen des Landesarchivs:

LASH Abt. 22, Herzöge von Schleswig-Holstein-Sonderburg-Augustenburg.
LASH Abt. 56, Holsteinische Regierung zu Kopenhagen bzw. zu Plön 1862-1864.
LASH Abt. 57-62, Preußisch-österreichische Übergangsbehörden 1863-1868.
LASH Abt. 79, Ministerium für das Herzogtum Schleswig 1851-1864.
LASH Abt. 80, Ministerium für die Herzogtümer Holstein und Lauenburg 1852-1864.
Die alten Findmittel und Verzeichnisse befinden sich am Ende des Bestandes.

## Literaturhinweise

G. N. Kringelbach: Den civile centraladministration 1848-1892. Kopenhagen 1894, 220-224.
Rigsarkivet og hjælpemidlerne til dets benyttelse. Teil 2: 1848-1990. Bd. 4. Hrsg. von Wilhelm von Rosen. Kopenhagen 1991, 1882-1883.
Brigitte Vestergaard Futtrup, Gerret Liebing Schlaber, Hans Schultz Hansen: Landsarkivet for Sønderjylland. En arkivoversigt. Apenrade 2003.
Holger Hjelholt, Sønderjylland under Treårskrigen. Et Bidrag til dets politiske Historie. 2. Teile Kopenhagen 1959-1961.
Jan Schlürmann: Die Schleswig-Holsteinische Armee 1848-1851. Tönning/Lübeck/Marburg 2004.
Wolfgang Steiniger: Schleswig-Holstein 1806-1892. In: Deutsche Verwaltungsgeschichte. Bd. 2: Vom Reichsdeputationshauptschluß bis zur Auflösung des Deutschen Bundes. Hrsg. von Kurt G. A. Jeserich u. a. Stuttgart 1983, 762-784.
Gerd Stolz: Die schleswig-holsteinische Erhebung. Die nationale Auseinandersetzung in und um Schleswig von 1848/51. Husum 1996.
Gerd Stolz: Die schleswig-holsteinische Marine. Heide 1978.

## Benutzungshinweise

Zitierweise der Akten: Abteilungsbezeichnung und Nummer der Akte, also zum Beispiel Abt. 55 Nr. 143.

Schleswig, im August 2010 Jörg Rathjen

# Findbuch des Bestandes Abt. 51

# Regierungen der Herzogtümer während der Erhebung 1848-1851

## DEPARTEMENT DES INNERN

### Allgemeines

539 Büronachrichten 1848-1852

Enthält vor allem: Organisation und Beamte des Büros des Departements des Innern

Enthält u. a.: Inventarstücke des Büros; Rechnungen über Drucksachen; Buchdruckerei; Rechnungen über Bürogegenstände

### Beamte

42 Bewerbungsgesuche um Beamtenstellen (1836, 1844-) 1848

Enthält: Amtmann im Amt Husum; Hausvogt im Amt Tondern; Stadtpräfekt in Glückstadt; Bürgermeister in Husum; Bürgermeister in Plön

Enthält u. a.: Bewerberverzeichnisse

538 Bewerbungsgesuche um Beamtenstellen 1848-1851

Enthält u. a.: Hausvögte in Apenrade und Flensburg; Polizeimeister in Altona

Darin: Druckschriften des Literaten Hermann von Bielke in Weibek

39 Personalangelegenheiten der Beamten, Listen von Bestallungen 1848

1060 Bestätigungen von Pastoren und Beamten für empfangene Publikationen von Gesetzen, Verordnungen und Proklamationen sowie Einsendung von Dienstsiegeln 1848

553 Sterbefälle pensionierter Beamter 1849-1852

479 Amtmann des Amtes Apenrade 1848-1850

38 Amtmann der Landschaft Fehmarn 1848

562 Aufforderung an den Amtmann von Moltke auf Fehmarn zur Berichterstattung über den Inhalt eines Briefes der Landesverwaltung 1850

473 Amtmann des Amtes Flensburg 1848-1850

480 Amtmann der Ämter Gottorf und Hütten 1848-1851

67 Suspendierung des Amtmannes Johannsen in Hadersleben 1848

475 Amtmann des Amtes Hadersleben 1848-1850

474 Amtmann des Amtes Husum 1848-1851

478 Amtmann des Amtes Sonderburg und Hardesvogt der Nübelharde 1848-1850

476 Amtmann des Amtes Tondern 1848-1852

477 Landvogt der Landschaft Föhr 1848-1849

482 Staller von Stemann auf Nordstrand 1850

481 Landvogt Volquardts in Süderstapel 1850-1851

483 Urlaub des Sylter Landvogts Jensen 1849

68 Fortführung der Dienstgeschäfte des Hardesvogts Scholtz in der Wiesharde 1848

485 Hausvögte in den Ämtern Tondern und Flensburg 1848-1850

484 Beschwerde des Försters Bracklow im Amt Hütten über die Insten J. Reisner und J. Möller in Ascheffel 1849

## Rang, Titel, Orden

569 Rang, Titel und Orden 1848-1852
Enthält u. a.: verschiedene Einzelgesuche; Einsendung von Orden verstorbener Personen; Gesuche mehrerer Mediziner um Befreiung von der Rangsteuer

# Stände

## Landes- und Ständeversammlung

72 Wahlen zur Landesversammlung 1848

75 Wahlen zur Landesversammlung 1848-1850

1030 Wahlen zur Landesversammlung 1848-1850
Enthält: Wahlprotokolle verschiedener Wahldistrikte im Herzogtum Schleswig

1028 Landesversammlung: 23.-25. Wahldistrikt im Herzogtum Schleswig
Enthält u. a.: Proteste gegen die Wahl im 23. Wahldistrikt 1848

1189 Wahlen zur Landesversammlung: 18.-20., 22., 24. und 25. Wahldistrikt des Herzogtums Schleswig Juli-Oktober 1848

1266 Korrespondenz der Provisorischen Regierung mit Jürgen Bremer als dem Regierungskommissar bei der Landesversammlung 1848

1161 Vereinigte Ständeversammlung: Einberufung März-April 1848

1162 Vereinigte Ständeversammlung: Eröffnung, Vorlagen, Berichte, Verfügungen März-April 1848

1163 Zweite vereinigte Ständeversammlung: Einberufung Mai-Juni 1848

1165 Ständeversammlung: Einrichtung eines Sitzungsgebäudes in Rendsburg Juni-Juli 1848

1166 Ständeversammlung: Empfangsbescheinigungen der einberufenen Stellvertreter Juni 1848

1167 Ständeversammlung: Empfangsbescheinigungen der einberufenen Abgeordneten und Stellvertreter Juni 1848

1164 Konstituierende Landesversammlung im August 1848 1848-1849
Enthält u. a.: Liste der Abgeordneten; Inventar der sich im Kieler Schloss befindlichen Gegenstände der Landesversammlung; Aktenverzeichnis
Darin: Zeichnung eines Teils des Schlosses in Kiel; Sitzungsplan

1188 Landesversammlung: Privatanträge September-Oktober 1848

1168 Gutachten der Ständeversammlung zu den Pensionen für Beamtenwitwen und zu kriegsgesetzlichen Bestimmungen für die Freikorps 1848

1190 Wahlen zur Landesversammlung: 9., 18. und 19. Wahldistrikt im Herzogtum Schleswig 1849

1184 Wahlen zur Ständeversammlung: 2. und 7.-16. allgemeiner Wahldistrikt Juni-Juli 1850

1185 Wahlen zur Ständeversammlung: 18.-20., 35., 39.-43. und 50. allgemeiner Wahldistrikt Juni-Juli 1850

73 Wahlen zur Landesversammlung 1850

1193 Wahlen zur Landesversammlung: Wahlkosten des 8. ländlichen und des 48. allgemeinen Wahldistrikts Dezember 1850-Januar 1851

## Deutsche Nationalversammlung

74 Wahlen zur Nationalversammlung 1848-1849

1187 Wahlen zur Nationalversammlung: Kosten im 5. Wahldistrikt des Herzogtums Schleswig 1848-1849

2 Wahlen zur Nationalversammlung: 2. Wahldistrikt im Herzogtum Holstein Mai 1848

3 Wahlen zur Nationalversammlung: 3. Wahldistrikt im Herzogtum Holstein Mai 1848

1191 Wahlen zur Nationalversammlung: 4. Wahldistrikt im Herzogtum Holstein Mai 1848

76 Wahlen zur Nationalversammlung: 5. Wahldistrikt im Herzogtum Holstein und 4. Wahldistrikt im Herzogtum Schleswig 1848-1849

## Schleswig-Holsteinische Regierung

1194 Schleswig-Holsteinische Regierung 1848-1851
Enthält u. a.: Personal; Geschäftskreis; Geschäfts- und Büroausgaben; Sporteln; Haushalt für 1851

## Indigenat und Staatsbürgerrecht

570 Gesuche um Erteilung des Indigenats- und Staatsbürgerrechts 1848-1851
Enthält auch: Indigenatsrechte der bei der Schleswig-Holsteinischen Armee angestellten Militärärzte

## Sporteln, Expeditionsgebühren und Stempelgeld

541 Monatsverzeichnisse über gebührenpflichtige Bestallungen und Privilegien 1849-1852

567 Gebrauch des Stempelpapiers durch Privatpersonen 1850

## Grenzen

565 Grenzberichtigung zwischen Tönning und der Landschaft Eiderstedt 1848

564 Aufstellung neuer Namenstafeln bei jeder Dorfschaft, Eingriffe dänischer Militärbehörden in die Verhältnisse der sechs sogenannten Schleswiger Dörfer des Amtes Rendsburg 1848-1851

1200 Kosten der Grenzregulierung zwischen Altona und Pinneberg (1827, 1833) 1849-1850

566 Veränderungen des Verlaufs der Bille durch den Bau der Berlin-Hamburger Eisenbahn (1846) 1849-1851
Darin: kolorierte Karte

415 Grenzregulierung zwischen Barmbek, Hamm und Wandsbek 1850-1851

## Bürgerliches Gewerbe, Handwerk, Zünfte und Fabriken

514 Zunftverfassung 1848-1849
Enthält: Zimmerzunft in Plön; Barbiere in Wandsbek; Gewerbepetitionen; Stadt Segeberg; Schlachter in Oldesloe

515 Einzelne Zünfte, Handwerker und privilegiertes Gewerbe 1848-1850

516 Einzelne Zünfte, Handwerker und privilegiertes Gewerbe 1850-1851
Enthält u. a.: Patent für eine mobile Dampffeldküche für den Fabrikanten H. Zeise und den Maschinenbauer Theodor Zeise, Altona (mit farbiger Zeichnung)

429 Veränderungen bei der Gewerbeanerkennung für 1850 1851

430 Veränderungen bei der Gewerbeanerkennung für 1851 1852

517 Gewerbe auf dem Land 1848-1850

431 Befreiung von den Lehrjahren 1851
Enthält: Norderdithmarscher Landvogtei

519 Fabriken 1848-1850

520 Märkte 1848-1850

518 Hausieren und Hökerei (1845) 1848-1851

472 Gesuch der Witwe Schmitt um Fortsetzung der Mühlenkonzession in Süderau 1852

## Verfassung und ökonomische Verwaltung der Städte, Flecken und Landgemeinden

504 Bürgerrecht, Niederlassung, Bürgereid 1848-1851

507 Verfassung der Städte 1848-1850

508 Verfassung der Städte 1850-1851
Enthält u. a.: Lokalstatute für Eckernförde und Schleswig
Enthält auch: Friedrichsberger Frauenverein in Schleswig; Überbauung des Regengrabens in Rendsburg

506 Verfassung und ökonomische Verwaltung: städtische Behörden und Beamte 1848-1850
Enthält u. a.: Brunswiker Schützengesellschaft

536 Verfassung und ökonomische Verwaltung: Altona 1848-1850
Enthält u. a.: Gesuche von Handwerkern und Gewerbetreibenden; Bürgerbewaffnung; Kriegsfuhren; Vaterländischer Verein

537 Bauprivilegien in Altona 1848-1851

418 Verpachtung von städtischen Grundstücken in Altona 1851

423 Verkauf eines städtischen Grundstücks in Altona an der Ecke Allee/Holstenstraße 1851

424 Genehmigung einer Stadtanleihe in Altona 1851

425 Genehmigung von zwei Ausgabepositionen im Haushalt der Stadt Altona 1851

419 Erweiterung der Prinzenstraße in Altona 1852

420 Planierung und Chaussierung der Bergstraße in Altona 1852

421 Ausgaben für Bauten in Altona 1852

422 Ankauf des Ohmschen Grundstücks in Altona 1852

509 Verfassung der Flecken 1848-1851
Darin: „Schleswig-holsteinische Reform“ vom 3. Mai 1850

510 Ökonomische Verwaltung der Landgemeinden 1848-1849

511 Ökonomische Verwaltung der Landgemeinden 1850-1851
Darin: gedruckte Auszüge aus den verschiedenen Kommunalrechnungen des Amtes Reinbek für das Jahr 1849, 1850

505 Niederlassung auf dem Land 1848-1850

1160 Gesuch von Eingesessenen in Schlichting um Erleichterung in den Kommunallasten 1849-1852

426 Geld- und Naturalleistungen zu Kommunalzwecken für 1850 1851
Enthält: Heiligenhafen; Wilster; Amt Rendsburg; Barkau

427 Geld- und Naturalleistungen zu Kommunalzwecken für 1851 1852
Enthält: Heiligenhafen; Wilster; Amt Rendsburg; Gut Tangstedt; lübische Stadtstiftsdörfer

## Kammer- und Finanzwesen

417 Verschiedene Dienstleistungen und Lieferungen der Untertanen
Enthält vor allem: Einzelgesuche 1848-1852

512 Ablösung der Bannrechte und Grundlasten (1845-) 1849-1851

513 Teilbarkeit des Grundeigentums im Herzogtum Holstein 1849-1850

1227 Entwurf eines Übergangsgesetzes zur Teilbarkeit des Grundeigentums 1850

## Brüche

568 Erlass einer Holzbrüche für Claus Matthies in Hohn 1848

## Adlige Güter, Klöster und oktroyierte Köge

542 Adlige Güter, Klöster und Köge 1848-1852
Enthält u. a.: Beamte der Klöster Preetz und Itzehoe; Austritt verschiedener Güter aus dem Verband der adligen Güter; Abgabenrückstände in einigen Gütern im Herzogtum Schleswig; testamentarische Bestimmungen des Fürsten von Hessenstein zugunsten der Armen in den Hessensteinschen Fideikommissgütern; Verwaltung des Büttebüller Koogs; Verhältnis der Bewohner des Dorfes Ellerau zum Gut Kaden; Wahl zur Fortwährenden Deputation; Verwaltung der einzelnen Güterdistrikte

## Ländliche Verhältnisse

488 Lage der Insten 1848-1850

489 Lage der Insten 1848-1850
Enthält u. a.: Instenunruhen auf Gut Seedorf

559 Studienreise des Organisten und Landmessers Lichtwerk in Barmstedt nach Belgien in Landwesensangelegenheiten 1852

## Geistliche Angelegenheiten

432 Geburts-, Toten- und Heiratsregister für Juden 1849-1850

## Milde Stiftungen

433 Hospital und Kloster zum Heiligengeist in Flensburg 1848
Enthält: Wahl des Vorstehers

554 Stiftung zum Besten der Prediger auf den Halligen 1850

## Armenwesen

486 Armenwesen 1848-1849
Enthält u. a.: Unterstützungsgesuche; Heimatrechte; Entwurf eines Heimatgesetzes

487 Armenwesen 1849-1851
Enthält u. a.: Unterstützungsgesuche; Heimatrechte; Vereinigung der Kirchspielteile von Norder- und Süderwöhrden

## Presse und Druckerei

563 Presse und Druckerei 1848-1851
Enthält u. a.: Zeitungen; einzelne Druckereikonzessionen
Darin: „Der Freischütz“ vom 29. Juli und 5. August 1848; „Der Hamburger Beobachter“ vom 8., 22. und 29. Juli sowie vom 5. August 1848

## Kunst

555 Kunstmuseum in Kiel 1849-1851

## Post und Beförderungswesen

544 Fuhrwesen im Herzogtum Schleswig 1848-1849
Enthält u. a.: Fuhrverzeichnisse der Ämter und Landschaften

1292 Instandsetzung verschiedener Poststraßen 1849-1850

545 Beförderungskosten im Herzogtum Schleswig 1848-1849
Enthält: Poststationen Apenrade, Eckernförde und Flensburg

546 Beförderungskosten im Herzogtum Schleswig 1849
Enthält: Poststationen Apenrade, Bredstedt, Burg auf Fehmarn, Eckernförde, Flensburg, Hadersleben und Husum

547 Beförderungskosten im Herzogtum Schleswig 1849-1850
Enthält: Poststation Bredstedt, Eckernförde, Friedrichstadt, Lügumkloster, Schleswig, Tondern und Tönning; Fähren

454 Beförderungskosten für 1848 im Herzogtum Holstein 1848-1849

490 Beförderungskosten für 1848 im Herzogtum Schleswig 1848-1850
Enthält: Poststationen in Hadersleben, Husum, Lügumkloster, Schleswig und Tondern

455 Beförderungskosten für 1849 1850
Enthält: Beförderung fremder Truppen (geordnet nach Herkunft)

456 Beförderungskosten für 1850 1850-1851
Enthält vor allem: Poststationen im Herzogtum Holstein; Eisenbahnbeförderung

## Magazinkorn, Fouragelieferungen und außerordentliche Naturalleistungen

497 Außerordentliche Naturallieferungen und Leistungen 1848-1850

501 Außerordentliche Naturallieferungen und Leistungen 1848-1850
Enthält u. a.: außerordentliche Pflugzahl des Amtes Segeberg

498 Außerordentliche Naturallieferungen und Leistungen 1848-1851

499 Außerordentliche Naturallieferungen und Leistungen 1848-1852

500 Außerordentliche Naturallieferungen und Leistungen 1849-1850
Enthält u. a.: tabellarische Nachrichten über den Bestand der Fuhrparks im Herzogtum Schleswig; Einrichtung des Kriegsfuhrwesens

491 Bestimmung der Preise für die Magazinkorn- und Fouragelieferungen 1849-1850

502 Außerordentliche Naturallieferungen und Leistungen 1849-1850
Enthält u. a.: Verwendung der von den Distriktsfuhrkommissaren abgelieferten Kassenüberschüsse; Fuhrrechnungen des zweiten und dritten schleswigschen sowie des zweiten holsteinischen Fuhrdistrikts

503 Außerordentliche Naturallieferungen und Leistungen 1849-1851
Enthält u. a.: Kosten der Fuhrparks; Kriegsfuhrlisten aus dem Herzogtum Schleswig für 1848

## Kriegsschäden

494 Verzeichnisse der Kriegsschäden im Herzogtum Schleswig 1848-1850

495 Verzeichnisse der Kriegsschäden 1848-1850
Enhält: Güter, Klöster, Köge und Städte im Herzogtum Schleswig; Herzogtum Holstein; Schadensansprüche von durch Dänemark aufgebrachte Schiffe

535 Kriegsschäden aus dem Jahr 1848 1848-1850

492 Kriegsschäden 1849
Enthält vor allem: Gesuche um Entschädigungen

493 Kriegsschäden 1849-1850
Enthält vor allem: Gesuche um Entschädigungen

1132 Kommission zur Entwerfung eines Kriegskostennachweises 1849-1850

496 Ermittlung der Kriegsschäden und Kriegsleistungen im Jahre 1848 1849-1851

## Zoll

551 Zoll 1852
Enthält: Zollamt in Büsum; Gesuch mehrerer Besitzer und Pächter adliger Güter und Meierhöfe im Itzehoer Güterdistrikt wegen der Verzollung der für Lübeck und Hamburg bestimmten Wolle; Gesuch des August Picker, Bornrüm, um Anstellung beim Zoll

## Wege

1298 Verzeichnis der das Herzogtum Schleswig betreffenden Wege- und Chausseeakten [1850]

530 Wegewesen 1848-1851
Enthält u. a.: Wege im Herzogtum Schleswig; Wegehaushalt für 1850

437 Wegewesen 1849-1851

439 Ausbesserung der Fleckensstraße im Gut Wandsbek 1834-1844, 1851
Enthält u. a: Aktenübersicht der Schreiben von 1811 bis 1851

1 Wahlen zur Nationalversammlung: 1. und 5. Wahldistrikt im Herzogtum Schleswig April-Mai 1848

436 Wegeinstandsetzung 1851
Enthält: Landschaft Norderdithmarschen; Rendsburg; Landschaft Stapelholm

445 Distriktswege: Blomesche Wildnis 1842-1851

443 Innere Regulierung der Wegedistrikte: Landschaft Norderdithmarschen 1844-1852

531 Chausseen 1848-1851
Enthält u. a.: Chausseehaushalt für 1850

440 Hauptlandstraße von Preetz nach Plön 1848-1850

442 Nebenlandstraße Nr. 22: Oldesloe – Trittau – Grande – lauenburgische Grenze 1846-1852

441 Nebenlandstraße Nr. 20: Hellbrook – Bargteheide 1850

444 Veranschlagung der Bondenländereien in Steinfeld zu den Wegelasten 1846-1851

438 Gesuch der Gemeinden Neuendeich und Kurzenmoor um Befreiung von Beiträgen zum Brückenbau in Prisdorf 1846-1851

## Eisenbahn

446 Dienst- und Betriebsreglements für die holsteinischen Eisenbahnen 1848-1851

447 Erfindung einer Bremskonstruktion für achträdrige Eisenbahnwagen durch Chillingworth in Braunschweig 1849

448 Nachweisungen über den Betrieb der badischen Staatsbahn für 1843 bis 1846 1849

449 Lagerung von Militärgütern auf den Bahnhöfen 1850

450 Überwachung der Eisenbahnreisenden durch Beamte der Eisenbahngesellschaften 1851

451 Verfahren eines österreichischen Offiziers gegen den Bahnhofsverwalter in Neumünster 1851

452 Bau der Eisenbahn Elmshorn – Harksheide – Friedrichsruh 1851

## Schifffahrt, Häfen und Strandungen

549 Beitrag des Schiffers Friedrich Thorsen in einem Artikel der „Norddeutschen Freien Presse„, Beerdigung einer auf der Hallig Oland angetriebenen Leiche, Gage für den Strandvogt J. H. Lorenz in Haffkrug 1849-1850

Darin: „Norddeutsche Freie Presse“ vom 16. Oktober 1850

1183 Notate für die Hafenrechnung in Garding für 1847-1849 1850-1851

552 Dampfschifffahrt 1851-1852

## Deich- und Wasserlösungswesen

457 Deichgrafenamt in Süderdithmarschen 1848-1851

463 Reiseurlaub für den Wasserbaudirektor Christensen 1850

462 Fuhrpass des Wasserbaudirektors Christensen 1850-1851

464 Dienstsiegel für die Wasserbaudirektion 1850-1852

458 Archiv des vormaligen Oberdeichinspektorats 1851

550 Verschiedene Deiche 1848-1851

Enthält u. a.: Wehreinrichtungen und Entwässerungsverhältnisse in Achterwehr; Hafen und Hafenbauarbeiten in Husum; Deichinspektorat im Herzogtum Schleswig; Anlage eines Marine- und Handelskanals

471 Ableitung des Wassers von den Bullendorfer Ländereien zur Raaer Schleuse (1758) 1846-1851

Darin: kolorierte Karte, 1758

470 Einstauen von Eiderwasser in das Tal der Haaler Au 1848-1851

459 Vereinbarung zwischen dem Erbpachtmüller Kahlke in Brokdorf und den Wilstermarscher Deichinteressenten wegen des Unterhalts einer Elbdeichstrecke 1851

460 Vorlandbedeichung zwischen Schulau, Holmerberg und Hetlingen 1851

467 Entwässerung der Dükerswischer Moorländereien 1850-1851

468 Abwasserregulativ für das Mieltal 1851

466 Ableitung der Wedeler Au nach Schulau 1851

465 Verfahren der Interessenten des Tielenhemmer Kooges gegen die Interessenten des Pahlener Östermarsches wegen der Entwässerungsverhältnisse 1851-1852

461 Kosten der Besichtigung des Ostseestrandes im Amt Cismar 1851

469 Abriss des Teerhauses über der kleinen Rhinschleuse 1852

## Fähren

26 Ellerbeker Fähre 1848-1849

548 Fähren 1848-1851
Enthält u. a.: Fährbesichtigungsprotokolle des Amtes Husum; Reisekosten in Fährangelegenheiten des Deichinspektors Christensen

## Polizei

### Allgemeine Landespolizei

526 Beschlagnahmung von dänischem Eigentum 1848-1850

523 Allgemeine Landespolizei 1850-1851
Enthält u. a.: Versendung von Pulver und Waffen; Schwindeleien eines Dr. Utgenant; einbehaltene Briefe der Landesverwaltung für das Herzogtum Schleswig; Verhinderung des Verkehrs mit dänischen Schiffen; Maßregeln beim Kriegsausbruch; Anstellung von Zivilkommissaren; Errichtung einer Küstenmiliz; Nachrichten vom Kriegsschauplatz durch den Zivilkommissar Schow; Briefverkehr

524 Allgemeine Landespolizei 1850-1851
Enthält u. a.: Polizeikosten; Polizeibeamter Muderspack; Nachrichten vom Feind

416 Polizeiliche Maßnahmen im Krieg 1849-1851
Enthält u. a.: Überwachung der Kanallinie von Altona bis Königsförde; Absperrung des Verkehrs; verdächtige Personen; Gehalt und Verpflegungskosten für einzelne Polizeibeamte; Aufbringung von Polizeimannschaften; Schutzmannschaft in Sörup; Überwachung des Verkehrs mit Lübeck; Polizei in den Städten

521 Politisch verdächtige Personen 1848-1849
Enthält u. a.: Verzeichnis der Steuerfälle in der Nübelharde, November-Dezember 1844

522 Politisch verdächtige Personen 1849-1851
Enthält u. a.: Namensregister
Darin: „Rendsburger Wochen-Blatt“ vom 7. und 11. Juni 1851

560 Flüchtlinge aus dem Herzogtum Schleswig 1851-1852

561 Namensänderung des Bäckers J. H. P. Thedens in Heide in „Clausen“ 1851

## Bürger- und Volkswehren

571 Bürgerwehr 1850

527 Bürgerwehr in den Städten und Flecken 1848-1850

1279 Bürgerliches Artilleriekorps, Brandkorps und Bürgerwehr in Rendsburg 1848-1850
Enthält u. a.: Untersuchung gegen Kapitän Locht

528 Volkswehr auf dem Land 1848-1850

## Brandwesen

1295 Jahresrechnung der Feuerversicherungsbank für Deutschland für 1849 1850

573 Konzessionierung des Schornsteinfegers Peter Dieckmann in Glückstadt für die Stadt Glückstadt, die Krempermarsch sowie für die zur Herrschaft Herzhorn, Sommer- und Grönland gehörigen Distrikte (1843) 1851-1852

### Maße und Gewichte

525 Gesuch der Magistrate von Segeberg und Apenrade um das Recht zur Justierung und Stempelung von Maßen und Gewichten, Änderung der Stempel in Kiel, Gesuch der Ehefrau des Fuhrmanns Jacob Decker in Elmshorn um Aufhebung einer Brüche 1848-1852

### Lombard- und Leihanstalt

43 Lombard- und Leihanstalten in Kiel und Glückstadt 1848

## Medizinalwesen

434 Verwaltung des Taubstummeninstituts nach dem 24. März 1848 1848

529 Sanitätskollegium: Lizentiat Rickertsen in Bredstedt 1849-1850

952 Entbindungsanstalt in Altona 1850-1851

## Statistik und Topografie

572 Statistische Nachrichten 1848-1851
Enthält u. a.: Beantwortung eines aus Frankfurt zugesandten Fragebogens; Übersendung von Tabellen der Sterbefälle und Geburten

543 Topografische Nachrichten 1849-1852
Enthält vor allem: Benennung von Höfen

# Militär

## Kriegsfuhren

435 Kriegsfuhren 1848-1850
Enthält u. a.: Verzeichnisse geleisteter Kriegsfuhren

1264 Kriegsfuhren 1849: Landschaft Eiderstedt 1849

1265 Kriegsfuhrrolle des Fuhrparks in Hadersleben 1849

1260 Kriegsfuhren 1849: Amt Hadersleben samt den Gütern Gramm und Nübel sowie Amt Tondern mit den benachbarten Gütern und oktroyierten Kögen 1849

1261 Kriegsfuhren 1849: dänische Enklaven Lohharde und Birk Ballum im Amt Ripen 1849

1262 Kriegsfuhren 1849: Dänischwohlder und Schwansener Güterdistrikt 1849-1850

1263 Kriegsfuhren 1849: Städte Apenrade, Eckernförde, Flensburg, Friedrichstadt, Hadersleben, Husum und Schleswig 1849-1850

1258 Kriegsfuhren 1849: Nübelharde sowie die Ämter Flensburg, Apenrade und Lügumkloster 1849-1850

## Verpflegung und Einquartierung

532 Verpflegungswesen 1848-1851
Enthält u. a.: Errichtung der Verpflegungskommission

1243 Lieferungen an die Reichstruppen aus verschiedenen Magazinen 1848-1849

798 Lieferungen aus dem Magazin in Apenrade an die Reichstruppen April-Juli 1849

799 Lieferungen aus dem Magazin in Eckernförde an die Reichstruppen 1849

796 Lieferungen aus dem Magazin in Flensburg an die Reichstruppen
April-August 1848

1128 Lieferungen aus dem Magazin in Flensburg an die Reichstruppen
Januar-März 1849

800 Lieferungen aus dem Magazin auf Gottorf an die Reichstruppen
April, Juni-August 1849

801 Lieferungen aus dem Magazin in Kiel an die Reichstruppen
Mai, Juli 1849

1129 Lieferungen aus dem Magazin in Kiel an die Reichstruppen
Mai-August 1849

1130 Verpflegungskosten der Reichstruppen 1849-1850
Enthält: Zusammenstellung der Sach- und Dienstwerte sowie der Krankenverpflegungskosten

1131 Verpflegungskosten der Reichstruppen 1849-1850
Enthält: Erstattung der Verpflegungskosten; Zahlung der durch die Reichstruppen verursachten Kosten durch das Reich oder die deutschen Länder

1135 Verpflegungskosten der Reichstruppen 1849-1850
Enthält: Zusammenstellung der Sach- und Dienstwerte sowie der Krankenverpflegungskosten

453 Einquartierung und Verpflegung der Truppen 1850-1851
Enthält: Beschwerde des Fabrikanten Pfeiffer, Itzehoe, wegen Veranschlagung zu den Einquartierungslasten; Ausgleich der Einquartierungslasten im Amt Reinbek

## Marschgelder

534 Marschgelder für Soldaten 1849-1850
Enthält: Christian Lehmbeck, Gut Oevelgönne; Jäger Franz Sollberg, Schleswig; Dragoner H. Gardsen, Amt Bredstedt; Musketier Kunde, Ratzbek

428 Auszahlung von Marschgeldern 1851

### Festung

558 Bauten innerhalb der Demarkationslinie der Festung Rendsburg (1815-) 1840-1851

### Lazarettwesen

556 Lazarette 1848-1850
Enthält u. a.: Lazarett in Altona

### Unterstützungen für Soldaten

533 Unterstützungen für Soldaten und ihre Familien 1848-1850

### Land- und Seerolle, See-Patente

1133 Gesuche um die Erteilung von See-Patenten 1848-1850

1134 See-Enrollierungspatente 1849
Enthält: Anwendung von Bestimmungen der See-Enrollierungsverordnung auf die Städte mit Schifffahrt; Freipässe für Hofbesitzer; Formulare und Vordrucke

1126 Übertragungen von der Land- in die Seerolle 1850-1851

1127 Übertragung der Steuerleute Paul Hansen Lauritzen aus Hadersleben und Hieronimus Ipland aus Kappeln in die Kieler Seerolle sowie die Anmeldung des Peter Timm aus Elmshorn zur Fahrt auf fremden Schiffen 1851

## Haushalt und Staatsrechnungen

557 Haushalt und Rechnungsübersichten 1848-1851

1213 Staatshaushalt für 1851 1850

540 Zahlungsanweisungen für 1851 1851-1852

1214 Wegehaushalt für 1851 1850-1851

1215 Wegehaushalt für 1851 1851-1852

1237 Chausseehaushalt für 1851 1850-1851

44 Einnahmen und Ausgaben des Präsidiums der Provisorischen Regierung (mit Beilagen) 1848

46 Einnahmen und Ausgaben des Departements des Innern (mit Beilagen) August-Oktober 1848

48 Rechnungsführung über den Kredit des Domänen- und Polizeidepartements (mit Beilagen) 1848
Enthält u. a.: Ausgabenbelege für Gagen und Diäten sowie Kontoranschaffungen

49 Kassenbuch des Polizeidepartements (mit Beilagen) 1848

# DEPARTEMENT DES AUSWÄRTIGEN

## Allgemeines

1147 Kopie des Londoner Protokolls und des Friedensvertrages zwischen Preußen und Dänemark [Juni-Juli 1850]

1143 Einrichtung der Immediatkommission zur gemeinsamen Regierung der Herzogtümer 1848
Enthält auch: Abschriften eines Schreibens mit den zustellenden Forderungen bei Friedensgesprächen mit Dänemark

45 Einnahmen und Ausgaben des Departements des Auswärtigen (mit Beilagen) August-Oktober 1848
Enthält auch: summarisches Verzeichnis des Haushalts bis August 1848

1141 Innere Verwaltung 1848-1849
Enthält: Ausführung der Grundrechte; Regierungsantritt der Statthalterschaft; Eisenbahnprojekt Lübeck-Altona; statistische Nachrichten; Gesetz zur Aufhebung der Spielbanken; Kongress deutscher Landwirte; Wahlen für die Nationalversammlung; republikanischer Aufstand; Archiv des Bundestagsgesandten; Broschüren

1148 Auswärtiges: Herzogtum Lauenburg 1848-1850
Enthält u. a.: Einstellung von fünf Jägern; Lieferung von Ausrüstung an lauenburgische Truppen; Auslieferung der Lageregister; Vetretung beim Deutschen Bund

1140 Verschiedene Angelegenheiten aus dem Departement des Auswärtigen 1848-1850
Enthält: Erbschafts- und andere Privatrechtsangelegenheiten; Pässe und Totenscheine; Publikation von Reichsgesetzen

1253 Regelung finanzieller Fragen zwischen Schleswig-Holstein und der Zentralgewalt 1848-1850
Enthält u. a.: Beitrag zur Reichsversammlung; Ausgaben für die Reichsfestungen; Budget der Herzogtümer; Portofreiheit für die Reichstruppen

1246 Nachrichten über die schleswig-holsteinischen Eisenbahnen an das preußische Ministerium 1849

1276 Berichte des Bevollmächtigten der Statthalterschaft bei der Zentralgewalt 1849
Enthält u. a.: Reichsverfassung

1157 Verschiedene auswärtige Angelegenheiten 1849
Enthält: Beschwerde eines englischen Postoffiziers über das Verhalten eines Postbeamten; Verhaftung schwedischer Untertanen in Rendsburg; Rückgabe von aus der Universitätsbibliothek in Heidelberg geliehenen Handschriften

1158 Protokollauszüge des Staatsrates 1849-1851

1146 Bekanntmachung der Statthalterschaft zur Übergabe der Regierung an die Kommissare des Deutschen Bundes Januar 1851

## Personal

1206 Diäten und Reisekosten der Abgeordneten zum Reichstag 1848

1247 Auswärtige Personalangelegenheiten 1849-1850

# Justiz

1201 Grundrechte des deutschen Volkes 1848-1849

1202 Aufforderung des Reichsministers der Justiz zur Einführung von Geschworenengerichten 1848-1849
Darin: „Preußischer Staats-Anzeiger“ vom 6. Januar 1849

1142 Justiz 1848-1851
Enthält: Austausch juristischer Arbeiten; Mitteilung von Gesetzen; Gesetzessammlungen für die Reichsbibliothek; Steckbriefe zur Ermordung Auerswalds und Fürst Lichnowskys; Reichswechselordnung; Versendung von Akten des Reichskammergerichts nach Kopenhagen

1144 Erkundigungen über den Freiwilligen Feodor Feenburg 1849

1154 Verhaftung des schwedischen Deserteurs Anders Kat im Dorf Breitenburg 1849

1245 Mitteilung schleswig-holsteinischer Verordnungen und Erlasse an auswärtige Behörden 1849-1850

1203 Nachlassangelegenheit der auf einer Reise nach Amerika verstorbenen Johanna Ruser aus Sehlendorf 1850

# Polizei

1250 Verzeichnis der Handwerksburschen, die ihre Wanderbücher in Frankfurt visitieren ließen, sowie über die erteilten Pässe 1849

1149 Legalisationen von ausländischen Personen und Übersendung von Akten 1849-1850

1204 Pressegesetze und Beschwerden gegen die Presse 1850

1211 Arbeitervereine in Deutschland 1850

1205 Feststellung der Heimatrechte 1850-1851

## Handel, Schifffahrt und Zoll

1210 Flussschifffahrt im Deutschen Reich 1848

1249 Flagge, Schifffahrt 1848-1849
Enthält: Flaggenfrage; Beeinträchtigung der Schifffahrt durch Dänemark; Vertretung schleswig-holsteinischer Schiffe im Ausland; Entschädigungen für aufgebrachte schleswig-holsteinische Schiffe; Wegführung des Lotsen Jacobsen in Arnis

1248 Zoll und Handel 1848-1850
Enthält: Zollverfassung; Ausfuhr von Hales-Raketen; Pferdeausfuhrverbot; Zoll- und Handelsverhältnisse in den Herzogtümern; Abordnung einer Kommission in Zollangelegenheiten in die Hansestädte und Altona; Ausfuhrverbot für Kriegsmaterialien nach Dänemark; Reichszollgesetz; Flusszölle; deutsches Handelsgesetzbuch; Londoner Ausstellung 1851
Darin: „Deutsche Zeitung" vom 22. Februar 1849; Beilage zum „Itzehoer Wochenblatt Nr. 28"

## Post

1139 Post 1848-1849
Enthält: Posterleichterung für Zeitungsverkehr; Ablieferung des englischen Postsacks in Altona; Postverbindung zwischen den Herzogtümern und Dänemark; Postverbindung zwischen Kopenhagen, Lübeck und Wismar sowie zwischen Lübeck und den Herzogtümern; Behandlung der schleswig-holsteinischen Post in Kolding

1209 Briefverletzung, Beschwerde der bayerischen Truppen über die Briefbeförderung 1849-1850

## Militär

1155 Unterstützung von Verwundeten und Familien gefallener Soldaten 1848-1851

1251 Militär 1848-1851
Enthält u. a.: Anstellung fremder Offiziere und Unteroffiziere; Kriegsgesetzgebungskommission; Bestand der Schleswig-Holsteinischen Armee am 31. Januar 1849; Gesetz über die Wehrverfassung Deutschlands; Unterstützung von Hinterbliebenen gefallener Soldaten; Pulver- und Kohlenlagerung in Rendsburg, Kiel und Glückstadt; Oberbefehl des Generalleutnants Bonin; militärische Vorfälle bei der Sonderburger Fähre; Küstenverteidigung; Mobilmachung und Marschorder für die Reichstruppen; Truppenverstärkung auf Alsen

1257 Verpflegung preußischer Truppen 1849

1150 Requisitionen schleswig-holsteinischer Soldaten auf fremdem Gebiet 1849-1850

1207 Kommmission zur Ausarbeitung eines Militärstrafgesetzes für Deutschland 1849-1850

1156 Bundesfestungen 1849-1851

1151 Durchmärsche auswärtiger Truppen 1850

1152 Krankentransport über hamburgisches Gebiet 1850

1153 Verlegung badischer Truppen in preußische Garnisonen 1850

## Marine

1268 Übung der schleswig-holsteinischen Kanonenboote mit der preußischen Flottille 1848

1254 Marine 1848-1850

Enthält u. a.: Seekadettenschule; Zustand der Reichsmarine; Flottenbeiträge; technische Verbesserungen bei Kriegsdampfschiffen; Nachrichten über die Häfen in den Herzogtümern; Bau von Kanonenbooten; Anlage eines Marinekanals durch die Herzogtümer

1218 Aufnahme von Schülern in die Seekadettenschule 1848-1850

1233 Marineoffiziere 1848-1850

1234 Navigationsschulen 1848, 1850

1219 Verhältnis der schleswig-holsteinischen Marine zum Reich sowie Wirksamkeit des Reichsmarineministeriums 1849

1270 Verwendung der Kriegsschiffe 1849-1850

Enthält u. a.: Überlassung der Kriegsschiffe an deutsche Regierungen als Postschiffe

Darin: „Constitutionelle Zeitung“ vom 11. Mai 1850

1174 Reichsmarine 1850

## Kassenwesen

1255 Kassenwesen 1848-1850

1145 Abschriften von Berichten 1849-1850
Enthält: Verfahren der Landesverwaltung; Deputation der Städte und Landdistrikte bei der Statthalterschaft; Verhandlungen zwischen Preußen und Dänemark

1212 Stellung des Kassierers der Ministerialdepartementkasse 1849-1851

# DEPARTEMENT DER JUSTIZ

## Landeshoheit, Verfassung, Departements und Kontore

968 Staatsgrundgesetz und Bestimmung der Grenze zwischen Schleswig und Holstein 1849-1851

971 Auszüge aus den Staatsratsprotokollen 1848-1852

1269 Unterstützung der Reichsverfassung durch Rat und Stadtverordnete in Altona 1849

47 Bürokosten des Departements der Justiz 1848

969 Verschiedene Departements und ihre Büros sowie die Bürobeamten und ihre Gagen 1848-1852

970 Anstellungsgesuche für die Departements 1848-1852

## Landesversammlung

972 Akten der Ständeversammlung und deren Übersendung an das Departement des Innern, Übersendung von mehreren Exemplaren der Landtagszeitung 1849-1850

# Oberappellationsgericht

77 Oberappellationsgericht 1848-1851

Enthält u. a.: rechtswissenschaftliche Büchersammlung des verstorbenen Oberappellationsgerichtspräsidenten Höpp; Kosten der Übersetzung dänischer Akten; Anfertigung eines Sachregisters für das Archiv des Oberappellationsgerichts; Reparaturen am Gebäude

# Oberdikasterien

973 Oberdikasterien im Herzogtum Schleswig 1848-1851

Enthält u. a.: Anerkennung der Provisorischen Regierung; Gagen für die Mitglieder des Schleswigschen Obergerichts und dessen Angestellte aus der Staatskasse; Verlegung des Sitzes nach Kiel

977 Sportelrechnungen der Schleswiger Oberdikasterien 1848-1850

978 Kontorkosten der Schleswiger Oberdikasterien 1848-1850

975 Obergerichtsräte 1848-1850

Enthält u. a.: Anerkennung der Provisorischen Regierung; Gagen; Ernennungen

976 Auskultanten, Sekretäre, Kopisten und Boten an den Oberdikasterien 1848-1851

974 Obergerichtsdirektor von Ahlefeld in Schleswig als Testamentsvollstrecker für die Äbtissin Prinzessin Juliane von Hessen in Itzehoe 1848

78 Antrag des Herzogs von Schleswig-Holstein-Sonderburg-Augustenburg auf Auslieferung des Plöner Haus- und Familienarchivs 1849-1851

# Einzelne Distrikte

## Ämter und Landschaften

981 Amt Apenrade: Amtsverwalter Krogh, Unterbeamte 1848-1849

980 Amt Apenrade: Hardesvogt der Ries- und Süderrangstrupharde, Birkvogt von Warnitz und Aktuar (1830, 1841) 1848-1851

979 Amt Apenrade: Erlass einer neuen Sporteltaxe, Jurisdiktionsverlegung der Apenrader Schlossstraße 1848, 1852

982 Amt Bredstedt: Landvogt und Aktuar 1848-1850

983 Landschaft Eiderstedt: Kompetenz der Stallerschaft im Polizei- und Kriminalwesen über Pastoren, Aktuariatseid des Landschreibers Möller in Tönning 1849-1850

984 Landschaft Fehmarn: Landschreiber und Unterbeamte 1848-1850

985 Amt Flensburg: Amtmann, Hardesvögte der Nie- und Uggelharde, Aktuar sowie Gerichtsdiener und Gefangenenwärter (1834-) 1848-1850

986 Amt Gottorf: Amtmann, Hardesvögte und Unterbeamte 1848-1851

987 Amt Hadersleben: Hardesvögte, Gerichtsschreiber, Aktuar und Amtsdiener 1848-1851

988 Amt Husum: Amtmann, Landvögte von Husum und Pellworm sowie Unterbeamte 1848-1851
Enthält u. a.: Gerichtsdiener und Gefangenenwärter auf Pellworm

989 Amt Hütten: Hardesvögte, Landschreiber von Stapelholm und andere Ober- und Unterbeamte 1848-1851

990 Amt Lügumkloster: Birk- und Vogteivogt, Amtsverwalter und Unterbeamte (1845-) 1848-1851

991 Amt Norburg: Hardesvogt Dr. Steffens 1849

1000 Landschaft Nordstrand: Unterstützungsgesuch des Stallers von Stemann 1850-1851

82 Landschaft Norderdithmarschen: Bedeichung der Privataußendeiche 1851

30 Herrschaft Pinneberg: Aktuar 1848
Enthält u. a.: Verzeichnis der Aktuare seit 1807

83 Herrschaft Pinneberg: Aktuar 1848-1849

81 Amt Reinbek: Suspendierung des Hausvogts Kirchner 1851

992 Amt Sonderburg: Hardesvogt und Gerichtsschreiber der Nübelharde sowie Unterbeamte (1831-) 1848-1851

1238 Amt Tondern: Verwaltung der Marschharden 1848-1849

993 Amt Tondern: Aktuariat, Hardesvogt, Landvogt auf Sylt sowie Unterbeamte 1848-1851
Enthält u. a.: Abrechnungsbuch des Konstablers Nikolai Detlefsen Krogh von der 3. Batterie/2. Artillerie-Regiment für die Jahre 1843-1845

## Städte und Flecken

994 Justizbeamte und Unterbeamte in Eckernförde, Flensburg, Hadersleben und Friedrichsort (1848) 1849-1850

1125 Rendsburg: Justiz 1848-1850
Enthält: Amtsführung des Magistrats; Regulativ für Verwaltungspolizei; Entlassung des Stadtsekretärs Dörser und des Bürgermeisters Berger; Geltung des Aufruhrgesetzes für die Festungen Rendsburg und Friedrichsort; Bewachung eines Lokals

79 Segeberg: Bürgerwehr, Beantwortung von Notaten 1850, 1852

80 Wilster: Richtereid des Ratsverwandten Christian Lucht, Wiedereinführung eines Wochenmarktes 1849

## Güter

995 Justiz im Ersten Angelner Güterdistrikt 1848-1850
Enthält: Fleckensvogt in Kappeln; Überlieferung des Archivs der Distriktsdeputation an den Gutsbesitzer Meyer auf Düttebüll

996 Justiz im Zweiten Angelner Güterdistrikt (1841) 1849-1850
Enthält: Personal; Administration für die Güter Gramm und Nübel

998 Justiz im Augustenburger Güterdistrikt 1849
Enthält: Wartegeld für den früheren Hardesvogt Prehn, Augustenburg

997 Justiz im Schwansener Güterdistrikt 1848
Enthält: Übernahme der Distriktsgeschäfte durch den Gutsbesitzer Henningsen zu Schönhagen; Anzeige der Gutsobrigkeit von Grünholz vom Empfang mehrerer Verfügungen

### Köge

999 Gerichtshalter verschiedener Köge im Herzogtum Schleswig 1849-1851

## Gesetze und Verfügungen

1277 Gesetzentwürfe 1848
Enthält u. a.: Staatsgrundgesetz; Aufruhrgesetz; allgemeine Städteordnung; Verwaltung der Ministerien

70 Postverfügungen 1848-1849
Enthält auch: Gesetzesblätter; Verfügungen und Aufrufe der Provisorischen und Gemeinsamen Regierung

## Erbschaft

1001 Lehnsfolge nach dem Grafen Otto Dietrich von Schack auf Schackenburg 1848

1002 Bestätigung von Testamenten (1829-) 1848

1124 Bestätigung von Testamenten (1821-) 1849-1850

1003 Bestätigung von Testamenten (1833-) 1849-1851

## Fideikommisse

92 Von Peinsches Fideikommiss 1848-1851

1244 Fideikommisse im Herzogtum Holstein 1849-1850

93 Adliges Fideikommissgut Rantzau 1850

90 Meviussche Fideikommiss 1850

94 Fideikommisskapital der Frau des Senators Rundt geb. Rohde für die Frau des Pastors Rundt 1850-1851

89 Testament des schwedischen Generalagenten J. P. Averhoff in Hamburg (1846) 1851

91 Fideikommissvermögen des Kaufmanns H. Chr. Oldenburg in Altona 1852

## Wechselwesen

1004 Wechselrecht 1849

Enthält: Ausführung der Allgemeinen deutschen Wechselordnung und Verfahren in Wechselangelegenheiten; Arrestmandat gegen die Witwe Stockfleth in Kopenhagen

## Kriminalwesen

1005 Drucksachen aus Frankfurt am Main zu Straf- und Fiskalverfahren, Gesetzesentwürfen und anderem 1848

371 Bestrafungen wegen Schmuggels 1848

1006 Begnadigungen von Verbrechern aus dem Herzogtum Schleswig 1851

## Kammer- und Finanzwesen

95 Vermögens- und Einkommensanleihen 1849-1851

## Bürgerliches Gewerbe

96 Mühlen und Schmieden 1849-1852
Enthält u. a.: Konzessionsgesuche für Mühlen in Tankenrade und Plön; Änderung einer Bestimmung des lübschen Rechts zur Niederlassungsbeschränkung von Schmieden, Schlossern und Nagelschmieden in der Stadt Kiel; Erbpachtsmühle in Heidmühlen

## Apotheken

88 Apotheke in Gleschendorf 1851-1852

## Verwaltung und Ausführung der Polizei

85 Verwaltung und Ausführung der Polizei: lübsche Güter und Stadtstiftsdörfer 1851-1852

87 Verwaltung und Ausführung der Polizei: Kiel 1851-1852
Enthält: Fähren

86 Verwaltung und Ausführung der Polizei: Wilster 1851
Enthält: Einführung des Mehls aus der Langeschen Dampfmühle in Altona

## Militär

1009 Bürgerliche Rechtsverhältnisse des Militärs 1848-1850
Enthält u. a.: Gerichtsstand der Militärs und Aufhebung des dänischen Rechts für die Kriegsgerichte

1007 Militärstraffälle, Bestrafungen und Begnadigungen 1848-1851
Enthält u. a.: kriegsgesetzliche Bestimmungen für die Freikorps; Disziplinargewalt der Kommandeure; Militärgesetzkodex; einzelne Straffälle

1010 Marinestraffälle 1849-1851

1008 Militärstrafprozessverfahren und Auditeure des Oberkriegsgerichts, Kompetenzstreitigkeiten zwischen Zivil- und Militärbehörden 1849-1852
Enthält u. a.: Militärgerichts- und Strafprozessordnung für das holsteinische Bundeskontingent; Personal; Zuständigkeiten zur Untersuchung bei Spionage; einzelne Fälle von Kompetenzstreitigkeiten

84 Karrenanstalt in Rendsburg 1849-1852
Enthält u. a.: Verzeichnis der am 19. Juni 1850 abgelieferten Festungssträflinge

# DEPARTEMENT DER GEISTLICHEN UND UNTERRICHTSANGELEGENHEITEN

## Kirchenwesen

### Allgemeines

322 Kirchenleitung im nördlichen Teil des Herzogtums Schleswig 1848

343 Kirchenlasten und deren Verteilung im Herzogtum Schleswig
Enthält: Grothusenkoog; Großenwiehe 1848-1849

98 Änderung der lutherischen Kirchenverfassung 1848, 1850

103 Artikel der „Schleswig-Holsteinischen Zeitung„ über den Einfluss des Verhaltens des Pastors auf das Gemeindeleben 1849

335 Dankgebet in der Stadt Schleswig zum Sieg bei Eckernförde 1849

344 Staatszuschüsse zu den Lasten der Kirchengemeinden 1849-1850
Enthält: Erfde und Süderstapel; Friedrichstadt; Neukirchen

97 Berücksichtigung der Kirchen- und Schulbeamten bei einem Gesetzentwurf zu den zivilen Staatsbeamten 1850

1242 Mit Militärpersonen zu besetzende Zivilstellen im Ressort des Departements für geistliche und Unterrichtsangelegenheiten 1850

140 St. Marienkirche in Rendsburg: Aktenstücke im Pastoratsarchiv zum Kirchengebet und Trauergeläut für den Kaiser sowie zu Publikationen von das deutsche Reich oder das Herzogtum Holstein betreffenden Gesetzen 1850

## Kirchenregister

337 Gesuch des Hamburger Bürgers Carl Eduard Thomas aus Flensburg um Namensänderung in den Kirchenbüchern 1849

## Verfassung und Umfang der Kirchengemeinden

172 Veränderungen der Kirchspielverhältnisse in Altona und Ottensen 1848-1849

173 Gesuch des Pastors Thygesen an der Heilig-Geist-Kirche in Altona um Vergrößerung seines Sprengels 1848-1849

342 Umfang und Verfassung der Kirchengemeinden im Herzogtum Schleswig 1848-1850
Enthält: Friedrichstadt; Kappeln; Tönning;

## Generalsuperintendent

323 Generalsuperintendenten im Herzogtum Schleswig 1848-1852
Enthält: Generalsuperintendenten Callisen und Nielsen; Generalkirchenvisitation; Superintendentengeld aus dem Amt Tondern

## Kirchenpröpste und Kirchenvisitatoren

324 Kirchenvisitatoren, Patrone und Visitationen im Herzogtum Schleswig 1848-1849
Enthält: Zulage für den Kirchenpropst Volquardts, Flensburg; Beschwerde der Gevollmächtigten der Landschaft Sylt wegen der Visitationsreisen; Visitorialgeschäfte der Nübelharde und der Vogtei Sundewitt

1192 Wiederbesetzung der Kirchenpropstei in Süderdithmarschen 1848-1849

## Prediger

### *Herzogtum Holstein*

119 Kirche in Elmshorn: Verteilung der Amtsgeschäfte der Prediger 1840-1852

117 Kirche in Krempe: Kirchen- und Schullasten der Prediger 1851

126 Kirche in Meldorf: Verpflichtung des zweiten Kompastors Paulsen zum Aufeisen und Schneeschaufeln 1852

120 Kirche in Nortorf: Einziehung des Gehalts der Prediger aus der Staatskasse 1849

121 Kirche in Oldesloe: Umwandlung einer Naturallieferung des Pastorats an das Diakonat in eine Geldzahlung 1851

122 Kirche in Oldesloe: Ablösung der Naturalzehntleistungen für Ländereien auf dem Oldesloer Stadtfeld 1851

123 Kirche in Siek: Einkünfte des Pastorats aus der Staatskasse 1850

124 Kirche in Siek: Pension für den Pastor Volckmar 1850

118 Kirche in St. Margarethen: Abgabe des Kirchspielschreibers an das Diakonat für die Benutzung des Küsterhauses 1850-1851

127 Kirche in St. Michaelisdonn: Gesuch des Peter Friedrich Rüther um Befreiung von der sogenannten Bauernschuld 1848-1849

125 Kirche in Trittau: Gesuch des Erbpächters Eckermann in Grönwohld um Befreiung von den Pflichtgeldern an die Kirchenbeamten in Trittau 1849

116 Ordination des Kandidaten der Theologie Peter Meggers aus Westermoor 1849

## *Herzogtum Schleswig*

331 Geschäftskreis und Amtsführung der Prediger im Herzogtum Schleswig 1848-1851

333 Persönliche Verhältnisse der Prediger im Herzogtum Schleswig 1848-1851

326 Diensteinkünfte der Prediger im Herzogtum Schleswig 1848-1850
Enthält vor allem: Gesuche um Zahlungen

328 Gratifikationen, Zulagen und Wartegelder für Prediger im Herzogtum Schleswig 1848-1851
Enthält u. a.: Unterstützung der aus Schleswig vertriebenen Geistlichen

327 Wohnungen und Ländereien der Prediger im Herzogtum Schleswig 1848-1850
Enthält: Domkirche in Schleswig; Schwesing; Schluxharde; Starup und Grarup; Süderstapel

330 Predigerpensionen im Herzogtum Schleswig 1848
Enthält: Pastor Detlev Lorenz Lübcker in Schleswig

349 Kandidaten der Theologie im Herzogtum Schleswig 1848-1849

329 Proteste gegen die Entlassung von Pastoren und Lehrern im Herzogtum Schleswig 1849-1851

340 Befreiung des Pastors Jacobsen in Emmelsbüll von Kriegsfuhren und Naturalleistungen 1848

341 Veranlagung der Dienstländereien des Pastors Danielsen in Ockholm zu Kriegsfuhren und Naturallieferungen 1849

325 Antrag des Diakons Reimers in Tetenbüll auf Beförderung der Prediger von kleineren Pfarrstellen 1849

359 Anerkennung der dänischen Herrschaft in Tönning durch Pastor Schumacher 1850

360 Legitimation für Pastor Conrad Wilhelm M. Wolf in St. Peter 1850

*Fremde Kirchen*

115 Ordination des Kandidaten der Theologie Georg Friedrich Petersen auf Helgoland 1848-1849

128 Garnisons- und Klosterkiche in Kiel: Teilnahme des Garnisonspredigers Prof. Lüdemann an Ministerialhandlungen 1848-1849

## Besetzung von Predigerstellen

*Allgemeines*

23 Wahl der Prediger durch die Gemeinden in denjenigen Kirchspielen, die bisher landesherrlich besetzt wurden 1848
Enthält u. a.: Verzeichnis der betreffenden Stellen

5 Besetzung der vor dem 24. März 1848 erledigten Predigerstellen 1848

100 Artikel des „Altonaer Mercur„ über die Wiederbesetzung mehrerer erledigter Predigerstellen 1848-1849
Darin: „Altonaer Mercur“ vom 11. Dezember 1848

99 Verzeichnisse von erledigten Predigerstellen 1848-1850

101 Anzeigepflicht bei Vakanzen von Predigerstellen 1850

102 Verzeichnisse und Anzeigen von erledigten Predigerstellen 1850-1852

### *Herzogtum Holstein*

129 Gebühren des Kirchenpropstes in der Propstei Oldenburg für die Einführung eines Predigers 1850

110 Kirche in Bargteheide: Bestallung eines Amtsgehilfen für Pastor Passow 1850-1852

111 Kirche in Bergstedt: vorübergehende Verwaltung des Pastorats durch Pastor Thun 1849

112 Kirche in Bergstedt: Besetzung des Pastorats durch Wahl der Gemeinde 1849

109 Kirche in Elmshorn: Gesuch um Berufung des Kandidaten der Theologie Dr. phil. Stoessiger als Amtsgehilfe für den Katecheten Karstens 1849

105 Kirche in Itzehoe: Wiederbesetzung des Diakonats 1848-1849

106 Kirche in Itzehoe: Anstellung des Pastors Neiling aus Lügumkloster als Archidiakon während der Abwesenheit des Pastors Versmann als Feldprediger 1850

107 Kirche in Oldenburg: Teilnahme der Landgemeinde an der Wahl des Archidiakons 1848-1849

108 Kirche in Oldenburg: Kosten für die Einführung des Archidiakons 1849-1850

6 Kirche in Ottensen: Dienstentlassung und Pensionierung des Pastors Köster (1846) 1848

104 Kirche in Ottensen: Gewährung des Wahlrechtes an die Gemeinde (1841-) 1848-1849

113 Kirche in Siek: Anstellung des Pastors Johann Fr. Stapel als Amtsgehilfe für Pastor Volckmar 1849

7 Kirche in Trittau: Verwaltung der Pastoratsgeschäfte während der Teilnahme des Pastors Tamsen an den Sitzungen der Ständeversammlung 1848

8 Kirche zu Trittau: Deputatgelder für Pastor Tamsen 1848

## *Herzogtum Schleswig*

332 Vorübergehende Verwaltung von Predigerstellen sowie die Anstellung von Amtsgehilfen im Herzogtum Schleswig 1848-1850

1278 Wiederbesetzung des Pastorats in Buhrkall 1848-1849

1180 Wiederbesetzung des Pastorats in Bülderup 1849

1267 Wiederbesetzung des Pastorats in Eggebek 1848

1236 Wiederbesetzung des Diakonats zu St. Marien in Flensburg 1848-1849

1176 Wiederbesetzung des Diakonats zu St. Johannis in Flensburg 1849
Enthält u. a.: Bewerberverzeichnis

1178 Wiederbesetzung des Diakonats zu St. Johannis auf Föhr 1848-1849

1177 Wiederbesetzung des Pastorats in Jerpstedt 1848

1179 Wiederbesetzung des Diakonats in Leck 1849

1181 Wiederbesetzung des Pastorats in Rinkenis 1849

338 Wiederbesetzung des Pastorats in Skads im Amt Tondern 1849

339 Vakanz und Wiederbesetzung der Pastorate in Tolk und Nübel (1832-) 1848-1849

1182 Vakanz des Archidiakonats in Tondern 1850

1175 Wiederbesetzung des Pastorats in Wallsbüll 1849

## *Fremde Kirchen*

114 Kirche in Gleschendorf: Predigerwahl 1850-1851
Enthält auch: Witwenpension der Witwe des verstorbenen Pastors Vest

## Küster und andere Kirchenbedienstete

348 Küster und sonstige Kirchenbedienstete im Herzogtum Schleswig 1848-1850

170 Kirche in Altona: Befreiung des Unterküsters von Saldern vom Militärdienst 1849

171 Kirche in Schenefeld: Besetzung des Totengräberdienstes 1849

## Predigerwitwen

334 Pensionen und andere Einkünfte von Witwen und Kindern von Predigern im Herzogtum Schleswig 1848-1850

130 Kirche in Nordhackstedt: Verleihung der Diensteinnahmen des Pastorats während der Vakanzzeit an die Töchter des verstorbenen Pastors Petersen 1851

131 Beitrag der Predigerwitwen und der Kirchenkassen im plönischen Distrikt zur Predigerwitwen-Zulagekasse 1851

## Kirchengüter

### *Herzogtum Holstein*

#### Propstei Altona

141 Kirche in Ottensen: Vergrößerung des Kirchhofs 1851-1852

#### Propstei Kiel

142 Kirche in Großenaspe: Pastoratsneubau 1852

143 Kirche in Neumünster: Abschaffung des Beichtgelds der Kommunikanten 1848-1849

## Propstei Münsterdorf

31 Kirche in Brokdorf: Regulativ für die Verteilung der Kirchenlasten im Kirchspiel Brokdorf 1848

146 Kirche in Hohenfelde: Gesuch des Kleinkätners Schröder wegen Verteilung der Kirchenlasten 1850

147 Kirche in Horst: Überlassung eines Grundstücks aus den Pastoratsländereien an den Eingesessenen Martin Brandt 1851

148 Kirche in Kollmar: Vergrößerung des Kirchhofs 1849

149 Kirche in Neuenbrook: Kircheninventar 1851

144 Kirche in St. Margarethen: Hinzuziehung der Diensteinnahmen der Zollbeamten zum Kirchenschoß 1849

145 Kirche in St. Margarethen: Ansetzung des Schullehrers Schunk in Büttel zum Kirchenschoß 1851

150 Kirche in Wewelsfleth: Überlassung eines Grundstücks aus den Diakonatsländereien an die Schulkommüne 1851-1852

151 Kirche in Wilster: Vertretung der Stadtgemeinde im Kirchenkollegium 1851-1852

## Propstei Norderdithmarschen

152 Kirche in Lunden: Gesuch des Kirchenvorsteherkollegiums wegen Überweisung mehrerer Aufgaben an die Lokalbehörden 1849

## Propstei Rantzau

63 Kirche in Barmstedt: Landüberlassung an den Zimmermeister Jochim Glissmann 1849

153 Kirche in Barmstedt: Neubau des Kompastoratshauses 1851-1852

154 Kirche in Hörnerkirchen: Überlassung von Bauplätzen aus dem Pastoratsland 1850

155 Kirche in Hörnerkirchen: Gesuch des Schlachters Hans Lohmann in Brande um Überlassung eines Bauplatzes aus dem Pastoratsland 1852

## Propstei Rendsburg

24 Kirche zu Hohenwestedt: Überlassung einer Landstelle vom Grashof an den Schuster Ehler Beck in Hohenwestedt in Erbpacht 1849

156 Kirche in Kellinghusen: Gesuch der Kätner wegen der Verteilung der Kirchenlasten 1848

157 Kirche in Kellinghusen: Landüberlassung aus dem Pastoratsgarten für den Bau des Schul- und Organistenhauses 1848

158 Kirche in Kellinghusen: Gesuch des Schneidermeisters Schnoor um Landüberlassung aus den Pastoratsländereien 1851-1852

33 Christ- und Garnisonskirche in Rendsburg: Bittschrift der Landgemeinde um Änderung des Regulativs für ihren Begräbnisplatz (1845-) 1848

159 Kirche in Schenefeld: Dienstzeit der Kirchenjuraten 1852

## Propstei Segeberg

9 Kirche in Kaltenkirchen: Eingabe der Großkätner Jochim Kackmeister und Jochim Hartzmann aus Kisdorf wegen ihrer Kirchenlasten 1848

160 Kirche in Kaltenkirchen: Vergrößerung des Begräbnisplatzes 1849

161 Kirche in Kaltenkirchen: Kircheninventar 1849-1851

162 Kirche in Kaltenkirchen: Instruktion für die Kirchenjuraten 1851

163 Kirche in Oldesloe: Landumtausch mit der Stadtgemeinde 1849

164 Kirche in Oldesloe: Kirchenkonvent 1851

## Propstei Stormarn

165 Kirche in Eichede: Umschreibung der Kirchenstände und Grabstellen 1852

166 Kirche in Steinbek: Legat des Pastors Casper Friedrich Siemers in Schiffbek 1850

167 Kirche in Wandsbek: Zinsauszahlung aus dem Schimmelmannschen Legat für die Kapelle in Wandsbek 1849

## Propstei Süderdithmarschen

168 Kirche in Burg: Landveräußerung zum Bau eines Armenarbeitshauses 1851

169 Kirche in Marne: Verkauf von Kirchenland im Kronprinzenkoog zum Bau eines Armenarbeitshauses 1851

## *Herzogtum Schleswig*

347 Kirchliche Gebäude als Staatseigentum im Herzogtum Schleswig 1848-1858

346 Kirchenbauten und Kirchengrundstücke im Herzogtum Schleswig 1849

Enthält: Benutzung einer Kirche in Hadersleben als Lazarett; telegrafische Einrichtung auf dem Kirchturm in Gettorf

336 Aufbewahrung der Gelddokumente der Propstei Hadersleben 1849

1074 Unterhalt der Kirche in Lügumkloster 1852
Enthält: zwei Schreiben über ein Notat zur Amtsrechnung von 1846 und aufgefundene Akten zur Kirche in Lügumkloster

## Gottesdienst, Taufe, Konfirmation, Beichte und Abendmahl

132 Einstellung des Kirchenglockenläutens beim Kriegsausbruch 1848

133 Verbot der Treibjagd während der Feierzeit an Sonn- und Festtagen 1848

4 Privatkonfirmationen 1848

134 Änderung des Kirchengebets 1848-1850

135 Kirchengebet am ersten Sonntag nach Eröffnung der Feindseligkeiten 1850

136 Schleswig-Holsteinisches Gesangbuch 1850

137 Störung des Gottesdienstes in Wandsbek durch Militärübungen 1850

139 Dispensation von den Vorschriften zur Feier der Sonn- und Festtage 1851

138 Wiedereinführung der Fürbitten für das königliche Haus im Kirchengebet 1852

## Milde Stiftungen und Legate

220 Einzelne Posten des Kontos „Arme, Hospitäler und milde Stiftungen" im Staatshaushalt 1849

345 Einnahmen der Kirchengemeinden aus milden Stiftungen und Legaten 1849
Enthält: Neukirchen; Dänischenhagen

221 Ottesche Armenstiftung in Eckernförde 1849

222 Preussersches Legat in Heide 1849-1852

224 Von Schultzsches Legat für arme Predigerwitwen 1850-1851

223 Görriessches Legat im Amt Steinburg 1851

## Taubstummeninstitut

217 Taubstummeninstitut: Regulativ 1849-1850

211 Taubstummeninstitut: Jahresbericht für 1847 1849

212 Taubstummeninstitut: Jahresbericht für 1848 1849

213 Taubstummeninstitut: Erstattung der Vorschüsse aus der Staatskasse 1848-1851

214 Taubstummeninstitut: Einnahmen und Ausgaben für 1848 sowie Vorschuss aus der Staatskasse für 1849 1849

215 Taubstummeninstitut: Auszahlung einer Summe für die Verwaltung 1849

216 Taubstummeninstitut: Auslieferung der Dokumente über den Fonds des Instituts 1849

218 Taubstummeninstitut: Bericht über die Einnahmen und Ausgaben für 1849 1850

219 Taubstummeninstitut: Anweisung der Vorschüsse aus der Staatskasse 1850

14 Taubstummeninstitut: Vergütung an Dr. Paulsen für die Wahrnehmung der Geschäfte des ersten Lehrers und Rektors im Jahr 1847 1848

## Kirchliche Aufsicht, Ehe

350 Ehe im Herzogtum Schleswig 1848-1850

207 Einsendung von Listen über Notzuchtfälle in den zu den Kirchspielen Heiligenstedten, Schenefeld, Hohenwestedt und Kellinghusen gehörenden Anteilen des Guts Drage 1852

## Bibelgesellschaft

174 Erlaubnis für den Kolporteur der britischen Bibelgesellschaft Asmus Jacobsen zum Verkauf von Bibeln und Psalmen im Herzogtum Holstein 1850-1851

## Fremde Religionsverwandte

176 Beschwerde einiger Baptisten in Wandsbek wegen verweigerter Eintragung von Baptistenkindern in das Kirchenbuch 1849-1850

177 Eingabe der Baptistengemeinde in Tangstedt um Schutz in der Glaubensausübung und Befreiung von den Abgaben an die lutherische Kirche 1849-1850

178 Verfahren gegen die Baptisten in der Propstei Oldenburg 1852

179 Baptisten im Amt Steinburg 1852

185 Freie christliche Gemeinde in Wandsbek 1850-1851

175 Aufhebung der von der reformierten Gemeinde in Altona an die lutherische Kirche zu zahlenden Kirchengelder 1849-1850

180 Gesuch des Juden A. Heilbron in Wilster wegen des Aufenthaltsverhältnisses der von ihm an Kindes statt angenommenen Jeannette Neuhaus 1848

11 Gesuch des jüdischen Kaufmanns Moritz Heilbut in Hamburg wegen des aus dem Konkurs des Kaufmanns Oldenburg in Oldesloe erstandenen Hauses 1848

12 Gesuch des jüdischen Kaufmanns Fromme in Altona um die Erlaubnis zum Eintrag einer Hufenstelle in Bilsen in das Schuld- und Pfandprotokoll 1848

13 Gesuch der Vorsteher der jüdischen Gemeinde zu Segeberg um Genehmigung des Gemeinderegulativs 1848

34 Eingabe des Juden Jacob Meyer in Rendsburg zur Frage des freien Niederlassungsrechts 1848

36 Staatliche Unterstützung für das Schulwesen der jüdischen Gemeinde in Friedrichstadt (1847) 1848

181 Beerdigungen der hochdeutschen und portugiesischen Juden auf dem Kirchof in Altona 1850

182 Gesuch des Oberlehrers an der jüdischen Freischule in Altona Dr. Enoch um Befreiung vom Bürgerwehrdienst 1850-1851

183 Beschwerde des Kaufmanns Moritz Philipp in Glückstadt wegen seiner Hinzuziehung zu den Lasten der jüdischen Gemeinde 1850-1851

184 Erwerb einer Begräbnisstätte durch die jüdische Gemeinde in Kiel 1851-1852

## Kirchliche Verhältnisse des Militärs

10 Gesuch des Schloss- und Garnisonspredigers Dr. Lübkert in Glückstadt um Anweisung einer Entschädigung für das durch die Militärreduktion 1842 verminderte Priesteropfer 1848

204 Entschädigung der beiden Prediger an der Christ- und Garnisonskirche in Rendsburg für Einnahmeeinbußen an Priesteropfer 1848-1849

194 Entschädigung für den Kloster- und Garnisonsprediger Dr. Lüdemann in Kiel für das eingebüßte Priesteropfer 1848-1852

186 Anstellung von zwei Feldpredigern und Feldküstern 1849

201 Entlassung des Diakons Reepen als Feldprediger und Anstellung des Kandidaten der Theologie Hans Friedrich Neelsen 1849

202 Befugnisse des Feldpredigers Dr. Utgenannt zur Ausübung geistlicher Amtshandlungen 1849

203 Feldzulage und Reisekostenvergütung für Feldprediger und -küster sowie Beendigung der Amtstätigkeit der Feldküster 1849-1850

205 Druck von Gesangbüchern für die Armee 1850

196 Entlassung des Feldpredigers Neelsen 1850

198 Vergütung für Pastor von der Heyde in Friedrichsort für seine Tätigkeit als Seelsorger bei den dortigen Militärstrafanstalten 1850

199 Anstellung des Pastors Petersen in Ullerup als zweiter Feldprediger 1850

200 Gesuch des Kandidaten der Theologie Jacob Bernhard Frise in Kiel um Anstellung als Feldprediger 1850

188 Bestallung von Lazarettpredigern 1850

190 Funktion der Feldprediger während des Waffenstillstandes 1850

191 Genehmigung des Departements des Kriegswesens bei Bestallungen von geistlichen Beamten für die Armee 1850

195 Entlassung des Pastors Versmann als Feldprediger und Wiederbesetzung der Stelle durch Pastor Godbersen aus Simonskoog, Pension für den entlassenen Feldprediger Petersen in Ullerup 1850-1851

189 Tätigkeit der Feld- und Lazarettprediger 1850-1851

187 Bestallung und Entlassung eines Feldpropstes, der Feldprediger, der Feldküster und der Lazarettprediger 1850-1851

197 Anstellung des Kaplans Hahn als katholischer Feldprediger 1850-1851

193 Bestallung von Feldküstern 1850-1851

192 Totenregister des Feldpropstes für die Schleswig-Holsteinische Armee 1851-1852

### Krieg

206 Verwendung der Trümmer des Linienschiffes „Christian VIII.“ zu Erinnerungszwecken 1849

### Rechnungswesen

208 Haushalt für das Kirchen- und Schulwesen für 1849 1848-1849

209 Haushalt für das Kirchen- und Schulwesen für 1850 1849-1850

369 Buchführung und Rechnungsablage des Departements für geistliche und Unterrichtsangelegenheiten 1849-1851
Enthält u. a.: Liste der Gegenstände im Büro

210 Staatsrechnung des Departements für geistliche und Unterrichtsangelegenheiten für 1849 1850-1851

## Schule

### Allgemeines

1241 Begleitschreiben zur Einsendung eines Rechnungsexemplars der akademischen Kasse sowie der Professorenwitwenkasse für 1848 1849

### Personal

41 Gehalt des Lehrers Voigt in Sophienhamm 1848

226 Befreiung examinierter Seminaristen von der Militärpflicht 1849

228 Wahl der Schullehrer durch die Schulkommüne 1850

227 Verbot der Ansetzung von Landmilitärpflichtigen vor dem vierundzwanzigsten Lebensjahr zu Schullehrern 1850-1851

## Schulgeld

230 Eintreibung von Schulgeld bei Personen, die dem obersten Gerichtsstand unterliegen 1851

231 Schulgeld für Soldatenkinder 1851-1852

## Hinterbliebenenfürsorge

232 Errichtung einer Schullehrerwitwenkasse 1849-1851

233 Verwaltung der Schullehrerwitwenkasse 1851-1852
Enthält u. a.: tabellarische Übersichten der Kapitalien der einzelnen Schullehrerwitwenkassen der Propsteien

## Literarische Produktionen sowie literarische und wissenschaftliche Gesellschaften

19 Unterstützung für die „Schleswig-Holsteinische Zeitung" 1848

356 Herausgabe eines Kalenders in dänischer Sprache 1848

357 Gesuch des Dr. K. J. Clement in Ottensen um Beihilfe für die Herausgabe seiner Schrift „Über das wahre Verhältnis der dänischen Nationalität zur friesischen und deutschen im Herzogtum Schleswig" 1848-1849

234 Herausgabe eines Staatshandbuchs 1848-1849

235 Gesuche des Professors Thaulow um Unterstützung der „Schleswig-Holsteinischen Schulzeitung" 1848-1849
Darin: Exemplare der Zeitung vom 8. Februar bis 10. März 1849

358 Unterstützung der „Nordschleswigschen Zeitung" 1848-1851

236 Gesuch des Buchhändlers Franckel in Oldenburg und des Seminardirektors Asmussen in Segeberg um Vergünstigungen beim Postversand des „Schleswig-Holsteinischen Schulblattes" 1849

237 Gesuch des Dr. Ludolph Wienbarg in Kiel um Unterstützung aus Staatsmitteln für sprachlich-ästhetische Studien 1850

## Einzelne Schulen im Herzogtum Holstein

### *Propstei Altona*

239 Schule in Altona: Nachweis der Befähigung zur Gründung und Leitung von Unterrichtsanstalten 1849-1850

238 Schule in Altona: Aufhebung der Schulsteuer 1850

242 Schule in Altona: Gesuch des Seminaristen Soltau in Blankenese um Erlaubnis zur Niederlassung als Privatlehrer 1849

240 Schule in Altona: Gesuch des Lehrers Jürgens um die Erlaubnis zur Errichtung einer privaten Knabenschule 1849

25 Schule in Altona: Vorfrage des Oberpräsidiums über die beabsichtigte Gründung einer privaten Mädchenschule durch Johanna Dorothea Baden 1849

241 Schule in Altona: Gesuch des Stadtschullehrers Hansen um Gewährung des Bürgerrechts 1849-1850

### *Propstei Kiel*

1208 Schule in Holtenau sowie Eintreibung rückständiger Schulleistungen im Gut Seekamp 1836-1849

246 Schule in Kiel: Gesuch der Schullehrerwitwe Wolansky um Bewilligung einer Pension 1849

243 Schule in Kiel: Gesuch des Dr. Chr. Rauch um finanzielle Unterstützung für die Gewerbeschule 1849

244 Schule in Kiel: Gesuch des Dr. Rauch um Bewilligung einer Anleihe aus der Staatskasse 1850

245 Kindergarten in Kiel 1852

247 Schule in Melsdorf: Gehaltszulage der Schullehrer für ihre Hilfslehrer 1849

248 Schule in Neumünster: Wahlrecht der Schulgemeinde bei Besetzung der Mädchenschulstelle 1849-1852

249 Schule in Quarnbek: Diensteinkünfte des Lehrers 1852

250 Schule in Schönwohld: Gesuch der Schullehrerwitwe Hansen um einstweilige Belassung der Einkünfte der Schulstelle 1850

251 Schule in Sellin: Handdienste der Insten bei Bauten und Reparaturen an Schulgebäuden 1851-1852

*Propstei Münsterdorf*

264 Schule in Altenmoor: Schulschuld, Schulgehalt, Schullasten 1851-1852

269 Schule in Ecklak: Anleihe zum Bau eines Schulhauses 1852

252 Schule in Glückstadt: Zinsauszahlung von dänischen Staatsobligationen im Besitz der Garnisons- und Freischule 1848-1849

253 Schule in Glückstadt: Befreiung der Lehrer von den städtischen Abgaben 1851-1852

254 Schule in Glückstadt: Bestallung eines Gehilfen für den ersten Lehrer Lucht an der Hauptknabenschule 1851-1852

255 Schule in Glückstadt: Bestallung eines Rechnungsführers für die Schulkasse 1852

265 Schule in Grönland: Vergrößerung der Schulstelle, Präsentation von Autodidakten 1851

256 Schule in Itzehoe: Entlassung des zum Rektor der Bürgerschule gewählten Johann Jakob Reimers aus dem Militärdienst 1849-1850

257 Schule in Itzehoe: Gesuch des Mädchenschullehrers Heinrich Anton Schmidt um Vergütung seines Unterrichts in der Knabenklasse 1851

258 Schule in Itzehoe: Tätigkeit und Unterricht des Elementarlehrers Gross 1851-1852

16 Schule in Krempe: Vorstellung mehrerer Bürger und Einwohner wegen der Besetzung der Schulstellen 1848

261 Schule in Krempe: Gesuche um Erlass von Schulbrüchen 1849

262 Schule in Krempe: Gesuch der Rechenmeisterwitwe Hansen um Unterstützung 1849

259 Schule in Krempe: Verwaltung des Schulwesens 1851

260 Schule in Krempe: Kirchen- und Schullasten der Schullehrer 1851

266 Schule in Sommerland: Befreiung der Lehrer vom Militärdienst 1850

263 Schule in Steindamm: Befreiung des Lehrers Andreas Feddersen vom Militärdienst 1849

267 Schule in Wilster: Wahl der Schullehrer 1851

268 Schule in Wilster: Bestreitung von Ausgaben durch die Stadtkasse 1851

*Propstei Norderdithmarschen*

270 Unterstützungen für außerordentliche Bedürfnisse des Seminars und an verschiedene Lehrer in Norderdithmarschen 1850-1851

271 Schule in Lehe-Darenwurth-Preil: Anleihe für Schulbauten 1851

272 Schule in Lehe-Darenwurth: Dotierung der Schulen 1851

273 Schule in Neuenkirchen: Anleihe 1851

274 Schule in Tellingstedt: Schulgeld für arme Kinder (1847) 1848-1850

275 Schule in Tielenhemme: Entlassung des Seminaristen Fischer aus dem Militärdienst 1850

### *Propstei Oldenburg*

277 Gesuch der Insten und Heuerlinge in Bliesdorf um Gleichstellung mit den Insten der Propstei Oldenburg hinsichtlich der Schullasten 1848

276 Gesuch von Lehrern im Amt Cismar um Erhöhung ihres Feuerungsdeputats 1848-1849

278 Gesuch von Lehrern des Kirchspiels Altenkrempe um Befreiung von der Einquartierung von Bundestruppen 1851

280 Schule in Gosdorf: Verkauf einer Staatsobligation 1852

279 Schule in Nienhagen: Schullasten, Unterstützung aus dem Schulfonds 1849-1852

### *Propstei Pinneberg*

281 Schule in Klein-Flottbek: Errichtung eines Schulhauses 1850, 1852

282 Schule in Neuendeich: Befreiung des Seminaristen Marckmann vom Militärdienst 1849

284 Schule in Uetersen: Vakanz des Rektorats 1850

283 Schule in Uetersen: Schulordnung 1852

285 Schule in Wedel: Gesuch des Elementarschullehrers Theodor Reimer um Anstellung als Distriktsschullehrer 1851

### *Propstei Plön*

287 Schule in Glasholz: Aussetzung des Schulhausbaus 1849

1226 Verteilung der Realschullasten im Schuldistrikt Havekost im Amt Ahrensbök 1851

291 Schule in Pehmen-Bredenbek: Befreiung des Schullehrers C. Dibbern vom Militärdienst 1849

288 Schule in Plön: Besetzung der zweiten Elementarlehrerstelle an der Bürgerschule 1851

289 Schule in Plön: Ansetzung des Amtmanns Graf von Rantzau zum Schulgeld 1851-1852

290 Schule in Plön: Verkauf einer Obligation 1852

286 Schule in Reinfeld: Ansetzung des Parzellisten Hermann Rautenberg zu den Schullasten 1851-1852

*Propstei Rantzau*

294 Schule in Barmstedt: Landüberlassung in Erbpacht 1852

292 Schule in Bockholz: Unterstützung für den Lehrer Warnholz 1849

293 Schule in Ellerhoop: Vorstellung der Lehrer Cordt Stahl und Peter Pingel wegen einer Einrichtung am Schulhaus 1849

295 Schule in Elmshorn: Beschwerde des Jasper Deecke wegen seiner Ansetzung zu den Schullasten (1851) 1852

296 Schule in Langelohe: Schuldabtrag 1850-1851

*Propstei Rendsburg*

17 Schule in Alt- und Neubüdelsdorf: Gesuch von Joachim Friedrich Hansen und mehrerer Arbeiter der Carlshütte wegen des Schulgeldes der Schulkommüne 1848

297 Schule in Bovenau: Neubau des Organisten- und Schulhauses 1851

302 Schule in Homfeld: Beihilfe aus der Staatskasse für den Schulbau 1851

299 Schule in Kellinghusen: Regulativ für die Industrieschule 1850

298 Schule in Remmels: Geldleistung der Insten für das Schultorfstechen 1850

304 Schule in Rendsburg: Umwandlung der höheren Volksschule in eine Staatsanstalt (1847) 1848-1849
Enthält u. a.: Bericht über Ab- und Zugang von Schülern sowie Unterrichtstabellen, 1847

303 Schule in Rendsburg: Unterbringung einer armen Familie im Schulgebäude 1849

305 Schule in Rendsburg: Gesuch der Witwe des Lehrers an der Garnisonsschule Hinrichsen um Bewilligung einer Pension 1850

300 Schule in Sarlhusen: Gesuch des Schullehrers Claus Hinrich Brandt um Befreiung vom Militärdienst 1852

306 Schulen in Wacken und Vaale: Aufhebung der Trennung der Schulkommünen 1848-1849

301 Schule in Winseldorf: Bearbeitung des Schullandes durch den Schullehrer Hüttmann (1843-) 1849-1852

*Propstei Segeberg*

18 Gesuch der Vorsteher der Armenkommüne des Kirchspiels Kaltenkirchen um Befreiung vom Schulgeld für arme Kinder in fremden Schuldistrikten (1846-) 1848

310 Schule in Hüttblek: Gesuch des Schullehrers Jochim Fuhlendorf um Anstellung als Distriktsschullehrer 1851

308 Schule in Kalübbe: Entlassung des Schullehrers Gondesen 1851

312 Schule in Oldesloe: Beteiligung der Schulinteressenten bei Besetzung des Rektorats 1850

311 Schule in Oldesloe: Änderung der Schulordnung 1851

307 Schule in Stocksee: Rechnung der Hausvogtei des Amtes Plön anlässlich des Schulneubaus 1849-1850

309 Schule in Weddelbrook-Mönkloh: Einrichtung des Schulwesens, Pension für den Schullehrer J. W. Meyer 1848

*Propstei Stormarn*

315 Schule in Boberg: Befreiung des Schullehres Claus Hinrich Kruse vom Militärdienst 1850

316 Schule in Jenfeld: Beschwerde des Schullehrers Ketelsen wegen Veranlagung zur Einquartierung 1851

317 Schule in Öjendorf: Schulneubau 1849-1851

313 Schule in Poppenbüttel: Pensionierung des Schullehrers Momme Andresen 1851

314 Schule in Wellingsbüttel: Diensteinkünfte des Schullehrers 1851-1852

*Propstei Süderdithmarschen*

318 Schule in Diekhusen: Änderung in der Verteilung der Schullasten 1848

319 Schule in Norderwisch: Gesuch des Schullehrers Marx Clausen um Verbesserung seiner Einkünfte 1848

320 Schule in Schmedeswurth: Erstattung einer rückständigen Geldsumme an den Schullehrer J. Witt für die Leitung der Industrieschule 1851

321 Schule in Süderhastedt: Herabsetzung von Schulländereien bei den Schullasten 1851

## Schulen im Herzogtum Schleswig

355 Lehranstalten im Herzogtum Schleswig 1848-1851
Enthält: Garnisons- und Realschule in Schleswig; Navigationsschule; Realschule in Apenrade

361 Organisation der Schulen im Herzogtum Schleswig 1848-1849
Enthält: Schulbau in Bredstedt; Einführung eines dänischen Lehrbuchs

362 Umfang und Verfassung der Schulkommünen im Herzogtum Schleswig 1848-1850
Enthält: Erfde; Bredstedt; Garding; Bünsdorf; Gottorfer Schlossgrund

366 Unterstützungen von Schulkommünen aus milden Stiftungen im Herzogtum Schleswig 1848-1851

365 Schullasten und Schuldenwesen im Herzogtum Schleswig 1848-1850

367 Besetzung und Erledigung von Schulstellen im Herzogtum Schleswig 1849-1850

352 Persönliche Verhältnisse der Schullehrer im Herzogtum Schleswig 1850
Enthält: Gesuch des Organisten Wüstenberg in Friedrichstadt um Erstattung seiner Kriegsschäden

353 Militärpflicht der Seminaristen und Lehrer im Herzogtum Schleswig 1849-1850

37 Gleichstellung des Lehrers Carsten Kühl in Hütten mit den examinierten Seminaristen und Befreiung vom Militärdienst (1841-) 1848

368 Einkünfte der Schullehrer im Herzogtum Schleswig 1848-1850

351 Unterstützung der Schullehrer aus Staatsmitteln und milden Stiftungen im Herzogtum Schleswig 1848-1850
Enthält: Einzelgesuche

354 Unterstützung der Witwe des Küsters Johannsen in Burkarl 1849

## Gelehrtenschulen

953 Gelehrtenschulen (1847) 1848-1852

Enthält: Gelehrtenschulen und Gymnasien in Altona, Glückstadt, Hadersleben, Husum, Kiel, Meldorf, Plön, Rendsburg, Schleswig und Segeberg
Enthält u. a.: Reparaturen am Schulgebäude in Plön; Verwendung des Gymnasiums in Altona als Militärlazarett; Personal; Stipendien und Stiftungen; Errichtung eines Prägymnasiums in Segeberg; ökonomische Verhältnisse der Gelehrtenschulen und Kompetenzen der Lehrer; Regulativ vom 28. Januar 1848 für die Gelehrtenschulen; Verfassung des Gymnasiums in Altona

364 Gelehrtenschulen im Herzogtum Schleswig: Gesuche um Gehaltsauszahlungen 1850-1851

1296 Anstellung des Lehrers Johann Heinrich Scharenberg an der Gelehrtenschule in Kiel 1848-1849

363 Reparaturen am Domschulgebäude in Schleswig 1849

## Schullehrerseminare

954 Schullehrerseminare in Segeberg und Tondern (1840-) 1848-1852

Enthält u. a.: Bürgerrecht der Lehrer in Segeberg; Errichtung eines dänischen Schullehrerseminars; Musiklehrer in Tondern; Militärpflicht der Seminarkandidaten; Benutzung der Gebäude in Tondern als Militärlazarett; Jahresbericht 1847/48; Verhältnis der seminaristischen Bildung bei der Ernennung von Offizieren

225 Verwendung einer Summe für die Schullehrerseminare und einzelne Schulstellen 1849-1850

15 Antrag der Seminarlehrer am Segeberger Schullehrerseminar um Verbesserung der Stellung und Besoldung der Volksschullehrer 1848

# DEPARTEMENT DER FINANZEN

## Allgemeines

883 Zahlung von Apanagen an die Mitglieder der herzoglichen Familien von Schleswig-Holstein-Sonderburg-Augustenburg und Glücksburg 1848-1852

705 Kompetenz der Erbteilungsbehörde 1849

696 Post 1850
Enthält u. a.: Beförderung von Schreiben des Departements der Finanzen; Portofreiheit

1297 Einsendung von Verzeichnissen über das den Ämtern und Landschaften im Herzogtum Schleswig überlassene Staatseigentum 1850

1291 Vermessungen in den Herzogtümerm Schleswig und Holstein 1850

1090 Inventarisierung des Staatsvermögens 1850-1851

1089 Bibliothek des Finanzdepartements 1850-1852
Enthält u. a.: Rechnungen von Buchhandlungen

1173 Protokollauszüge zu Resolutionen für das Finanzdepartement März-Mai 1851

1220 Protokollauszüge zu Resolutionen für das Finanzdepartement Juni 1851-Februar 1852

## Beamte

20 Teuerungszulage für die Deichbeamten 1847-1848

62 Amtsverwalter Lindenhan in Hadersleben 1848

721 Vorschläge zu einer Pensionsordnung 1848

698 Wiederbesetzung der Reitvogtei der Hvidding- und Norderrangstrupharde 1848-1850

1221 Kanalsekretär und Rechnungsführer Brandt in Rendsburg 1848-1850

699 Wiederbesetzung der Landschreiberei auf Pellworm (1843) 1849

732 Gehalt des Schlosspförtners in Husum und der Höftmänner in Schwabstedt und Rödemis 1850

1195 Entschädigungen für die Hebungsbeamten im Herzogtum Schleswig 1851

## Pension

674 Pensionen aus der Kriegshospitalkasse im Herzogtum Holstein 1851

## Landesversammlung

1055 Verteilung der Landtagskosten für 1848-1851 (1845) 1848-1850

1054 Kosten der Landesversammlung 1849

1027 Kosten der Landesversammlung 1849

735 Kosten der Landesversammlung 1850
Enthält: Weigerung der Herausgabe von Steuerlistenauszügen über die Wahlberechtigten durch den Landschreiber Malling in Süderstapel

## Bankinstitut

885 Gesetzentwurf zur Errichtung einer Schleswig-Holsteinischen Bank, einer National- und Filialbank sowie einem Bankinstitut 1848-1850
Enthält u. a.: Schreiben Wilhelm Ahlmanns an die Provisorische Regierung aus Flensburg mit allgemeinen Kriegsnachrichten

## Militär

895 Beilagen zur Eisenbahnbeförderungsrechnung für das 10. Bundesarmeekorps 1848

739 Korn- und Fouragepreise 1848-1849

723 Übertragung der Geschäfte des Oberkriegskommissariats auf die Hauptkasse in Rendsburg 1849-1852

727 Zahlungsanweisungen für Kriegskosten 1851

722 Militärpensionsgesetz (1825) 1849-1850
Darin: „Altonaer Mercur" vom 29. Januar 1850

730 Pensionen für ausländische Militärpersonen 1850

729 Pensionen für Militär- und Zivilpersonen 1850-1852
Enthält u. a.: Verzeichnisse der Invaliden und Witwen

725 Abfindung entlassener Offiziere und Militärbeamter 1850-1852

726 Abfindung entlassener Offiziere 1851

724 Verzicht von Militärpersonen auf Pension gegen Abfindung 1850-1851

## Kriegsfuhren, Kriegskosten und Kriegsentschädigungen

892 Beihilfe für kriegsgeschädigte Einwohner in der Stadt Schleswig 1848
Darin: „Schleswiger Intelligenzblatt" vom 7. Juni und 6. September 1848

1031 Vergütungen für Kriegsschäden 1848-1849
Enthält: Schlosswassermühle in Hadersleben; Mühle in Lundsgaard; Schlachtermeister Peter Tüchsen in Apenrade

890 Verschiedene Kriegskosten 1848-1852
Enthält u. a.: Anschaffung von Spitzkugelbüchsen; Brücke in Missunde; Lazarettkosten in Altona

891 Kriegsentschädigungen für Privatpersonen 1849-1851

889 Kriegsfuhrwesen 1849-1852

888 Verpflegung der Armeen 1850-1851

893 Verpflegungskosten der österreichischen Truppen 1851

894 Verpflegungskosten der österreichischen Truppen 1851-1852

# Anleihen

## Zwangsanleihen

625 Zwangsanleihe vom 10. April 1850: Städte und Landdistrikte im Herzogtum Holstein 1850-1852

624 Zwangsanleihe vom 2. Mai 1849 1849-1850
Enthält u. a: Herrschaft Breitenburg; unerledigte Angelegenheiten aus dem Herzogtum Schleswig; Rechnungskontrollen

666 Zwangsanleihe vom 10. April 1850: Verzeichnisse des Steuerwertes der Ländereien und haussteuerpflichtigen Gebäude 1850

668 Zwangsanleihe vom 10. April 1850: verschiedene Verzeichnisse 1850-1851

656 Zwangsanleihe vom 2. Mai 1849: Städte und Flecken im Herzogtum Schleswig 1849-1850

1023 Zwangsanleihe vom 4. Mai 1849: Geestharden des Amtes Tondern 1849-1850

630 Zwangsanleihe vom 2. Mai 1849: Landdistrikte im Herzogtum Schleswig 1849-1852

627 Zwangsanleihe vom 10. April 1850: Herzogtum Schleswig 1850-1851

619 Zwangsanleihe vom 2. Mai 1849: Städte im Herzogtum Holstein 1849-1851

622 Zwangsanleihe vom 2. Mai 1849 1849-1851
Enthält u. a.: Übersicht über die von den Kommunen im Herzogtum Holstein entrichteten Zwangsanleihen; Verzeichnis über den Steuerwert der Ländereien und den Taxationswert der Gebäude im Herzogtum Holstein; Zinsanweisungen

620 Zwangsanleihe vom 2. Mai 1849: Landdistrikte im Herzogtum Holstein 1849-1852

626 Zwangsanleihe vom 10. April 1850: Güterdistrikte im Herzogtum Holstein 1850-1852

623 Zwangsanleihe vom 2. Mai 1849: Konzepte zu den Obligationen 1849

621 Zwangsanleihe vom 2. Mai 1849: adlige Güter, Köge, Fideikommissgüter, Kanzleigüter und lübsche Güter sowie Stadtstiftsdörfer 1849-1852

628 Zwangsanleihe vom 10. April 1850: Konzepte der Obligationen 1850-1851

660 Zwangsanleihe vom 10. April 1850: Köge; Kanzleigüter; lübsche Güter; Stadtstiftsdörfer; Wildnisse; Neustädter Hospitalsmühle 1850-1852

665 Zwangsanleihe und Kriegssteuer vom 10. April 1850 1850-1852
Enthält u. a.: Zinszahlungen; rückständige Steuern im Dänischwohlder Güterdistrikt; Verzeichnis des Landsteuer- und Taxationswertes der Güter und Klöster; Übersichten

655 Zwangsanleihe vom 10. April 1850: Konzepte der Obligationen 1850-1851

667 Zwangsanleihe vom 10. April 1850: Zinsanweisungen 1850-1852

## Vermögens- und Einkommensanleihen

642 Vermögens- und Einkommensanleihe vom 4. Oktober 1850 1850-1852

643 Vermögens- und Einkommensanleihe vom 4. Oktober 1850: Zusammenstellungen und Übersichten 1850-1852

644 Vermögens- und Einkommensanleihe vom 4. Oktober 1850 1850-1852

Enthält u. a.: allgemeine Bekanntmachungen; Eintreibung der Anleihe im Herzogtum Schleswig; Verzeichnisse über die Obligationen; Einzahlungen; Zusammenstellungen und Übersichte; Rückstände in der Anleihe

673 Vermögens- und Einkommensanleihe vom 4. Oktober 1850: Ämter Hütten und Gottorf, Landschaft Stapelholm, Dänischwohlder Güterdistrikt 1850-1851

1021 Einkommensanleihe vom 4. Oktober 1850: Städte, Landdistrikte und Güter im Herzogtum Holstein 1850-1851

671 Vermögens- und Einkommsanleihe vom 4. Oktober 1850: Städte im Herzogtum Holstein 1850-1852

707 Vermögens- und Einkommensanleihe vom 4. Oktober 1850: Register für Altona, Ottensen und Neumühlen 1850

634 Vermögensanleihe vom 4. Oktober 1850: Städte im Herzogtum Holstein (A-K) 1850-1852

635 Vermögensanleihe vom 4. Oktober 1850: Städte im Herzogtum Holstein (L-W) 1850-1851

633 Einkommensanleihe vom 4. Oktober 1850: Ämter und Landschaften im Herzogtum Holstein 1850-1851

636 Vermögensanleihe vom 4. Oktober 1850: Ämter und Landschaften im Herzogtum Holstein (A-N) 1850-1852

638 Vermögensanleihe vom 4. Oktober 1850: Ämter und Landschaften im Herzogtum Holstein (S-T) 1850-1852

637 Vermögensanleihe vom 4. Oktober 1850: Herrschaft Pinneberg und Amt Plön 1850-1852

669 Vermögensanleihe vom 4. Oktober 1850: Grafschaft Rantzau sowie Ämter Reinbek, Reinfeld, Rendsburg und Rethwisch 1850-1852

733 Vermögens- und Einkommensanleihe vom 4. Oktober 1850: Reklamationen im Norderteil der Landschaft Süderdithmarschen 1850

638 Vermögensanleihe vom 4. Oktober 1850: Ämter und Landschaften im Herzogtum Holstein (S-T) 1850-1852

639 Vermögensanleihe vom 4. Oktober 1850: Klöster, Fideikommissgüter, Kanzleigüter, lübsche Güter und Köge im Herzogtum Holstein 1850-1852

640 Vermögensanleihe vom 4. Oktober 1850: Itzehoer und Preetzer Güterdistrikt 1850-1851

1016 Einkommensanleihe vom 4. Oktober 1850: Itzehoer Güterdistrikt 1850-1851

1015 Einkommensanleihe vom 4. Oktober 1850: Kieler Güterdistrikt 1850-1851

641 Vermögensanleihe vom 4. Oktober 1850: Kieler und Oldenburger Güterdistrikt, Fideikommissgüter, Amt Hütten, Dänischwohlder Güterdistrikt 1850-1851

1013 Einkommensanleihe vom 4. Oktober 1850: Oldenburger Güterdistrikt 1850

1014 Einkommensanleihe vom 4. Oktober 1850: Preetzer Güterdistrikt 1850

1011 Einkommensanleihe vom 4. Oktober 1850: Köge im Herzogtum Holstein 1850

1012 Einkommensanleihe vom 4. Oktober 1850: Klosterdistrikte im Herzogtum Holstein 1850

1017 Einkommensanleihe vom 4. Oktober 1850: herzogliche Fideikommissgüter 1850-1851

1018 Einkommensanleihe vom 4. Oktober 1850: Kanzleigüter im Herzogtum Holstein 1850-1851

1019 Einkommensanleihe vom 4. Oktober 1850: lübsche Güter 1850-1851

646 Vermögens- und Einkommensanleihe vom 4. Oktober 1850: Obligationen aus dem Herzogtum Holstein 1850
Enthält: Nr. 1-8702

647 Vermögens- und Einkommensanleihe vom 4. Oktober 1850: Obligationen aus dem Herzogtum Holstein 1850
Enthält: Nr. 8703-16210

648 Vermögens- und Einkommensanleihe vom 4. Oktober 1850: Obligationen aus dem Herzogtum Holstein 1850
Enthält: Nr. 16211-23552

649 Vermögens- und Einkommensanleihe vom 4. Oktober 1850: Obligationen aus dem Herzogtum Holstein 1850
Enthält: Nr. 23553-29744

650 Vermögens- und Einkommensanleihe vom 4. Oktober 1850: Obligationen aus dem Herzogtum Holstein 1850
Enthält: Nr. 29745-39659

651 Vermögens- und Einkommensanleihe vom 4. Oktober 1850: Obligationen aus dem Herzogtum Holstein 1850
Enthält: Nr. 39660-42506

652 Vermögens- und Einkommensanleihe vom 4. Oktober 1850: Obligationen aus dem Herzogtum Holstein 1850
Enthält: Nr. 42507-44363

653 Vermögens- und Einkommensanleihe vom 4. Oktober 1850: Obligationen aus dem Herzogtum Holstein 1850
Enthält: Nr. 44364-47554

654 Vermögens- und Einkommensanleihe vom 4. Oktober 1850: Obligationen aus dem Herzogtum Holstein 1850
Enthält: Nr. 47555-48950

645 Vermögens- und Einkommensanleihe vom 4. Oktober 1850
Enthält: Militärpersonen 1850-1851

661 Verzeichnisse über die Obligationen der Einkommensanleihe vom 4. Oktober 1850 [1851]
Enthält: Städte, Güter und Landdistrikte im Herzogtum Holstein

663 Register über die Interimsquittungen für die Vermögensanleihe vom 4. Oktober 1850 [1850-1851]

664 Register über die Interimsquittungen für die Vermögensanleihe vom 4. Oktober 1850 [1850-1851]

712 Zinskupons der Vermögens- und Einkommensanleihe vom 4. Oktober 1850 1849-1850

706 Ausfertigungen der Obligationen für die Vermögens- und Einkommensanleihe 1850

670 Vermögens- und Einkommensanleihe vom 4. Oktober 1850 1850
Enthält: Reglement für die Hilfsarbeiter zur Ausfertigung der Staatsobligationen und Zinskupons

1281 Quittungen über Zinszahlungen auf Obligationen durch die Kämmerei in Altona 1851

672 Vermögens- und Einkommensanleihe vom 4. Oktober 1850
Enthält: Übertragungen von Obligationen 1851-1852

662 Generalverzeichnisse über eingelöste Zinskupons der Vermögens- und Einkommensanleihe von 1850 1852

## Kriegssteueranleihen

657 Kriegssteueranleihe vom 10. April 1850 1850-1851
Enthält u. a.: Zusammenstellungen

659 Kriegssteueranleihe vom 10. April 1850: adlige Güter, Klöster, Köge im Herzogtum Schleswig 1850-1851

629 Kriegssteueranleihe vom 10. April 1850: Städte und Güter im Herzogtum Schleswig sowie Landschaft Eiderstedt 1850-1851

658 Kriegssteueranleihe vom 10. April 1850: Städte und Landdistrikte im Herzogtum Holstein, Kanzleigüter, lübsche Güter und Stadtstiftsdörfer 1850-1852

## Freiwillige Anleihen

632 Freiwillige ausländische Anleihe vom 26. September 1850 1850-1851

631 Freiwillige inländische Anleihe vom 22. Juli 1850 1850-1852
Enthält vor allem: Zahlungen einzelner Personen

## Hebungswesen

700 Hebungen der Landschaft Sylt 1848-1849
Enthält u. a.: Notate über die Landrechnung für 1847

701 Hebungen des Amtes Hadersleben, Osterteil 1848-1849

1169 Hebungsbedienungen im Herzogtum Schleswig 1848-1851
Enthält: Landschaften Eiderstedt, Stapelholm, Fehmarn und Pellworm; Ämter Hütten, Flensburg, Lügumkloster und Hadersleben; Glücksburg

1170 Hebungsbedienungen im Herzogtum Schleswig 1848-1851
Enthält: Allgemeines; Ämter Tondern, Apenrade, Bredstedt, Gottorf und Husum; Sundewitt; Hardesvogteien; Stadtpfennigmeister in Friedrichstadt; Landschaften Föhr und Amrum; Stempelpapierverwalter; Kirchspielvogteien; Hauptkasse

702 Hebungsbeamte auf Föhr und Amrum 1849
Enthält u. a.: Verzeichnis der Archivalien in Föhr zum Steuerwesen

## Steuern

734 Verzeichnis unerledigter Steuerangelegenheiten im Herzogtum Schleswig [1848-1849]

594 Außerordentliche Steuern 1848-1852

697 Kosten der Steuerhebungen 1850

596 Steuerfälle im Herzogtum Holstein für 1850 1850-1851
Enthält u. a.: Verzeichnisse über Halbprozentsteuer auf Erbschaften, Auktionen und Immobilienumsätze; Kollateralsteuer

27 Einkommensteuer August-September 1848
Enthält: Altona; Kirchspiele Heiligenhafen, Horst, Nordhastedt, Preetz und Stellau; Breitenburg; Güterdistrikte Kiel, Preetz und Oldenburg; Kloster Preetz; Prälaten und Ritterschaft

1217 Einkommensteuer aus den drei Kirchspielen der Landschaft Stapelholm 1848

1171 Einkommensteuer im Herzogtum Schleswig 1848-1849

1235 Einkommensteuer vom 31. Juli 1848: Dänischwohlder Güterdistrikt 1848-1849

675 Einkommensteuer 1848-1850
Enthält u. a.: Ämter Apenrade und Flensburg

599 Einkommensteuer von Militärpersonen 1848-1851

229 Einkommensteuer: Städte 1850
Enthält: Gesuch des Bürgers und Blumenfabrikanten Sommerfeld in Schleswig um Erlass der Einkommensteuer

731 Einkommensteuer in der Landschaft Fehmarn 1850

35 Kriegssteuer 1848

32 Kriegs- und Einkommensteuer 1848
Enthält: Kirchspiele Heiligenhafen, Neuenkirchen und Sülfeld; lübsches Gut Steinrade; adliges Gut Ludwigsburg; Kleiseer Koog

1274 Kriegs- und Einkommensteuer im Herzogtum Schleswig 1848

1275 Kriegs- und Einkommensteuer im Herzogtum Schleswig (1848) 1849
Enthält: Bünsdorf im Amt Hütten; Kirchspiel Sterup; Amt Hadersleben; Landschaft Sylt

682 Gesuch des Hofbesitzers Hennings in Witzwort um Befreiung von der außerordentlichen Kriegsteuer 1849

597 Kriegssteuer 1849-1851
Enthält u. a.: Einzelgesuche um Steuerbefreiung

54 Kontribution 1848

53 Befreiungen von der Rangsteuer 1848

58 Befreiung von der Rangsteuer 1848
Enthält: Gesuche vom Oberförster C. A. von Walterstorff und dem Rektor Georg Friedrich Schumacher in Schleswig

56 Erlass der Rangsteuer für die Ziegelei im adligen Gut Noer 1848

681 Rangsteuer im Herzogtum Schleswig 1849-1851

678 Kopfsteuer im Herzogtum Schleswig 1848-1850
Enthält u. a.: Befreiung der Kolonisten im Amt Gottorf

686 Haussteuer 1848-1849
Enthält: Gut Grüngrift; Tuchfabrikant Hermann Baade in Flensburg; Mühle in Schnaap

703 Haussteuer in Tönning 1849-1850

684 Gagen- und Akzidentiensteuer im Herzogtum Schleswig 1848-1849
Enthält: Pastor Christen Wollesen in Broacker und Propst Ahlmann in Tondern

689 Nahrungssteuer im Herzogtum Schleswig 1848-1849

59 Befreiung der Otteschen Armenstiftung in Eckernförde von der außerordentlichen Grund- und Hypothekensteuer 1848-1849

679 Grund- und Hypothekensteuer im Herzogtum Schleswig 1848-1851

595 Außerordentliche Grundsteuer nach der Verordnung vom 29. März 1849 1849-1851

676 Landsteuer im Herzogtum Schleswig 1849
Enthält: Norderschmedeby; Elsdorf; St. Johanniskloster vor Schleswig

708 Halbprozentsteuer für 1846 und 1847 im Herzogtum Schleswig 1846-1849

685 Erbschaftssteuer im Herzogtum Schleswig 1849
Enthält: Nachlässe von Hans Jürgen Bucke in Buhrkall (Burkarl) und vom Hufner Wree in Südensee

1228 Vierprozent- und Halbprozentsteuerlisten des Amtes Ahrensbök 1849-1851

687 Stempelsteuer im Herzogtum Schleswig 1849-1850

60 Verbittels-, Schutz- und Instengeld in den adligen Güterdistrikten Dezember 1848-Januar 1849

680 Katen- und Instengeld im Herzogtum Schleswig 1848-1850

683 Verbittelsgeld im Herzogtum Schleswig 1849
Enthält: Amt Hütten und Gut Sandbek

1294 Gesuch des Besitzers der lübschen Güter Mori und Eckhorst Jacob Wilhelm Baudouin wegen Zahlung des Schutzgeldes 1848

677 Änderung der außerordentlichen Pflugzahl im Herzogtum Schleswig 1849

1199 Pflugzahlen der Ämter, Landschaften und Städte im Herzogtum Schleswig 1849

593 Pflugzahl und Landesmatrikel 1849-1852
Enthält u. a.: Abschriften aus dem Archiv des holsteinischen Landkommissariats zu Steuerregulierungen; Kosten für Katasterarbeiten; Ablösung der Grundlasten und Bannrechte

57 Gesuch des Drittelbohlbesitzers Hans Hansen in Nordhackstedt um Herabsetzung des Steuerwertes seiner Stelle 1848
Enthält u. a.: Auszüge aus dem Erdbuch 1797-1799

1240 Steuer im Herzogtum Schleswig 1848-1850
Enthält u. a.: Gesuch des Pächters Carsten H. Cordsen in Lindaunis um Entschädigung für Kriegsleistungen; Gefängnismiete in Friedrichstadt; Verkauf von beschlagnahmtem Mehl in Garding

598 Steuerwesen des Amtes Tremsbüttel 1849-1851
Enthält: Kassenuntersuchung; Abgaben für Grützqueren

692 Aufschub von Steuern im Herzogtum Schleswig 1849-1851

693 Quartiergeldrückstände der Stadt Eckernförde 1850

55 Anerkennungsgebühr des Böttchers Nommen Henning Koll in Niebüll 1848

## Abgaben

690 Brüchegelder im Herzogtum Schleswig 1848-1849

691 Magazinkorn- und Fouragelieferungen aus dem Herzogtum Schleswig 1848-1850

688 Pflichtkorn aus dem Herzogtum Schleswig 1849

695 Aufhebung des Hafergeldes in der Stiftsvogtei Bordelum 1849

694 Erlass von Abgaben im Herzogtum Schleswig 1849-1851

## Forstwesen

### Allgemeines

574 Generalbericht des Oberlandforstamts 1850-1852

581 Entwurf eines Handbuchs für Forst- und Jagdbeamte 1849

1059 Forstwesen (1797, 1837, 1841) 1848-1852
Enthält u. a.: Saatkrähen im Gehege Fickenhörn; Ankauf der Stadtheide bei Plön; Holzfällungen von österreichischem Militär im Gehege Wiedeholz in der Grafschaft Rantzau; Ausrodung der Büsche auf öffentlichen Wege durch die Wegekommünen; Reise des Försters Emeis zur Versammlung süddeutscher Forstwirte in Passau; Versammlung deutscher Land- und Forstwirte in Salzburg; Forstvergehen im Hamfelde; Einsendung des Amtssiegels der ehemaligen Plöner Oberförsterinspektion; Anstellungsgesuche; Rechnungen

1057 Forstbrüche 1849-1851

824 Holz-, Forst- und Jagdwesen: Amt Norburg 1827-1848
Enthält: Holzdeputat; Benutzung und Auslieferung von Waldeffekten; Torfmoore

714 Hegung und Preisgabe der Möwen auf der Möweninsel in der Schlei 1848-1850

### Beamte

1083 Forst- und Jagdamt des Herzogtums Schleswig 1848-1849
Enthält: Verwaltung und Personal

1070 Forstrevisor für das Herzogtum Schleswig (1829) 1848-1850
Enthält u. a.: Forstrevisor Speck; Diäten und Reisekosten

1036 Forstaufseher im Herzogtum Schleswig 1848-1850

1071 Diäten für Forstbeamte 1848-1851

711 Gesuche um Anstellung im Forstdienst 1850-1851

1110 Gagenzulage für den Holzvogt Neumann in Schedeberg (Amt Apenrade) 1848

1107 Holzvogt in Jürgensgaard (Amt Apenrade) 1848-1849

1101 Förster in Westerlund (Amt Apenrade) 1848-1849

1103 Holzvogt in Mölkjär (Amt Apenrade) 1848-1849
Enthält: Nachtrag zum Inventar

66 Besetzung der Holzvogtstelle in Jürgensgaard (Amt Apenrade) (1841-) 1848-1849

614 Anstellung eines Forstaufsehers in Leerskov im Apenrader Forstdistrikt 1849

64 Besetzung der Holzvogtstelle in Lindewitt (Amt Flensburg) (1830-) 1848

1038 Oberförster im Amt Flensburg 1848
Enthält: Rechnung der Holzfällungsgelder für 1847/48; Empfang eines Rundschreibens zu erlassenen Gesetzen und Verordnungen

820 Gesuch des Holzvogts Wittenberg aus Handewittbusch bei Flensburg um die weitere Benutzung eines Wiesenlandes im Lindewitter Holz 1848

1044 Holzvogt in Lindewitt (Amt Flensburg) 1848-1849

1106 Holzvogt in Kluesriis (Amt Flensburg) 1848-1849
Enthält: Landankauf

616 Holzvogt Wilhelm Carl Grotian in Westertreia (Amt Gottorf) 1848-1849

1079 Förster in Christianslust (Amt Gottorf) 1848-1849, 1852
Enthält u. a.: Meinungsverschiedenheiten zwischen dem Förster Niemann und dem Hausvogt Kirchner

1095 Holzvogt in Ülsbyholz (Amt Gottorf) 1849

1122 Torfausweisung für den Holzvogt Hansen in Hüsbygaard (Amt Gottorf) 1849

1123 Förster in Christiansgabe (Amt Gottorf) 1848-1849

1042 Wiedereinsetzung des Holzvogts Lauritzen in Wargaardlund (Amt Hadersleben) 1848

61 Besetzung der Holzvogtstelle in Kurzböll (Amt Hadersleben) (1841-) 1848

1043 Holzvogt in Stursböllund (Amt Hadersleben) 1848-1849

1064 Oberförsterinspektion im Amt Hadersleben 1848-1849

1037 Forstdienststelle in Löverodde (Amt Hadersleben) 1848-1849

1082 Förster in Neuenhof (Amt Hadersleben) 1848-1849
Enthält: Empfangsbestätigung für eine Proklamation; Gage für den Forstrat Grotian

1085 Förster in Linnetskov (Amt Hadersleben) 1848-1849
Enthält u. a.: Ausweisung des entlassenen Försters Warner

1041 Forstdienststelle in Holbek (Amt Hadersleben) 1848-1850

1039 Forstdienststelle in Stenderupstrand (Amt Hadersleben) 1849

1034 Bau einer Scheune und eines Viehhauses auf der Hegereiterstelle in Immenstedtholz (Amt Husum) 1847-1848

1097 Urlaubsgesuch des Holzvogts de Linde in Lehmsiek (Amt Husum) 1848

1117 Entlassung des Holzvogtes Leonhard Stolbom in Ostenfeld (Amt Husum) (1845-) 1849-1850

| | | |
|---|---|---|
| 1099 | Förster in Elsdorf (Amt Hütten) | 1848-1849 |
| 1094 | Förster in Hütten (Amt Hütten) | 1849 |
| 1115 | Holzvogt in Ahlefeld (Amt Hütten) | 1849-1850 |
| 1066 | Holzvogt in Brannenhorst (Amt Hütten) | 1850 |
| 1111 | Holzvogt Fischer-Benzon in Dravit (Amt Lügumkloster) | 1848 |
| 1108 | Förster in Dünth (Amt Sonderburg) | 1848-1849 |
| 65 | Besetzung der Holzvogtstelle in Lütjensee | 1849 |
| 710 | Besetzung der Försterstelle in Quickborn | (1841, 1848) 1849 |
| 709 | Besetzung der Försterstelle in Winsen | (1848) 1849 |

## Kulturen

| | | |
|---|---|---|
| 1053 | Forstkulturen 1847/48 im Herzogtum Schleswig | 1848-1849 |
| 1087 | Forstkulturen 1848/49 im Herzogtum Schleswig | 1848-1849 |
| 1051 | Forstkulturen 1848/49 im Herzogtum Schleswig | 1848-1849 |
| 1056 | Forstkulturen 1849/50 im Herzogtum Schleswig<br>Enthält: Zahlungsanweisungen für Arbeiten in Hohn und für Holzschlagskosten für Oberforstmeister Speck | 1850 |
| 575 | Forstkulturen im Herzogtum Holstein<br>Enthält: Forstkultur- und Forstverbesserungsrechnungen | 1847-1849 |
| 576 | Forstkulturen im Herzogtum Holstein | 1848-1850 |
| 577 | Forstkulturen im Herzogtum Holstein | 1849-1851 |

## Nutzungen

611 Vergütungen an Prediger und Predigerwitwen für nicht geliefertes Deputatholz 1848

51 Holz-, Torf- und Moornutzung im Herzogtum Schleswig 1848

612 Holz-, Torf- und Moornutzungen im Herzogtum Schleswig 1848-1851
Enthält u. a.: Holzlieferungen an die Schleswig-Holsteinische Armee

578 Forstnutzungen im Herzogtum Holstein 1850-1851

579 Forstnutzungen im Herzogtum Holstein 1851-1852

## Gehege

1088 Gehege im Amt Gottorf 1848-1849
Enthält: Holzfällen im Gehege Tiergarten bei der Stadt Schleswig; landesherrlicher Beitrag zu den Schullasten in Satrup; Mergelgraben im Gehege Steinholz

1116 Gehege im Amt Flensburg 1848-1849
Enthält: Landsteuer für die Oberförsterstelle in Sandwig; Beitrag des Hofes Lindewitt zur Schulkasse von Großenwiehe

1077 Gehege im Amt Hütten 1849-1850
Enthält u. a.: Steinlieferungen aus dem Gehege Osterhamm für einen Brückenbau

## Moore

1118 Moore im Amt Flensburg: Torfausweisung aus dem sogenannten Prästensmoor 1848-1849

1072 Moore im Amt Hütten 1848-1849
Enthält u. a.: Gesuche um Überlassung von Moorländereien

1104 Moore im Amt Gottorf: Iplander Moor und Königsmoor zwischen Tetenhusen und Meggerkoog 1848-1850

1084 Abkjermoor im Amt Hadersleben 1849

### Rodungen

736 Rodungen im Amt Gottorf 1848-1849

737 Rodungen im Amt Hadersleben 1848-1849

738 Rodungen 1848-1849
Enthält vor allem: Herzogtum Schleswig

## Jagdwesen

29 Jagd (1823) 1847-1848
Enthält u. a.: Gesuche zur Überlassung der Jagd; Schreiben zur Aufhebung des Jagdregals

580 Jagdwesen 1847-1851
Enthält u. a.: Verminderung des Damwildbestandes; Jagdgesetz

28 Verordnungen zur Aufhebung des Jagdregals 1848

582 Jagdpacht 1848-1850

1120 Amtsjäger Boberg in Tondern (1848) 1849-1850

## Pachtwesen

1081 Verpachtungen: Fischerei im Treßsee, Wirtshaus in Niehuus 1848-1849

1105 Verpachtungen: Stadtwaage in Friedrichstadt 1848-1849

1092 Verpachtungen: Stampfmühlenteich bei Apenrade; Verpachtungen von Dienstländereien des Amtmanns im Amt Apenrade 1848-1849

1045 Verpachtungen: Ämter Tondern, Hütten und Hadersleben, Friedrichstadt, Bottzowische Ländereien im Gotteskoog, Wegegeldhebung bei Sandbek, Vorufer bei Osterhever 1848-1849

1033 Erbpachten: Schluxharde, Porrenkoog, Kornwindmühle in Wester-Ohrstedt, Koldenbütteler Herrenhallig, Frörup 1848, 1850

1093 Verpachtungen: Amt Husum 1848-1850

1029 Verpachtungen: Amt Tondern (1824, 1840) 1848-1851
Enthält u. a.: Dienstländereien des Amtmanns und Amtsverwalters; Dienstwohnung des Amtsverwalters; Koogländereien; Maasbüller Koog

1121 Verpachtungen: Amt Gottorf 1848-1852
Enthält u. a.: Bleiche vor Gottorf; Baum- und Brückengeldhebung in Treia; Reetnutzung im Gottorfer Burggraben

1091 Verpachtungen: Berechnung von Kontraktgebühren in der Landschaft Pellworm 1849

1065 Anteil des Hofes Nygaard im Amt Hadersleben an der Zwangsanleihe 1849

606 Erbpachten: Todendorfer Erbpachtsländereien (1766) 1850

609 Verpachtungen: Fähre im Karolinenkoog und in Wollersum 1850-1851

1102 Verpachtungen: Pachtgelder für den Exerzierplatz in Friedrichsort (1841, 1844) 1850-1851

## Landwesen

52 Festewesen im Herzogtum Schleswig (1847) 1848
Enthält: einzelne Gesuche

613 Festewesen im Herzogtum Schleswig 1848-1850

1114 Landwesen im Herzogtum Schleswig 1848-1849
Enthält u. a.: Garteninspektoratsland an der Chaussee Schleswig-Ruhekrug; Heranziehung der Ländereien des Porrenkoogs zu Kriegsfuhren und Naturallieferungen

1024 Landwesen im Herzogtum Schleswig (1841-) 1849-1852
Enthält: Gesuche wegen Landveräußerungen

1026 Landwesen: Amt Hütten (1835, 1845-) 1848-1850
Enthält vor allem: Gesuche wegen Landveräußerungen und -überlassungen

831 Landwesen: Amt Gottorf (1836) 1848-1851
Enthält u. a.: Landumsätze

1022 Landwesen: Landschaft Fehmarn 1850
Enthält: Zuteilung von Weiden an Insten

## Landumsätze und -überlassungen

1078 Landüberlassungen im Herzogtum Schleswig 1848-1850
Enthält: Kappeln; Grundstück für den Bau einer Armenarbeitsanstalt bei Nordhesbüll; Stadt Hadersleben; Fischteich „Schelder See" in der Nübelharde; Klockries; Wiese des Dr. Eicke bei Schleswig; Gammelgottrup

1109 Landüberlassungen: Amt Neumünster 1848-1852

1112 Landüberlassungen: Amt Neumünster 1849-1851

602 Landumsätze: Amt Neumünster (1839-) 1848-1850

600 Landumsätze: Herrschaft Pinneberg (1847) 1848-1850

601 Landumsätze: Herrschaft Pinneberg (1849-) 1851

605 Landumsätze: Amt Rendsburg (1840-) 1848-1851

603 Landumsätze: Amt Rendsburg (1831-) 1849-1850

604 Landumsätze: Amt Segeberg 1849-1851

## Realprivilegien

608 Erlass der Krugabgabe für den Erbpächter Bendix Fleck in Kopperpahl 1850

610 Freie Wohnung des Buchdruckers Augustin in Glückstadt 1850-1851

607 Konzession von Freiheiten für den Hofbesitzer C. A. Boeckmann in Kisdorf 1850-1851

## Bauwesen

715 Unterhaltung der öffentlichen Gebäude und Dienstwohnungen im Herzogtum Schleswig 1848-1851

713 Schleusenwerk in Friedrichstadt (1848) 1849-1850
Darin: zwei Pläne

## Zoll

382 Bericht des Zollamts in Klein Wesenberg über den Verkehr auf der Trave 1848

383 Bericht des Zollamts in Glückstadt über den Grönlandfahrer „Neuenkirchen“ 1848

380 Berichte des Zollamts 1848
Enthält: Schiffer J. H. Jensen in Maasholm; Fuhrmann Friedrich Grabbert in Hadersleben; Kaufmann A. B. Bornquist in Hamburg

397 Gesuche um Erlass der erhöhten Einfuhrzölle für Waren auf dänischen Schiffen 1848-1849

414 Kommission zur Untersuchung der künftigen Zollverhältnisse Altonas 1848-1849

412 Zolltarife für das vereinte Deutschland 1848-1849

401 Besetzung der Zollgrenze zu Jütland 1848-1849

402 Zollbehandlung des Verkehrs mit den Inseln 1848-1849

413 Denkschriften über die Zollverhältnissse der Herzogtümer mit Dänemark 1848-1850

398 Embargo gegen dänische Schiffe 1848-1850

391 Verpflichtung der Zollbeamten zum Bürgerwehrdienst 1848-1850

409 Verlängerung der Zollanschlussverträge mit dem Fürstentum Lübeck sowie den Städten Hamburg und Lübeck 1848-1851

405 Behinderung der Schifffahrt nach schleswig-holsteinischen Häfen durch dänische Kriegsschiffe 1848-1851

407 Antrag der Städte Lübeck und Hamburg auf Befreiung vom Transitzoll 1849
Darin: „Börsen-Halle. Hamburgische Abendzeitung für Handel, Schiffahrt und Politik“ vom 10. Juli 1849

410 Behandlung schleswig-holsteinischer Schiffe in den Häfen der Vereinigten Staaten von Amerika, der Niederlande und Belgiens 1849

381 Berichte und Anfragen des Oberzollinspektorats und der Zollbeamten 1849

387 Rückatteste über nach Dänemark ausklarierte Schiffe 1849

388 Berichte der Zollämter und der Zollinspektorate 1849-1850

408 Forderung der Städte Lübeck und Hamburg nach Gleichstellung ihres Transitverkehrs mit Dänemark mit dem entsprechenden Verkehr auf anderen Transitstraßen 1849-1850

406 Von den Dänen aus der schleswigschen Zollkasse abgeführte Gelder 1849-1850

403 Zollbehandlung durch die Herzogtümer transportierter dänischer Waren 1849-1850

392 Einsatz der Zollkreuzer auf der Elbe zur Verhinderung der Flucht dänischer Kriegsgefangener in Glückstadt 1849-1851

393 Wirkung des Belagerungszustandes auf die Zivilbehörde 1850

394 Ausfuhrverbot für Munition, Pferde und Schiffsbauholz 1850

395 Stationierung eines Warnungsschiffes bei Helgoland und im Ärmelkanal 1850

389 Extrakte aus Rendsburger Notaten über Rückatteste 1850

390 Lotsen und Laden in Laboe und Stein 1850

411 Überlassung von Kriegsdampfschiffen an deutsche Regierungen zum Postdienst 1850

716 Einnahme- und Ausgabeextrakte der Zollämter im Herzogtum Schleswig 1850

717 Einnahme- und Ausgabeextrakte des Zollamtes Holtenau 1850-1851

396 Überwachung des Verkehrs mit Dänemark und mit den feindlichen Schiffen 1850-1851

399 Fahrt von Schiffen auf dem Schleswig-Holstein-Kanal nach Dänemark 1850-1851

400 Zollbehandlung der aus dem Herzogtum Schleswig durch Holstein nach Dänemark eingeführten Pferde und des Viehs 1851

404 Transitzoll in Dänemark auf Waren für das Herzogtum Holstein 1851

## Domänen

1100 Bauinspektorat des Herzogtums Schleswig 1848-1849
Enthält: Personalsache des Bauinspektors Meyer

1035 Domanialbauten im Herzogtum Schleswig (1846-) 1848-1849
Enthält: Gottorfer Amtsgefangenenhaus; Dienstwohnung des Deich- und Schleusenaufsehers in Friedrichstadt; landesherrliche Gebäude und Werke in Friedrichstadt; Gebäude der Hauptkasse in Rendsburg; Dienstwohnung des Amtsverwalters in Bredstedt

1096 Beamtenbedienungen im Herzogtum Schleswig 1848
Enthält: Übergabe der Dienstwohnung in Lügumkloster; Wegfall der Deputate für den ehemaligen Hardesvogt und Gerichtshalter Henningsen in Gravenstein; Wegfall der Deputate aus Westerlandföhr für den Landvogt Jacob Broder Jacobsen in Osterlandföhr

1225 Dienstwohnung und Ländereien des Amtsverwalters in Ahrensbök 1851-1852

584 Lottogebäude in Altona 1849-1850

1069 Amtmannbedienung in Apenrade (1845-1846) 1848
Enthält: landesherrliche Rechte an zwei Wiesenstücken des Oberkriegskommissars Burmeister

1067 Gerichtsschreiberbedienung in Broacker 1849

1049 Inventar der Amtsverwalterwohnung im Amt Flensburg 1848

1068 Bauvorschläge für Domanialbauten im Amt Hadersleben 1849 1848

1073 Amtmannbedienung in Hadersleben 1848
Enthält: Nutzung der Ländereien und Dienstwohnung durch den Amtmann Bruhn

1063 Realschullasten der herrschaftlichen Ländereien in der Hattstedtermarsch 1848

1050 Domänen in Kappeln (1846-) 1848
Enthält: Gerichts- und Gefangenenhaus; Diensteinnahmen des Fleckenvogts Eitzen

1119 Verpachtung einer herrschaftlichen Gartenparzelle in Kappeln
Darin: kolorierte Karte (1836-) 1849-1850

583 Amtsbotenwohnung in Neumünster 1851

22 Inventar des Gouvernementgebäudes in Rendsburg 1848

1040 Domkirche in der Stadt Schleswig (1845) 1848-1849
Enthält: Verkauf verschiedener Vermögenswerte der Domkirche; Unterhaltung der Domuhr; Ausgaben für die Reinigung der Messinggeräte; Unterhaltungskosten

1032 Unterhaltung des von König Christian VIII. angelegten Gartens bei Wyk auf Föhr 1849

1075 Reparaturen am Schloss in Apenrade 1849

1062 Unterhaltung des Schlosses Glücksburg (1827) 1848-1849

1086 Bau- und Reparaturarbeiten am Schloss Gottorf 1848-1850
Enthält u. a.: zahlreiche Rechnungen

1098 Unterhalt des Schlosses in Husum 1848-1849

1080 Allodialgüter Norgaard, Nübel und Unewatt 1848-1849
Enthält u. a.: Beiträge zur ritterschaftlichen Anlage

618 Pacht der schleswig-holsteinischen Austernbänke 1848-1849

1159 Erlass eines Schürf- und Grubengesetzes 1849-1850
Darin: gedruckter Entwurf eines neuen Bergwerk-Gesetzes, 1850

## Mühlen

588 Zwangsmühlen in Törning, Taarning, Tauschau, Bollersleben und Beftoft 1847-1849

587 Erbpachtskontrakt für die Mühlen in Schnaap und Boberg 1848-1849

1061 Mühlen auf Sylt (1847) 1848-1849

1046 Mühlen in Tetenbüll, Garding und Tönning (1808-1841) 1848-1849

1052 Verpachtung der Westermühle bei Burg auf Fehmarn 1848-1849

1047 Mühlen in Borsbüll und Struckum 1848-1850

1048 Mühlen in Ostergaard, Hattstedt, Tondern und Waldhusum 1848-1850

1058 Mühlen in Osterhusum und Waldhusum (1843) 1848-1850

591 Statistische Nachrichten über die Mühlen im Herzogtum Holstein 1848-1850

615 Kornwassermühle in Ostergaard 1849

1239 Listen und Zusammenstellungen der Mühlen 1849
Bemerkung: Akten entstammen Dr. Wilhelm Ahlmann, 1848-1852 Sekretär im Departement des Innern

704 Konzession für die Waldhusener Mühle auf Pellworm für den Organisten Schulze 1849-1850

592 Freiheit der Mehleinfuhr in der Herrschaft Pinneberg 1850

586 Anlage und Benutzung einer Handgrützmühle durch Anna Kruse in Vaale 1851

589 Schleuse vor dem Frauenortskanal im Amt Plön 1851-1852

590 Brücke über dem Wasserlauf zwischen Kleveezer und Suhrer See 1852

## Fischerei

1020 Pacht der Fischerei im Plöner See durch den Fischer Jappe 1848-1851

370 Robben- und Walfang 1849
Enthält: Grönlandfahrer „Stadt Altona" und „Flora"

## Deich- und Wasserlösungswesen

21 Beschäftigung von Arbeitslosen beim Durchstich im Außenhafen des Christianskoogs 1848

585 Rechnungen zu Wasserbauten 1848-1851

## Köge

1113 Verpachtung des Reußenkoogsvorlandes 1848-1849

1076 Gotteskoog 1848-1850
Enthält vor allem: Wasser- und Wegearbeiten

617 Verpachtungen im Gotteskoog (1848) 1849

## Güter

1196 Rückstände von Gütern im Herzogtum Schleswig 1849

728 Verwaltung der Güter Gramm und Nübel (1847) 1849-1850
Enthält u. a.: Hebungsbuch für 1849; Gutsrechnung für 1847; verschiedene Rechnungsverzeichnisse

## Handel, Schifffahrt, Häfen und Kanal

1293 Gesuche der früheren Lotsen Peter Schömer und Heinrich Junge um Wiederanstellung oder um Bewilligung von Wartegeld 1848-1849

825 Rechnung über Akzise- und Schiffslastgelder in Altona für 1838
Enthält u. a.: Altonaer Schiffsregister 1838

1282 Rechnung über Akzise- und Schiffslastgelder in Altona für 1839
Enthält u. a.: Altonaer Schiffsregister 1839-1841

1284 Rechnung über Akzise- und Schiffslastgelder in Altona für 1842
Enthält u. a.: Altonaer Schiffsregister für 1842 1843

1283 Rechnung über Akzise- und Schiffslastgelder in Altona für 1843
Enthält u. a.: Altonaer Schiffsregister für 1843 1843

373 Verfügungen über den Verkehr mit Dänemark 1848

374 Verkehr mit Jütland, Aeroe und Alsen 1848

375 Reklamationen von Schiffern 1848

376 Ausfuhrverbot für Kriegsmaterial und Lebensmittel 1848

377 Stellung Flensburgs gegenüber Dänemark als neutraler Hafen 1848

378 Auslaufen neutraler Schiffe aus dem Kieler Hafen 1848

379 Blockade des Kieler Hafens 1848

386 Behandlung dänischer Schiffe im Kieler Hafen 1848

384 Ausfuhrverbote für Pferde, Vieh und Lebensmittel 1848-1849

385 Vieheinfuhr von Jütland 1848-1849

1259 Vernehmung des Matrosen Peter Peters in Tönning über die Beschuldigungen gegen den Lotseninspektor Rathsack 1848-1849

372 Fahrt von See-Enrollierten aus Dänemark auf schleswig-holsteinischen Handelsschiffen während des Krieges 1849

1025 Beilagen zum Altonaer Schiffsregister, zur Schiffsankaufsabgabe sowie zur Rechnung über die Akzise- und Kornlastgelder für 1850
Enthält u. a.: Schiffsmessbriefe (1836-) 1850-1851

821 Schiffsmessbriefe (1836-) 1850-1853
Enthält u. a.: Verzeichnisse der betreffenden Schiffe; Schiffskaufbriefe

1273 Kanal 1851
Enthält: Verschleppung von Zapfenlagerstangen aus dem Brückendepot in Landwehr; Kaution des Packhausverwalters und Kanalsekretärs Wieck und des Kanalrechungsführers Brandt

## Unterstützungen

886 Unterstützung von Verwundeten und durch den Krieg Verarmten aus freiwilligen Gaben, Beiträge für die Deutsche Flotte 1849-1851
Darin: „Altonaer Nachrichten“ vom 15. August, 12. September und 12. November 1850

887 Beiträge zur Unterstützung Schleswig-Holsteins aus Deutschland 1850

## Kassen- und Rechnungswesen

1224 Notate zu den Amtsrechnungen 1842-1849 des Amtes Ahrensbök 1843-1851

1222 Kontobuch und Rechnungsbelege der Kasse des Rechnungshofs 1848

1223 Bürokosten des Steuer- und Finanzkontors 1848

1186 Kassenuntersuchungsprotokoll für das Herzogtum Schleswig 1848

50 Ausgaben des Zollkontors (mit Beilagen) 1848

720 Einnahme- und Ausgabeverzeichnisse der Präsidialkasse der Provisorischen Regierung 1848-1849
Enthält auch: Bürokosten für März 1849

740 Strafkosten 1848-1851

884 Kosten auswärtiger politischer Missionen 1848-1851

719 Kammerkontraktgebühren 1849

1197 Abrechnung der Hebungsbehörden im Herzogtum Schleswig mit der Zentralkasse 1849-1850

1198 Revisionsnachrichten zu Rechnungen aus dem Herzogtum Schleswig 1849-1851
Enthält u. a.: Brüche gegen Beamte

718 Hebung von Pachtgeld 1850

# DEPARTEMENT DES KRIEGSWESENS

## Allgemeines

### Korrespondenzen

898 Korrespondenzen und Berichte zum Krieg gegen Dänemark 1848
Enthält u. a.: Besetzung der Insel Föhr

896 Sammlung von Verordnungen, Verfügungen, Bekanntmachungen und Konventionen zu den Militärverhältnissen und zur Zivilverwaltung (1836) 1848-1851
Darin: „Itzehoer Wochenblatt“ vom 4., 18. und 22. Mai 1850 sowie vom 11. Januar 1851; „Altonaer Mercur“ vom 7. April und 26. Juni 1849; außerordentliche Beilage der „Norddeutschen Freien Presse“ vom 4. Mai 1849 (Schlacht bei Kolding und Verlustlisten)

943 Allgemeine und normative Rundschreiben der Intendantur und des Departements des Kriegswesens 1848-1851
Enthält u. a.: Preisverzeichnisse für Waffen und Ausrüstungsgegestände

## Befehle

906 Tages- und Armeebefehle, gezeichnet: Wrangel
August-September 1848

912 Armeebefehle, gezeichnet: von Willisen April-Juli 1850
Enthält: Nr. 1-126

913 Armeebefehle, gezeichnet: von Willisen und Freiherr von der Horst
Enthält: Nr. 127-390, 391-443 August-Dezember 1850

914 Armeebefehle, gezeichnet: Freiherr von der Horst Januar-März 1851
Enthält: Nr. 1-133

744 Sachregister zu den Armeebefehlen 1851

907 Korpsbefehle, gezeichnet: Friedrich Prinz zu Schleswig-Holstein-Sonderburg-Augustenburg 1.-9. September 1848

908 Korpsbefehle, gezeichnet: Graf Baudissin 15.-26. September 1848

909 Korpsbefehle, gezeichnet: von Bonin September-Dezember 1848

910 Korpsbefehle, gezeichnet: von Bonin Januar-Mai, Juli-Oktober 1849

911 Korpsbefehle, gezeichnet: von Bonin Oktober 1849-April 1850
Enthält: Nr. 1-161

1136 Korpsbefehle Januar 1849-Februar 1850

915 Generalkommandobefehle, gezeichnet: von Seweloh
Enthält: Nr. 1-140 März-November 1851

916 Generalkommandobefehle, gezeichnet: von Bardenfleth
Enthält: Nr. 24-26 Februar 1852

# Personal

## Verschiedene Personalangelegenheiten

897 Verfügungen über Qualifikation und Prüfung von Offiziersanwärtern 1848-1850

768 Beamte der Intendantur 1848-1851

772 Auditeure 1849-1851
Enthält u. a.: Namensliste

774 Tierärzte bei der Armee 1849-1851

773 Ärztliches Personal 1849-1852

769 Rechnungsführer 1850-1851

775 Listen und Personalpapiere (Nationale) der Militärärzte (1848-) 1850-1851

770 Beamte des Montierungsdepots und des Feldlazaretts 1850-1852

760 Offiziere und Militärbeamte im holsteinischen Bundeskontingent
Enthält u. a.: Namensliste 1851

## Anstellungen und Ernennungen

752 Kommandierung von preußischen Offizieren nach Schleswig-Holstein 1848

753 Abschlägig beschiedene Aufforderung zum Wiedereintritt in den Militärdienst 1848
Enthält: Kapitän und Chausseeinspektor Bruhn in Bramstedt und eine Person namens Tholen

755 Ernennungen von Militärpersonen 1848-1849

756 Gesuche um Anstellung bei der Schleswig-Holsteinischen Armee 1848-1849

1256 Ernennungen und Beförderungen von Offizieren 1848-1849

749 Ernennung und Beförderungen von Offizieren 1849-1851

790 Anstellung von Offizieren (Buchstaben A-D) 1848-1852

791 Anstellung von Offizieren (Buchstaben E-H) 1848-1850

792 Anstellung von Offizieren (Buchstaben J-L) 1848-1850

793 Anstellung von Offizieren (Buchstaben M-R) 1848-1850

794 Anstellung von Offizieren (Buchstaben S-U) 1848-1850

795 Anstellung von Offizieren (Buchstaben V-Z) 1848-1850

751 Anstellungsgesuche ausländischer Offiziere vor dem 1. Oktober 1849 1849

757 Abschlägig beschiedene Anstellungsgesuche ausländischer Offiziere 1849-1850

758 Anstellungsgesuche ausländischer Offiziere 1849-1850

759 Mit Militärpersonen zu besetzende Zivilbedienungen 1849-1851
Enthält u. a.: einzelne Gesuche um Wiedereinstellung im Staatsdienst; Büchsenmacher; verschiedene Bedienungen in den Landdistrikten

750 Anstellung von ausländischen Offizieren 1849-1851

1137 Anstellung von Unteroffizieren 1848-1849

## Entlassungen und Pensionierungen

754 Gesuch des Majors J. Schröder um Dienstentlassung April 1848

781 Personalpapiere der entlassenen Offiziere (Buchstaben A-B) 1849-1851

782 Personalpapiere der entlassenen Offiziere (Buchstaben C-F) 1849-1851

783 Personalpapiere der entlassenen Offiziere (Buchstabe G)
(1822, 1823) 1849-1851

784 Personalpapiere der entlassenen Offiziere (Buchstabe H)
(1848) 1849-1851

785 Personalpapiere der entlassenen Offiziere (Buchstaben J-K)
(1848) 1849-1851

786 Personalpapiere der entlassenen Offiziere (Buchstaben L-M)
1849-1851

787 Personalpapiere der entlassenen Offiziere (Buchstaben N-R)
1849-1851

788 Personalpapiere der entlassenen Offiziere (Buchstabe S)
1849-1851

789 Personalpapiere der entlassenen Offiziere (Buchstaben T-Z)
1848-1851

761 Entlassung von Offizieren 1850-1851
Enthält: Nr. 21-50

762 Entlassung von Offizieren (1849-) Januar-Februar (April) 1851
Enthält: Nr. 51-70

763 Entlassung von Offizieren Februar-März 1851
Enthält: Nr. 71-73, 75 a-o

764 Entlassung von Offizieren Januar-April 1851
Enthält: Nr. 76-80

765 Entlassung von Offizieren März-April 1851
Enthält: Nr. 81-90

766 Entlassung von Offizieren Februar-Juli 1851
Enthält: Nr. 91-92, 94-100

767 Entlassung von Offizieren August-Dezember 1851, Februar 1852
Enthält: Nr. 101-108

1232 Liste der zur Pensionierung vorgeschlagenen verwundeten preußischen Offiziere und Soldaten 1848
Enthält u. a.: zahlreiche Dienstbeschädigungsatteste

748 Pensionen für Militärpersonen 1848-1851

1231 Pensionierung von Offizieren und Militärbeamten 1851

1229 Pensionsbewilligungen und Ausfertigung von Entlassungspatenten für Militärpersonen 1851

## Auszeichnungen

902 Dienstauszeichnungen für Offiziere und Unteroffiziere sowie das Erinnerungskreuz an die Feldzüge 1848/49 1849-1851
Darin: Dienstauszeichnungen und Erinnerungskreuz

776 Dienstauszeichnungen für Offiziere und Unteroffiziere 1849-1852
Enthält u. a.: nachträglich vergebene oder eingezogene Auszeichnungen (mit Namensliste); Ausarbeitungen zu den Listen über die zum Empfang von Dienstauszeichnungen berechtigten Militärpersonen

777 Listen der zum Empfang von Dienstauszeichnungen berechtigten Offiziere und Unteroffiziere der 2., 3. und 4. Infanterie-Brigade und der Kavallerie-Brigade 1850

778 Listen der zum Empfang von Dienstauszeichnungen berechtigten Offiziere und Unteroffiziere des Kriegsdepartements, der Kommandanturen, des Ingenieurkorps, der Artillerie-Brigade, der Reserve-Brigade und der 1. Infanterie-Brigade 1850

779 Dienstauszeichnungen zum 1. Oktober 1850 (1849) 1850
Enthält vor allem: Unteroffiziere

780 Dienstauszeichnungen zum 1. Januar und 1. März 1851
Enthält vor allem: Unteroffiziere (1848-) 1850-1851

## Unterstützungen

1230 Bewilligung einer Unterstützung für eine Badereise an invalide Offiziere 1851

## Kriegsgefangene

1272 Transport und Verpflegung der Kriegsgefangenen nach Stade 1848

918 Listen über dänische Kriegsgefangene 1848

919 Behandlung, Verpflegung und Löhnung der dänischen Kriegsgefangenen 1848

920 Entlassung von Kriegsgefangenen und Übertritt in schleswig-holsteinische Militärdienste 1848

921 Auswechslung von kriegsgefangenen Ärzten 1848

922 Briefe der dänischen Kriegsgefangenen 1848

923 Dänische Kriegsgefangene 1848
Enthält u. a.: Behandlung verwundeter Kriegsgefangener; Gefallenenliste; Auslieferung von Wertgegenständen und Geld

1252 Dänische und schleswig-holsteinische Kriegsgefangene 1849-1852

917 Auslieferung des Nachlasses von im Lazarett in Flensburg verstorbenen Soldaten der Schleswig-Holsteinischen Armee 1851

## Verlustlisten

904 Einzelne Verlustlisten 1848-1850
Enthält: Schlachten und Gefechte bei Fredericia, Friedrichstadt, Kolding, Tönning und Schleswig

## Dienstinstruktionen

903 Allgemeine Bestimmungen und Instruktionen für die Artillerie [um 1850]

# Materielle Angelegenheiten

## Ausrüstung und Bewaffnung

746 Kriegslieferungen im Jahr 1848 1848-1849

899 Außerordentliche Rüstungen zur Fortsetzung des Krieges 1849

938 Korrespondenz mit dem Handlungshaus Barbeck und Wall in Altona wegen einer Waffenlieferung 1850-1851

## Festungs- und Bauwesen

1280 Verteidigung des Hafens in Kiel durch Friedrichsort 1848
Enthält u. a.: Preislisten über Geschütze

900 Sicherung der schleswig-holsteinischen Küsten 1849

905 Anlage einer Schiffswerft am Ufer des Kieler Hafens bei Ellerbek
Darin: zwei Zeichnungen 1849-1850

901 Sicherung der schleswig-holsteinischen Küsten 1849-1852

# Militärjustiz

## Allgemeines

771 Organisation und Personal des Oberkriegsgerichts 1850-1851

1271 Untersuchungen wegen Spionage 1850-1851

745 Alphabetisches Register sämtlicher Justizangelegenheiten 1851-1852

## Aushebung

741 Seeaushebungen und Übertragungen in die Seerolle 1848-1849

742 Entlassungen aus dem Untertanenverband 1848

743 Entlassungen aus dem Untertanenverband 1849

## Militärökonomie

### Verpflegung und Einquartierung

927 Dienstliche Korrespondenz des Generalquartiermeisters Geerz 1848

924 Marschtabellen der verbündeten Truppen 1848
Enthält u. a.: Nachweisungen der Truppen für die deutsche Operationsarmee in Schleswig; Verzeichnisse der Marschrouten; Dislokationslisten

925 Einquartierung und Verpflegung der deutschen Truppen April 1848

926 Marschtabellen und Quartierbeschaffung für den Rückmarsch der Reichsarmee 1848

928 Marschtabellen und Dislokationslisten für die Reichstruppen 1849

929 Marschrouten und Dislokationslisten der Schleswig-Holsteinischen Armee 1850

930 Verteilung der Truppen der Schleswig-Holsteinischen Armee 1850

931 Verteilung der Truppen der Schleswig-Holsteinischen Armee
Enthält: Akten des Generalquartiermeisters Geerz 1851-1852

932 Einmarsch, Verteilung und Verpflegung der österreichischen und preußischen Truppen 1851-1852

944 Verpflegung und Einquartierung fremder Truppen (Bd. 1)
September 1848-Februar 1849

945 Verpflegung und Einquartierung fremder Truppen (Bd. 2)
Februar-Mai 1849

946 Verpflegung und Einquartierung fremder Truppen (Bd. 3)
Mai-Juni 1849

947 Verpflegung und Einquartierung fremder Truppen (Bd. 4) Juni 1849

948 Verpflegung und Einquartierung fremder Truppen (Bd. 5)
Juni-Juli 1849

949 Verpflegung und Einquartierung fremder Truppen (Bd. 6)
(März) August-September 1849

950 Verpflegung und Einquartierung fremder Truppen (Bd. 7)
(März) September-Oktober 1849

951 Verpflegung und Einquartierung fremder Truppen (Bd. 8)
(September) Oktober-Dezember 1849

933 Verpflegung und Einquartierung fremder Truppen (Bd. 1)
Oktober 1849-Dezember 1850

934 Verpflegung und Einquartierung fremder Truppen (Bd. 2) 1851

935 Verpflegung der Armee und Verproviantierung der Festungen (Bd. 1)
1849-1851

936 Verpflegung der Armee und Verproviantierung der Festungen (Bd. 2)
Dezember 1851-Januar 1852

939 Quartiervergütungen für schleswig-holsteinische Truppen (Bd. 1)
Januar-April 1850

940 Quartiervergütungen für schleswig-holsteinische Truppen (Bd. 2)
April-Mai 1850

## Verpflegungskommission

797 Hauptbuch der Verpflegungskommission 1848-1851

941 Armeeverpflegungs- und Kriegsfuhrkommission 1850-1851
Enthält vor allem: Anweisungen von Geldmitteln für die Kommission

942 Armeeverpflegungs- und Kriegsfuhrkommision: Verpflegungswesen 1850-1851
Enthält u. a.: allgemeine und besondere Verfügungen zum Verpflegungswesen

828 Rechnung der Armeeverpflegungs- und Kriegsfuhrkommission (1850) 1851
Enthält u. a.: Naturalverpflegungsreglement von 1850; Auktionsprotokoll über verkaufte Vorräte (mit Namen der Käufer)

## Anleihen

937 Vermögens- und Einkommensanleihe Oktober-Dezember 1850

## Kriegsentschädigung

747 Kriegsentschädigungen 1848-1849
Enthält: Heinrich Boy, Holtenau; Hofbesitzer Oehlerking, Waldemarstoft; Heinrich Töns, Fahrdorf; Handlungshaus Christiansen, Flensburg

# Marine

40 Ankauf und Ausrüstung des Dampfschiffes „Christian VIII." (später „Bonin") 1848-1849

69 Marinekongress in Altona 1848-1849
Enthält u. a.: Berichte an Lorenz von Stein

1216 Übersendung von Exemplaren der Verordnung über die Disziplinarbestrafung in der Reichsmarine 1849

# PROTOKOLLE, JOURNALE UND REGISTRANTEN

## Departement des Innern

878 Journal der ersten Abteilung des Departements des Innern: Behörden- und Namensregister 1848

879 Journal der Provisorischen Regierung: Orts- und Namensregister 1848

860 Journal der Provisorischen Regierung für die innere Verwaltung 1848

862 Journal der Provisorischen Regierung 1848
Enthält: Militär und Kultuswesen

864 Journal der Provisorischen Regierung zur inneren Verwaltung: Behördenregister 1848

822 Sachregister des Departements des Innern 1848-1849
Enthält u. a.: Ablieferungslisten von Akten zur Wahl zur deutschen Nationalversammlung

818 Dokumentenprotokoll des Departements des Innern über ausgefertigte Bestallungen, Bauprivilegien, Bestätigungen und Konzessionen (mit Personenregister) 1848-1850

816 Journal für das Departement des Innern (mit Behörden- und Personenregister) Oktober-Dezember 1849

866 Journal des Departements des Innern 1849

868 Journal der ersten Abteilung (allgemeine Verwaltung) des Departements des Innern: Behördenregister 1849

865 Journal des Departements des Innern 1850

871 Journal des Departements des Innern: Behördenregister 1850

873 Journal der zweiten Abteilung (Aushebungswesen) des Departements des Innern 1850

874 Registrant der ersten Abteilung (allgemeine Verwaltung) des Departements des Innern 1850-1851

863 Journal der ersten Abteilung (allgemeine Verwaltung) des Departements des Innern 1851

819 Behördenverzeichnis und Supplikantenregister des Departements des Innern 1851

832 Registrant des Departements des Innern 1851
Enthält: Militär

877 Briefprotokoll der ersten Abteilung (allgemeine Verwaltung) des Departements des Innern Oktober 1848-Juni 1850

876 Briefbuch der ersten Abteilung (allgemeine Verwaltung) des Departements des Innern Juni-Dezember 1850

809 Korrespondenzprotokoll der zweiten Abteilung (Aushebungswesen) des Departements des Innern Januar-März 1850
Bemerkung: gehörte bis Februar 1850 zur dritten Abteilung des Departements des Kriegswesens (vgl. Abt. 51 Nr. 805-808)

810 Korrespondenzprotokoll der zweiten Abteilung (Aushebungswesen) des Departements des Innern April-Juni 1850
Bemerkung: gehörte bis Februar 1850 zur dritten Abteilung des Departements des Kriegswesens (vgl. Abt. 51 Nr. 805-808)

811 Korrespondenzprotokoll der zweiten Abteilung (Aushebungswesen) des Departements des Innern Juli-Dezember 1850
Bemerkung: gehörte bis Februar 1850 zur dritten Abteilung des Departements des Kriegswesens (vgl. Abt. 51 Nr. 805-808)

812 Korrespondenzprotokoll der zweiten Abteilung (Aushebungswesen) des Departements des Innern Januar-März 1851
Bemerkung: gehörte bis Februar 1850 zur dritten Abteilung des Departements des Kriegswesens (vgl. Abt. 51 Nr. 805-808)

813 Korrespondenzprotokoll der zweiten Abteilung (Aushebungswesen) des Departements des Innern April-Juni 1851
Bemerkung: gehörte bis Februar 1850 zur dritten Abteilung des Departements des Kriegswesens (vgl. Abt. 51 Nr. 805-808)

814 Korrespondenzprotokoll der zweiten Abteilung (Aushebungswesen) des Departements des Innern Juli-September 1851
Bemerkung: gehörte bis Februar 1850 zur dritten Abteilung des Departements des Kriegswesens (vgl. Abt. 51 Nr. 805-808)

815 Korrespondenzprotokoll der zweiten Abteilung (Aushebungswesen) des Departements des Innern Oktober-Dezember 1851
Bemerkung: gehörte bis Februar 1850 zur dritten Abteilung des Departements des Kriegswesens (vgl. Abt. 51 Nr. 805-808)

867 Annotationsbuch der ersten Abteilung (allgemeine Verwaltung) des Departements des Innern (A-K) 1849

869 Annotationsprotokoll (Ausgabebuch) des Departements des Innern 1850

861 Annotationsprotokoll des Departements des Innern 1852

870 Verzeichnis der Zahlungsanweisungen an die Hauptkasse Dezember 1849-Februar 1852

850 Hauptbuch des Departements des Innern 1851

851 Hauptbuch des Departements des Innern 1852

859 Gagenbuch des Departements des Innern 1851

858 Gagenbuch des Departements des Innern 1852

875 Ausgabeverzeichnis des Departements des Innern 1851-1852

852 Journal für die Zahlungsanweisungen des Departements des Innern 1852

71 Fragment eines Kopiars: „Berliner Korrespondenz", insbesondere von Georg Waitz 1848

## Departement des Auswärtigen

1138 Journal des Departements des Auswärtigen 1848-1851

# Departement der Justiz

956 Journal des Justizdepartements der Provisorischen Regierung
April-Oktober 1848

957 Journal des Justizdepartements der Gemeinsamen Regierung
Oktober-Dezember 1848

959 Laufregister (Orts- und Personenregister) zu den Journalen des Departements der Justiz 1848-1850

958 Journal des Justizdepartements 1849-1850

829 Journal des Departements der Justiz: Namens-, Orts- und Sachregister 1851
Enthält: Polizeiwesen

802 Journal für das Departement der Justiz 1851

803 Laufregister für das Departement der Justiz 1851

830 Journal des Departements der Justiz: Namens-, Orts- und Sachregister 1852
Enthält: Polizeiwesen

826 Journal für das Polizeiwesen Oktober 1848-April 1849

839 Journal für das Polizei-, Armen- und Heimatwesen 1851

960 Korrespondenzprotokoll des Departements der Justiz
Februar-Dezember 1850

961 Korrespondenzprotokoll des Departements der Justiz 1851

1172 Registrant zum Polizeiwesen [1851]

955 Registrant des Justizdepartements 1848-1852
Bemerkung: einige Blätter, die sich insbesondere auf das Herzogtum Schleswig beziehen, sind ausgeschnitten worden

966 Gagen der Beamten des Justizdepartements 1849

967 Gagen der Beamten des Justizdepartements 1850-1852

963 Journal der Ausgaben des Justizdepartements 1850

964 Hauptbuch der Ausgaben des Justizdepartements 1850-1851

965 Hauptbuch der Ausgaben des Justizdepartements 1851-1853

817 Namensregister zu den Unterstützungen von hilfsbedürftigen Gendarmen

962 Verzeichnis der Gebühren für Ausfertigungen des Justizdepartements 1849-1852

## Departement für geistliche und Unterrichtsangelegenheiten

835 Kultusjournal Oktober 1848-Mai 1849

834 Kultusjournal Mai 1849-Juli 1850 (1852-1853)

833 Kultusjournal 1850-1851

836 Kultusjournal: Namensregister 1848-1849

837 Kultusjournal: Namensregister 1849-1850

## Departement der Finanzen

827 Journal des Departements der Finanzen 1848-1851
Enthält: Forstwesen

856 Journal für das Domänen-, Forst- und Jagdwesen: Behördenregister 1848

849 Journal für das Domänen- und Forstwesen 1851

853 Domänen- und Forstjournal: Behördenregister 1851

823 Journal für das Forst- und Jagdwesen Oktober-Dezember 1848

847 Journal für das Forst- und Jagdwesen (mit Behörden- und Namens-register) 1849

843 Annotationsbuch für das Forst- und Jagdbüro 1849

841 Annotationsbuch für das Forst- und Jagdbüro 1850

848 Journal für das Forst- und Jagdwesen (mit Behörden- und Namens-register) 1850

872 Annotationsbuch für das Forst- und Jagdbüro 1851

845 Domänenjournal (Nr. 1-461) 1848

846 Domänenjournal (Nr. 462-1437) 1848

838 Berichterforderungsprotokoll für das Domänenbüro 1848-1850

857 Briefprotokoll des Domänenbüros 1848-1850

855 Domänenjournal: Behörden- und Personenregister 1849

842 Annotationsbuch über die Zahlungsanweisungen des Domänenbüros an die Hebungsbehörden 1849

844 Domänenjournal 1850

854 Domänenjournal: Behörden- und Personenregister 1850

880 Journal über Zahlungs-, Abgangs- und Einnahmeanweisungen des Domänenbüros 1850

882 Hauptbuch des Domänenbüros 1850

881 Gagenanweisungsregister des Domänenbüros 1850-1852

840 Hauptbuch des Domänenbüros 1851

## Departement des Kriegswesens

1285 Registrant (A) des Kriegsdepartments 1848

1286 Registrant (B) des Kriegsdepartments 1848-1849

804 Korrespondenzprotokoll des Departements des Kriegswesens April-Dezember 1848

805 Korrespondenzprotokoll der dritten Abteilung (Aushebungen) des Departements des Kriegswesens Januar-März 1849
Bemerkung: gehörte ab Februar 1850 zur zweiten Abteilung des Departements des Innern (vgl. Abt. 51 Nr. 809-812)

806 Korrespondenzprotokoll der dritten Abteilung (Aushebungen) des Departements des Kriegswesens April-Juni 1849
Bemerkung: gehörte ab Februar 1850 zur zweiten Abteilung des Departements des Innern (vgl. Abt. 51 Nr. 809-812)

807 Korrespondenzprotokoll der dritten Abteilung (Aushebungen) des Departements des Kriegswesens Juli-September 1849
Bemerkung: gehörte ab Februar 1850 zur zweiten Abteilung des Departements des Innern (vgl. Abt. 51 Nr. 809-812)

808 Korrespondenzprotokoll der dritten Abteilung (Aushebungen) des Departements des Kriegswesens Oktober-Dezember 1849
Bemerkung: gehörte ab Februar 1850 zur zweiten Abteilung des Departements des Innern (vgl. Abt. 512 Nr. 809-812)

## ALTE FINDMITTEL

1289 Protokolle und Register der schleswig-holsteinischen Landesregierung im ehemaligen Regierungsarchiv 1872-um 1920

1290 Verzeichnis der Protokolle und Akten der Provisorischen und Gemeinsamen Regierung: Ministerialdepartements im ehemaligen Regierungsarchiv 1872-um 1960

1287 Generalregistrant des Archivs der dritten Abteilung des Departements des Innern 1848-1851

1288 Repertorium der Akten der schleswig-holsteinischen Oberbehörden aus der Zeit der Erhebung (A XIV) 1877-1976

# Findbuch des Bestandes Abt. 52

## Dänische Immediatkommission zur gemeinsamen Regierung der Herzogtümer in Sonderburg 1848-1849

| | | |
|---|---|---|
| 1 | Nachlass des gefallenen Studenten Frederik Hintze | 1848 |
| 2 | Bekanntmachungen der Immediatkommission | 1848 |
| 5 | Gesuch des Amtsboten der Süderharde im Amt Sonderburg Andreas Spliia um Verbesserung seiner Diensteinnahmen | 1848 |
| 3 | Zollbeamte: Personalsachen | 1848-1849 |
| 4 | Tätigkeit des Amtmanns Johannsen in Flensburg als Mitglied der Immediatkommission | 1848-1849 (1865) |

# Findbuch des Bestandes Abt. 53

# Landesverwaltung für das Herzogtum Schleswig 1849-1851 und Dänischer Regierungskommissar 1850-1851

## JUSTIZ UND POLIZEI

15 Entschädigung für den Fuhrmann Hans Peter Michael in Flensburg für seine wegen der Rotzkrankheit getöteten Pferde 1849

16 Untersuchung gegen Hans Alexander Knudsen in Meiersk wegen Diebstahls 1849

17 Erstattung von beschlagnahmtem Eigentum des Amtsverwalters Krogh in Apenrade 1849

18 Benutzung der Gesetzessammlung der Verwaltungskommission für Aerö und Alsen 1849

13 Misshandlung des Verwalters Lauritz Hansen aus Wiesby-Hedegaard auf Gut Troiburg 1849

30 Erlass der Brüche für den Müllergesellen Thomas Bruhn in Kielseng 1849

9 Behandlung der Fremden, die sich im unter Belagerungszustand stehenden Teil des Herzogtums Schleswig niederlassen wollen 1851

## SCHULEN

29 Rechnungen der Domschule in der Stadt Schleswig 1848-1852

## ZOLL

1 Zollsachen 1849-1851
Enthält u. a.: Bekanntmachungen

4 Sicherstellung der Zolleinnahmen und Errichtung eines Zollgendarmeriekorps sowie Verschärfung der Zollkontrolle 1849-1851

8 Erlass der Ausfuhrabgabe für Hornvieh bei der Zollkontrolle in Ballum und auf Röm 1850

7 Zollversiegelung bei Stückgutfahrern an der Westküste 1850-1851

3 Bekanntmachungen zu Zollsachen und zum Warenverkehr mit dem Herzogtum Holstein 1850-1851

6 Erhöhung des Zolls für bestimmte Waren 1850-1852

5 Errichtung von Zollstätten an der südlichen Grenze des Herzogtums Schleswig 1851

## POST

31 Bekanntmachungen zur Sicherung der Posteinnahmen 1849

10 An die Landesverwaltung zurückgesandte Bekanntmachungen 1850

11 Von den Postämtern einbehaltene Schreiben der schleswig-holsteinischen Erhebungsbehörden 1850-1851

## SCHIFFFAHRT

14 Gesuche von Severin Petersen Ploog und Rasmus Ohlsen Grube um Steuermannspatente 1849

2 Bekanntmachungen zur Schifffahrt 1849-1850

# MILITÄR

12 Besetzung des Land- und Seekriegskommissariats für die Bezirke des Amtes Husum und des Hospitals in Flensburg 1849

# JOURNALE UND PROTOKOLLE

20 Journal der eingegangenen Sachen für das Sekretariat der Landesverwaltung für das Herzogtum Schleswig 1849

26 Journal der Landesverwaltung für das Herzogtum Schleswig August-Dezember 1849

25 Journal der Landesverwaltung für das Herzogtum Schleswig Dezember 1849-April 1850

28 Journal der Landesverwaltung für das Herzogtum Schleswig April-Juli 1850

23 Journal des ersten Departements der Landesverwaltung für das Herzogtum Schleswig September-November 1850

21 Korrespondenzprotokoll des Expeditionskontors des zweiten Departements der Landesverwaltung für das Herzogtum Schleswig August 1849-Mai 1850

22 Behördenregister zum Korrespondenzprotokoll der Landesverwaltung für das Herzogtum Schleswig 1849-1850

24 Landesverwaltung für das Herzogtum Schleswig: Namens-, Orts- und Sachregister 1849

27 Landesverwaltung für das Herzogtum Schleswig: Namens-, Orts- und Sachregister 1850

19 Landesverwaltung für das Herzogtum Schleswig: Behörden- und Personenregister 1850-1852

# Findbuch des Bestandes Abt. 54

# Oberste Zivilbehörde für das Herzogtum Holstein in Kiel 1851-1852

1 Berichte des Generalleutnants von Thümen an den preußischen Ministerpräsidenten 1849, 1851
Enthält: Berichte Nr. 58-133
Enthält auch: Bergung von Wrackstücken und Ausrüstungsgegenständen des Linienschiffes „Christian VIII." (mit Listen), 1849

9 Protokoll der Obersten Zivilbehörde und Verhandlungen mit den Bundeskommissaren 1851

2 Schriftwechsel der Kommissare sowie der Obersten Zivilbehörde über vorwiegend militärische Angelegenheiten 1851-1852

8 Protokoll der Obersten Zivilbehörde 1851-1852

10 Finanzielle Regelungen zwischen Dänemark und dem Herzogtum Holstein 1851

7 Grenzregulierung zwischen den Herzogtümern Schleswig und Holstein 1851-1852

6 Navigationsexamen und Navigationsschule in Kiel März 1852

3 Flagge für die schleswig-holsteinischen Schiffe 1848-1851

4 Flagge und Brennzeichen der schleswig-holsteinischen Schiffe sowie deren Behandlung in dänischen Häfen (1843) 1848-1851
Enthält u. a.: Listen über ein- und auslaufende Schiffe in Neustadt

17 Erstattung von Armenkosten sowie Heimatverhältnisse 1851-1852

16 Verschiedene Polizeisachen 1851-1852
Enthält u. a.: Exzesse beim Dampfschiff „Eider"; Verhaftung des Schriftstellers Edgar Bauer; Arbeitervereine; Personalsachen; Pässe

15 Unterstützungen 1851
Enthält: Unteroffizier J. Chr. Rohde in Eckernförde; Jäger Hans Michelsen in Lindholm; Witwe Meinke Kohl; Jäger A. E. Greve aus dem Kirchspiel Tönning; Witwe des Kanoniers Oden; Arbeitsmann C. H. J. Sieges in Rendsburg

12 Vom früheren Gottorfer Amtsverwalter Jansen mitgenommene Geldkiste 1851

13 Mitteilung von Akten zum Landveräußerungsgesuch des Hofbesitzers Lorenz Cordsen in Großadelbylund 1851

14 Gesuch des früheren Hofpredigers Dr. Germar in Augustenburg um Auszahlung einer Entschädigungssumme durch die Administration der augustenburgischen Güter 1851

5 Besetzung der Moorvogtstelle im Amt Bordesholm (1830, 1842-) 1851

11 Gesuch der Direktion des Vereins gegen den Branntwein um staatliche Beihilfe zur Verbreitung von Schriften 1852

# Findbuch des Bestandes Abt. 55

# Militärische Behörden der Erhebungszeit 1848-1851

## KRIEGSDEPARTEMENT UND DEPARTEMENT DES KRIEGSWESENS

### Allgemeines

#### Korrespondenz

2469 Korrespondenz der Provisorischen Regierung, Gemeinsamen Regierung, Statthalterschaft, der Departements des Kriegswesens und der Finanzen 1848

Enthält u. a.: Personal; Lauenburgisches Jägerkorps; Unterbringung verschiedener Behörden im Gouvernementshaus in Rendsburg

2604 Kriegsdepartement: Registrant über die eingegangenen Schreiben April-Oktober 1848

2607 Korrespondenz des Departements des Kriegswesens 1848-1852

Enthält u. a.: Kriegsdepartement; Kassenwesen; Personal; Rechnungen über Einnahmen und Ausgaben des Generalkommandos; Belege zu den Monatsrechnungen; Sekretariatsangelegenheiten; verschiedene Abteilungen des Departements des Kriegswesens; Erlaubnisscheine für Invaliden zum Tragen der Militäruniform (mit Namensverzeichnis); Einquartierungskosten (mit Verzeichnissen)

2470 Korrespondenz der Gemeinsamen Regierung, der Statthalterschaft, des Departements des Kriegswesens (1760, 1844) 1849

Enthält u. a.: Vermietung des Hauses des verstorbenen Obersts von Jeß in Rendsburg an das Kriegsdepartement; Zoll; Büchsenmacher; Finanzen
Darin: gedruckte Preisliste über Waffen und Ausrüstungen, 1844

3014 Korrspondenz der Kommandanturen mit dem Kriegsdepartement und dem Departement des Krieges 1849-1851

Enthält u. a.: Stärkebericht aus Flensburg; Reparaturen in Glückstadt; Stärkebericht aus Hadersleben; Pferdebestand in Itzehoe; Posten in Düsternbrook; Ausmusterungskommission in Neumünster; Strafabteilung in Rendsburg; Verzeichnis über nach dem Gefecht bei Schleswig gefundene Gelder und Vermögensgegenstände

2471 Korrespondenz des Departements des Kriegswesens mit der Statthalterschaft und verschiedenen Departements und Behörden 1850
Enthält u. a.: Revisionsbüro; Ausrüstungsangelegenheiten; Verzeichnis über die vorhandenen oder noch benötigten Utensilien des Kriegsmedizinalbüros sowie dessen Aufgabenbereich; Bibliothek des Departements; Miete des Brüningschen Hauses in Kiel durch das Departement; Finanzen

2472 Korrespondenz des Departements des Kriegswesens mit verschiedenen Departements und Behörden (1849-) 1851
Enthält u. a.: Finanzen und Zoll; Untersuchung des Amtsgefangenenhauses in Rendsburg; Rücksendung der Militärkleider von Beurlaubten; Beaufsichtigung des Kriegsmaterials der holsteinischen Armee in Rendsburg; Schriftwechsel mit dem Generalkommando; Protokoll der 1.-31. Sitzung des Departements (1. November 1849-12. Juli 1851)

## Befehle

2473 Armee- und Korpsbefehle Juni 1848-Februar 1849

2474 Armee- und Korpsbefehle März-Oktober 1849

2475 Armee- und Korpsbefehle April-Juli 1849

2476 Armee- und Korpsbefehle August-Dezember 1849

2606 Armee- und Korpsbefehle 1849-1851

2477 Armee- und Korpsbefehle Januar-Juni 1850

2478 Armee- und Korpsbefehle Juli-Dezember 1850

2479 Armee- und Korpsbefehle Januar-November 1851

## Archiv

2747 Archiv der Schleswig-Holsteinischen Armee, Ablieferung der Akten an Preußen 1853, 1873-1893

# Personal

## Personalangelegenheiten

### *Verschiedene Personalangelegenheiten*

2371 Bestandslisten der Mannschaften: 1., 3.-5., 7.-15. Infanterie-Bataillon, 1.-4. Jägerkorps und Krankenwärter-Kompanie der Jahrgänge 1840-1845 1840-1845

2950 Vergütungen für Offiziere 1848-1849
Enthält auch: Todesanzeige des Majors von Jeß (2. Infanterie-Bataillon)

3028 Personal: Ärzte und Tierärzte 1848-1849
Enthält u. a.: Entlassungen; Anstellungsgesuche

2524 Personal: Ärzte 1848-1850
Enthält u. a.: Anciennitätsliste der Militärärzte; Namensverzeichnis der Militärärzte

2525 Personal: Stammblätter einzelner Mannschaften (mit alphabetischem Register) 1848-1851

2523 Personal: Offiziere 1848-1851
Enthält u. a.: Entlassung und Abfindung von Offizieren aufgrund der Reduktionen; Abfindungssummen; Listen einzelner Abteilungen; Listen über ausländische Offiziere; einzelne Begleitschreiben und Quittungen über Abfindungsgelder und Entlassungspapiere; Nachrichten über die sich in Hamburg aufhaltenden entlassenen Offiziere; Nachrichten über die sich in Altona aufhaltenden und für brasilianische Militärdienste angenommenen Offiziere

2539 Personal: Marine und Seekadettenschule 1848-1851

3044 Personal: Auditeure 1849-1850
Enthält: Ernennungen, Entlassungen, Reisekostenvergütungen

3001 Personal: 5.-8., 13. und 14. Infanterie-Bataillon 1849-1851
Enthält u. a.: Stammblätter; Ärzte; Verlustlisten; Namenslisten der Kombattanten und Nichtkombattanten in den Feldzügen 1848 und 1849
Enthält auch: Verzeichnis der Offiziere bei den Infanterie-Brigaden 1849

2967 Personal: Offiziere und Militärbeamte 1849-1851
Enthält: Stammblätter

2834 Personal: Ärzte und Tierärzte 1850-1851
Enthält: Stammblätter

2370 Personal: Ärzte, Tierärzte, Beschlagschmiede und Sattler 1850-1851
Enthält auch: Stammblätter der als Pferdewärter für die Artillerie einberufenen Dragoner sowie die Stammblätter der zur Gendarmerie versetzten oder kommandierten Mannschaften
Enthält u. a.: Stammblatt des Premierleutnants Robert Schlobach

### *Anstellung und Ernennung*

3006 Korrespondenz des Bevollmächtigten Schleiden mit preußischen Offizieren wegen Anstellung in der Schleswig-Holsteinischen Armee 1848

3007 Anstellung und Ernennung von auswärtigen Offizieren (1842) 1848-1849

2976 Anstellungen und Ernennungen von Offizieren September 1848-Januar 1849

2988 Anstellung von auswärtigen Offizieren 1848-1849

2989 Anstellung von Offizieren 1848-1849

2970 Anstellung von Offizieren und Unteroffizieren 1848 (1827, 1832) 1848, 1850

2918 Anstellung von Marineoffizieren und Marinebeamten 1848-1850

### *Entlassung und Pensionierung*

3021 Entlassung und Pensionierung von Offizieren 1848-1849

2317 Entlassung von Unteroffizieren und Mannschaften wegen Trunksucht Dezember 1850-Januar 1851

*Annahme und Entlassung von Freiwilligen*

2893 Einjährige Freiwillige Oktober-November 1848

2888 Annahme von Freiwilligen für verschiedene Korps Juni-August 1848

2894 Eintritt von Freiwilligen August 1848-Februar 1849

2833 Freiwillige Mannschaft aus dem dritten Landkriegskommissariatsdistrikt September 1850

2881 Einstellung und Entlassung von Freiwilligen 1850

2882 Reiseunterstützungen für Freiwillige von auswärtigen Hilfskomitees für Schleswig-Holstein 1850

2862 Stammrolle der enrollierten Freiwilligen aus den Herzogtümern Schleswig und Holstein August-September 1850

2856 Listen der in Altona angenommenen Freiwilligen (mit alphabetischem Register) Juli-November 1850

2857 Liste der entlassenen, ausgemusterten und desertierten Freiwilligen 1850

2865 Liste der in Altona angenommenen Freiwilligen Oktober 1850

2303 Verzeichnis über die von den im Dezember 1850 entlassenen Freiwilligen mitgenommene Ausrüstung und mitgenommenen Bekleidungsstücke des 7. Infanterie-Bataillons 1850

2304 Stärkenachweis über die als Armee-Reserve oder noch nicht gediente Kantonisten bei den Besatzungs-Bataillonen stehenden preußischen Freiwilligen Dezember 1850

2305 Namensverzeichnis der in die Heimat entlassenen wehrpflichtigen preußischen Untertanen des 14. Infanterie-Bataillons 1850

2306 Namensverzeichnis einschließlich Stammblätter sowie summarisches Verzeichnis von Ausrüstung und Bekleidung der infolge der Mobilmachung der preußischen Armee ausscheidenden Freiwilligen des 1.-4. Jägerkorps Dezember 1850

2307 Stammblätter der in ihre Heimat zurückkehrenden Artilleristen
Dezember 1850

2309 Stammblätter der im Dezember 1850 zu entlassenen preußischen Freiwilligen des 1., 5. und 6. Infanterie-Bataillons 1850

2310 Stammblätter der im Dezember 1850 zu entlassenen preußischen Freiwilligen des 7.-9. Infanterie-Bataillons 1850

2311 Stammblätter der im Dezember 1850 zu entlassenen preußischen Freiwilligen des 12. und 13. Infanterie-Bataillons, des 2. und 3. Besatzungs-Bataillons sowie der Jäger-Depotkompanie 1850

2301 Namenslisten der in die Heimat entlassenen wehrpflichtigen preußischen Untertanen 1850
Enthält auch: Liste der am 15. Dezember 1850 wegen Trunkenheit und ungebührlichen Benehmens entlassenen Angehörigen des 3. Besatzungs-Bataillons

2315 Verwendung der Einjährig-Freiwilligen bei Beendigung ihrer Dienstzeit während des Krieges November-Dezember 1850

2323 Entlassung des Portopeefähnrichs Peters (15. Infanterie-Bataillon)
1850

2324 Einstellung des früher in preußischen Diensten stehenden Unteroffiziers Carl Lindemann in das 2. Besatzungs-Bataillon und die Mitteilung an seine Ehefrau August Wilhelmine geb. Kühne 1850

2325 Entlassung des Musketiers Adolf Gruhler (1. Kompanie/5. Infanterie-Bataillon) aus Magdeburg 1850

2326 Entlassung der freiwilligen Musketiere Conrad Johann David Dehne (1. Kompanie/6. Infanterie-Bataillon) aus Herrenhausen und Hinrich Uebelshäuser (1. Kompanie/6. Infanterie-Bataillon) aus Darmstadt
1850

2327 Entlassung des Jägers Albert Mehrs (6. Kompanie/2. Jägerkorps)
1850

2316 Freiwillige: Besoldung, Einkleidung, Entlassung und Wiedereinstellung August 1850-Januar 1851

2312 Stammblätter sowie Visitierungs- und Abrechnungslisten der im Dezember 1850 zu entlassenen preußischen Freiwilligen
Dezember 1850-Januar 1851

2313 Stammblätter der in ihre Heimat zu entlassenen Freiwilligen außerhalb Preußens 1850-1851

2308 Visitierungslisten und Stammblätter der zu entlassenen preußischen Freiwilligen der 1. Infanterie-Brigade Dezember 1850-Januar 1851

2858 Summarischer Bericht über die von der 4. Infanterie-Brigade angenommenen Freiwilligen Juli 1850-Januar 1851

2859 Liste über die in Rendsburg angenommenen freiwilligen Ausländer
1850-1851
Enthält auch: Liste der entlassenen militärpflichtigen preußischen Untertanen

2860 Liste der Freiwilligen aus den Herzogtümern Schleswig und Holstein
Juni 1850-Januar 1851

2977 Legitimationen für die Anstellung von Freiwilligen 1850-1851

2853 Verzeichnis der verpflegten Freiwilligen Januar 1851

## *Auszeichnung*

2374 Erinnerungskreuz: Entwürfe zur Verleihung, Verleihungsvorschläge und -anträge, Verzeichnisse der ausgezeichneten Offiziere, Unteroffiziere und Mannschaften 1849-1850

2377 Erinnerungskreuz: Namensliste der an den Gefechten 1848 und 1849 beteiligten Kombattanten und Nichtkombattanten der Artillerie
Enthält auch: Namenslisten der bereits ausgezeichneten Soldaten 1850

2378 Erinnerungskreuz: Namensliste der an den Gefechten 1848 und 1849 beteiligten Kombattanten und Nichtkombattanten der Kavallerie-Brigade 1850
Enthält auch: Namenslisten der zum Tragen des Erinnerungskreuzes berechtigten Soldaten

2379 Erinnerungskreuz: Namensliste der an den Gefechten 1848 und 1849 beteiligten Kombattanten und Nichtkombattanten der Brigade-Stäbe, des Generalkommandos, des Departements des Kriegswesens und der Kommandanturen 1850
Enthält auch: Namenslisten der zum Tragen des Erinnerungskreuzes berechtigten Soldaten

2380 Erinnerungskreuz: Namensliste der an den Gefechten 1848 und 1849 beteiligten Kombattanten und Nichtkombattanten des Marine-Kommandos, der Landgendamerie, des Ingenieurkorps, der Krankenwärterkompanie, der Trainkompanie, des Feldpostamts, des Handwerker- und des Zeug-Etats 1850
Enthält auch: Namenslisten der zum Tragen des Erinnerungskreuzes berechtigten Soldaten

2381 Erinnerungskreuz: Namensliste der zum Tragen des Erinnerungskreuzes berechtigten Ärzte sowie Verzeichnisse über ausgelieferte Erinnerungskreuze, Band und Verleihungsurkunden 1850
Enthält auch: Zustellung oder Empfang von Erinnerungskreuzen an 45 preußische Offiziere; Konzepte des Departements des Kriegswesens für die Verleihung des Erinnerungskreuzes

2382 Erinnerungskreuz: abschlägig beschiedene Gesuche um Verleihung 1850-1851

2383 Erinnerungskreuz: Verleihungen (alphabetisch geordnet) 1850-1851
Enthält auch: Tagesbefehl des Generals von Wrangel für eine Tat des Hauptmanns von Berlitz vom 17. Juli 1848; Zeugnis des Generals von Bonin für Hauptmann von Berlitz vom 14. Dezember 1848 und dessen Hauptmannspatent vom 17. Dezember 1848; Bitte des Prinzen Friedrich Karl von Preußen um Verleihung des Erinnerungskreuzes

2384 Erinnerungskreuz: Verleihung an frühere Freischärler 1850-1851
Enthält auch: Bericht des ehemaligen Leutnants Eduard Dreyer über die Tätigkeit des Preetzer Freikorps oder 1. von Kroghschen Freikorps 1848

2375 Erinnerungskreuz: Namensliste der an den Gefechten 1848 und 1849 beteiligten Kombattanten und Nichtkombattanten der Infanterie-Bataillone 1850-1851
Enthält auch: Namenslisten der zum Tragen des Erinnerungskreuzes berechtigten Soldaten und der bereits ausgezeichneten Soldaten

2376 Erinnerungskreuz: Namensliste der an den Gefechten 1848 und 1849 beteiligten Kombattanten und Nichtkombattanten des 1.-5. Jägerkorps, des Ersatz-Jägerkorps und der Ersatz-Bataillone 1-4 1850-1851

Enthält auch: Namenslisten der zum Tragen des Erinnerungskreuzes berechtigten Soldaten

2863 Verleihungsurkunden für das Erinnerungskreuz an die Feldzüge 1848-1849 1850-1851

Enthält auch: Schreiben über abgelieferte Journalbücher zu den angenommenen Freiwilligen

*Beurlaubung*

2921 Beurlaubte Soldaten aus den Angelner Güterdistrikten 1849-1850

2850 Stammrolle der beurlaubten Mannschaften der Krankenwärterkompanie im Januar und Februar 1851 März 1851

2851 Stammrolle der beurlaubten Mannschaften der Abteilung in Glückstadt Februar 1851

2852 Stammrollen der beurlaubten Mannschaften des 1.-3. Besatzungs-Bataillons 1851

## Kriegsgefangene und politische Gefangene

3041 Auswechslung von Kriegsgefangenen und politischen Gefangenen 1848

3042 Kriegsgefangene 1848

3043 Transport der dänischen Kriegsgefangenen nach Altona und Stade sowie deren Verpflegung 1848-1849

3039 Berichte der Platzkommandantschaft in Rendsburg über die nach Rendsburg gebrachten dänischen Kriegsgefangenen April-Juli 1849

3040 Kriegsgefangene und politische Gefangene 1849
Enthält u. a.: gefangene Amtmänner; Gefangene des Gefechts vor Eckernförde; Gefangenenlisten; Auswechslung von Gefangenen

2997 Kriegsgefangene 1849
Enthält u. a.: Listen dänischer Gefangener; Auswechselung von Gefangenen; Korrespondenz mit den Kommandanturen; Akten zu den beim Gefecht vor Eckernförde gemachten Gefangenen

## Formation, Stärke, Ausbildung

2902 Exerzierschule unter Major von Klindt Juni-Juli 1848

2889 Exerzierschule unter Major von Klindt Juli-August 1848

2844 Formation der Armeereserve 1849
Enthält u. a.: Stammrolle der Ausländer und Unbekannten

2480 Formation der Schleswig-Holsteinischen Armee 1849-1850

2491 Formation der Avantgarde-Brigade 1849-1850
Enthält u. a.: Verlustliste zum Gefecht von Fredericia; Beförderungsvorschläge

2481 Auflösung der Schleswig-Holsteinischen Armee und Formation des holsteinischen Bundeskontingents 1851-1852

2482 Formation des holsteinischen Bundeskontingents: Infanterie, Kavallerie und Artillerie 1851-1852

## Militärbildungswesen

2505 Militärische Bildungsanstalten 1849-1851
Enthält u. a.: Anträge des Jäger-Bataillons und der Artillerie-Abteilung auf Einrichtung von Unteroffiziersschulen; Errichtung einer Bildungsanstalt für Offiziere, Offiziersanwärter und Fähnriche in Rendsburg; Artillerie-Elevenschule in Itzehoe; Reglements und Berichte der Unteroffiziers-Elevenschule; Einführung neuer Zünder bei der Artillerie
Darin: Zeichnungen von Pferdegeschirr und Zaumzeug sowie von Protzen und Artilleriebefestigung

# Materielle Angelegenheiten

## Ausrüstung und Bewaffnung

### *Ausrüstung und Bewaffnung im Allgemeinen*

2483 Formation und Ausrüstung der Armee und der zugehörigen Verwaltungsbehörden April-Juli 1848

2484 Formation und Ausrüstung der Armee und der zugehörigen Verwaltungsbehörden August-Dezember 1848

2507 Bekleidung und Uniformierung 1848-1850
Darin: Bekleidungsreglement für die Schleswig-Holsteinische Armee

2506 Bewaffnung, Munition, Ausrüstung 1848-1851
Enthält u. a.: Bildung von Waffen-Kommissionen

2611 Ausrüstungs- und Bauwesen 1849-1851

### *Ausrüstung und Bewaffnung einzelner Truppenteile und Behörden*

2522 Bewaffnung und Ausrüstung: Kriegsdepartement 1848-1850

2521 Bewaffnung und Ausrüstung: Generalkommando 1849-1851

2485 Bewaffnung und Ausrüstung: 1. Infanterie-Brigade 1848-1851

2486 Bewaffnung und Ausrüstung: 2. und 3. Infanterie-Brigade 1848-1851

2487 Bewaffnung und Ausrüstung: 4. und 5. Infanterie-Brigade 1850-1851

2499 Bewaffnung und Ausrüstung: 9. Infanterie-Bataillon, 5. und 6. Jägerkorps 1848-1851
Enthält u. a.: Bildung des 9. Infanterie-Bataillons (mit Stammliste)

2[illegible] Bewaffnung und Ausrüstung: Jäger-Inspektion 1848-1850

[illegible]1 Bewaffnung und Ausrüstung: Besatzungs-Bataillone 1850-1851

2500 Bewaffnung und Ausrüstung: Ersatz-Bataillone 1849-1850

Enthält: 1. Ersatz-Bataillon und Stamm des 16. und 20. Infanterie-Bataillons; 2. Ersatz-Bataillon und Stamm des 17. und 21. Infanterie-Bataillons; 3. Ersatz-Bataillon und Stamm des 18. und 22. Infanterie-Bataillons; 4. Ersatz-Bataillon und Stamm des 19. und 23. Infanterie-Bataillons

2488 Bewaffnung und Ausrüstung: Reserve und Ersatz-Brigade 1849-1851

2490 Bewaffnung und Ausrüstung: Kavallerie-Brigade, Reserve-Kavallerie-Division 1848-1851

2492 Bewaffnung und Ausrüstung: Artillerie im Allgemeinen 1848-1849

2493 Bewaffnung und Ausrüstung: Artillerie im Allgemeinen 1850-1851

2494 Bewaffnung und Ausrüstung: Artillerie-Brigade, Artillerie-Regiment, Abteilungsstäbe, Stall-Etat, Batterien, Munitionskolonne, Depot-Batterie 1848-1851

Enthält u. a.: Übergabe der 6. Festungsbatterie in Friedrichsort von Hauptmann Scheffler an Hauptmann Christiansen und der 3. sechspfündigen Feldbatterie in Kiel von Hauptmann Gleim an Hauptmann Scheffler

2495 Bewaffnung und Ausrüstung: Ingenieurkorps, Pionier-Kompanie 1848-1851

Darin: gedrucktes Reglement für die Uniformierung der schleswig-holsteinischen Truppen

2498 Bewaffnung und Ausrüstung: Gendamerie, Arbeiterkompanie 1848-1851

2496 Bewaffnung und Ausrüstung: Trainkompanie, Krankenträgerkompanie 1849-1851

Darin: Zeichnung eines Trainwagens

2502 Bewaffnung und Ausrüstung: Volksbewaffnung 1848-1851

Enthält u. a.: Verzeichnis der vor dem 24. März 1848 im Arsenal in Rendsburg vorhandenen Schuss-, Seiten- und Stichwaffen; Bürgerwehr in Altona; Bürgerschützen-Abteilung in Rendsburg; Bürgerartilleriekorps in Rendsburg

2514 Bewaffnung und Laboratorium der Marine 1848-1850

### *Ein- und Ablieferungen für einzelne Truppenteile*

2680 Protokoll über Ein- und Ablieferungen für einzelne Truppenteile: 1. Infanterie-Bataillon 1848-1851

2681 Protokoll über Ein- und Ablieferungen für einzelne Truppenteile: 2. Infanterie-Bataillon 1848-1851

2682 Protokoll über Ein- und Ablieferungen für einzelne Truppenteile: 3. Infanterie-Bataillon 1848-1850

2683 Protokoll über Ein- und Ablieferungen für einzelne Truppenteile: 4. Infanterie-Bataillon 1848-1850

2684 Protokoll über Ein- und Ablieferungen für einzelne Truppenteile: 5. Infanterie-Bataillon 1848-1850

2685 Protokoll über Ein- und Ablieferungen für einzelne Truppenteile: 6. Infanterie-Bataillon 1848-1850

2686 Protokoll über Ein- und Ablieferungen für einzelne Truppenteile: 7. Infanterie-Bataillon 1848-1850

2687 Protokoll über Ein- und Ablieferungen für einzelne Truppenteile: 8. Infanterie-Bataillon 1848-1850

2688 Protokoll über Ein- und Ablieferungen für einzelne Truppenteile: 9. Infanterie-Bataillon 1848-1850

2689 Protokoll über Ein- und Ablieferungen für einzelne Truppenteile: 10. Infanterie-Bataillon 1848-1850

2690 Protokoll über Ein- und Ablieferungen für einzelne Truppenteile: 11. Infanterie-Bataillon (früher 1. Reserve-Bataillon) 1850

2691 Protokoll über Ein- und Ablieferungen für einzelne Truppenteile: 12. Infanterie-Bataillon (früher 2. Reserve-Bataillon) 1850

2693 Protokoll über Ein- und Ablieferungen für einzelne Truppenteile: 13. Infanterie-Bataillon (früher 3. Reserve-Bataillon) 1850

2692 Protokoll über Ein- und Ablieferungen für einzelne Truppenteile: 14. und 15. Infanterie-Bataillon (früher 4. Reserve-Bataillon) 1850

2675 Protokoll über Ein- und Ablieferungen für einzelne Truppenteile: 1. Jägerkorps 1848-1849

2676 Protokoll über Ein- und Ablieferungen für einzelne Truppenteile: 2. Jägerkorps 1849-1850

2677 Protokoll über Ein- und Ablieferungen für einzelne Truppenteile: 3. Jägerkorps 1848-1850

2678 Protokoll über Ein- und Ablieferungen für einzelne Truppenteile: 4. Jägerkorps 1848-1849

2679 Protokoll über Ein- und Ablieferungen für einzelne Truppenteile: 5. Jägerkorps (früher Reserve-Jägerkorps) [1849-1850]

2672 Protokoll über Ein- und Ablieferungen für einzelne Truppenteile: 1. Kavallerie-Regiment 1848-1849

2673 Protokoll über Ein- und Ablieferungen für einzelne Truppenteile: 2. Kavallerie-Regiment 1848-1849

2674 Protokoll über Ein- und Ablieferungen für einzelne Truppenteile: Reserve-Kavallerie-Division März-August 1849

2671 Protokoll über Ein- und Ablieferungen für einzelne Truppenteile: Artillerie 1848-1849

## Festungs- und Bauwesen

2517 Festung Rendsburg 1848-1849
Enthält u. a.: Übersicht über die Besetzung der Festung Rendsburg im Mai 1848; Bauten; Kommissionsbericht über die unzulängliche Barackenbelegung und deren künftige Ordnung; Einquartierung
Darin: Dienstsiegel

2518 Festung Rendsburg 1850-1851
Enthält u. a.: Auslieferung von Ausrüstung durch das Arsenal und Montierungsdepot; Gouvernementbefehle Nr. 2-30, 122-207; Aufhebung des Mühlenzwangs für die Stadt und Festung Rendsburg durch das Gouvernement; Verhältnis des Gouvernements zu den Zivilbehörden; Nachweis der Geschütze
Darin: Dienstsiegel

2516 Festung Friedrichsort 1848-1851
Enthält u. a.: Ausrüstung und Bewaffnung; Bauten; Personal

2508 Militärische Bauten 1848-1849

2509 Militärische Bauten 1849

2510 Militärische Bauten 1850

2511 Militärische Bauten 1851

2512 Militärische Bauten 1851-1852

2513 Sicherung der Küsten und Telegrafen 1848-1849
Enthält u. a.: Verzeichnis der Telegrafenstationen zwischen Kiel und Eckernförde, Gettorf und Rendsburg sowie Kiel und Bülk mit den Bedeutungen der Telegrafensignale

2515 Anlage von Befestigungen und Strandbatterien 1849-1850

## Ausrüstungsbüro und Montierungsdepot

2605 Briefbuch des Ausrüstungsbüros in Rendsburg 1848

2642 Montierungsdepot (Ausrüstungsdepot) 1848
Enthält u. a.: Korrespondenz mit der Provisorischen Regierung, dem Kriegsdepartement und dem Montierungsinspektor Schultz

2661 Montierungsdepot (Ausrüstungsdepot) 1848-1849
Enthält u. a.: Lieferverträge; Prozessakten

2660 Montierungsdepot (Ausrüstungsdepot): Armeebefehle
Juli 1850-März 1851
Enthält: Nr. 68-442 (1850) und Nr. 1-123 (1851)

2662 Montierungsdepot (Ausrüstungsdepot): Verträge mit Fabrikanten
1848-1850

2663 Montierungsdepot (Ausrüstungsdepot): Kontraktenbuch 1850

2648 Montierungsdepot (Ausrüstungsdepot): eingegangene Schreiben des Departements des Kriegswesens Oktober-Dezember 1849
Enthält vor allem: Anweisungen zur Ausgabe von Ausrüstung
Enthält u. a.: Instruktion für das Ausrüstungsbüro

2649 Montierungsdepot (Ausrüstungsdepot): eingegangene Schreiben des Departements des Kriegswesens Januar-Juni 1850
Enthält vor allem: Anweisungen zur Ausgabe von Ausrüstung

2650 Montierungsdepot (Ausrüstungsdepot): eingegangene Schreiben des Departements des Kriegswesens Juli-September 1850
Enthält vor allem: Anweisungen zur Ausgabe von Ausrüstung

2651 Montierungsdepot (Ausrüstungsdepot): eingegangene Schreiben des Departements des Kriegswesens Oktober-Dezember 1850
Enthält vor allem: Anweisungen zur Ausgabe von Ausrüstung

2652 Montierungsdepot (Ausrüstungsdepot): eingegangene Schreiben des Departements des Kriegswesens Januar-Februar 1851
Enthält vor allem: Anweisungen zur Ausgabe von Ausrüstung

2643 Montierungsdepot (Ausrüstungsdepot): eingegangene Schreiben von der Intendantur Januar-Juni 1849

2644 Montierungsdepot (Ausrüstungsdepot): eingegangene Schreiben von der Intendantur Juli-Dezember 1849

2645 Montierungsdepot (Ausrüstungsdepot): eingegangene Schreiben von der Intendantur 1850-1851

2646 Montierungsdepot (Ausrüstungsdepot): eingegangene Schreiben von einzelnen Truppenabteilungen 1849

2647 Montierungsdepot (Ausrüstungsdepot): eingegangene Schreiben von einzelnen Truppenabteilungen 1850

2640 Montierungsdepot (Ausrüstungsbüro): Journal der eingegangenen Schreiben vom 1. Januar 1849 bis 14. Mai 1850 1849-1850

2636 Montierungsdepot (Ausrüstungsbüro): Korrespondenzprotokoll vom 1. April 1849 bis 5. Februar 1850 1849-1850

2637 Montierungsdepot (Ausrüstungsbüro): Korrespondenzprotokoll vom 5. Februar bis 30. Juni 1850 1850

2638 Montierungsdepot (Ausrüstungsbüro): Korrespondenzprotokoll vom 1. Juli 1850 bis 31. Dezember 1851 1850-1851

2664 Montierungsdepot (Ausrüstungsdepot): Tagesjournal vom 9. Juni bis 19. August 1850 1850

2665 Montierungsdepot (Ausrüstungsdepot): Tagesjournal vom 20. August bis 1. November 1850 1850

2666 Montierungsdepot (Ausrüstungsdepot): Tagesjournal vom 2. November bis 31. Dezember 1850 1850

2639 Montierungsdepot (Ausrüstungsbüro): Briefbuch November 1850-März 1852

2641 Montierungsdepot (Ausrüstungsbüro): Journal der eingegangenen Sachen vom 14. Mai 1850 bis 4. März 1852 1850-1852

2669 Montierungsdepot (Ausrüstungsdepot): Auslieferung von Ausrüstung auf besondere Anordnung 1848-1849

2670 Montierungsdepot (Ausrüstungsdepot): Auslieferung von Ausrüstung ohne besondere Anordnung der Intendantur 1849

2654 Montierungsdepot (Ausrüstungsdepot): Quittungsbuch über empfangene Sachen 1849-1852

2667 Montierungsdepot (Ausrüstungsdepot): Verzeichnis der ausgelieferten Untermontierung November 1850-März 1851

2668 Montierungsdepot (Ausrüstungsdepot): Hauptbuch über die Untermontierung 1851-1852

2653 Montierungsdepot (Ausrüstungsdepot): Verzeichnisse der Einnahmen und Ausgaben 1848-1851

2656 Montierungsdepot (Ausrüstungsdepot): Ausgabebelege zur Rechnungslegung für das erste Quartal 1849 1849

2657 Montierungsdepot (Ausrüstungsdepot): Ausgabebelege zur Rechnungslegung für das zweite Quartal 1849 1849

2658 Montierungsdepot (Ausrüstungsdepot): Ausgabebelege zur Rechnungslegung für das dritte Quartal 1849 1849

2659 Montierungsdepot (Ausrüstungsdepot): Ausgabebelege zur Rechnungslegung für das vierte Quartal 1849 und das erste Quartal 1850 1849-1850

2655 Montierungsdepot (Ausrüstungsdepot): Geldquittungen 1850

## Militärjustiz und Aushebung

### Militärjustiz

*Allgemeines*

2608 Erlass des Militärstrafgesetzbuchs 1848-1850
Darin: gedruckte Gesetzessammlungen und Verpflegungsreglements

2609 Militärjustiz 1848-1850
Enthält u. a.: Transport der dänischen Festungssträflinge von Rendsburg nach Viborg; Bekleidung der Festungssträflinge und neue Uniformierung der Justizunteroffiziere; Untersuchung gegen den Oberauditeur Grafen von Baudissin; Untersuchung gegen Pontoniere; Jahresbericht über die Rendsburger Festungssträflinge; einzelne Untersuchungsfälle

2610 Militärjustiz 1848-1850
Enthält u. a.: abgelehnte und bewilligte Begnadigungen von Festungssträflingen; Jahresbericht über die Sträflinge in Friedrichsort; zahlreiche einzelne Untersuchungsfälle

2697 Garnisonsauditoriat in Rendsburg: Arrest 1848-1852
Enthält u. a.: Arrestantenlisten

2745 Garnisonsauditoriat in Rendsburg: Korrespondenzprotokoll 1849-1851

## *Untersuchungsakten einzelner Truppenteile*

### 2. Infanterie-Brigade

2199 Zusammensetzung und Aufgabe der bei jedem Bataillon und Korps zu errichtenden Kassationskommission 1848

2084 Tagebuch des Auditoriats der 2. Infanterie-Brigade August 1849-November 1851

2203 Ablieferung des Jägers Bauditz bei der Kommandantur Flensburg durch den Gefreiten Sellmann (2. Jägerkorps) 1849

2200 Person: Einfeldt, Jäger (2. Jägerkorps)
Vergehen: fahrlässige schwere Verwundung eines Kameraden
Urteil: ohne Entscheidung 1849

2204 Entlassung des Fähnrichs Siegmund Goebel (5. Infanterie-Bataillon) 1851

2198 Person: Gündel, Fähnrich (4. Kompanie/6. Infanterie-Bataillon)
Vergehen: Verbleib von Spitzkugeln
Urteil: ohne Entscheidung 1850

2201 Lazarettaufenthalt des Hauptmanns Nordhoff (3. Kompanie/2. Jägerkorps) in Kiel 1850

2202 Verzögerung der Abreise des Auditeurassistenten C. Tetens (2. Jägerkorps) aus Hadersleben wegen einer Krankheit 1849

### 4. Infanterie-Brigade

2227 Justizjournal des Holsteinischen Jäger-Bataillons vom 27. März 1851 bis 4. Januar 1852 1851-1852

2205 Personen: Andrews, Marx, Musketier (3. Kompanie/12. Infanterie-Bataillon)
Blaun, Herrmann Carl August, Musketier (2. Kompanie/12. Infanterie-Bataillon)
Dormann, Friedrich Wilhelm, Musketier (4. Kompanie/12. Infanterie-Bataillon)
Ehmke, Hartwig Friedrich, Musketier (2. Kompanie/12. Infanterie-Bataillon)
Hass, Claus Hinrich, Musketier (1. Kompanie/12. Infanterie-Bataillon)
Kay, Claus Friedrich, Musketier (2. Kompanie/12. Infanterie-Bataillon)
Köster, Johann Friedrich Hinrich, Musketier (3. Kompanie/12. Infanterie-Bataillon)
Röhl, Wilhelm Friedrich, Musketier (3. Kompanie/12. Infanterie-Bataillon)
Schröder, Claus Hinrich, Musketier (1. Kompanie/12. Infanterie-Bataillon)
Schöning, Hans, Musketier (4. Kompanie/12. Infanterie-Bataillon)
Schuhmacher, Claus Hinrich, Musketier (3. Kompanie/12. Infanterie-Bataillon)
Steffens, Christian Peter, Musketier (2. Kompanie/12. Infanterie-Bataillon)
Stumpf, Claus Friedrich Peter, Musketier (2. Kompanie/12. Infanterie-Bataillon)
Voss, Johann Friedrich, Musketier (2. Kompanie/12. Infanterie-Bataillon)
Vergehen: verspätetes Einstellen zum Dienst auf Einberufungsbefehl
1850

2224 Kostenerstattung in einer Untersuchungssache gegen die Jäger Aschmily und Karl Friedrich Wilhelm Derames aus Taubach (4. Jägerkorps) 1851

2207 Personen: Binge, Johann Heinrich Albert, Jäger (8. Kompanie/4. Jägerkorps), Altona
Priess, Johann Friedrich Heinrich, Jäger (8. Kompanie/4. Jägerkorps), Kiel
Vergehen: erster kleiner Diebstahl, Begünstigung des Diebstahls und Veruntreuung
Urteil: sechswöchiger strenger Arrest und Versetzung in den Soldatenstand 2. Klasse 1850-1851

2222 Person: Domini, Jürgen, Jäger (3. Kompanie/Holsteinisches Jäger-Bataillon)
Vergehen: wiederholtes ungebührliches Benehmen vor versammelter Mannschaft
Urteil: sechswöchiger strenger Arrest 1851

2218 Person: Domini, Jürgen, Unterjäger (3. Kompanie/Holsteinisches Jäger-Bataillon)
Vergehen: wiederholter Ungehorsam und unerlaubtes Ausbleiben nach dem Zapfenstreich
Urteil: vierzehntägiger strenger Arrest 1851

2215 Person: Fick, Christian, Jäger (3. Kompanie/Holsteinisches Jäger-Bataillon)
Vergehen: Ungehorsam
Urteil: vierzehntägiger strenger Arrest 1851

2210 Personen: Fischer, Heinrich Christian, Oberjäger (1. Kompanie/Holsteinisches Jäger-Bataillon)
Hensel, Johann, Oberjäger (1. Kompanie/Holsteinisches Jäger-Bataillon)
Vergehen: Trunkenheit
Urteil: Strafe nach Ermessen (arbiträr) 1851

2211 Selbstmord des Unteroffiziers Carl Garkow (3. Kompanie/2. Besatzungs-Bataillon) aus Stettin durch Erhängen im Lazarett Nr. 2 in Kiel 1851

2225 Person: Gosau, Johann, Jäger (1. Kompanie/Holsteinisches Jäger-Bataillon)
Vergehen: Kameradendiebstahl
Urteil: Strafe nach Ermessen (arbiträr) 1851-1852

2221 Personen: Junge, Jäger (4. Kompanie/Holsteinisches Jäger-Bataillon)
Lauenstein, Jäger (1. Kompanie/Holsteinisches Jäger-Bataillon)
Elend, Oberjäger (früher 5. Jägerkorps)
Vergehen: Verschwinden des Hirschfängers des Jägers Dehn
Urteil: Untersuchung eingestellt 1851

2206 Person: Kallenberg, Friedrich, Musketier (4. Kompanie/1. Besatzungs-Bataillon)
Vergehen: ungebührliches Benehmen gegen Vorgesetzte vor versammelter Mannschaft
Urteil: vierwöchiger strenger Arrest 1850

2217 Selbstmord des Oberjägers und Fouriers Lilotte (3. Kompanie/Holsteinisches Jäger-Bataillon) durch Ertränken 1851

2212 Person: Melitz, Peter Jacob Mathias, Jäger (5. Kompanie/4. Jägerkorps), Heide
Vergehen: tätliche Beleidigung und böswillige Körperverletzung eines Vorgesetzten sowie ungebührliches Benehmen mit Drohungen gegen Vorgesetzte außer Dienst
Urteil: zweiwöchiger strenger Arrest 1851

2220 Person: Mohr, Jäger (1. Kompanie/Holsteinisches Jäger-Bataillon)
Vergehen: Schlägerei
Urteil: Strafe nach Ermessen (arbiträr) 1851

2214 Selbstmord des Jägers Klaus Piening (3. Kompanie/Holsteinisches Jäger-Bataillon) durch Erhängen 1851
Darin: Notizbuch Pienings (mit Abschiedsworten) und einige Privatbriefe

2213 Person: Reinert, Hans Christian, Jäger (4. Kompanie/Holsteinisches Jäger-Bataillon)
Vergehen: Ungehorsam
Urteil: Strafe nach Ermessen (arbiträr) 1851

2219 Personen: Saebelin, Sergeant (4. Kompanie/Holsteinisches Jäger-Bataillon)
Reimers, Oberjäger (2. Kompanie/Holsteinisches Jäger-Bataillon)
Vergehen: Verwundung des Matrosen Carl Wagner im Wolfschen Tanzsaal in Kiel
Urteil: Untersuchung eingestellt und disziplinarische Erledigung 1851

2216 Personen: Schlüter, Joachim August, Jäger (2. Kompanie/Holsteinisches Jäger-Bataillon), Itzehoe
Speck, Heinrich Martin Friedrich, Jäger (2. Kompanie/Holsteinisches Jäger-Bataillon), Rendsburg
Vergehen: erster kleiner Diebstahl
Urteil: vierwöchiger strenger Arrest und Versetzungen in den Soldatenstand 2. Klasse 1851

2209 Person: Schmidt, Caspar Wilhelm, Oberjäger (5. Kompanie/5. Jägerkorps)
Vergehen: Unterschlagung
Urteil: Strafe nach Ermessen (arbiträr) 1851

2226 Person: Usinger, Otto Friedrich, Jäger (1. Kompanie/Holsteinisches Jäger-Bataillon)
Vergehen: Verdacht auf Diebstahl
Urteil: ohne Entscheidung 1851-1852

2208 Person: Waschlowsky, Friedrich Christian, Gefreiter (2. Kompanie/Holsteinisches Jäger-Bataillon)
Vergehen: Flucht aus dem Arrestlokal
Urteil: steckbriefliche Verfolgung 1851

2223 Person: Zimmermann, Georg Johannes Theodor, Sekondeleutnant (Holsteinisches Jäger-Bataillon)
Vergehen: tätliche Beleidigung eines Untergebenen außer Dienst
Urteil: unter Beachtung von Milderungsgründen dreiwöchiger Stubenarrest 1851

## 1. Infanterie-Bataillon

58 Untersuchung des 1. Infanterie-Bataillons wegen der Verwundung des Musketiers Claus Joens (2. Kompanie/1. Infanterie-Bataillon) und der Ausschreitungen im Haus des Bäckermeisters Stamp in Rendsburg 1849-1850

47 Untersuchung wegen einer Schlägerei zwischen Soldaten und Bauern in Rickert sowie wegen der Nichtbeachtung des Zapfenstreichs und des Toresschlusses 1850

25 Untersuchung über den Brand in Bistensee 1850
Enthält u. a.: Untersuchungsprotokolle; Bericht des untersuchungsführenden Offiziers an das Kommando des 1. Infanterie-Bataillons; Führungsatteste; Stammblätter

95 Person: Albrecht, Paul, Musketier (2. Kompanie/1. Infanterie-Bataillon)
Vergehen: Flucht vor einer Patrouille bei der Verhaftung
Urteil: vierwöchiger strenger Arrest, abgemildert in achttägigen strengen Arrest 1849

14 Person: Albrecht, Hans Hinrich, Musketier (3. Kompanie/1. Infanterie-Bataillon)
Vergehen: unerlaubte Entfernung von der Truppe
Urteil: wahrscheinlich disziplinarisch erledigt 1850

90 Person: Alf, Johann, Musketier (2. Kompanie/1. Infanterie-Bataillon)
Vergehen: versuchter Streit mit badischen Soldaten
Urteil: achttägiger einfacher Arrest 1849

78 Person: Andersen, Jacob, Musketier (4. Kompanie/1. Infanterie-Bataillon)
Vergehen: Ungehorsam gegen die Befehle eines Vorgesetzten außer Dienst
Urteil: einwöchiger strenger Arrest 1849

99 Person: von Baudissin, Oberauditeur
Vergehen: Ungehorsam
Urteil: Freispruch 1849

39 Person: Brackert, Tietje, Musketier (3. Kompanie/1. Infanterie-Bataillon)
Vergehen: tätliche Beleidigung eines Gefreiten außer Dienst
Urteil: zweiwöchiger Mittelarrest 1851

74 Person: Bruhns, Franz, Musketier (4. Kompanie/1. Infanterie-Bataillon)
Vergehen: Gelderpressung, Angriff auf einen Polizeibeamten, Entfernung aus dem Lazarett, Umherschwärmen und Trunkenheit
Urteil: dreijährige Festungsstrafe und Versetzung in den Soldatenstand 2. Klasse 1850

101 Kriegsgericht durch den Brigadeauditeur Theodor Lüders in Sachen des Brigadeschreibers Brüning (1. Infanterie-Bataillon) 1848
Enthält auch: Übertragung der Verwaltung der Pensionskasse der Unteroffiziere (1. und 2. Infanterie-Bataillon) an den Brigadeauditeur Lüders

63 Personen: Brüning, Christian, Brigadeschreiber
Springer, Feldwebel (3.Kompanie/1. Infanterie-Bataillon)
Vergehen: Verlust mehrerer Geldbriefe
Urteil: Verfahren eingestellt 1848

62 Person: Carstens, Carsten Heinrich, Musketier (1. Kompanie/1. Infanterie-Bataillon)
Vergehen: Trunkenheit im Dienst unter Waffen
Urteil: fünftägiger Arrest 1848

19 Personen: Carstens, Carsten Heinrich, Gefreiter (1. Kompanie/1. Infanterie-Bataillon)
Dreyer, Hans Hinrich, Gefreiter (1. Kompanie/1. Infanterie-Bataillon)
Vergehen: falsche Beschuldigung eines Vorgesetzten
Urteil: einmonatige (Carstens) und zweimonatige (Dreyer) Gefängnisstrafen sowie Degradierungen 1848-1849
Enthält auch: Darstellung des Grafen von Brockdorff über seine Teilnahme am Feldzug 1848

84 Person: Carstens, Carsten, Musketier (3. Kompanie/1. Infanterie-Bataillon)
Vergehen: Ausbleiben vom Dienst
Urteil: dreimal fünftägiger Arrest 1848-1849

49 Person: Christiansen, Andreas, Musketier (2. Kompanie/1. Infanterie-Bataillon)
Vergehen: Postenvergehen
Urteil: achttägiger Mittelarrest 1849

1 Person: Dietzel, Ludwig Christian, Musketier (4. Kompanie/1. Infanterie-Bataillon)
Vergehen: Gehorsamsverweigerung
Urteil: neunmonatige Festungsstrafe und Rückversetzung in den Soldatenstand 1. Klasse 1850

26 Person: Dose, Freiwilliger (4. Kompanie/1. Infanterie-Bataillon)
Vergehen: ungebührliches Beschwerdeführen
Urteil: zweiwöchiger Arrest 1848

57 Personen: Eggert, Hinrich, Musketier (1. Kompanie/1. Infanterie-Bataillon)
Spieckermann, Hinrich Christian, Musketier (1. Kompanie/1. Infanterie-Bataillon)
Kerl, Johann Hinrich August, Musketier (1. Kompanie/1. Infanterie-Bataillon)
Jonas, Matthias Christian Friedrich, Musketier (2. Kompanie/1. Infanterie-Bataillon)
Kühl, Fritz Otto Christian, Musketier (4. Kompanie/1. Infanterie-Bataillon)
Vergehen: Unfug im Dorf Schacht
Urteil: eintägiger leichter Arrest 1850

69 Personen: Eichberg, Alfred, Gefreiter (1. Kompanie/1. Infanterie-Bataillon)
Barthelemy, Peter Wilhelm (1. Kompanie/1. Infanterie-Bataillon)
Weiss, August, Musketier (1. Kompanie/1. Infanterie-Bataillon)
Vergehen: Ungehorsam, Gehorsamsverweigerung, Trunkenheit und Aufwiegelung
Urteil: vierzehntägiger (Eichberg), achttägiger (Barthelemy) und achtwöchiger (Weiss) strenger Arrest 1850

61 Person: Feddern, Claus Heinrich, Musketier (2. Kompanie/1. Infanterie-Bataillon)
Vergehen: Trunkenheit auf der Feldwache vor dem Feind
Urteil: achttägiger Mittelarrest 1850

27 Person: Fidler, Heinrich Wilhelm, Unterkorporal (2. Kompanie/1. Infanterie-Bataillon)
Vergehen: Verdacht auf Päderastie 1851

104 Person: Friedrichsen, Claus, Musketier (1. Kompanie/1. Infanterie-Bataillon)
Vergehen: Ungehorsam
Urteil: viermal fünftägige Gefängnisstrafe 1848

18 Person: Fuchs, Friedrich Wilhelm, Unteroffizier (4. Kompanie/1. Infanterie-Bataillon)
Vergehen: unerlaubte Entfernung vom Dienst
Urteil: sechswöchige Festungsstrafe, später erlassen 1850

96 Person: Geertz, Johann Lorenz, Musketier (4. Kompanie/1. Infanterie-Bataillon)
Vergehen: Misshandlung des Kaufmanns und Quartierwirts J. Böhrnsen in Rendsburg
Urteil: Anrechnung der Untersuchungshaft als Strafe 1849

102 Personen: Gier, Hans, Musketier und Bediensteter des Grafen von Baudissin (1. Infanterie-Bataillon)
Bredenbeck, Ludolph, Musketier und Bediensteter des Grafen von Baudissin (1. Infanterie-Bataillon)
Vergehen: Ausschreitungen im Bruhnschen Wirtshaus in Schleswig
Urteil: Verfahren niedergeschlagen 1849

8 Person: Haaker, Joh. Chr. Bernh., Rekrut (4. Kompanie/1. Infanterie-Bataillon)
Vergehen: Desertion und Verkauf von Uniformstücken
Urteil: fünfjährige Zuchthausstrafe und Ausstoßung aus dem Soldatenstand 1849

9 Person: Haller, Marcus M., Musketier (3. Kompanie/1. Infanterie-Bataillon)
Vergehen: Trunkenheit, Beleidigung, Desertionsversuch und andere Vergehen
Urteil: zweijährige Festungsstrafe, Versetzung in den Soldatenstand 2. Klasse und Verlust aller Kokarden und Ehrenzeichen 1850-1851

77 Person: Hansen, Unteroffizier (2. Kompanie/1. Infanterie-Bataillon)
Vergehen: Gehorsamsverweigerung
Urteil: disziplinarische Erledigung 1849

20 Person: Hansen, Moritz Volquard, Rekrut (3. Infanterie-Bataillon Rekrutenabteilung)
Vergehen: Desertion, Diebstähle und Veruntreuung
Urteil: sechsjährige (später zweijährige) Zuchthausstrafe und Austoß aus dem Soldatenstand 1849-1850

46 Person: Hansen, Fähnrich (3. Kompanie/1. Infanterie-Bataillon)
Vergehen: Beleidigung eines Feldwebels
Urteil: ohne Ergebnis 1850

54 Person: Hass, Johann, Gefreiter (3. Kompanie/1. Infanterie-Bataillon)
Vergehen: Fälschung und Betrug
Urteil: zweimal fünftägiger Arrest 1848-1850

41 Person: Heesch, Hans, Tambour (4. Kompanie/1. Infanterie-Bataillon)
Vergehen: Diebstahl
Urteil: Freispruch 1849

15 Person: Heimsoth, Heinrich, Musketier (1. Kompanie/1. Infanterie-Bataillon)
Vegehen: Diebstahl
Urteil: Verfahren wahrscheinlich niedergeschlagen 1850

86 Person: Heinrich, Friedrich Wilhelm Franz A., Unteroffizier (4. Kompanie/1. Infanterie-Bataillon)
Vergehen: Trunkenheit auf Wache
Urteil: sechswöchiger Mittelarrest 1849

3 Person: Held, Anton Friedrich Ludwig, Musketier (3. Kompanie/1. Infanterie-Bataillon)
Vergehen: Ungehorsam
Urteil: dreimonatige Festungsstrafe und Versetzung in den Soldatenstand 2. Klasse 1849

2 Person: Heldt, Anton Ludwig Heinrich, Musketier (3. Kompanie/1. Infanterie-Bataillon)
Vergehen: Ungehorsam
Urteil: dreimonatige Festungsstrafe 1850

32 Person: Hinrichs, Johann, Musketier (2. Kompanie/1. Infanterie-Bataillon)
Vergehen: wiederholte Trunkenheit
Urteil: sechsmal fünftägige Gefängnisstrafe 1848

105 Personen: Hinrichs, Johann, Musketier (2. Kompanie/1. Infanterie-Bataillon)
Keller, Musketier (4. Kompanie/1. Infanterie-Bataillon)
Vegehen: wiederholte Trunkenheit
Urteil: dreimal (Hinrichs) und viermal (Keller) fünftägige Gefängnisstrafe 1848

40 Person: Hinz, Johann Jochim Jacob, Musketier (2. Kompanie/1. Infanterie-Bataillon)
Vergehen: tätliche Widersetzung gegen Vorgesetzte
Urteil: ohne Vermerk 1850

30 Person: Holst, Christian Heinrich, Musketier (4. Kompanie/1. Infanterie-Bataillon)
Vergehen: Trunkenheit und Ruhestörung
Urteil: ohne Entscheidungsvermerk 1851

21 Person: Johannsen, Peter Heinrich, Feldwebel (1. Kompanie/1. Infanterie-Bataillon)
Vergehen: Unterschlagung
Urteil: achttägiger Quartierarrest 1851

35 Personen: Junge, Eggert, Musketier (4. Kompanie/1. Infanterie-Bataillon)
Bischof, Johann, Musketier (4. Kompanie/1. Infanterie-Bataillon)
Vergehen: Postenvergehen
Urteil: viermal (Junge) und fünfmal (Bischof) fünftägige Gefängnisstrafe 1851

33 Diebstahl eines Buches des Musketiers Friedrich Hinrich Kahl (3. Kompanie/1. Infanterie-Bataillon) 1851

85 Person: Kammann, Georg Ludwig, Musketier (3. Kompanie/1. Infanterie-Bataillon)
Vergehen: Trunkenheit und Ausbleiben nach dem Zapfenstreich
Urteil: fünfmal dreitägige Gefängnisstrafe 1849

44 Person: Keller, Detlef, Musketier (4. Kompanie/1. Infanterie-Bataillon)
Vergehen: Trunkenheit außer Dienst
Urteil: sechswöchiger strenger Arrest 1849

29 Person: Keller, Detlef, Musketier (4. Kompanie/1. Infanterie-Bataillon)
Vergehen: wiederholte Trunkenheit
Urteil: sechsmal fünftägige Gefängnisstrafe und Verlust der Nationalkokarden 1850

11 Person: Keller, Detlef, Musketier (4. Kompanie/1. Infanterie-Bataillon)
Vergehen: ungebührliches Benehmen und Aufwiegelung
Urteil: fünfjährige Festungsstrafe 1851

60 Person: Kiel, Christian Friedrich, Gefreiter (1. Kompanie/1. Infanterie-Bataillon)
Vergehen: kleiner Diebstahl
Urteil: sechswöchiger strenger Arrest und Versetzung in den Soldatenstand 2. Klasse 1850-1851

34 Person: Kipp, Johann Hinrich, Musketier (1. Kompanie/1. Infanterie-Bataillon)
Vergehen: Nichtbefolgung von Befehlen 1850

10 Person: Kirschwedel, Johann Philipp Andreas, früherer Musketier, Festungssträfling (1. Kompanie/1. Infanterie-Bataillon)
Vergehen: Desertion aus der Strafabteilung
Urteil: dreiwöchiger strenger Arrest, Versetzung in den Soldatenstand 2. Klasse und Verlust aller Kokarden und Ehrenzeichen 1851

87 Personen: Koch, Johann Joachim, Musketier (3. Kompanie/1. Infanterie-Bataillon)
Seidel, Johann Peter Heinrich, Tambour (2. Kompanie/1. Infanterie-Bataillon)
Vergehen: unerlaubte Entfernung von der Truppe unter gravierenden Umständen
Urteil: vierzehntägiger strenger Arrest (Koch), Seidel ist desertiert 1849

88 Person: Koch, Johann Joachim, Musketier (3. Kompanie/1. Infanterie-Bataillon)
Vergehen: Ungehorsam
Urteil: fünfwöchiger strenger Arrest 1850

7 Personen: Koch, Johann Joachim, Musketier (3. Kompanie/1. Infanterie-Bataillon)
Kirschwedel, Philipp, Musketier (3. Kompanie/1. Infanterie-Bataillon)
Thiel, Joh. Christ. Theodor, Musketier (3. Kompanie/1. Infanterie-Bataillon)
Kruse, H. H., Musketier (2. Kompanie/1. Infanterie-Bataillon)
Söth, Peter, Musketier (2. Kompanie/1. Infanterie-Bataillon)
Vergehen: Aufruhr und Aufwiegelung
Urteil: dreijährige (Koch und Kirschwedel) und zehnjährige (Thiel) Festungsstrafe sowie vierwöchiger strenger Arrest (Kruse und Söth) 1850-1851

93 Person: Koven, Louis, Musketier (2. Kompanie/1. Infanterie-Bataillon)
Vergehen: Urlaubsüberschreitung
Urteil: sechzehntägige Untersuchungshaft als Strafe angerechnet 1850-1851

89 Person: von Kujawa, Julius, Gefreiter (3. Kompanie/1. Infanterie-Bataillon)
Vergehen: Desertion und Entwendung von Dienstgeldern
Urteil: nach Ostindien gegangen 1850

59 Personen: Kummerfeld, Johann Hinrich, Musketier (1. Kompanie/1. Infanterie-Bataillon)
Hönck, Claus, Musketier (1. Kompanie/1. Infanterie-Bataillon)
und weitere dreiundzwanzig Musketiere
Vergehen: schuldhafter Verlust ihrer Waffen und Ausrüstungsgegenstände während der Schlacht von Idstedt
Urteil: fünf Soldaten mit fünftägigem strengem Arrest, alle anderen freigesprochen 1850

97 Person: Lange, Carsten, Musketier (1. Kompanie/1. Infanterie-Bataillon)
Vergehen: Beschädigung des Schildermantels auf der Vinzier-Bastion in Rendsburg
Urteil: vierwöchiger einfacher Arrest und Schadensersatz 1849

51 Person: Langmaak, Marcus (Marx), Musketier (4. Kompanie/1. Infanterie-Bataillon)
Vergehen: respektloses Verhalten, Gehorsamsverweigerung und Aufwiegelung
Urteil: zweiwöchiger strenger Arrest 1850

72 Person: Lohmann, Peter, Tambour (4. Kompanie/1. Infanterie-Bataillon)
Vergehen: ungebührliches Verhalten gegen einen Vorgesetzten
Urteil: vierzehntägiger strenger Arrest 1850

91 Personen: Lehrmann, Heinrich Friedrich, Musketier (2. Kompanie/1. Infanterie-Bataillon)
Steinberg, Paul, Musketier (2. Kompanie/1. Infanterie-Bataillon)
Vergehen: Tragen von Knitteln am Abend
Urteil: dreitägiger einfacher Wacharrest 1849

73 Person: Lewon, August Carl Ludwig, Musketier (4. Kompanie/1. Infanterie-Bataillon)
Vergehen: ungebührliches Benehmen und Drohungen gegen einen Vorgesetzten
Urteil: achttägiger strenger Arrest unter Anrechnung der Untersuchungshaft 1850

56 Person: Lindemann, Jochim, Unteroffizier (1. Kompanie/1. Infanterie-Bataillon)
Vergehen: fahrlässige Tötung des Musketiers Peters beim Abbruch eines Schießhauses in Rendsburg
Urteil: Verfahren eingestellt 1850

70 Person: Looft, Hans, Musketier (1. Kompanie/1. Infanterie-Bataillon)
Vergehen: Aufwiegelung zur Gehorsamsverweigerung
Urteil: vierwöchiger strenger Arrest 1850

45 Personen: Lucht, Claus Hinrich, Musketier (3. Kompanie/1. Infanterie-Bataillon)
Thege, Hans Hinrich, Musketier (3. Kompanie/1. Infanterie-Bataillon)
Vergehen: Diebstahl und Flucht
Urteil: vierwöchiger strenger Arrest und Degradierung (Thege) sowie Freispruch (Lucht) 1851

71 Person: Luchtmann, Christian Hinrich Theodor, Musketier (1. Kompanie/1. Infanterie-Bataillon)
Vergehen: Postenvergehen
Urteil: vierzehntägiger strenger Arrest 1850

68 Personen: Lühmann, Joachim, Musketier (2. Kompanie/1. Infanterie-Bataillon)
Schwenn, Christian, Musketier (2. Kompanie/1. Infanterie-Bataillon)
Detjens, Theodor Johann Nicolaus, Musketier (2. Kompanie/1. Infanterie-Bataillon)
Vergehen: ungebührliches Benehmen und Gehorsamsverweigerung
Urteil: siebentägiger Arrest (Schwenn und Detjens) und Anrechnung der Untersuchungshaft als Strafe (Lühmann) 1850

16 Person: Meier, Johannes Joachim Matthias, Musketier (1. Kompanie/1. Infanterie-Bataillon)
Vergehen: unerlaubte Entfernung und Verleumdung seines Bataillonskommandeurs Major von Wassmer
Urteil: zweijährige Festungsstrafe und Versetzung in den Soldatenstand 2. Klasse 1848-1849

92 Person: Meyer, Claus Jacob, Musketier (4. Kompanie/1. Infanterie-Bataillon)
Vergehen: versuchter Streit mit badischen Soldaten
Urteil: Untersuchung eingestellt 1849

22 Person: von Montowt, Premierleutnant (1. Infanterie-Bataillon)
Vergehen: Beschwerde des Feldwebels Basson (3. Kompanie/1. Infanterie-Bataillon) 1850

67 Person: Muscat, Ernst Adolph, Musketier (1. Kompanie/1. Infanterie-Bataillon)
Vergehen: ungebührliches Benehmen
Urteil: achttägiger strenger Arrest 1850

23 Person: Nickels, Andreas, Musketier (2. Kompanie/1. Infanterie-Bataillon)
Vergehen: Desertion nach Dänemark 1848

17 Person: Nitsch (Nütsch), Johann Hinrich, Musketier (4. Kompanie/1. Infanterie-Bataillon)
Vergehen: Tragen verbotener Waffen
Urteil: dreimonatige Festungsstrafe 1849

100 Person: Oest, Conrad, Musketier, früher Kaufmann in Itzehoe (1. Infanterie-Bataillon)
Vergehen: Leistung des Manifestationseides
Urteil: Angelegenheit als erledigt betrachtet 1850

94 Person: Ott, Johann Eduard, Musketier (1. Kompanie/1. Infanterie-Bataillon)
Vergehen: Beleidigung und ungebührliches Benehmen
Urteil: Freispruch wegen Ungehorsams, dagegen wegen Trunkenheit außer Dienst zur disziplinarischen Bestrafung überwiesen
1850-1851

79 Person: Peters, Claus Johann, Musketier (3. Kompanie/1. Infanterie-Bataillon)
Vergehen: Urlaubsüberschreitung und Widersetzung
Urteil: fünfmal fünftägige Gefängnisstrafe 1848

28 Person: Petri, Ferdinand Friedrich Ludwig, Musketier (3. Kompanie/1. Infanterie-Bataillon)
Vergehen: unerlaubte Entfernung 1850

13 Person: Petri, Ferdinand Friedrich Ludwig, Musketier (3. Kompanie/1. Infanterie-Bataillon)
Vergehen: Diebstahl, Gehorsamsverweigerung und Desertion
Urteil: zweijährige Festungsstrafe, Versetzung in den Soldatenstand 2. Klasse und Verlust der Dienstauszeichnungen 1851

66 Person: Piehl, Georg, Musketier (1. Kompanie/1. Infanterie-Bataillon)
Vergehen: Beleidigung eines Vorgesetzten
Urteil: achttägiger strenger Arrest unter Anrechnung der Untersuchungshaft 1850

103 Untersuchung gegen das badische Bataillon von Porbeck wegen des Todes des Dragoners Schuld und der sich daraus ergebenden Ausschreitungen in Flensburg 1848-1849
Enthält u. a.: Untersuchungsprotokoll des württembergischen Auditeurs Franz

36 Person: Raap, Lafrenz, Unterkorporal (2. Kompanie/1. Infanterie-Bataillon)
Vergehen: Pflichtverletzung als Wachkommandeur
Urteil: dreimonatige Festungsstrafe und Degradierung 1851

75 Person: Rau, Johann Hinrich, Musketier (2. Kompanie/1. Infanterie-Bataillon)
Vergehen: Ungehorsam
Urteil: vierwöchiger strenger Arrest 1849

5 Personen: Rautenkolb, Heinrich, Musketier (1. Kompanie/1. Infanterie-Bataillon)
Scholl, Johann, Musketier (1. Kompanie/1. Infanterie-Bataillon)
Vergehen: Aufkündigung des Dienstes und Gehorsamsverweigerung
Urteil: einjährige Festungsstrafe (Scholl) und vierwöchiger Mittelarrest (Rautenkolb) 1850

80 Person: Reitzwig, Johann Hinrich Nicolaus, Unteroffizier (3. Kompanie/1. Infanterie-Bataillon)
Vergehen: Trunkenheit im Dienst
Urteil: disziplinarische Bestrafung mit vierzehntägigem leichten Arrest 1849

37 Person: Rohwedder, Marx, Musketier (4. Kompanie/1. Infanterie-Bataillon)
Vergehen: Urlaubsüberschreitung
Urteil: disziplinarische Erledigung 1850

83 Verwundung und Tod des Musketiers Claus Rohwer aus Westerrönfeld infolge einer Schlägerei in Wedel 1848-1849

81 Person: Rönau, Peter, Musketier (1. Infanterie-Bataillon)
Vergehen: Ungehorsam
Urteil: vierwöchiger strenger Arrest 1849

12 Personen: Rümke, Joachim Wilhelm, Musketier (1. Kompanie/1. Infanterie-Bataillon)
Bock, Christian Friedrich, Musketier (1. Kompanie/1. Infanterie-Bataillon)
Vergehen: Beleidigung und Unfug
Urteil: sechstägiger (Rümke) und eintägiger (Bock) strenger Arrest 1851

82 Person: Schetzing, H.-D., Oboist (Musikkorps 1. Infanterie-Brigade)
Vergehen: Ungehorsam
Urteil: achttägiger leichter Arrest 1849

48 Person: Schindelbauer, Heinrich Wilhelm, Musketier (1. Kompanie/ 1. Infanterie-Bataillon)
Vergehen: respektloses Reden über Vorgesetzte
Urteil: ohne Ergebnis 1850

52 Person: Schmidt, Hans Hinrich, Musketier (4. Kompanie/1. Infanterie-Bataillon)
Vergehen: Zustecken von Lebensmitteln an einen Gefangenen
Urteil: siebentägiger leichter Arrest 1850

24 Person: Schöpzinsky, Unteroffizier (1. Infanterie-Bataillon)
Vergehen: ungebührliches Benehmen
Urteil: zweitägiger Mittelarrest 1851

65 Person: Schütt, Hinrich, Musketier (4. Kompanie/1. Infanterie-Bataillon)
Vergehen: Unterschlagung
Urteil: vierzehntägiger strenger Arrest und Versetzung in den Soldatenstand 2. Klasse 1850-1851

76 Person: Solterbeck, Sergeant (1. Infanterie-Bataillon)
Vergehen: Entwendung von Ausrüstungsgegenständen
Urteil: ohne Entscheidung 1849

31 Person: Stegbahr, Konrad, Musketier (2. Kompanie/1. Infanterie-Bataillon)
Vergehen: Gehorsamsverweigerung 1850

53 Person: Thilo, Bernhard Anton Nicolaus, Obersergeant (4. Kompanie/1. Infanterie-Bataillon)
Vergehen: Überschreiten seiner Instruktion
Urteil: achttägiger leichter Arrest und Suspendierung als Arrestverwahrer 1850

6 Personen: Timmermann, Max H., Musketier (3. Kompanie/1. Infanterie-Bataillon)
Witt, Matthias, Musketier (3. Kompanie/1. Infanterie-Bataillon)
Vergehen: Wachvergehen
Urteil: dreijährige Festungsstrafe 1849

4 Person: Trümper, Joseph, Musketier (1. Kompanie/1. Infanterie-Bataillon)
Vergehen: Gehorsamsverweigerung
Urteil: sechsmonatige Festungsstrafe und Versetzung in den Soldatenstand 1. Klasse 1850

42 Person: Untiedt, Friedrich Ludwig M. E., Feldwebel (1. Kompanie/1. Infanterie-Bataillon)
Vergehen: Ungehorsam
Urteil: sechswöchiger leichter Arrest 1851

43 Personen: Velten, Adam, Musketier (3. Kompanie/1. Infanterie-Bataillon)
Rudolph, Adolph, Musketier (3. Kompanie/1. Infanterie-Bataillon)
Vergehen: Urlaubsüberschreitung
Urteil: Verfahren eingestellt 1850

64 Person: Voss, Hans Christian, Musketier (1. Kompanie/1. Infanterie-Bataillon)
Vergehen: respektloses Verhalten gegen Vorgesetzte wegen des Dienstes unter Waffen
Urteil: vierwöchiger strenger Arrest 1850

50 Personen: Wachholz, Carl Christian Johann, Hornist (3. Kompanie/ 1. Infanterie-Bataillon)
Hostrup, Jochim Christian, Musketier (4. Kompanie/1. Infanterie-Bataillon)
Greve, Claus Friedrich, Unteroffizier (4. Kompanie/1. Infanterie-Bataillon)
Vergehen: Verwundung des Musketiers Hostrup, nächtlicher Tumult und undienstliches Verhalten
Urteil: dreiwöchiger (Wachholz) und zweiwöchiger (Hostrup) strenger Arrest sowie achttägiger leichter Arrest (Greve) 1850

38 Person: Wesselhöft, Eduard, Musketier (4. Kompanie/1. Infanterie-Bataillon)
Vergehen: Umhertreiben
Urteil: zweiwöchiger strenger Arrest 1850

55 Person: von Wittich, Hermann Heinrich, Major und Kommandeur (1. Infanterie-Bataillon)
Vergehen: Missbrauch der Dienstgewalt und vorschriftswidrige Verwaltung von Dienstgegenständen
Urteil: vierwöchiger Stubenarrest 1850

98 Person: von Wittich, Hermann Heinrich, Major und Etappenkommandant in Rendsburg
Vergehen: Kompetenzstreitigkeiten und Überschreitung der Dienstgewalt
Urteil: vorläufig zurückgestellt 1850-1851

## 2. Infanterie-Bataillon

2949 Verschiedene Untersuchungen des 2. Infanterie-Bataillons 1848-1850

Enthält: Tambour Heinrich Rieper (4. Kompanie); Musketier Heinrich Ladhoff (2. Kompanie); Musketier Jäger (3. Kompanie); Unteroffizier Martin Fischer (4. Kompanie); Musketier Wilken Wilkens (1. Kompanie); Musketier Friedrich Carl Carow (3. Kompanie); Rekrut Johann Claussen (3. Kompanie); Soldat Johann Heinrich Bern (1. Kompanie); Rekrut Peter Jacob Matthiesen (1. Kompanie); Unteroffizier Herberg (2. Kompanie); Posten der 2. und 4. Kompanie

2946 Verschiedene Untersuchungen des 2. Infanterie-Bataillons 1849-1850

Enthält: Unteroffizier Carl August Eduard Herold; Musketier Peter Dahl (4. Kompanie); Sergeant W. P. J. Schmidt (4. Kompanie); Musketier Jens Peter Nielsen (3. Kompanie); Musketier Christian Andreas Reiche (1. Kompanie); Gefreiter P. H. Groth (3. Kompanie); Musketier Ch. J. Witt (4. Kompanie); Musketier T. Hein (4. Kompanie); Musketier J. Schröder (4. Kompanie); Unteroffizier B. L. T. Meuler (4. Kompanie); Rekrut J. F. Asmussen (4. Kompanie)

118 Personen: Abel, Heinrich, Sergeant (4. Kompanie/2. Infanterie-Bataillon)
Gruntzky, Ludwig, Unteroffizier (4. Kompanie/2. Infanterie-Bataillon)
Vergehen: Prellerei des Droschkenfuhrmannes Oppermann
Urteil: Untersuchung nicht eingeleitet 1850

145 Person: Bebensee, August Friedrich, Musketier (1. Kompanie/2. Infanterie-Bataillon)
Vergehen: Trunkenheit und unerlaubte Entfernung
Urteil: dreiwöchiger strenger Arrerst 1849

107 Personen: Bracklow, Johann Martin Carl, Musketier (3. Kompanie/ 2. Infanterie-Bataillon)
Paulsen, Christian Friedrich, Musketier (3. Kompanie/2. Infanterie-Bataillon)
Vergehen: Exzesse im Schauspielhaus in Rendsburg, Gehorsamsverweigerung und Ausbleiben nach dem Zapfenstreich
Urteil: dreimonatige (Paulsen) und dreijährige (Bracklow) Festungsstrafe 1849

Enthält auch: Unteroffizier Christian Friedrich Paulsen (4. Kompanie/2. Infanterie-Bataillon) wegen Unterschlagung von Löhnungsgeldern: Degradierung zum Gemeinen und Versetzung in den Soldatenstand 2. Klasse
Musketier Christian Friedrich Paulsen (3. Kompanie/2. Infanterie-Bataillon) wegen Schuldenmachens und schlechten Lebenswandels: dreiwöchiger strenger Arrest

115 Person: Bredenbeck, Ludolph, Musketier (1. Kompanie/2. Infanterie-Bataillon)
Vergehen: ungebührliches Benehmen gegen den Assistenzarzt Dr. Rottmeyer
Urteil: Untersuchung eingestellt 1850

113 Person: Butenschön, Musketier (1. Kompanie/2. Infanterie-Bataillon)
Vergehen: ungebührliches Benehmen
Urteil: ohne Entscheidung und Vermerk 1850

159 Personen: Christophersen, Johann Friedrich, Musketier (3. Kompanie/2. Infanterie-Bataillon)
Kruse, Claus Friedrich, Musketier (3. Kompanie/2. Infanterie-Bataillon)
Vergehen: pflichtwidriges Ausbleiben vom Dienst
Urteil: achtmal dreitägige Gefängnisstrafe 1849

125 Person: Dieckmann, Asmus Claus Friedrich, Tambour (1. Kompanie/2. Infanterie-Bataillon)
Vergehen: Kameradendiebstahl
Urteil: viermonatige Festungsstrafe und Versetzung in den Soldatenstand 2. Klasse 1850

131 Person: Egge, Johann Detlef, Musketier (2. Kompanie/2. Infanterie-Bataillon)
Vergehen: Desertion
Urteil: Untersuchung aus Mangel an Beweisen eingestellt 1848

146 Person: Gasau, Christ. Gottfr., Musketier (2. Kompanie/2. Infanterie-Bataillon)
Vergehen: Diebstahl und Verlassen des Christinenberger Hüttenlagers
Urteil: Freispruch wegen Diebstahls, dafür wegen unerlaubter Entfernung zur disziplinarischen Bestrafung an das 2. Bataillon überwiesen 1849

151 Person: Gosch, Hans Hinrich, Musketier (2. Kompanie/2. Infanterie-Bataillon)
Vegehen: unerlaubte Entfernung
Urteil: vierzehntägiger strenger Arrest 1849

114 Person: Hasse, Joh. Joch. Christian, Musketier und Fahnenträger (2. Kompanie/2. Infanterie-Bataillon)
Vergehen: Entwendung, Trunkenheit außer Dienst und unerlaubte Entfernung
Urteil: siebentägiger strenger Arrest 1850

153 Person: Heroldt, Eduard, Unteroffizier (4. Kompanie/2. Infanterie-Bataillon)
Vergehen: Ungehorsam
Urteil: vierwöchiger strenger Arrest und Degradierung 1849

126 Person: Heuck, Gottfried Christopher Wilhelm, Musketier (4. Kompanie/2. Infanterie-Bataillon)
Vergehen: Ungehorsam
Urteil: dreimonatige Festungsstrafe 1849

129 Person: Hoff, Johann Dietrich, Musketier (3. Kompanie/2. Infanterie-Bataillon)
Vergehen: wiederholte Trunkenheit
Urteil: viermal fünftägige Gefängnisstrafe 1848

137 Person: Huberti, Peter, Musketier (1. Kompanie/2. Infanterie-Bataillon)
Vergehen: Ungehorsam
Urteil: vierzehntägiger Mittelarrest 1850

124 Person: Kempe, Johann Jochim Friedrich, Musketier (1. Kompanie/ 2. Infanterie-Bataillon)
Vergehen: Beschwerdeführung vor versammelter Mannschaft
Urteil: sechsmonatige Festungsstrafe und Versetzung in den Soldatenstand 2. Klasse 1849

148 Person: Kiehl, Hinrich Friedrich, Musketier (3. Kompanie/2. Infanterie-Bataillon)
Vergehen: unerlaubte Entfernung aus der Festung
Urteil: achttägiger strenger Arrest 1850

149 Person: Kiehl, Hinrich Friedrich, Musketier (3. Kompanie/2. Infanterie-Bataillon)
Vergehen: Ausbleiben nach dem Zapfenstreich
Urteil: vierzehntägiger strenger Arrest 1850

136 Person: Kollmorgen, Johann Friedrich, Musketier (3. Kompanie/ 2. Infanterie-Bataillon)
Vergehen: Trunkenheit und unerlaubte Entfernung von der Wache
Urteil: dreiwöchiger strenger Arrest 1849

109 Personen: Kollmorgen, Johann Friedrich, Musketier (3. Kompanie/ 2. Infanterie-Bataillon)
Brügge, Hartwig, Musketier (3. Kompanie/2. Infanterie-Bataillon)
Busch, Heinrich Gottlieb Friedrich, Musketier (3. Kompanie/2. Infanterie-Bataillon)
Schultz, Christian, Musketier (3. Kompanie/2. Infanterie-Bataillon)
Vergehen: Feigheit vor dem Feind und Gehorsamsverweigerung
Urteil: zweijährige Festungsstrafe (Kollmorgen), sechswöchiger (Brügge), vierwöchiger (Busch) und dreiwöchiger (Schultz) strenger Arrest und Versetzungen in den Soldatenstand 2. Klasse 1850

110 Personen: Köpke, Hans Hinrich, Musketier (3. Kompanie/2. Infanterie-Bataillon)
Bahr, Jochim Christian, Musketier (3. Kompanie/2. Infanterie-Bataillon)
Nagel, Hans Jürgen, Musketier (3. Kompanie/2. Infanterie-Bataillon)
Hamann, Christian Hinrich, Musketier (3. Kompanie/2. Infanterie-Bataillon)
Behr, Jochim Friedrich, Musketier (3. Kompanie/2. Infanterie-Bataillon)
Kühl, Hinrich Friedrich, Musketier (3. Kompanie/2. Infanterie-Bataillon)
Schmidt, Wilhelm Claus Fr., Musketier (1. Kompanie/2. Infanterie-Bataillon)
Hanssen, Hans, Musketier (4. Kompanie/2. Infanterie-Bataillon)
Vergehen: Benehmen während einer Erkundung
Urteil: dreijährige (Köpke) und zweieinhalbjährige (Schmidt), viermonatige (Bahr, Nagel, Hamann und Behr) und dreimonatige (Kühl und Hanssen) Festungsstrafe sowie Versetzungen in den Soldatenstand 2. Klasse 1849

157 Personen: Kühl, Detlef Friedrich Ant., Musketier (2. Kompanie/2. Infanterie-Bataillon)
Lützen, Ludwig, Musketier (2. Kompanie/2. Infanterie-Bataillon)
Vergehen: Trunkenheit im Dienst
Urteil: vierzehntägiger strenger Arrest 1849

128 Person: Lamp, Hans, Musketier (3. Kompanie/2. Infanterie-Bataillon)
Vergehen: unerlaubtes Verlassen der Garnison
Urteil: dreimal fünftägige Gefängnisstrafe 1848

160 Person: Lass, Claus, Musketier (1. Kompanie/2. Infanterie-Bataillon)
Vergehen: Trunkenheit auf der Wache und sonstige Ausschreitungen
Urteil: zweimal fünftägige Gefängnisstrafe 1848

117 Person: Lienau, Wilhelm, Gefreiter (4. Kompanie/2. Infanterie-Bataillon)
Vergehen: Feigheit unter erschwerenden Umständen
Urteil: disziplinarische Bestrafung mit einwöchigem strengem Arrest 1850

132 Person: Lunau, Joachim Hinrich Friedrich, Musketier (3. Kompanie/ 2. Infanterie-Bataillon)
Vergehen: Gelddiebstahl
Urteil: Verfahren eingestellt 1848

150 Person: Lützen, Ludwig, Musketier (2. Kompanie/2. Infanterie-Bataillon)
Vergehen: Postenvergehen
Urteil: zweimal fünftägige Gefängnisstrafe 1848

154 Person: Lützen, Ludwig, Musketier (2. Kompanie/2. Infanterie-Bataillon)
Vergehen: Verlassen des Kommandos
Urteil: achttägiger strenger Arrest 1849

156 Person: Lützen, Ludwig, Musketier (2. Kompanie/2. Infanterie-Bataillon)
Vergehen: unerlaubte Entfernung und Trunkenheit
Urteil: sechswöchiger strenger Arrest und Versetzung in den Soldatenstand 2. Klasse 1849

135 Person: Medie, Johann, Musketier (4. Kompanie/2. Infanterie-Bataillon)
Vergehen: Ungehorsam
Urteil: disziplinarische Bestrafung 1849

116 Personen: Meuller, Bernhard Ludwig Franz, Sergeant (2. Infanterie-Bataillon)
Lienau, Hans Hermann Emil, Gefreite (2. Infanterie-Bataillon)
Toulleur, Jacob Wilhelm Nicolaus, Musketier (2. Infanterie-Bataillon)
Vergehen: Wirtschaftsskandal auf hamburgischem Gebiet
Urteil: disziplinarisch geahndet 1850
Enthält auch: Schlägerei zwischen schleswig-holsteinischem und preußischem Militär nach dem Berliner Frieden

123 Person: Müller, Johann Heinrich, Unteroffizier (1. Kompanie/2. Infanterie-Bataillon)
Vergehen: unerlaubtes Beutemachen
Urteil: neunmonatige Festungsstrafe sowie Degradierung zum Gemeinen und Versetzung in den Soldatenstand 2. Klasse 1849

106 Person: Nagel, Friedrich Christian, Musketier (3. Kompanie/2. Infanterie-Bataillon)
Vergehen: Unterschlagung und Kameradendiebstahl
Urteil: zweijährige Festungsstrafe und Versetzung in den Soldatenstand 2. Klasse 1849-1850

133 Person: Niemeyer, Peter, Musketier (3. Kompanie/2. Infanterie-Bataillon)
Vergehen: Diebstahl
Urteil: vierwöchiger strenger Arrest und Versetzung in den Soldatenstand 2. Klasse sowie Verlust aller Kokarden und Ehrenzeichen 1850-1851

134 Person: Nilsen, Nis, Musketier (2. Kompanie/2. Infanterie-Bataillon)
Vergehen: Diebstahl
Urteil: sechswöchiger strenger Arrest und Versetzung in den Soldatenstand 2. Klasse sowie Verlust aller Kokarden und Ehrenzeichen 1850-1851

120 Personen: Peters, Hinrich, Musketier (3. Kompanie/2. Infanterie-Bataillon)
Petersen, Hans, Musketier (3. Kompanie/2. Infanterie-Bataillon)
Vergehen: Verwundung und strafbare Äußerungen gegenüber einem Kameraden
Urteil: disziplinarische Bestrafung mit achttägigem Mittelarrest 1850

152 Personen: Rathjen, Johann C. B., Musketier (4. Kompanie/2. Infanterie-Bataillon)
Koopmann, Ketel Friedrich, Musketier (4. Kompanie/2. Infanterie-Bataillon)
Roose, Joch., Musketier (4. Kompanie/2. Infanterie-Bataillon)
Vergehen: mutwillige Zerstörung von fremdem Eigentum
Urteil: sechstägiger strenger Arrest 1849

155 Person: Reimers, Johann Friedrich, Musketier (2. Kompanie/2. Infanterie-Bataillon)
Vergehen: Diebstahl
Urteil: Untersuchung eingestellt 1849

142 Person: Reimers, Hinrich Claus, Musketier (1. Kompanie/2. Infanterie-Bataillon)
Vergehen: unerlaubtes Beutemachen
Urteil: vierzehntägiger strenger Arest 1849

139 Person: Roßburg, Johann Christian Friedrich, Musketier (1. Kompanie/2. Infanterie-Bataillon)
Vergehen: Postenvergehen
Urteil: dreimal fünftägige Gefängnisstrafe 1848

138 Personen: Ruge, Georg Hinrich Christian, Musketier (1. Kompanie/ 2. Infanterie-Bataillon)
Rolffs, Marx Hinrich, Musketier (1. Kompanie/2. Infanterie-Bataillon)
Vergehen: Diebstahlsversuch und Ungehorsam
Urteil: Freispruch (Ruge) und zweimal fünftägige Gefängnistrafe (Rolffs) 1848

112 Person: Schneeweiß, Adolph Heinrich Ludwig, Unteroffizier (3. Kompanie/2. Infanterie-Bataillon)
Vergehen: Trunkenheit im Dienst
Urteil: Freispruch wegen Trunkenheit, dafür Anrechnung der dreiwöchigen Untersuchungshaft als Strafe wegen Urlaubsüberschreitung 1850

144 Personen: Schnekloth, Johann, Musketier (4. Kompanie/2. Infanterie-Bataillon)
Both, Jürgen, Musketier (4. Kompanie/2. Infanterie-Bataillon)
Meyer, Hinrich, Musketier (4. Kompanie/2. Infanterie-Bataillon)
Vergehen: unerlaubte Entfernung und Trunkenheit
Urteil: disziplinarische Bestrafung 1849

122 Person: Schwarz, Sergeant (1. Kompanie/2. Infanterie-Bataillon)
Vergehen: unbekannt
Urteil: Untersuchung eingestellt, dafür Bestrafung des Musketiers Johann Schnoor wegen übler Nachrede gegen einen Vorgesetzten mit fünftägigem Mittelarrest 1850

2947 Personen: Seemann, Unteroffizier (2. Kompanie/2. Infanterie-Bataillon)
Beuck, Rekrut (Reserve-Jägerkompanie)
Vergehen: Besuch des Lokals des Gastwirts Estorff
Urteil: sechswöchiger Mittelarrest (Seemann) und vierzehntägiger strenger Arrest (Beuck) 1849

140 Person: Segner, Friedrich, Musketier (4. Kompanie/2. Infanterie-Bataillon)
Vergehen: Postenvergehen
Urteil: dreimal fünftägige Gefängnisstrafe 1848

141 Person: Störtenbecker, Claus, Musketier (4. Kompanie/2. Infanterie-Bataillon)
Vergehen: Trunkenheit
Urteil: dreimal fünftägige Gefängnisstrafe 1848

127 Person: Studt, Hans Hinrich, Musketier (2. Kompanie/2. Infanterie-Bataillon)
Vergehen: Beleidigung und Bedrohung eines Vorgesetzten sowie Gehorsamsverweigerung
Urteil: dreimonatige Festungsstrafe, abgemildert in sechswöchigen strengen Arrest 1850

119 Person: Tinte, Johann Friedrich, Musketier (2. Kompanie/2. Infanterie-Bataillon)
Vergehen: Nichtbefolgung von Befehlen und Verursachung eines Skandals auf hamburgischem Gebiet
Urteil: disziplinarische Bestrafung mit zwölftägigem Mittelarrest 1850

158 Person: Topp, Hinrich, Musketier (1. Kompanie/2. Infanterie-Bataillon)
Vergehen: Postenvergehen
Urteil: dreimal fünftägige Gefängnisstrafe 1848

121 Person: Toulleur, Jacob, Musketier (4. Kompanie/2. Infanterie-Bataillon)
Vergehen: Besuch von St. Pauli ohne Urlaub, Umhertreiben und Ausbleiben nach dem Zapfenstreich
Urteil: vierzehntägiger Mittelarrest 1850

108 Person: Voß, Carsten Andreas, Musketier (3. Kompanie/2. Infanterie-Bataillon)
Vergehen: Wachvergehen, Widersetzung und Beteiligung an Ausschreitungen
Urteil: sechsjährige Zuchthausstrafe und Ausstoß aus dem Soldatenstand 1848-1849

147 Selbstmord des Rechnungsführers Wagner (2. Infanterie-Bataillon) 1849

143 Person: Wiese, Hans, Musketier (1. Kompanie/2. Infanterie-Bataillon)
Vergehen: unerlaubtes Beutemachen
Urteil: disziplinarische Betrafung wegen unerlaubter Entfernung 1849

111 Person: Witt, Wilhelm Hinrich, Musketier (2. Kompanie/2. Infanterie-Bataillon)
Vergehen: Postenvergehen
Urteil: zweijährige Festungsstrafe 1850

130 Person: Wohnrath, Johann Detlev, Musketier (3. Kompanie/2. Infanterie-Bataillon)
Vergehen: Beschwerdeführung vor versammelter Mannschaft
Urteil: zweimal fünftägige Gefängnisstrafe 1848
Enthält auch: Antrag des Auditeurs (1. Brig.) Lüders auf Bestrafung des Hauptmanns Jeß mit vierzehntägigem Quartierarrest wegen Missbrauch seiner Dienstgewalt

## 3. Infanterie-Bataillon

256 Untersuchung wegen der Entwendung einer Pickelhaube und eines Gewehrs aus der Schießstandwache in Preetz: Verfahren eingestellt 1851

210 Person: Ahrens, Christian Friedrich, Gefreiter (2. Kompanie/3. Infanterie-Bataillon)
Vergehen: Skandal auf einem Tanzsalon
Urteil: disziplinarische Erledigung 1848

231 Personen: Ahrens, Jochim Friedrich, Gefreiter (4. Kompanie/3. Infanterie-Bataillon)
Zacharias, Louis Ferdinand Heinrich, Musketier (4. Kompanie/3. Infanterie-Bataillon)
Vergehen: unerlaubte Entfernung und Schlägerei
Urteil: beide vierwöchiger strenger Arrest sowie Degradierung (Ahrens) 1849

170 Personen: Ahrens, E. H., Musketier (1. Kompanie/3. Infanterie-Bataillon)
Strube, Cl. H., Musketier (4. Kompanie/3. Infanterie-Bataillon)
Vergehen: Dienstverweigerung beim Patroullieren
Urteil: vier- und sechsmonatige Festungsstrafe 1850

180 Person: Albrecht, Johann Christopher, Musketier (2. Kompanie/3. Infanterie-Bataillon)
Vergehen: Gehorsamsverweigerung vor versammelter Mannschaft
Urteil: disziplinarische Bestrafung 1850

243 Person: Albrecht, Johann Heinrich Theodor, Gefreiter (2. Kompanie/3. Infanterie-Bataillon)
Vergehen: Selbstmord 1850

219 Person: Andersen, Jens Jacob, Rekrut (2. Kompanie/3. Infanterie-Bataillon)
Vergehen: mehrtägige unerlaubte Entfernung und Umhertreiben in Rendsburg
Urteil: dreiwöchiger strenger Arrest 1849

241 Personen: Arp, Jochim Peter, Musketier (1. Kompanie/3. Infanterie-Bataillon)
Scharnberg, Detlev, Musketier (1. Kompanie/3. Infanterie-Bataillon)
Vergehen: Ausschreitungen gegen die Militärpolizei
Urteil: disziplinarische Bestrafung mit fünftägigem Arrest 1851

192 Person: Asmussen, Johann Heinrich, Gefreiter (4. Kompanie/3. Infanterie-Bataillon)
Vergehen: Desertion, Beleidigung und achtungswidrige Beschwerdeführung über einen Vorgesetzten
Urteil: vierjährige Festungsstrafe mit Versetzung in den Soldatenstand 2. Klasse und Verlust aller Dienstauszeichnungen 1851
Enthält u. a.: vier Privatbriefe, zwei Abrechnungsbücher sowie ein Notizbuch

204 Person: Baust, Anton, Unteroffizier (1. Kompanie/3. Infanterie-Bataillon)
Vergehen: Postenvergehen
Urteil: Verfahren eingestellt 1851

242 Person: Behrens, Jacob, Musketier (2. Kompanie/3. Infanterie-Bataillon)
Vergehen: Ungehorsam
Urteil: dreimonatige Festungsstrafe, danach Versetzung in den Soldatenstand 1. Klasse 1849-1850

238 Person: Bethel, Heinrich, Musketier (1. Kompanie/3. Infanterie-Bataillon)
Vergehen: Verkauf seines Mantels in dänischer Gefangenschaft
Urteil: vierzehntägiger Mittelarrest 1849

174 Untersuchung gegen den Musketier Rudolph Blaß (1. Kompanie/3. Infanterie-Bataillon) 1849

251 Person: Block, Jacob Thede, Musketier (4. Kompanie/3. Infanterie-Bataillon)
Vergehen: Feigheit
Urteil: Verfahren niedergeschlagen 1849

167 Person: Böwe, Heinrich, Musketier (3. Kompanie/3. Infanterie-Bataillon)
Vergehen: Desertion
Urteil: dreijährige Festungsstrafe 1851

223 Person: Brandt, Hans Detleff, Musketier (3. Kompanie/3. Infanterie-Bataillon)
Vergehen: ungebührliches Benehmen
Urteil: zehntägiger Mittelarrest 1849

196 Personen: Brüggemann, Asmus, Musketier (4. Kompanie/3. Infanterie-Bataillon)
Buschmann, Hinrich, Musketier (4. Kompanie/3. Infanterie-Bataillon)
Stempel, Hans Hinrich, Musketier (4. Kompanie/3. Infanterie-Bataillon)
Hinsch, Heinrich, Musketier (4. Kompanie/3. Infanterie-Bataillon)
Vergehen: Jagdvergehen
Urteil: dreitägige Gefängnisstrafe und vier Reichstaler Strafe (Brüggemann) sowie zweitägige Gefängnisstrafe und zwei Reichstaler Strafe (Buschmann und Stempel) 1848

162 Person: Brügmann, Asmus Hinrich, Musketier (4. Kompanie/3. Infanterie-Bataillon)
Vergehen: tätliche Beleidigung eines Vorgesetzten und Widersetzung
Urteil: zwanzigjährige Festungsstrafe 1850

161 Person: Bruhns, Nicolaus Eggert, Musketier (1. Kompanie/3. Infanterie-Bataillon)
Vergehen: Gehorsamsverweigerung vor versammelter Mannschaft
Urteil: vierjährige Festungsstrafe 1850

213 Person: Burmeister, Johann Hinrich Hartwig, Musketier (1. Kompanie/3. Infanterie-Bataillon)
Vergehen: Trunkenheit im Dienst und ungebührliches Benehmen
Urteil: sechsmal fünftägige Gefängnisstrafe 1848

198 Person: Carstens, Hans, Gefreiter (3. Kompanie/3. Infanterie-Bataillon)
Vergehen: laute Beschwerdeführung vor versammelter Mannschaft
Urteil: zwanzigtägige Gefängnisstrafe und Degradierung 1848

217 Person: Carstens, Heinrich, Musketier (3. Kompanie/3. Infanterie-Bataillon)
Vergehen: Desertion
Urteil: Erledigung durch Korpsbefehl vom 15. November 1849 1848

186 Person: Danielsen, Joachim Ludwig Christian, Musketier (2. Kompanie/3. Infanterie-Bataillon)
Vergehen: Ausbleiben nach Zapfenstreich
Urteil: dreimonatige Festungsstrafe 1850

255 Personen: Döpp, Heinrich Friedrich, Musketier (2. Kompanie/3. Infanterie-Bataillon)
Iversen, Heinrich, Hornist (2. Kompanie/3. Infanterie-Bataillon)
Vergehen: Wilddiebstahl und grobe Widersetzung gegen den Hegereiter von Bielke
Urteil: disziplinarische Bestrafung mit fünftägiger Gefängnisstrafe 1848

253 Person: Döpp, Heinrich Friedrich, Musketier (2. Kompanie/3. Infanterie-Bataillon)
Vergehen: wiederholter Betrug
Urteil: einjährige Festungsstrafe und Versetzung in den Soldatenstand 2. Klasse 1848-1849

254 Person: Döpp, Heinrich Friedrich, Festungssträfling (2. Kompanie/3. Infanterie-Bataillon)
Vergehen: mehrfacher Betrug nach bereits zweimal deshalb erfolgter Bestrafung und unerlaubte Entfernung aus der Strafabteilung
Urteil: dreieinhalbjährige Zuchthausstrafe 1849
Enthält auch: Flucht des verurteilten Döpp
Darin: „Altonaer Mercur" vom 18., 23. und 27. Oktober 1849

250 Person: Dorbye, Jacob, Musketier (1. Kompanie/3. Infanterie-Bataillon)
Vergehen: Wachvergehen
Urteil: zwölftägiger strenger Arrest unter Anrechnung der Untersuchungshaft 1849

183 Personen: Dortmundt, Hans Hinrich, Musketier (2. Kompanie/3. Infanterie-Bataillon)
Castrian, Wilhelm, Musketier (2. Kompanie/3. Infanterie-Bataillon)
Vergehen: Verlust mehrerer Gegenstände 1850

208 Personen: Dreyer, H., Musketier (4. Kompanie/3. Infanterie-Bataillon)
Hansen, Hans Christian, Musketier (4. Kompanie/3. Infanterie-Bataillon)
Böye, Markus, Musketier (3. Kompanie/3. Infanterie-Bataillon)
Vergehen: Beschädigung des Schildmantels auf der Bastion Schleswig
Urteil: disziplinarische Erledigung 1850

173 Personen: Engel, J., Festungssträfling (3. Infanterie-Bataillon)
Bracklow, C., Festungssträfling (3. Infanterie-Bataillon)
Heldt, A., Festungssträfling (3. Kompanie/3. Infanterie-Bataillon)
Prügge, H. F. C., Festungssträfling (1. Kompanie/3. Infanterie-Bataillon)
Vergehen: Ungehorsam
Urteil: sechsmonatige verlängerte (Heldt und Prügge) und dreimonatige verlängerte (Bracklow) Festungsstrafe, Freispruch (Engel) 1850
Enthält auch: Musketier A. Heldt (3. Kompanie/3. Infanterie-Bataillon) wegen Gehorsamsverweigerung: dreijährige Festungsstrafe

164 Person: Esch von Noer, Peter Hr., Musketier (4. Kompanie/3. Infanterie-Bataillon)
Vergehen: öffentliche Drohungen gegen einen Vorgesetzten
Urteil: zweijährige Festungsstrafe 1849

190 Person: Gatermann, Hans Hr., Musketier (3. Kompanie/3. Infanterie-Bataillon)
Vergehen: Aufforderung zur Widersetzung und versuchter tätlicher Angriff auf einen Vorgesetzten
Urteil: dreijährige Festungsstrafe 1849

207 Person: Gatermann, Hans Hinrich, Festungssträfling (3. Kompanie/ 3. Infanterie-Bataillon)
Vergehen: Flucht aus der Strafabteilung
Urteil: sechswöchiger strenger Arrest 1849

227 Person: Goldbaum, Jochim, Musketier (4. Kompanie/3. Infanterie-Bataillon)
Vergehen: Trunkenheit und Schlaf auf der Wache
Urteil: vierzehntägiger strenger Arrest 1849

193 Person: Gorges, Georg, Unteroffizier (3. Kompanie/3. Infanterie-Bataillon)
Vergehen: strafbarer Eingriff in fremdes Eigentum
Urteil: zehntägige Gefängnisstrafe 1848

211 Person: Grelk, Johann Hinrich, Musketier (3. Kompanie/3. Infanterie-Bataillon)
Westphal, Unterkorporal (3. Kompanie/3. Infanterie-Bataillon)
Schmidt, Johann, Musketier (3. Kompanie/3. Infanterie-Bataillon)
Vergehen: Postenvergehen
Urteil: vierzehntägiger Mittelarrest 1848-1849

197 Person: Hamdorff, Hans Christian, Gardist (3. Infanterie-Bataillon)
Vergehen: Ausbleiben vom Dienst
Urteil: fünftägige einfache Haft 1848

187 Person: Handorf, Peter Hinrich, Musketier (2. Kompanie/3. Infanterie-Bataillon)
Vergehen: fahrlässige Tötung eines Kameraden
Urteil: halbjährige Festungsstrafe dritten Grades 1849

225 Person: Hartmann, Johann Christian, Musketier (3. Kompanie/3. Infanterie-Bataillon)
Vergehen: Ungehorsam
Urteil: achtzehntägiger strenger Arrest 1848-1849

240 Person: Heide, Nicolaus, Musketier (1. Kompanie/3. Infanterie-Bataillon)
Vergehen: Trunkenheit im Dienst
Urteil: vierzehntägiger strenger Arrest 1849

221 Person: Hellmundt, Johann Heinrich Michel, Musketier (4. Kompanie/3. Infanterie-Bataillon)
Vergehen: Widersetzung
Urteil: sechswöchiger strenger Arrest 1849

202 Person: Hellmundt, Joh. Hin. Mich., Tambour (4. Kompanie/3. Infanterie-Bataillon)
Vergehen: militärpolizeiliche Ausschreitungen und respektloses Benehmen
Urteil: sechswöchiger strenger Arrest 1850

206 Personen: Heuck, Gottfried Christian, Festungssträfling (3. Infanterie-Bataillon)
Rose, August Heinrich, Festungssträfling (3. Infanterie-Bataillon)
Carstens, Peter, Festungssträfling (3. Infanterie-Bataillon)
Vergehen: Flucht aus dem Arrestlokal
Urteil: einmonatige verlängerte Festungsstrafe (Carstens), Heuck und Rose desertiert 1849

229 Person: Honig, Hans Detlef Friedrich, Musketier (4. Kompanie/3. Infanterie-Bataillon)
Vergehen: Widersetzung
Urteil: vierwöchiger strenger Arrest 1849

165 Person: Johannsen, August Friedrich, Musketier (3. Kompanie/3. Infanterie-Bataillon)
Vergehen: Desertion
Urteil: einjährige Festungsstrafe 1850

252 Person: Käselau, Johann Christoph, Gefreiter (1. Kompanie/3. Infanterie-Bataillon)
Vergehen: Desertion
Urteil: wahrscheinlich nach Amerika ausgewandert 1849
Darin: „Altonaer Mercur" vom 24. August 1849

220 Person: Kay, Claus Hinrich, Gefreiter (2. Kompanie/3. Infanterie-Bataillon)
Vergehen: Feigheit
Urteil: Verfahren niedergeschlagen 1849

176 Person: Köster, Anton Joseph Conrad, Musketier (1. Kompanie/3. Infanterie-Bataillon)
Vergehen: Zerstörung seines Gewehrs im betrunkenen Zustand
Urteil: zwölftägiger scharfer Arrest 1850

247 Person: Kraus, Heinrich Claus, Musketier (3. Kompanie/3. Infanterie-Bataillon)
Vergehen: Ungehorsam
Urteil: achttägiger strenger Arrest 1849

224 Person: Krohn, Hans Hinrich, Musketier (3. Kompanie/3. Infanterie-Bataillon)
Vergehen: Trunkenheit auf der Wache
Urteil: zehntägiger strenger Arrest 1848-1849

230 Person: Kümpel, Carl Ernst Friedrich, Musketier (4. Kompanie/3. Infanterie-Bataillon)
Vergehen: Diebstahl und Unterschlagung
Urteil: zehntägiger strenger Arrest und Versetzung in den Soldatenstand 2. Klasse 1849

169 Personen: Kunke, Friedrich Johann Wilhelm, Festungssträfling (2. Kompanie/3. Infanterie-Bataillon)
Kähler, Hinrich Claus Friedrich, Festungssträfling (12. Infanterie-Bataillon)
Vergehen: Diebstahl
Urteil: vierjährige Festungsstrafe mit Versetzung in den Soldatenstand 2. Klasse (Kunke), sechsmonatige Festungsstrafe (Kähler) 1849-1851
Enthält auch: Musketier F. J. W. Kunke wegen Urlaubsüberschreitung: sechsmonatiger strenger Arrest

166 Person: Kunke, Friedrich Johann Wilhelm, Musketier (2. Kompanie/3. Infanterie-Bataillon)
Vergehen: unerlaubte Entfernung
Urteil: sechsmonatige Festungsstrafe 1850

215 Person: Langmack, Marx Heinrich, Musketier (3. Kompanie/3. Infanterie-Bataillon)
Vergehen: Trunkenheit auf dem Posten
Urteil: viermal fünftägige Gefängnisstrafe 1848

248 Personen: Levin, Simon, Musketier (2. Kompanie/3. Infanterie-Bataillon)
Schmidt, Hans Christoph Andreas, Musketier (1. Kompanie/3. Infanterie-Bataillon)
Vergehen: Glücksspiel und Ausbleiben aus dem Quartier
Urteil: dreiwöchiger (Levin) und achttägiger (Schmidt) strenger Arrest 1849

182 Person: Levin, Musketier (2. Kompanie/3. Infanterie-Bataillon)
Vergehen: achtungswidrige Äußerungen gegen den Sergeaten Brügmann
Urteil: vierzehntägiger Mittelarrest 1850

245 Person: Lorenzen, Peter Christian, Musketier (1. Kompanie/3. Infanterie-Bataillon)
Vergehen: unerlaubte Entfernung
Urteil: disziplinarische Erledigung 1850

181 Personen: Lützen, Musketier (2. Kompanie/3. Infanterie-Bataillon)
Westphal, Musketier (2. Kompanie/3. Infanterie-Bataillon)
Vergehen: Körperverletzung
Urteil: disziplinarische Bestrafung 1850

222 Person: Maas, Jochim, Musketier (1. Kompanie/3. Infanterie-Bataillon)
Vergehen: Entfernen von der Wache
Urteil: vierzehntägiger Mittelarrest 1849

199 Person: Michelsen, Peter, Musketier (3. Infanterie-Bataillon)
Vergehen: Verkauf von Ausrüstungsstücken
Urteil: fünftägiger einfacher Arrest 1848

178 Person: Mollenhauer, Johann, Musketier (1. Kompanie/3. Infanterie-Bataillon)
Vergehen: ungebührliches Benehmen
Urteil: siebentägiger strenger Arrest 1850

249 Person: Möller, Peter, Musketier (1. Kompanie/3. Infanterie-Bataillon)
Vergehen: Ausschreitung gegen das ärztliche Personal in Altona
Urteil: viertägige Gefängnisstrafe 1849

239 Person: Möller, Peter, Musketier (1. Kompanie/3. Infanterie-Bataillon)
Vergehen: Trunkenheit
Urteil: vierzehntägiger strenger Arrest 1849

236 Person: Möller, Peter, Musketier (1. Kompanie/3. Infanterie-Bataillon)
Vergehen: Trunkenheit
Urteil: dreiwöchiger strenger Arrest 1849

244 Person: Müller, Jacob, Unteroffizier (3. Kompanie/3. Infanterie-Bataillon)
Vergehen: Beleidigung eines Eisenbahnbeamten
Urteil: disziplinarische Bestrafung mit ein paar Tagen Mittelarrest 1850

168 Person: Müller, Julius, Musketier (3. Kompanie/3. Infanterie-Bataillon)
Vergehen: vorsätzliche Körperverletzung
Urteil: dreimonatige Festungsstrafe 1851

209 Person: Nehlsen, Hans Asmus, Musketier (4. Kompanie/3. Infanterie-Bataillon)
Vergehen: erster kleiner Diebstahl, unterlassene Ablieferung einer alten Diensthose und Entfernung aus dem Arrestlokal
Urteil: sechswöchiger strenger Arrest und Versetzung in den Soldatenstand 2. Klasse 1850-1851

191 Person: Nickels, Claus, Musketier (3. Kompanie/3. Infanterie-Bataillon)
Vergehen: dritter Diebstahl
Urteil: vierjährige Festungsstrafe unter Eisen, gemildert in dreijährige Festungsstrafe 1848

212 Person: Peemöller, Claus Hinrich Jacob, Musketier (4. Kompanie/3. Infanterie-Bataillon)
Vergehen: fortgesetzter schlechter Lebenswandel
Urteil: zweimal fünftägige Gefängnisstrafe 1848

189 Person: Peemöller, Claus Hinrich Jacob, Fahrer (4. Kompanie/3. Infanterie-Bataillon)
Vergehen: Widersetzung und Trunkenheit
Urteil: Todesstrafe, später abgemildert in fünfzehnjährige Festungsstrafe 1849
Enthält auch: Festungssträfling Peemöller und Kanonier B. Köckmeister wegen Flucht aus dem Arrest und Diebstahls
Darin: „Altonaer Mercur" vom 13., 16., 22. und 24. November 1849

200 Person: Poltzien, Joh. Diedrich Wilhelm, Musketier (2. Kompanie/3. Infanterie-Bataillon)
Vergehen: Verdacht auf Diebstahl
Urteil: Verfahren eingestellt 1850

246 Person: Poltzien, Joh. Diedrich Wilhelm, Musketier (2. Kompanie/3. Infanterie-Bataillon)
Vergehen: Trunkenheit und Ungehorsam
Urteil: achttägiger strenger Arrest 1850

237 Person: Pries, Claus Hinrich, Musketier (4. Kompanie/3. Infanterie-Bataillon)
Vergehen: Umhertreiben
Urteil: disziplinarische Bestrafung empfohlen 1849

172 Person: Prügge, H. C. F., Gefreiter (1. Kompanie/3. Infanterie-Bataillon)
Vergehen: Desertion und Achtungsverletzung
Urteil: dreijährige Festungsstrafe 1850

175 Untersuchung gegen den Musketier Friedrich Rasch (1. Kompanie/3. Infanterie-Bataillon) 1850

234 Person: Schöpzinsky, Carl Ludwig Friedrich, Gefreiter (4. Kompanie/3. Infanterie-Bataillon)
Vergehen: Trunkenheit
Urteil: Verfahren wahrscheinlich niedergeschlagen 1849

235 Person: Schröder, Hans Friedrich Lembert, Musketier (4. Kompanie/3. Infanterie-Bataillon)
Vergehen: Trunkenheit
Urteil: vierwöchiger strenger Arrest und Versetzung in den Soldatenstand 2. Klasse 1849

163 Person: Schröder, Jürgen Hinrich, Musketier (3. Kompanie/3. Infanterie-Bataillon)
Vergehen: Ungehorsam
Urteil: sechsmonatige Festungsstrafe 1850

201 Person: Schröder, Hans Friedrich Lembert, Musketier (4. Kompanie/3. Infanterie-Bataillon)
Vergehen: wiederholte Trunkenheit im Dienst
Urteil: vierwöchiger strenger Arrest 1850

177 Person: Schwark, Hans-Hinrich, Musketier (1. Kompanie/3. Infanterie-Bataillon)
Vergehen: Nichtbezahlung eines Paars Stiefel 1850

179 Person: Sieck, Paul Theodor, Unteroffizier (1. Kompanie/3. Infanterie-Bataillon)
Vergehen: Verlust von Reitgeschirr
Urteil: fünftägiger Mittelarrest 1850

226 Person: Siems, Jochim, Musketier (1. Kompanie/3. Infanterie-Bataillon)
Vergehen: Entfernung vom Posten
Urteil: zwölftägiger Mittelarrest mit Anrechnung der Untersuchungshaft 1848-1849

218 Person: Sietz, Franz Heinrich, Musketier (2. Kompanie/3. Infanterie-Bataillon)
Vergehen: Zollvergehen
Urteil: Zahlung der Gebühr 1849

232 Person: Speetzen, Carl Hinrich, Musketier (1. Kompanie/3. Infanterie-Bataillon)
Vergehen: Ungehorsam
Urteil: Verfahren niedergeschlagen, da Speetzen sich in der Schlacht bei Fredericia als „braver Soldat“ bewährt hat 1849

214 Person: Steenbock, Johann Friedrich, Musketier (2. Kompanie/3. Infanterie-Bataillon)
Vergehen: Unfug unter Trunkenheit sowie allgemein schlechtes Verhalten
Urteil: viermal fünftägige Gefängnisstrafe 1848

233 Person: Steenbock, Johann Friedrich, Musketier (2. Kompanie/3. Infanterie-Bataillon)
Vergehen: unerlaubtes Beutemachen
Urteil: Verfahren wahrscheinlich niedergeschlagen 1849

171 Person: Steier, Johann Heinrich, Musketier (4. Kompanie/3. Infanterie-Bataillon)
Vergehen: Gehorsamsverweigerung und tätliche Beleidigung eines Vorgesetzten
Urteil: zehnjährige Festungsstrafe 1851

228 Person: Stieper, Wilhelm Hinrich Leopold, Gefreiter (3. Kompanie/ 3. Infanterie-Bataillon)
Vergehen: Ungehorsam und Trunkenheit außer Dienst
Urteil: vierwöchiger strenger Arrest 1849

184 Person: Stocky, Friedrich Wilhelm Gustav, Unteroffizier (2. Kompanie/3. Infanterie-Bataillon)
Vergehen: ungebührliches Benehmen
Urteil: disziplinarische Bestrafung 1850

195 Personen: Voß, Christian, Musketier (3. Kompanie/3. Infanterie-Bataillon)
Könisch, Hauptwachtschreiber, Feldwebel (3. Infanterie-Bataillon)
Vergehen: Flucht des Bombardiers Kölbye und andere Dienstvernachlässigungen
Urteil: siebentägiger stenger Arrest (Voß) sowie Verweis (Könisch) 1850

185 Person: Wachholz, Musketier (3. Kompanie/3. Infanterie-Bataillon)
Vergehen: nächtliches Umhertreiben und Körperverletzung
Urteil: fünfwöchiger strenger Arrest 1850

205 Person: Wachholz, Carl Christian, Musketier (3. Kompanie/3. Infanterie-Bataillon)
Vergehen: Trunkenheit
Urteil: vierzehntägiger Mittelarrest 1851

216 Person: Wagner, Hans Jacob, Musketier (2. Kompanie/3. Infanterie-Bataillon)
Vergehen: Verletzung des Hausrechts und tätliche Misshandlung der Frau des Kellerwirts Albrecht
Urteil: Verfahren eingestellt 1848

194 Person: Wegener, Adolph Daniel, Musketier (1. Kompanie/3. Infanterie-Bataillon)
Vergehen: zweiter kleiner Diebstahl
Urteil: dreißigtägige Gefängnisstrafe 1848

188 Person: Weinland, Hinrich Christian Friedrich, Musketier (3. Kompanie/3. Infanterie-Bataillon)
Vergehen: großer Gelddiebstahl
Urteil: einjährige Festungsstrafe 1849

203 Personen: Zieseberg, August Friedrich, Musketier (3. Kompanie/3. Infanterie-Bataillon)
Fick, Hans Hinrich, Musketier (3. Kompanie/3. Infanterie-Bataillon)
Meyer, Hans Hinrich Christian, Musketier (3. Kompanie/3. Infanterie-Bataillon)
Vergehen: respektloses Betragen außer Dienst
Urteil: achttägiger (Zieseberg) und viertägiger (Meyer) Mittelarrest sowie Anrechnung der Untersuchungshaft (Fick) 1850

## 4. Infanterie-Bataillon

288 Personen: Musketiere des 4. und 14. Infanterie-Bataillons
Vergehen: Ausschreitungen auf einer Tanzveranstaltung in Glückstadt
Urteil: ohne Entscheidung 1850

302 Personen: Alberts, Claus, Tambour (1. Kompanie/4. Infanterie-Bataillon)
Schmidt, Hans Sophus, Tambour (4. Kompanie/4. Infanterie-Bataillon)
Vergehen: Verletzung ihrer Dienstpflicht aus Furcht vor persönlicher Gefahr
Urteil: Freispruch (Schmidt) und dreiwöchiger strenger Arrest (Alberts) 1850

298 Person: Asmus, Jochim Hinrich, Musketier (4. Kompanie/4. Infanterie-Bataillon)
Vergehen: Unterschlagung
Urteil: fünftägige Gefängnisstrafe 1848

272 Personen: Asmussen, Hans Hinrich, Musketier (3. Kompanie/4. Infanterie-Bataillon)
Bothmann, Jacob Hinrich, Musketier (3. Kompanie/4. Infanterie-Bataillon)
Bebensee, Hinrich Christian, Musketier (3. Kompanie/4. Infanterie-Bataillon)
Vergehen: gemeinschaftliche Desertion
Urteil: je sechsmal fünftägige Gefängnisstrafe 1848

319 Person: Bachelle, Johann Christian Friedrich, Musketier (4. Kompanie/4. Infanterie-Bataillon)
Vergehen: Widersetzung und Beleidigungen gegen einen Vorgesetzten
Urteil: sechswöchiger strenger Arrest 1850

296 Personen: Bade, Gefreiter (4. Infanterie-Bataillon)
Becker, Musketier (4. Infanterie-Bataillon)
Huß, Musketier (4. Infanterie-Bataillon)
Dieckmann, Musketier (4. Infanterie-Bataillon)
Vergehen: Unfug mit dem Meiereimädchen auf Hemmelmark
Urteil: jeder dreimal fünftägige Gefängnisstrafe 1848

266 Person: Behrens, Peter, Musketier (4. Kompanie/4. Infanterie-Bataillon)
Vergehen: Ungehorsam und unerlaubte Entfernung
Urteil: achttägiger strenger Arrest 1851

277 Person: Bennfeldt, Hans Hinrich, Musketier (3. Kompanie/4. Infanterie-Bataillon)
Vergehen: ungebührliches Benehmen
Urteil: fünfzehntägige einfache Gefängnisstrafe und Versetzung in den Soldatenstand 2. Klasse 1848-1849

327 Person: Berger, Wilhelm Christian Daniel, Unteroffizier (3. Kompanie/4. Infanterie-Bataillon)
Vergehen: Ungehorsam, Glücksspiel und unerlaubtes Geldborgen von einem Untergebenen
Urteil: dreiwöchiger strenger Arrest mit Degradierung 1850-1851

322 Person: Boje, Peter, Musketier (2. Kompanie/4. Infanterie-Bataillon)
Vergehen: erster kleiner Diebstahl und Glücksspiel
Urteil: vierzehntägiger strenger Arrest und Versetzung in den Soldatenstand 2. Klasse 1850-1851

313 Person: Bolte, Ferdinand, Unteroffizier (1. Kompanie/4. Infanterie-Bataillon)
Vergehen: Wachvergehen
Urteil: sechswöchiger Mittelarrest 1849

284 Person: Borchert, Jacob, Musketier (2. Kompanie/4. Infanterie-Bataillon)
Vergehen: respektwidrige Äußerungen mit Drohungen gegen einen Vorgesetzten
Urteil: vierwöchiger strenger Arrest 1849

318 Person: Brinkmann, August, Musketier (3. Kompanie/4. Infanterie-Bataillon)
Vergehen: Postenvergehen
Urteil: vierzehntägiger strenger Arrest 1850

269 Personen: Clausen, Hans Hinrich Theodor, Unteroffizier (2. Kompanie/4. Infanterie-Bataillon)
Nolte, Ludwig, Unteroffizier (2. Kompanie/4. Infanterie-Bataillon)
sowie andere Unteroffiziere und Gefreite
Vergehen: Aufwiegelung, Verleumdung und dienstwidrige Beschwerdeführung über einen Vorgesetzten
Urteil: sechsmonatige (Clausen) und dreimonatige (Nolte) Festungsstrafe sowie jeweilige Degradierung 1849

329 Person: Claussen, Johann Hinrich, Musketier (früher 3. Kompanie/17. Infanterie-Bataillon, jetzt 4. Infanterie-Bataillon)
Vergehen: Verdacht der Desertion
Urteil: Untersuchung eingestellt 1848

285 Personen: Claussen, Hinrich, Musketier (3. Kompanie/4. Infanterie-Bataillon)
Schlüter, Hinrich, Gefreiter (3. Kompanie/4. Infanterie-Bataillon)
Lange, Feldwebel (2. Kompanie/4. Infanterie-Bataillon)
Born, Unteroffizier (2. Kompanie/4. Infanterie-Bataillon)
Vergehen: Ungehorsam
Urteil: Ermahnung (Claussen), Verweis (Lange), eintägiger einfacher Arrest (Born) und eintägiger Mittelarrest (Schlüter) 1849

334 Person: Claussen, Johann Adolph Friedrich, Musketier (3. Kompanie/4. Infanterie-Bataillon)
Vergehen: Gehorsamsverweigerung, Trunkenheit und Ausbleiben nach dem Zapfenstreich
Urteil: dreiwöchiger strenger Arrest 1850

332 Person: Dehn, Johann, Musketier (3. Kompanie/4. Infanterie-Bataillon)
Vergehen: verspätetes Eintreffen
Urteil: zweitägiger strenger Arrest 1850

328 Person: Dehn, Wilhelm Georg Jacob, Unteroffizier (4. Kompanie/4. Infanterie-Bataillon)
Vergehen: nächtliches Lärmen
Urteil: achttägiger Mittelarrest 1850

338 Person: Dodeck, Hinrich, Trainfahrer (4. Infanterie-Bataillon)
Vergehen: tätliche Beleidigung eines Soldaten und Teilnahme an einer Demonstration (Stimmungsmache gegen die Preußen)
Urteil: achttägiger strenger Arrest 1850

258 Person: Dühring, Johann Martin Christian, Gefreiter (1. Kompanie/4. Infanterie-Bataillon)
Vergehen: Desertion
Urteil: einjährige Festungsstrafe 1850

257 Person: Dühring, Claus Carl Eduard, Hornist (2. Kompanie/4. Infanterie-Bataillon)
Vergehen: kleiner Diebstahl am Quartierwirt und bei den Kameraden
Urteil: sechswöchiger strenger Arrest und Versetzung in den Soldatenstand 2. Klasse 1850

341 Person: Dühring, Johann Martin Christian, Gefreiter (1. Kompanie/4. Infanterie-Bataillon)
Vergehen: Desertion
Urteil: zwölfmonatige Festungsstrafe 1850

300 Person: Engel, Marx, Musketier (1. Kompanie/4. Infanterie-Bataillon)
Vergehen: Ungehorsam und ungebührliches Benehmen
Urteil: dreiwöchiger strenger Arrest 1849

339 Person: Favrat, Fritz, Baron von, Sekondeleutnant (4. Infanterie-Bataillon)
Vergehen: leichtfertiger Lebenswandel, ehr- und standeswidriges Benehmen und Schwindeleien
Urteil: Entlassung aus dem Dienst 1850-1851

305 Person: Flögl, Georg Julius Ferdinand, Musketier (1. Kompanie/4. Infanterie-Bataillon)
Vergehen: Trunkenheit
Urteil: ohne Entscheidung 1850-1851

314 Person: Frohbose (Froboes), Christian Friedrich, Tambour (3. Kompanie/4. Infanterie-Bataillon)
Vergehen: unerlaubte Entfernung, Kameradendiebstahl und Veruntreuung
Urteil: Verfahren niedergeschlagen 1850

283 Person: Gerkens, Claus, Unteroffizier (3. Kompanie/4. Infanterie-Bataillon)
Vergehen: ungebührliches Benehmen in einem Kriegsverhör
Urteil: vierzehntägiger Mittelarrest 1849

304 Persoenen: Giese, Leutnant (4. Infanterie-Bataillon)
Oesau, Rechnungsführer (4. Infanterie-Bataillon)
Vergehen: Übergabe einer Geldsumme von Leutnant Hagemann an Leutnant Giese 1850

275 Personen: Harder, Peter, Unteroffizier (3. Kompanie/4. Infanterie-Bataillon)
Münster, Anton, Gefreiter (3. Kompanie/4. Infanterie-Bataillon)
Vergehen: Nachlässigkeit auf der Wache und falscher Rapport
Urteil: zwanzigtägiger einfacher (Harder) und viermal fünftägiger strenger (Münster) Arrest 1848

270 Person: Heerdtmann, Hinrich Conrad, Musketier (4. Kompanie/4. Infanterie-Bataillon)
Vergehen: Ungehorsam und ungebührliches Benehmen
Urteil: sechswöchiger strenger Arrest 1849

268 Person: Heilborn, Johann Heinrich Hermann, Musketier (2. Kompanie/4. Infanterie-Bataillon)
Vergehen: Desertion
Urteil: fünfjährige Zuchthausstrafe 1848

292 Personen: Hennings, Ernst Christian, Unteroffizier (4. Infanterie-Bataillon)
Möller, Hans Hinrich, Unteroffizier (4. Infanterie-Bataillon)
Vergehen: Ungehorsam und Respektlosigkeit gegenüber Vorgesetzten
Urteil: ohne Entscheidung 1848

261 Person: Hergt, Aslinus Achtagius Beatrix, Unteroffizier (2. Kompanie/4. Infanterie-Bataillon)
Vergehen: Verwahrlosung seiner Bekleidung und Waffen sowie Desertion
Urteil: neunzehnmonatige Festungsstrafe und Degradierung
1850-1851

307 Personen: Heydorn, Claus, Gefreiter (1. Kompanie/4. Infanterie-Bataillon)
Johannsen, Fedder, Musketier (1. Kompanie/4. Infanterie-Bataillon)
Dehn, Wilhelm Georg Jacob, Musketier (1. Kompanie/4. Infanterie-Bataillon)
Gosch, Hans Jürgen, Musketier (1. Kompanie/4. Infanterie-Bataillon)
Vergehen: Ausschreitungen in Glückstadt
Urteil: ohne Entscheidung 1849

287 Personen: Hinrichs, Hans, Unteroffizier (1. Kompanie/4. Infanterie-Bataillon)
Krohn, Carl Christian Gerdus, Hauptmann (1. Kompanie/4. Infanterie-Bataillon)
Vergehen: Ungehorsam (Hinrichs), Misshandlung des Unteroffiziers Hinrichs (Krohn)
Urteil: sechswöchiger Mittelarrest (Hinrichs) und sechswöchiger Stubenarrest (Krohn) 1849
Bemerkung: vgl. Nr. 1411

324 Person: Hinrichsen, Hans, Sergeant (1. Kompanie/4. Infanterie-Bataillon)
Vergehen: Schlägerei mit einem Unteroffizier, Misshandlung eines Untergebenen, Trunkenheit und wiederholte Gehorsamsverweigerung
Urteil: achttägiger Mittelarrest 1850

308 Personen: Holst, Hans Hinrich, Musketier (4. Kompanie/4. Infanterie-Bataillon)
Oldenburg, Johann, Musketier (4. Kompanie/4. Infanterie-Bataillon)
Vergehen: Verwundung des Musketiers Claus Max (1. Kompanie/4. Infanterie-Bataillon)
Urteil: ohne Entscheidung 1849-1850

267 Person: Intlekofer, Carl Johann Christian, Musketier (4. Kompanie/4. Infanterie-Bataillon)
Vergehen: Ungehorsam und Raisonnieren vor versammelter Mannschaft
Urteil: zehntägiger strenger Arrest 1850

297 Person: Jacobsen, N. P., Musketier (4. Kompanie/4. Infanterie-Bataillon)
Vergehen: Postenvergehen
Urteil: viermal fünftägige Gefängnisstrafe 1848

312 Person: Jacobsen, Jürgen, Musketier (3. Kompanie/4. Infanterie-Bataillon)
Vergehen: Postenvergehen
Urteil: vierzehntägiger Mittelarrest 1849

294 Person: Jöns, Claus Friedrich, Musketier (1. Kompanie/4. Infanterie-Bataillon)
Vergehen: unerlaubte Entfernung
Urteil: zweimal fünftägige Gefängnisstrafe 1848

323 Person: Kähler, Johann Heinrich, Musketier (2. Kompanie/4. Infanterie-Bataillon)
Vergehen: wiederholte kleine Diebstähle bei Quartierkameraden
Urteil: vierwöchiger strenger Arrest und Versetzung in den Soldatenstand 2. Klasse 1850

325 Person: von Keller, Premierleutnant (3. Kompanie/4. Infanterie-Bataillon)
Vergehen: undienstliches Benehmen gegen den Hauptmann Schneider
Urteil: disziplinarische Bestrafung mit achttägigem Stubenarrest 1850

295 Person: Kelling, Fritz, Musketier (4. Infanterie-Bataillon)
Vergehen: Steinwurf auf den Leutnant Baur
Urteil: ohne Entscheidung 1848

264 Person: Kjölby, Johann Friedrich, Oboist (4. Kompanie/4. Infanterie-Bataillon)
Vergehen: unerlaubtes Verlassen der Stadt Rendsburg und Annahme eines Dienstes in Altona
Urteil: vierzehntägiger Mittelarrest 1850

306 Person: Krause, Gustav, Unteroffizier (1. Kompanie/4. Infanterie-Bataillon)
Vergehen: Verletzung seiner Dienstpflicht während der Gefechte bei Idstedt
Urteil: sechswöchiger strenger Arrest und Versetzung in den Soldatenstand 2. Klasse 1850

335 Person: Krieger, Hans, Musketier (3. Kompanie/4. Infanterie-Bataillon)
Vergehen: Trunkenheit und ungebührliches Benehmen
Urteil: achttägiger strenger Arrest 1850

291 Person: Kröger, Hinrich, Musketier (1. Kompanie/4. Infanterie-Bataillon)
Vergehen: Ungehorsam und Gegenrede
Urteil: fünftägige Gefängnisstrafe 1848

333 Person: Lausen, Claus, Musketier (2. Kompanie/4. Infanterie-Bataillon)
Vergehen: verspätetes Eintreffen
Urteil: vierzehntägiger strenger Arrest 1850

303 Person: Lehmann, Leutnant und Auditeur (4. Infanterie-Bataillon)
Vergehen: Nichtheftung der Protokolle und Verzögerung von Vorgängen
Urteil: dreitägiger Stubenarrest 1851

326 Person: Lübkert, Ernst Christian Heinrich, Unteroffizier und Offiziersaspirant (3. Kompanie/4. Infanterie-Bataillon)
Vergehen: Verkauf von Dienstgegenständen und Schwindelei
Urteil: dreimonatige Festungsstrafe mit Degradierung und Versetzung in den Soldatenstand 2. Klasse 1850

273 Person: Manshardt, Johann, Musketier (1. Kompanie/4. Infanterie-Bataillon)
Vergehen: aufwieglerische Reden vor versammelter Mannschaft
Urteil: zwölfmonatige Gefängnisstrafe, später gemildert auf sechs Monate 1848-1849

293 Person: Marsjan, Jürgen, Musketier (1. Kompanie/4. Infanterie-Bataillon)
Vergehen: unerlaubte Entfernung
Urteil: dreimal fünftägige Gefängnisstrafe 1848

276 Personen: Martensen, Conrad, Musketier (4. Kompanie/4. Infanterie-Bataillon)
Johannsen, Fedder, Musketier (4. Kompanie/4. Infanterie-Bataillon)
Vergehen: Straßenunfug
Urteil: dreimonatige Zuchthausstrafe (Johannsen) und sechsmal fünftägige Gefängnisstrafe (Martensen) 1848

330 Person: Meyer, Friedrich, Musketier (1. Kompanie/4. Infanterie-Bataillon)
Vergehen: verspätetes Eintreffen zu einer außerordentlichen Truppenzusammenziehung
Urteil: dreiwöchiger strenger Arrest 1850

290 Personen: Mohr, Claus, Unteroffizier (1. Kompanie/4. Infanterie-Bataillon)
Krause, Gustav, Unteroffizier (1. Kompanie/4. Infanterie-Bataillon)
Vergehen: unerlaubte Entfernung
Urteil: ohne Entscheidung 1848

259 Person: Möller, Friedrich Wilhelm, Sergeant (3. Kompanie/4. Infanterie-Bataillon)
Vergehen: Urlaubsüberschreitung, Ungehorsam sowie Veruntreuung und Vernachlässigung ihm anvertrauter Gegenstände
Urteil: einjährige Festungsstrafe 1849-1850

331 Person: Niemann, Friedrich, Musketier (1. Kompanie/4. Infanterie-Bataillon)
Vergehen: verspätetes Eintreffen zu einer außerordentlichen Truppenzusammenziehung
Urteil: vierzehntägiger strenger Arrest 1850

263 Person: Petersen, Peter Christian Philipp, Musketier (3. Kompanie/4. Infanterie-Bataillon)
Vergehen: Trunkenheit im Dienst und Nichtbefolgung von Befehlen
Urteil: ohne Entscheidung 1850

321 Person: Plättner, David Leo, Musketier (1. Kompanie/4. Infanterie-Bataillon)
Vergehen: kleiner Diebstahl und unerlaubtes Glücksspiel
Urteil: achttägiger strenger Arrest und Versetzung in den Soldatenstand 2. Klasse 1850

317 Person: Pöhls, Johann Christian, Musketier (2. Kompanie/4. Infanterie-Bataillon)
Vergehen: achtungswidrige Äußerungen über einen Vorgesetzten vor versammelter Mannschaft
Urteil: vierwöchiger strenger Arrest 1850

320 Person: Probst, Heinrich Ludwig Theodor, Musketier (3. Kompanie/ 4. Infanterie-Bataillon)
Vergehen: erster kleiner Diebstahl
Urteil: vierzehntägiger strenger Arrest und Versetzung in den Soldatenstand 2. Klasse 1850

336 Person: Radler, Lienhard, Gefreiter (3. Kompanie/4. Infanterie-Bataillon)
Vergehen: respektloses Benehmen
Urteil: disziplinarische Bestrafung mit achttägigem Mittelarrest 1850

279 Person: Rathje, Cornils, Musketier (4. Kompanie/4. Infanterie-Bataillon)
Vergehen: Straßenunfug
Urteil: zweimal fünftägige Gefängnisstrafe 1848

260 Person: Rathje, Cornils, Musketier (4. Kompanie/4. Infanterie-Bataillon)
Vergehen: tätliche Beleidigung eines Vorgesetzten, Tumult im Zeltlager und Trunkenheit
Urteil: zweieinvierteljährige Festungsstrafe 1850

337 Person: Repsoldt, Tycho Elisa Bredstrup, Unteroffizier (2. Kompanie/4. Infanterie-Bataillon)
Vergehen: dienstwidrige Beschwerdeführung über seinen Hauptmann
Urteil: vierwöchiger leichter Arrest 1850

271 Person: Riepen, Christian, Musketier (1. Kompanie/4. Infanterie-Bataillon)
Vergehen: ungebührliches Benehmen
Urteil: vierwöchiger strenger Arrest 1849

286 Person: Schmidt, Christian, Unteroffizier (1. Kompanie/4. Infanterie-Bataillon)
Vergehen: Misshandlung des Unteroffiziers Johann Renne
Urteil: Untersuchung eingestellt 1850

309 Person: Schnoor, Johann Carl Friedrich, Musketier (4. Kompanie/ 4. Infanterie-Bataillon)
Vergehen: Postenvergehen
Urteil: dreiwöchiger strenger Arrest 1849

280 Person: Schroeder, Wilhelm, Musketier (4. Kompanie/4. Infanterie-Bataillon)
Vergehen: Verdacht auf Quartierdiebstahl
Urteil: Freispruch 1849

289 Personen: Schultz, Johann Friedrich Wilhelm A., Unteroffizier (1. Kompanie/14. Infanterie-Bataillon)
Schröder, Carl, Unteroffizier (1. Kompanie/4. Infanterie-Bataillon)
Brünner, Carl Gustav Rudolph, Musketier (1. Kompanie/2. Infanterie-Bataillon)
Vergehen: Ausschreitungen im Schauspielhaus in Rendsburg
Urteil: Untersuchung niedergeschlagen 1850-1851

282 Person: Schwarz, Johann Gottfried Andreas, Musketier (2. Kompanie/4. Infanterie-Bataillon)
Vergehen: unerlaubte Entfernung
Urteil: Verfahren eingestellt 1851
Darin: Kontrabuch

301 Personen: Schwein, Johann Hinrich, Unteroffizier (3. Kompanie/ 4. Infanterie-Bataillon)
Dehn, Wilhelm Ludwig, Unteroffizier (2. Kompanie/4. Infanterie-Bataillon)
Vergehen: Ungehorsam
Urteil: disziplinarische Bestrafung (Schwein) und vierwöchiger strenger Arrest mit Degradierung (Dehn) 1849

316 Person: Schweitzinger (Weitzinger), Lorenz, Musketier (2. Kompanie/4. Infanterie-Bataillon)
Vergehen: Ungehorsam
Urteil: dreiwöchiger strenger Arrest 1850

281 Person: Sindt, Christopher, Musketier (3. Kompanie/4. Infanterie-Bataillon)
Vergehen: Postenvergehen
Urteil: vierwöchiger strenger Arrest 1848

311 Person: Sinnig, Heinrich, Rekrut (3. Kompanie/4. Infanterie-Bataillon)
Vergehen: Diebstahl
Urteil: von der Instanz entbunden 1849

299 Person: Stühm, Musketier (1. Kompanie/4. Infanterie-Bataillon)
Vergehen: Ertrinken des Musketiers Warncke (1. Kompanie/4. Infanterie-Bataillon) beim Baden
Urteil: ohne Entscheidung 1848

274 Personen: Thielemann, Johann Friedrich Christian, Musketier (2. Kompanie/4. Infanterie-Bataillon)
Hinsch, Heinrich, Musketier (2. Kompanie/4. Infanterie-Bataillon)
Vergehen: Skandal auf einem Tanzboden
Urteil: ohne Entscheidung 1848

262 Person: Töpfer, Julius, Unteroffizier (4. Kompanie/4. Infanterie-Bataillon)
Vergehen: Trunkenheit im Dienst
Urteil: vierzehntägiger Mittelarrest 1850

265 Person: Vietz, Claus Hinrich, Musketier (4. Kompanie/4. Infanterie-Bataillon)
Vergehen: Streitigkeiten
Urteil: viertägiger strenger Arrest 1850-1851

310 Person: Wenzel, Carl August, Unteroffizier (3. Kompanie/4. Infanterie-Bataillon)
Vergehen: Ungehorsam
Urteil: disziplinarische Erledigung 1849

340 Person: Wichmann, Sekondeleutnant (4. Infanterie-Bataillon)
Vergehen: ehrwidriges Verhalten
Urteil: ohne Entscheidung 1851

278 Person: Wilkens, Johann Christian Friedrich, Musketier (1. Kompanie/4. Infanterie-Bataillon)
Vergehen: Quartierdiebstahl
Urteil: dreiwöchiger strenger Arrest und Versetzung in den Soldatenstand 2. Klasse 1849

## 5. Infanterie-Bataillon

408 Forderung mehrerer Handwerker aus Segeberg an das 5. Infanterie-Bataillon 1849

345 Person: Asmussen, Johann Jacob, Musketier (2. Kompanie/5. Infanterie-Bataillon)
Vergehen: Widersetzung
Urteil: zweijährige Festungsstrafe 1849

403 Person: Beide, Heinrich Carl, Festungssträfling (1. Kompanie/5. Infanterie-Bataillon)
Vergehen: unerlaubte Entfernung aus dem Arrestlokal
Urteil: vierwöchiger strenger Arrest 1849

387 Person: Beide, Heinrich Carl, Musketier (1. Kompanie/5. Infanterie-Bataillon)
Vergehen: Postenvergehen
Urteil: einjährige Festungsstrafe 1849

362 Person: Bock, Johann Christopher, Musketier (4. Kompanie/5. Infanterie-Bataillon)
Vergehen: Ungehorsam
Urteil: sechsmal fünftägiger Arrest 1848

378 Personen: Böge, Claus, Musketier (4. Kompanie/5. Infanterie-Bataillon)
Guta, Detlev Friedrich Wilhelm, Musketier (4. Kompanie/5. Infanterie-Bataillon)
Vergehen: unerlaubte Entfernung, Trunkenheit, gewaltsame Entfernung aus dem Arrestlokal und Gehorsamsverweigerung
Urteil: dreiwöchiger (Guta) und vierwöchiger (Böge) strenger Arrest
1850

360 Personen: Brütt, Waffenmeister (2. Kompanie/5. Infanterie-Bataillon)
Kühle, Sergeant (2. Kompanie/5. Infanterie-Bataillon)
Leise, Musketier (2. Kompanie/5. Infanterie-Bataillon)
Vergehen: Trunkenheit
Urteil: zweimal fünftägige (Brütt und Kühle) und fünftägige Gefängnisstrafe (Leise) 1848

350 Person: Carstens, Musketier (4. Kompanie/5. Infanterie-Bataillon)
Vergehen: Trunkenheit und Widersetzung
Urteil: zweitägiges Krummliegen und fünftägige Gefängnisstrafe
1848

384 Person: Cohn, Meyer Moses, Musketier (4. Kompanie/5. Infanterie-Bataillon)
Vergehen: Aufwiegelung durch laute Beschwerdeführung vor Kameraden
Urteil: Entlassung aus dem Militärdienst wegen geistiger Unzurechnungsfähigkeit 1850

346 Person: Engel, Jacob, Trainfahrer (5. Infanterie-Bataillon)
Vergehen: Widersetzung
Urteil: zweijährige Festungsstrafe, danach Wiedereintritt in den Soldatenstand 1. Klasse 1850

359 Person: Garff, Jacob, Musketier (3. Kompanie/5. Infanterie-Bataillon)
Vergehen: Aufwiegelung
Urteil: achtmal fünftägige Gefängnisstrafe 1848

379 Person: Goetze, Heinrich Ernst, Musketier (3. Kompanie/5. Infanterie-Bataillon)
Vergehen: Postenvergehen
Urteil: achtundzwanzigtägiger strenger Arrest 1850

398 Person: Graf, Otto, Musketier (1. Kompanie/5. Infanterie-Bataillon)
Vergehen: Postenvergehen
Urteil: achttägiger strenger Arrest 1850

375 Person: Hansen, Hans Peter, Musketier (2. Kompanie/5. Infanterie-Bataillon)
Vergehen: Diebstahl
Urteil: Ruhen der Untersuchung, da Hansen wegen Aufruhrs zu dreijähriger Zuchthausstrafe verurteilt wurde 1848

353 Person: Hansen, Johann Heinrich, Musketier (4. Kompanie/5. Infanterie-Bataillon)
Vergehen: unerlaubte Entfernung 1850-1851
Enthält auch: strengen Verweis für den Auditeur Lüders wegen schwerer Pflichtversäumnis durch den Kommandierenden General von der Horst

405 Person: Dr. Hinck, Assistenzarzt (5. Infanterie-Bataillon)
Vergehen: unerlaubte Entfernung
Urteil: Entlassung ohne Pension 1849-1850

371 Person: Holler, Feldwebel (1. Kompanie/5. Infanterie-Bataillon)
Vergehen: tätliche Beleidigung des Verpflegungskommissars Ingwersen
Urteil: vierwöchiger einfacher Arrest 1849

395 Person: Jebsen, Carsten, Musketier (3. Kompanie/5. Infanterie-Bataillon)
Vergehen: dritter kleiner Diebstahl
Urteil: vierjährige Zuchthausstrafe und Ausstoßung aus dem Soldatenstand 1849

358 Person: Jensen, Jes Christian, Musketier (5. Infanterie-Bataillon)
Vergehen: Desertion
Urteil: fünfundzwanzigtägige Gefängnisstrafe 1848

383 Person: Johannsen, Claus Jürgen, Musketier (2. Kompanie/5. Infanterie-Bataillon)
Vergehen: Ungehorsam
Urteil: vierzehntägiger strenger Arrest 1850

400 Person: Kaack, Hans Hinrich, Gefreiter (2. Kompanie/5. Infanterie-Bataillon)
Vergehen: Wachvergehen
Urteil: Verfahren niedergeschlagen 1850

366 Person: Klaws, Assistenzarzt 2. Klasse (5. Infanterie-Bataillon)
Vergehen: Verleumdung eines Vorgesetzten
Urteil: fünfwöchiger Stubenarrest 1849

409 Person: Klüver, Joseph, Musketier (4. Kompanie/5. Infanterie-Bataillon)
Vergehen: Gehorsamsverweigerung
Urteil: Verfahren aus Mangel an Zeugen eingestellt 1850

363 Person: Koch, Unteroffizier (5. Infanterie-Bataillon)
Vergehen: Trunkenheit
Urteil: ad acta gelegt 1848

382 Personen: Koch, H. M., Sergeant (3. Kompanie/5. Infanterie-Bataillon)
Wittmaak, Thewes, Unteroffizier (1. Kompanie/5. Infanterie-Bataillon)
Clausen, Thomas, Unteroffizier (1. Kompanie/5. Infanterie-Bataillon)
Wagner, Hartwig, Unteroffizer (2. Kompanie/5. Infanterie-Bataillon)
Vergehen: Betrügereien
Urteil: vierzigtägiger (Koch), vierzehntägiger (Claußen) und zehntägiger (Wagner und Wittmaak) Mittelarrest 1850

342 Person: Köster, Christian, Musketier (4. Kompanie/5. Infanterie-Bataillon)
Vergehen: respektloses Benehmen mit Drohungen gegen seine Vorgesetzten
Urteil: achtzehnmonatige Festungsstrafe 1850

367 Person: Kröger, Claus Joachim Friedrich, Musketier (1. Kompanie/5. Infanterie-Bataillon)
Vergehen: Ungehorsam
Urteil: vierzehntägiger strenger Arrest 1850

352 Personen: Kruse, Musketier (3. Kompanie/5. Infanterie-Bataillon)
Wilkens, Jacob, Musketier (3. Kompanie/5. Infanterie-Bataillon)
Schröder, Hinrich, Musketier (3. Kompanie/5. Infanterie-Bataillon)
Philipp, Johann, Musketier (3. Kompanie/5. Infanterie-Bataillon)
Vergehen: Trunkenheit, unerlaubte Entfernung und grobe Widersetzung
Urteil: mehrstündiges Krummschließen (Kruse, Schröder und Philipp) und siebentägiger einfacher Arrest (Wilkens) 1848

392 Personen: Kuppinger, Chr. Friedrich, Sträfling (5. Infanterie-Bataillon)
Breiling, Cornelius, Sträfling (5. Infanterie-Bataillon)
Rahlf, Joh. Heinrich, Sträfling (5. Infanterie-Bataillon)
Schlichting, Peter, Sträfling (5. Infanterie-Bataillon)
Vergehen: Diebstahl und Desertion
Urteil: dreiwöchiger strenger Arrest 1849
Enthält auch: Musketier Joh. Chr. Fr. Kuppinger (3. Kompanie/5. Infanterie-Bataillon) wegen Verkaufs seines Militärmantels: einjährige Festungsstrafe

396 Person: Lehmbeck, Hinrich, Musketier (3. Kompanie/5. Infanterie-Bataillon)
Vergehn: Aufwiegelung
Urteil: Anrechnung der Untersuchungshaft als Strafe 1848-1849

402 Person: Lehmbeck, Hinrich, Musketier (3. Kompanie/5. Infanterie-Bataillon)
Vergehen: Ungehorsam vor versammelter Mannschaft
Urteil: einjährige Festungsarbeitsstrafe 1849

404 Zahlungsmandat des Holsteinischen Obergerichts an Oberstleutnant von Matzdorf (5. Infanterie-Bataillon) in der Sache des Hauptmanns von Kall 1851

393 Person: Nissen, Numme, Musketier (3. Kompanie/5. Infanterie-Bataillon)
Vergehen: Desertion im Krieg und vor dem Feind
Urteil: vierjährige Zuchthausstrafe 1848

388 Person: Nuß, Heinrich, Musketier (3. Kompanie/5. Infanterie-Bataillon)
Vergehen: Trunkenheit, nächtliches Schwärmen und ungebührliches Benehmen
Urteil: achtzehnmonatige Festungstrafe, Begnadigung nach einem Jahr 1849-1850

385 Person: Ohlsen, Claus, Musketier (1. Kompanie/5. Infanterie-Bataillon)
Vergehen: Entwendung verschiedener Gegenstände eines Kameraden und unerlaubte Entfernung
Urteil: Freispruch wegen Diebstahls, dagegen Arrest wegen unerlaubter Entfernung 1850

351 Person: Otto, Musketier (4. Kompanie/5. Infanterie-Bataillon)
Vergehen: Widersetzung
Urteil: fünftägige Gefängnisstrafe 1848

394 Person: Otto, Hinrich, Festungssträfling (3. Kompanie/2. Reserve-Bataillon)
Vergehen: Verwundung des Festungssträflings Peters
Urteil: mildernde Umstände wegen Geistesschwäche unter Anrechnung der Untersuchungshaft als Strafe 1850

347 Person: Peters, Jes Owe, Musketier (1. Kompanie/5. Infanterie-Bataillon)
Vergehen: Ungehorsam unter Gewehr
Urteil: vierjährige Festungsstrafe 1849

343 Personen: Peters, Jakob, Musketier (3. Kompanie/5. Infanterie-Bataillon)
Matthias, Johann, Musketier (3. Kompanie/5. Infanterie-Bataillon)
Davids, Diedrich Friedrich, Musketier (3. Kompanie/5. Infanterie-Bataillon)
Lensch, Heinrich, Musketier (3. Kompanie/5. Infanterie-Bataillon)
Hedde, Claus Friedrich, Musketier (3. Kompanie/5. Infanterie-Bataillon)
Vergehen: Beleidigung eines Kommandos
Urteil: zweieinhalbjährige Festungsstrafe (Peters) und Freisprüche (Matthias, Davids, Lensch und Hedde) 1849-1850

397 Person: Petersen, Nicolaus Gottfried, Musketier (2. Kompanie/5. Infanterie-Bataillon)
Vergehen: Postenvergehen
Urteil: disziplinarische Bestrafung mit achttägigem strengen Arrest 1850

401 Person: Petersen, Friedrich Emil, Musketier (4. Kompanie/5. Infanterie-Bataillon)
Vergehen: Gehorsamsverweigerung
Urteil: vierzehntägiger Mittelarrest unter Anrechnung der Untersuchungshaft 1850

373 Person: Plehn, Unteroffizier (3. Kompanie/5. Infanterie-Bataillon)
Vergehen: Nachlässigkeit im Dienst, respektlose Äußerungen über Vorgesetzte und Veruntreuung 1848-1850

374 Personen: Rapp, Johannes, Hornist (5. Infanterie-Bataillon)
Kruse, Musketier (5. Infanterie-Bataillon)
Rückert, Musketier (5. Infanterie-Bataillon)
Pöhls, Musketier (5. Infanterie-Bataillon)
Brun, Musketier (5. Infanterie-Bataillon)
Vergehen: Aneignung von Fleisch, Postenvergehen, Ungehorsam
Urteil: Krummschließen (Kruse), mehrtägige Gefängnisstrafen (Rückert, Pöhls und Braun) und Einstellung des Verfahrens (Rapp) 1848

376 Personen: Rauch, Hans, Musketier (1. Kompanie/5. Infanterie-Bataillon)
Juzi, Musketier (2. Kompanie/5. Infanterie-Bataillon)
Müller, Musketier (1. Kompanie/5. Infanterie-Bataillon)
Vergehen: Widersetzung gegen den Befehl eines Offiziers
Urteil: Krummschließen und dreitägige Gefängnisstrafe (Rauch), Anrechnung des Untersuchungsarrests als Strafe (Müller) und vorläufige Einstellung (Juzi) 1848

399 Person: Rönnfeld, Jürgen Heinrich, Musketier (4. Kompanie/5. Infanterie-Bataillon)
Vergehen: Postenvergehen
Urteil: vierzehntägiger strenger Arrest 1850

391 Personen: Rose, Heinrich, Musketier (2. Kompanie/5. Infanterie-Bataillon)
Carsten, Peter, Hornist (3. Kompanie/5. Infanterie-Bataillon)
Vergehen: Desertion, Diebstahl, Unfug und Widersetzung
Urteil: sechsmonatige Festungsstrafen, Rose geflohen 1848-1849

372 Person: Schwartow, Premierleutnant (5. Infanterie-Bataillon)
Vergehen: Klage gegen den Major und Bataillonskommandeur von Matzdorf wegen des Vorwurfs der Feigheit
Urteil: Vorschlag des Auditeurs Sachau, Schartow den Abschied nahezulegen 1849

344 Personen: Schnoor, Hans, Musketier (1. Kompanie/5. Infanterie-Bataillon)
Tödt, Tambour (1. Kompanie/5. Infanterie-Bataillon)
Jensen, Musketier (1. Kompanie/5. Infanterie-Bataillon)
Lorenzen, Musketier (1. Kompanie/5. Infanterie-Bataillon)
und weitere dreißig Soldaten der 1. und 2. Kompanie/5. Infanterie-Bataillon
Vergehen: Ungehorsam
Urteil: sechsmonatige (Jensen und Lorenzen), dreijährige (Tödt) und vierjährige (Schnoor) Festungsstrafe 1850

365 Person: Schröder, Hans Christoph Hinrich, Musketier (3. Kompanie/5. Infanterie-Bataillon)
Vergehen: schwerer Ungehorsam
Urteil: während der Untersuchung im März 1849 im Krankenhaus in Segeberg an Typhus verstorben 1848-1849

370 Person: Schröder, Hinrich, Musketier (2. Kompanie/5. Infanterie-Bataillon)
Vergehen: respektlose Äußerung gegen einen Vorgesetzten
Urteil: ohne Entscheidung, nur Vermerk 1849

407 Person: Schröder, Musketier (3. Kompanie/5. Infanterie-Bataillon)
Vergehen: tätlicher Ungehorsam
Urteil: ad acta gelegt 1849

354 Person: Schulte, Friedrich, Musketier (2. Kompanie/5. Infanterie-Bataillon)
Vergehen: Trunkenheit und Widersetzung
Urteil: vierzehntägiger strenger Arrest 1850

356 Person: Sievers, Jürgen C., Gefreiter (1. Kompanie/5. Infanterie-Bataillon)
Vergehen: Ungehorsam
Urteil: wegen Beurlaubung eingestellt 1850-1851

368 Personen: Simonsen, Christ. Otto, Tambour (4. Kompanie/5. Infanterie-Bataillon)
Michaelsen, Christ., Musketier (4. Kompanie/5. Infanterie-Bataillon)
Vergehen: Gehorsamsverweigerung und Ausbleiben nach Zapfenstreich
Urteil: dreiwöchiger strenger Arrest (Simonsen) und zweitägiger Mittelarrest (Michaelsen) 1850

380 Person: Stenger, Heinrich, Musketier (1. Kompanie/5. Infanterie-Bataillon)
Vergehen: Trunkenheit außer Dienst und Aufsässigkeit gegen Vorgesetzte 1850

357 Personen: Studt, Hinrich, Unteroffizier (5. Infanterie-Bataillon)
Ulrich, Gefreiter (5. Infanterie-Bataillon)
Kruse, Hans, Musketier (5. Infanterie-Bataillon)
Philipp, Johann Christian, Musketier ( 5. Infanterie-Bataillon)
Struck, Harm, Musketier (5. Infanterie-Bataillon)
Vergehen: Trunkenheit und Ungehorsam
Urteil: jeder mehrtägige Gefängnisstrafen, dazu Degradierung (Ulrich) und Versetzung in den Soldatenstand 2. Klasse (Kruse und Philipp) 1848

389 Person: Stuhr, Christian, Musketier (1. Kompanie/5. Infanterie-Bataillon)
Vergehen: Diebstahl von Stiefeln und Geld
Urteil: dreimonatige Festungsstrafe und Versetzung in den Soldatenstand 2. Klasse 1849

369 Personen: Suhr, Wilhelm Heinrich, Musketier (3. Kompanie/5. Infanterie-Bataillon)
Bünnings, Christian, Musketier (3. Kompanie/5. Infanterie-Bataillon)
Vergehen: Postenvergehen
Urteil: fünfwöchiger strenger Arrest 1849

381 Person: Suhr, Wilhelm Heinrich, Musketier (5. Kompanie/5. Infanterie-Bataillon)
Vergehen: Trunkenheit und Postenvergehen
Urteil: fünfwöchiger strenger Arrest 1850

349 Personen: Swin, Heinrich, Musketier (2. Kompanie/5. Infanterie-Bataillon)
Oelrich, Claus, Musketier (2. Kompanie/5. Infanterie-Bataillon)
Vergehen: Wachvergehen
Urteil: einmonatige Gefängnisstrafe 1848

386 Person: Welcker, Heinrich Carl Chr. D. J., Musketier (3. Kompanie/5. Infanterie-Bataillon)
Vergehen: Desertion zur Zeit einer Waffenruhe unter Mitnahme eines Militärmantels
Urteil: Gerichtsverfahren wegen der Amnestierung zurückgekehrter Deserteure eingestellt 1851

377 Person: Wessel, Heinrich Walter, Musketier (2. Kompanie/5. Infanterie-Bataillon)
Vergehen: Postenvergehen
Urteil: fünfwöchiger strenger Arrest 1850

348 Personen: Westphal, Hans Hinrich Ferdinand, Musketier (3. Kompanie/5. Infanterie-Bataillon)
Heyer, Hans Joachim, Musketier (2. Kompanie/5. Infanterie-Bataillon)
Vergehen: Diebstahl, Trunkenheit und Verkauf des Gewehrs
Urteil: Verfahren eingestellt 1850

390 Personen: Wilcke, Feldwebel (4. Kompanie/5. Infanterie-Bataillon)
Linne, Jacob Heinrich, Fourier (4. Kompanie/5. Infanterie-Bataillon)
Ehlbeck, Waffenmeister (4. Kompanie/5. Infanterie-Bataillon)
Pfeil, Adolph, Musketier (1. Kompanie/5. Infanterie-Bataillon)
Piehl, Wilhelm Jacob, Musketier (1. Kompanie/5. Infanterie-Bataillon)
Voß, Joh. Friedrich, Musketier (1. Kompanie/5. Infanterie-Bataillon)
Petersen, Peter, Musketier (1. Kompanie/5. Infanterie-Bataillon)
Detlefsen, Peter J., Musketier (1. Kompanie/5. Infanterie-Bataillon)
Niemann, Jürgen, Musketier (1. Kompanie/5. Infanterie-Bataillon)
Eggerstedt, Claus, Musketier (2. Kompanie/5. Infanterie-Bataillon)
Hansen, Hans Peter, Musketier (2. Kompanie/5. Infanterie-Bataillon)
Vergehen: Aufruhr unter Gewehr und im Komplott
Urteil: achtjährige (Wilcke, Linne und Ehlbeck), sechsjährige (Pfeil, Piehl, Voß, Petersen, Detlefsen und Niemann) und vierjährige (Hansen) Zuchthausstrafe sowie dreijährige Festungsstrafe (Eggerstedt) 1848-1850

Enthält u. a.: Verzeichnis der Akten zur Untersuchung gegen das 5. Infanterie-Bataillon wegen des Aufruhrs am 4. September 1848 in Kiel

364 Person: Wischmann, Nicolaus, Musketier (3. Kompanie/5. Infanterie-Bataillon)
Vergehen: wiederholte Trunkenheit
Urteil: dreimal fünftägige Gefängnisstrafe 1848

361 Person: Witterich, Johann Blanck, Musketier (3. Kompanie/5. Infanterie-Bataillon)
Vergehen: erster kleiner Diebstahl
Urteil: zweimal fünftägige Gefängnisstrafe 1848

406 Hauptmann von Wittich und Leutnant Röhl (5. Infanterie-Bataillon) gegen den Bürgermeister d´Aubert in Oldenburg wegen der Bildung einer aus Zivil- und Militärpersonen bestehenden Untersuchungskommission 1849

355 Personen: von Wittich, Hauptmann ( 5. Infanterie-Bataillon)
Vergehen: Differenzen von Wittich und dem Sekondeleutnant Köhe (5. Infanterie-Bataillon) mit Bürgermeister d´Aubert in Oldenburg
Urteil: Zurücknahme der einzelnen schriftlichen Eingaben 1849

## 6. Infanterie-Bataillon

451 Angebliche Plünderungen auf dem Gut Klein Nordsee durch Soldaten des 6. Infanterie-Bataillons
(Verfahren eingestellt) 1849

460 Verlust von drei Pferdedecken beim 6. Infanterie-Bataillon 1849

461 Personen: Ahrens, Martin Tönnis, Waffenmeister (6. Infanterie-Bataillon)
Meyer, Johann Hinrich August, Hornist (6. Infanterie-Bataillon)
Wohlers, Hinrich, Musketier (6. Infanterie-Bataillon)
Lüdemann, Jacob, Musketier (6. Infanterie-Bataillon)
Vergehen: Abfassung einer ordnungswidrigen Petition und Aufwiegelung
Urteil: einjährige Zuchthausstrafe mit Degradierung (Ahrens und Meyer) und Einstellung des Verfahrens (Wohlers und Lüdemann) 1848

445 Person: Anselm, Rudolph Wilhelm Friedrich, Sergeant (3. Kompanie/6. Infanterie-Bataillon)
Vergehen: Urlaubsüberschreitung und unerlaubte Entfernung
Urteil: vierwöchiger Mittelarrest 1850

418 Personen: Assmussen, Ingwer Carsten, Musketier (1. Kompanie/ 6. Infanterie-Bataillon)
Krüger, Johann Anton Christian, Musketier (1. Kompanie/6. Infanterie-Bataillon)
Vergehen: nächtliche Ruhestörung und Ungehorsam
Urteil: Verfahren niedergeschlagen 1850

420 Person: Bading, Johann Gottfried, Musketier (2. Kompanie/6. Infanterie-Bataillon)
Vergehen: Trunkenheit im Dienst und Widersetzung
Urteil: ohne Entscheidung 1850

447 Person: Bartels, Christian Friedrich, Tambour (3. Kompanie/6. Infanterie-Bataillon)
Vergehen: Diebstahl und Schwindelei
Urteil: Freispruch wegen Diebstahls, vierwöchiger strenger Arrest wegen Betruges und Ausbleibens nach dem Zapfenstreich 1850

434 Person: Bartels, Claus Hinrich, Musketier (3. Kompanie/6. Infanterie-Bataillon)
Vergehen: wiederholte unerlaubte Entfernung, Verkauf eines Dienstgegenstandes und wiederholtes Schuldenmachen
Urteil: sechswöchiger strenger Arrest 1850-1851

432 Person: Baum, Leonhard, Musketier (2. Kompanie/6. Infanterie-Bataillon)
Vergehen: Gehorsamsverweigerung, laute Beschwerdeführung, ungebührliches Benehmen vor versammelter Mannschaft und Trunkenheit
Urteil: vierwöchiger Mittelarrest 1851

463 Person: Biere, Friedrich Wilhelm, Musketier (6. Infanterie-Bataillon)
Vergehen: Desertion, Vernachlässigung seiner Ausrüstung und versuchter Betrug
Urteil: zweijährige Festungsstrafe und Versetzung in den Soldatenstand 2. Klasse, Urteil vom Oberkriegsgericht aufgehoben 1850

417 Person: Bohn, Andreas H., Gefreiter (2. Kompanie/6. Infanterie-Bataillon)
Vergehen: unerlaubte Entfernung
Urteil: ohne Entscheidung 1850

411 Person: Burmeister, Johannes Nathan, Musketier (1. Kompanie/6. Infanterie-Bataillon)
Vergehen: Desertion oder unerlaubte Entfernung
Urteil: zweijährige Festungsstrafe und Versetzung in den Soldatenstand 2. Klasse 1850

429 Person: Carstens, Hans Nane, Musketier (1. Kompanie/6. Infanterie-Bataillon)
Vergehen: Postenvergehen
Urteil: dreimal fünftägige Gefängnisstrafe 1848

415 Person: Dodeck, Carl, Musketier (2. Kompanie/6. Infanterie-Bataillon)
Vergehen: versuchter Betrug
Urteil: disziplinarische Bestrafung mit vierzehntägigem Mittelarrest 1851

410 Person: Ehlers, Christian Wilhelm, Tambour (1. Kompanie/6. Infanterie-Bataillon)
Vergehen: zweiter großer Diebstahl
Urteil: zweijährige Festungsarbeitsstrafe 1849-1850
Enthält auch: Urteil wegen ersten kleinen Kameradendiebstahls und Entfernung aus der Garnison: achttägiger strenger Arrest und Versetzung in den Soldatenstand 2. Klasse

422 Person: Engelhardt, Heinrich, Musketier (2. Kompanie/6. Infanterie-Bataillon)
Vergehen: Desertion aus hannoverschem Militärdienst
Urteil: ohne Entscheidung 1849

450 Person: Engelhardt, Heinrich, Fourier (2. Kompanie/6. Infanterie-Bataillon)
Vergehen: Unterschlagung und Verkauf von Militärmänteln
Urteil: zehntägige Gefängnisstrafe 1849

458 Person: Federle, Wilhelm Ludwig August, Musketier (2. Kompanie/6. Infanterie-Bataillon)
Vergehen: Desertion
Urteil: ohne Entscheidung 1851

430 Person: Förster, Hinrich, Musketier (1. Kompanie/6. Infanterie-Bataillon)
Vergehen: Postenvergehen
Urteil: Strafe nach Ermessen (arbiträr) 1848

449 Person: Geerdt, Gottfried Friedrich Christian, Krankenwärter (Lazarett Nr. 2)
Vergehen: Diebstahl
Urteil: sechswöchiger strenger Arrest und Versetzung in den Soldatenstand 2. Klasse 1849

427 Person: Graben, Heinrich, Tambour (4. Kompanie/6. Infanterie-Bataillon)
Vergehen: Kameradendiebstahl
Urteil: ohne Entscheidung 1850

459 Personen: Griebel, August, Musketier (4. Kompanie/6. Infanterie-Bataillon)
Dümerling, Conrad, Musketier (1. Kompanie/6. Infanterie-Bataillon)
Vergehen: Desertion
Urteil: Verfahren wegen der Entlassung der Angeklagten eingestellt
Darin: Wanderbuch von Griebel 1851

443 Person: Grünwald, Lorenz Hinrich, Musketier (3. Kompanie/6. Infanterie-Bataillon)
Vergehen: ungebührliches Benehmen durch laute Beschwerdeführung und Ungehorsam
Urteil: Freispruch wegen Ungehorsams, dagegen achttägiger strenger Arrest wegen ungebührlichen Benehmens 1850

455 Person: Haase, Conrad Wilhelm, Musketier (2. Kompanie/6. Infanterie-Bataillon)
Vergehen: Urlaubsüberschreitung und Verlust eines Dienstmantels und Seitengewehrs
Urteil: vierzigtägiger strenger Arrest 1849

457 Person: Haimbacher, Franz Salis, Musketier (3. Kompanie/6. Infanterie-Bataillon)
Vergehen: Ermordung des Sekondeleutnants von Salisch
Urteil: Tod durch Erschießen, Vollstreckung am 28. Dezember 1850
1850

454 Person: Henckelbein, Johannes, Unteroffizier (3. Kompanie/6. Infanterie-Bataillon)
Vergehen: Trunkenheit im Dienst
Urteil: Degradierung 1849

465 Person: Henckelbein, Johannes, Musketier (3. Kompanie/6. Infanterie-Bataillon)
Vergehen: Postenvergehen
Urteil: vierwöchiger Mittelarrest 1851

452 Person: Hennings, Julius Wilhelm Heinrich, Musketier (3. Kompanie/6. Infanterie-Bataillon)
Vergehen: Ungehorsam
Urteil: vierzigtägiger strenger Arrest 1849

412 Person: Hildebrandt, Gottfried, Musketier (1. Kompanie/6. Infanterie-Bataillon)
Vergehen: Desertion
Urteil: zweijährige Festungsstrafe und Versetzung in den Soldatenstand 2. Klasse 1850

421 Person: Jacobsen, Claus Johann, Musketier (2. Kompanie/6. Infanterie-Bataillon)
Vergehen: Verlust seines Speisegeldes
Urteil: ohne Entscheidung 1850

414 Person: Kloß, Karl Johann, Musketier (2. Kompanie/6. Infanterie-Bataillon)
Vergehen: respektlose Äußerungen gegenüber einem Vorgesetzten und Nichtbeachtung der Form bei einem Dienstgesuch
Urteil: fünfzehntägiger strenger Arrest 1851

448 Personen: Köhnke, Hinrich, Musketier (2. Kompanie/6. Infanterie-Bataillon)
Sievers, Johann, Musketier (2. Kompanie/6. Infanterie-Bataillon)
Gerkens, Franz Joachim, Musketier (1. Kompanie/6. Infanterie-Bataillon)
Cordes, Franz Carl Martin, Musketier (1. Kompanie/6. Infanterie-Bataillon)
Priess, Johann Heinrich Gotthelf, Musketier (1. Kompanie/6. Infanterie-Bataillon)
Vergehen: unerlaubtes Ausbleiben nach dem Zapfenstreich und Misshandlung des Theaterkassierers Richter
Urteil: fünfzehntägiger Mittelarrest 1850

416 Personen: Kühl, Alexander Julius, Unteroffizier (1. Kompanie/6. Infanterie-Bataillon)
Köhn, Ferdinand, Gefreiter (6. Infanterie-Bataillon)
Pretzner, Sebastian, Musketier (4. Kompanie/6. Infanterie-Bataillon)
Friedrich, Johann Louis Wilhelm, Musketier (2. Kompanie/6. Infanterie-Bataillon)
Vergehen: unerlaubtes Ausbleiben, Verdacht auf Diebstahl, unerlaubte Entfernung und Gehorsamsverweigerung
Urteil: sechzehntägiger (Kühl) und vierwöchiger (Pretzner) Mittelarrest, dreiwöchiger strenger Arrest (Friedrich) sowie Einstellung des Verfahrens (Köhn) 1850

433 Personen: Laban, Rudolph, Musketier (2. Kompanie/6. Infanterie-Bataillon)
Albertsen, Christian, Musketier (2. Kompanie/6. Infanterie-Bataillon)
Vergehen: Gehorsamsverweigerung vor versammelter Mannschaft, Widersetzlichkeiten, tätliche Beleidigung eines Vorgesetzten
Urteil: Untersuchung eingestellt 1850-1851

444 Personen: Larsen, Christian, Depotsergeant (6. Infanterie-Bataillon)
Lademann, Georg, Tambour (6. Infanterie-Bataillon)
Vergehen: Veruntreuung von Militärvermögen
Urteil: sechswöchiger strenger Arrest und Degradierung (Larsen) sowie vierzehntägiger leichter Arrest (Lademann) 1850
Enthält auch: Freispruch für Larsen wegen wiederholter Veruntreuung und mehrfachen Diebstahls (1848) sowie einer Unterschlagung (1849)

442 Personen: Laue, Heinrich, Unteroffizier (2. Kompanie/6. Infanterie-Bataillon)
Koppe, Theodor, Musketier (2. Kompanie/6. Infanterie-Bataillon)
Vergehen: angebliche Feigheit in der Schlacht von Fredericia
Urteil: Freispruch 1849-1850

419 Person: Löhnicke, Georg Christian Diedrich, Musketier (2. Kompanie/6. Infanterie-Bataillon)
Vergehen: Widersetzlichkeit
Urteil: ohne Entscheidung 1850

464 Personen: Lorentzen, Thomas, Musketier (1. Kompanie/6. Infanterie-Bataillon)
Hauberg, Thomas, Musketier (1. Kompanie/6. Infanterie-Bataillon)
Vergehen: Ausbleiben vom Dienst
Urteil: achttägiger strenger Arrest 1850

413 Person: Martens, Jochim Hinrich, Musketier (2. Kompanie/6. Infanterie-Bataillon)
Vergehen: unerlaubte Entfernung
Urteil: dreimonatige Festungsstrafe und Versetzung in den Soldatenstand 2. Klasse 1850

456 Person: Meyer, Johann Heinrich August, Hornist (2. Kompanie/6. Infanterie-Bataillon)
Vergehen: ungebührliches Benehmen gegen einen Vorgesetzten
Urteil: zweimal fünftägige Gefängnisstrafe 1848

425 Person: Müller, Hermann, Musketier (2. Kompanie/6. Infanterie-Bataillon)
Vergehen: erster kleiner Diebstahl
Urteil: zehntägige strenge Gefängnisstrafe und Versetzung in den Soldatenstand 2. Klasse 1849

423 Person: Nahr, Gustav Adolph, Musketier (3. Kompanie/6. Infanterie-Bataillon)
Vergehen: Postenvergehen
Urteil: vierzehntägiger Mittelarrest 1849

468 Person: Nissen, Paul, Hofbesitzer in Ostorp
Vergehen: Spionage
Urteil: Freilassung 1849

469 Personen: Petersen, Godbert Fedder, Musketier (2. Kompanie/6. Infanterie-Bataillon)
Berlin, Johann Christian, Musketier (2. Kompanie/6. Infanterie-Bataillon)
Vergehen: Notzucht und Gewalttätigkeiten
Urteil: vierzehntägiger strenger Arrest und Schadensersatz 1849

439 Person: Rödiger, Bruno, Unteroffizier (4. Kompanie/6. Infanterie-Bataillon)
Vergehen: Unterschlagung
Urteil: Freispruch 1849

431 Person: Rosendahl, Heinrich Peter Otto, Musketier (1. Kompanie/6. Infanterie-Bataillon)
Vergehen: Verlust eines Geldbriefes
Urteil: ohne Entscheidung 1849

438 Person: Sauermilch, Christian Carl Heinrich, Tambour (1. Kompanie/6. Infanterie-Bataillon)
Vergehen: Veruntreuung
Urteil: zweimal fünftägige Gefängnisstrafe und Versetzung in den Soldatenstand 2. Klasse 1848

428 Person: Schmidt, August, Tambour (4. Kompanie/6. Infanterie-Bataillon)
Vergehen: erster kleiner Diebstahl
Urteil: dreimal fünftägige Gefängnisstrafe 1848

424 Person: Schmidt, Carl Christian, Musketier (2. Kompanie/6. Infanterie-Bataillon)
Vergehen: Diebstahl
Urteil: Freispruch 1849

426 Person: Schroeder, Carl, Marketender (4. Kompanie/6. Infanterie-Bataillon)
Vergehen: widerrechtliche Aneignung eines fremden Wagens
Urteil: vierzehntägiger Mittelarrest 1849

446 Person: Schwensen, Friedrich Christian, Musketier (1. Kompanie/6. Infanterie-Bataillon)
Vergehen: erster kleiner Diebstahl
Urteil: von der Anklage entbunden 1850

435 Person: Sievers, Musketier (6. Infanterie-Bataillon)
Vergehen: Verlust eines Soldatenmantels
Urteil: ohne Entscheidung 1849

440 Personen: Stephan, Anton, Musketier (1. Kompanie/6. Infanterie-Bataillon)
Rüster, Ewald, Musketier (1. Kompanie/6. Infanterie-Bataillon)
Friedrichs, Julius, Musketier (1. Kompanie/6. Infanterie-Bataillon)
Vergehen: ungebührliches Benehmen, Aufwiegelung und Gehorsamsverweigerung
Urteil: ohne Urteil wegen Entlassung der Angeklagten 1850-1851

466 Untersuchung wegen der Beschwerde des Sekondeleutnants von Uslar-Gleichen über Einrichtung, Wartung und Verpflegung im Garnisonslazarett Nr. 2 1850

441 Personen: Waschnak, Adolph, Musketier (1. Kompanie/6. Infanterie-Bataillon)
Röhr, Gustav, Musketier (1. Kompanie/6. Infanterie-Bataillon)
Ludwig, Johann Friedrich, Musketier (1. Kompanie/6. Infanterie-Bataillon)
Albrecht, Ferdinand, Musketier (1. Kompanie/6. Infanterie-Bataillon)
Werckmüller, Friedrich Wilhelm, Musketier (1. Kompanie/6. Infanterie-Bataillon)
Huth, Gottlob, Musketier (1. Kompanie/6. Infanterie-Bataillon)
Warthmann, August, Musketier (1. Kompanie/6. Infanterie-Bataillon)
Cordes, Johann Michael Wilhelm, Musketier (1. Kompanie/6. Infanterie-Bataillon)
Vergehen: Aufkündigung des Dienstes und Gehorsamsverweigerung
Urteil: Gericht nicht abgehalten wegen der Entlassung der Angeklagten 1850-1851

462 Person: Weber, Hans Hinrich, Musketier (3. Kompanie/6. Infanterie-Bataillon)
Vergehen: wiederholte Trunkenheit und ungebührliches Benehmen
Urteil: achtzehnmonatige Festungsarbeitsstrafe 1849

453 Person: Weber, Hans Hinrich, Musketier (3. Kompanie/6. Infanterie-Bataillon)
Vergehen: Trunkenheit und Dienstversäumnis
Urteil: vierzigtägiger strenger Arrest und Versetzung in den Soldatenstand 2. Klasse 1849

437 Person: Weisel, Carl, Musketier (4. Kompanie/6. Infanterie-Bataillon)
Vergehen: Gehorsamsverweigerung
Urteil: wegen ausstehenden Gutachtens über Zurechnungsfähigkeit ohne Entscheidung 1850

467 Person: Weiss, Christoph Philipp, Musketier (1. Kompanie/6. Infanterie-Bataillon)
Vergehen: Falschmünzerei
Urteil: Auslieferung an das preußische Konsulat 1850

436 Personen: Will, Musketier (6. Infanterie-Bataillon)
Peters, Musketier (6. Infanterie-Bataillon)
Becker, Musketier (6. Infanterie-Bataillon)
Pralle, Heinrich, Musketier (6. Infanterie-Bataillon)
Meyer, August, Musketier (6. Infanterie-Bataillon)
Vergehen: Verkauf einer Militärhose
Urteil: Untersuchung eingestellt 1849

## 7. Infanterie-Bataillon

493 Person: Altmann, Wilhelm, Sergeant (3. Kompanie/7. Infanterie-Bataillon)
Vergehen: ungebührliches Benehmen, Beleidigung eines Vorgesetzten und andere Vergehen
Urteil: vierwöchiger Mittelarrest 1850

536 Person: von Arnim, Ernst, Hauptmann (7. Infanterie-Bataillon)
Vergehen: wiederholte Trunkenheit, Zersetzung des Offizierskorps und bedenkliche politische Äußerungen
Urteil: ohne Entscheidung 1849
Enthält auch: Forderungen des Weinhändlers Hagen in Heide gegen den Premierleutnant Graf Westarp vom 1. Infanterie-Bataillon

491 Person: Bahr, Peter Friedrich, Musketier (4. Kompanie/7. Infanterie-Bataillon)
Vergehen: Kameradendiebstahl
Urteil: Freispruch 1849

510 Person: Bank, Heinrich, Unteroffizier 2. Klasse (3. Kompanie/7. Infanterie-Bataillon)
Vergehen: Vernachlässigung seiner Pflichten als Kommandeur einer Strandfeldwache
Urteil: fünfmal dreitägiger Mittelarrest 1849

507 Person: Bock, Christian, Musketier (2. Kompanie/7. Infanterie-Bataillon)
Vergehen: Ungehorsam
Urteil: vierzigtägiger strengster Arrest 1849

484 Person: Buchthal, Jürgen Hinrich, Musketier (1. Kompanie/7. Infanterie-Bataillon)
Vergehen: Ungehorsam
Urteil: vierwöchiger strenger Arrest 1849

500 Person: Bundt, Christian Friedrich Joachim, Unteroffizier (2. Kompanie/7. Infanterie-Bataillon)
Vergehen: unerlaubte Entfernung aus dem Arrest
Urteil: dreißigtägiger strenger Arrest und Degradierung 1850

504 Person: Callisen, Johann Christian, Musketier (3. Kompanie/7. Infanterie-Bataillon)
Vergehen: Trunkenheit und Körperverletzung
Urteil: achtundzwanzigtägiger Mittelarrest 1849

471 Person: Christiansen, Gönne, Musketier (3. Kompanie/7. Infanterie-Bataillon)
Vergehen: Trunkenheit, Beleidigung eines Vorgesetzten, Gehorsamsverweigerung und Widersetzung
Urteil: vierjährige Festungsstrafe 1850
Enthält u. a.: Ausspruch des Kriegsgerichts über Christiansens Geisteskrankheit und seine Behandlung als Kranker

546 Person: Deckmann, Heinrich Diedrich Andreas, Musketier (4. Kompanie/7. Infanterie-Bataillon)
Vergehen: unerlaubte Entfernung, Glücksspiel, Verlust seiner Dienstsachen und Diebstahlsversuch
Urteil: dreijährige Festungsstrafe und Versetzung in den Soldatenstand 2. Klasse 1849

483 Person: Dieckmann, Heinrich, Musketier (4. Kompanie/7. Infanterie-Bataillon)
Vergehen: Entwendung von Militärsachen
Urteil: Freispruch 1849

498 Person: Dormundt, Friedrich, Musketier (3. Kompanie/7. Infanterie-Bataillon)
Vergehen: Ausbleiben nach dem Zapfenstreich und ungebührliches Benehmen
Urteil: dreiwöchiger strenger Arrest 1850

527 Person: Dortmann, Jürgen Christian, Musketier (1. Kompanie/7. Infanterie-Bataillon)
Vergehen: Trunkenheit unter Gewehr
Urteil: fünfmal dreitägige Gefängnisstrafe 1849

488 Person: Dührkop, Hans, Musketier (3. Kompanie/7. Infanterie-Bataillon)
Vergehen: Trunkenheit und ungebührliches Benehmen
Urteil: Strafe wegen Tapferkeit im Gefecht erlassen 1849

542 Person: Eggers, Claus Freese, Musketier (2. Kompanie/7. Infanterie-Bataillon)
Vergehen: dritter kleiner Diebstahl
Urteil: vierjährige Festungsarbeitsstrafe 1849

547 Person: Esmarch, N. J. C., Gefreiter (3. Kompanie/7. Infanterie-Bataillon)
Vergehen: gesetzwidriges Verfassen einer Petition
Urteil: disziplinarische Erledigung 1849

530 Person: Freese, Johann Ludwig Theodor, Musketier (1. Kompanie/7. Infanterie-Bataillon)
Vergehen: Gelddiebstahl
Urteil: ohne Urteil 1850-1851

524 Person: Griem, Hans Hinrich, Musketier (3. Kompanie/7. Infanterie-Bataillon)
Vergehen: Trunkenheit und Beleidigung eines Kameraden
Urteil: vierzehntägiger strenger Arrest 1850

496 Person: Griem, Hans Hinrich, Musketier (3. Kompanie/7. Infanterie-Bataillon)
Vergehen: unerlaubte Entfernung und Trunkenheit
Urteil: vierwöchiger strenger Arrest 1850

481 Person: Grundtmann, Otto, Hauptmann (1. Kompanie/7. Infanterie-Bataillon)
Vergehen: Verhalten in der Schlacht von Idstedt
Urteil: ohne Entscheidung 1850-1851

551 Person: Grundtmann, Otto, Hauptmann (1. Kompanie/7. Infanterie-Bataillon)
Vergehen: Verhalten in der Schlacht von Idstedt und Beleidigung des Majors und Bataillonskommandeurs Lüders
Urteil: Dienstentlassung 1850-1851

534 Person: Hansen, Portepeefähnrich (7. Infanterie-Bataillon)
Vergehen: Ungehorsam
Urteil: Verfahren durch Generalkommando niedergeschlagen 1849

472 Person: Hass, Christian, Musketier (3. Kompanie/7. Infanterie-Bataillon)
Vergehen: tätliche Widersetzung, ungebührliche Äußerungen mit Drohungen und Trunkenheit
Urteil: dreijährige Festungsstrafe 1850

485 Person: Hoffmann, August, Musketier (3. Kompanie/7. Infanterie-Bataillon)
Vergehen: Trunkenheit
Urteil: vierwöchiger strenger Arrest 1849

480 Person: Hundt, Richard, Unteroffizier 2. Klasse (4. Kompanie/7. Infanterie-Bataillon)
Vergehen: Desertion
Urteil: Freispruch wegen Desertion, vierwöchiger Mittelarrest wegen unerlaubter Entfernung 1850

518 Person: Jappe, Bernhard Hinrich Adrian, Musketier (3. Kompanie/7. Infanterie-Bataillon)
Vergehen: unerlaubte Entfernung
Urteil: ohne Entscheidung 1850

499 Personen: Jürgensen, Friedrich, Musketier (2. Kompanie/7. Infanterie-Bataillon)
Nansen, Olaf Christian, Musketier (2. Kompanie/7. Infanterie-Bataillon)
Vergehen: disziplinwidrige Demonstration
Urteil: dreißigtägiger (Jürgensen) und fünfundzwanzigtägiger (Nansen) strenger Arrest 1850
Darin: „Oldesloer Wochenblatt“ vom 6. Februar 1850

505 Person: Kling, Friedrich Anton Ivar, Musketier (3. Kompanie/7. Infanterie-Bataillon)
Vergehen: unerlaubte Entfernung
Urteil: fünfzehntägiger Mittelarrest 1849

522 Person: Kraft, Karl, Sergeant (1. Kompanie/7. Infanterie-Bataillon)
Vergehen: grobe Pflichtverletzung bei der Verwaltung des Depots in Wandsbek
Urteil: Verfahren niedergeschlagen 1850

525 Personen: Kröger, Hans Hinrich, Musketier (1. Kompanie/7. Infanterie-Bataillon)
Rolfs, Jacob, Musketier (1. Kompanie/7. Infanterie-Bataillon)
Hinrichsen, August Johannes, Musketier (1. Kompanie/7. Infanterie-Bataillon)
Vergehen: Ungehorsam
Urteil: dreitägiger Mittelarrest 1850

513 Person: Krohn, Christian Friedrich, Musketier (4. Kompanie/7. Infanterie-Bataillon)
Vergehen: wiederholte Trunkenheit und ungebührliches Benehmen
Urteil: vierzigtägiger strengster Arrest 1849

476 Person: Krohn, August, Musketier (4. Kompanie/7. Infanterie-Bataillon)
Vergehen: Wachvergehen und Ungehorsam
Urteil: dreiwöchiger strenger Arrest 1849

497 Person: Krohn, Christian Friedrich, Musketier (4. Kompanie/7. Infanterie-Bataillon)
Vergehen: unerlaubte Entfernung aus der Garnison
Urteil: vierzehntägiger strenger Arrest 1850

511 Person: Krohn, Christian Friedrich, Musketier (4. Kompanie/7. Infanterie-Bataillon)
Vergehen: unerlaubte Entfernung
Urteil: zehntägiger strenger Arrest 1850

514 Personen: Kühl, Hans Edleff Gottlieb, Gefreiter (4. Kompanie/7. Infanterie-Bataillon)
Schwien, Carl Friedrich, Gefreiter (4. Kompanie/7. Infanterie-Bataillon)
Vergehen: Postenvergehen
Urteil: vierzehntägiger Mittelarrest und Degradierung 1850

495 Person: Kühl, Detlef, Musketier (2. Kompanie/7. Infanterie-Bataillon)
Vergehen: unerlaubte Entfernung
Urteil: dreiwöchiger strenger Arrest 1850

478 Person: Lewens, Hans Hinrich Christoph, Musketier (3. Kompanie/7. Infanterie-Bataillon)
Vergehen: Ungehorsam
Urteil: Verfahren bei Abmarsch des Bataillons unterbrochen 1848-1850

538 Person: Lindrup, Friedrich, Musketier (3. Kompanie/7. Infanterie-Bataillon)
Vergehen: Gehorsamsverweigerung
Urteil: fünfwöchiger strenger Arrest 1849

537 Person: Dr. Lipschütz, Unterarzt (7. Infanterie-Bataillon)
Vergehen: Ungehorsam gegenüber dem Leutnant Hendrich
Urteil: disziplinarische Bestrafung (Lipschütz), eintägiger Arrest (Hendrich) 1851

539 Person: Löhn, Jasper, Musketier (2. Kompanie/7. Infanterie-Bataillon)
Vergehen: Postenvergehen
Urteil: zehnmonatige Festungsstrafe und Versetzung in den Soldatenstand 2. Klasse 1849

479 Person: Lorenz, Michael, Musketier (3. Kompanie/7. Infanterie-Bataillon)
Vergehen: Fälschung seines Annahmescheins
Urteil: Freispruch 1850

523 Personen: Löther, Ernst Bernhardt Wilhelm, Musketier (4. Kompanie/7. Infanterie-Bataillon)
Mieth, Anton Heinrich, Musketier (4. Kompanie/7. Infanterie-Bataillon)
Vergehen: ungebührliches Benehmen vor versammelter Mannschaft
Urteil: disziplinarische Bestrafung 1850

509 Person: Lundt, Hans Friedrich, Musketier (1. Kompanie/7. Infanterie-Bataillon)
Vergehen: gewaltsame Selbsthilfe
Urteil: dreißigtägiger strengster Arrest 1848-1849
Bemerkung: vgl. Abt. 55 Nr. 506

506 Person: Lundt, Hans Friedrich, Musketier (1. Kompanie/7. Infanterie-Bataillon)
Vergehen: unerlaubte Entfernung und Trunkenheit
Urteil: achttägiger Mittelarrest 1849

549 Personen: Luttermersk, Bernhard, Musketier (2. Kompanie/7. Infanterie-Bataillon)
und mehrere ungenannte Unteroffiziere und Soldaten
Vergehen: Adresse an preußische Soldaten
Urteil: vierjährige Zuchthausstrafe (Luttermersk), einjährige Festungsarbeitsstrafe, Degradierung und Versetzung in den Soldatenstand 2. Klasse (Unteroffizier Schmidt) 1848
Darin: „Schleswig-Holsteinische Zeitung“ vom 19. und 25. November 1848

550 Person: Luttermersk, Bernhard, Militärsträfling (2. Kompanie/7. Infanterie-Bataillon)
Vergehen: unbefugte Schriftstellerei, Ungehorsam und Meuterei 1848-1850
Enthält auch: Namensverzeichnis der am 1. November 1849 aus der Strafanstalt Friedrichsort zu entlassenen Pioniere

529 Person: Matthies, Johann Rohde, Musketier (7. Infanterie-Bataillon)
Vergehen: dreimonatige Urlaubsüberschreitung
Urteil: fünfmal sechstägiger Arrest 1849

508 Person: Mehrens, Heinrich, Musketier (3. Kompanie/7. Infanterie-Bataillon)
Vergehen: Diebstahl und Schuldenmachen
Urteil: vierzigtägiger strenger Arrest und Versetzung in den Soldatenstand 2. Klasse 1849

482 Person: Meyer, Wilhelm, Unteroffizier (1. Kompanie/7. Infanterie-Bataillon)
Vergehen: unerlaubtes Ausbleiben und Verheimlichung einer ansteckenden Krankheit
Urteil: Degradierung 1849

545 Person: Niklowitsch, Johann Heinrich, Unteroffizier (1. Kompanie/7. Infanterie-Bataillon)
Vergehen: seine Verhaftung durch den Wirt des Schauspielhauses in Rendsburg
Urteil: Untersuchung niedergeschlagen 1850

502 Person: Ott, Nicolaus, Trainfahrer (7. Infanterie-Bataillon)
Vergehen: unterlassene Meldung der Verwundung seines Pferdes
Urteil: Disziplinarstrafe 1849

516 Person: Peters, Johann Hinrich, Musketier (1. Kompanie/7. Infanterie-Bataillon)
Vergehen: Ungehorsam
Urteil: disziplinarische Erledigung 1850

517 Person: Plewe, Carl August, Musketier (4. Kompanie/7. Infanterie-Bataillon)
Vergehen: Gelddiebstahl
Urteil: ohne Entscheidung 1850

473 Person: Preissinger, Heinrich, Musketier (3. Kompanie/7. Infanterie-Bataillon)
Vergehen: Feigheit
Urteil: dreijährige Festungsstrafe und Versetzung in den Soldatenstand 2. Klasse 1849

477 Person: Rahn, Hans Jürgen Hinrich, Musketier (1. Kompanie/7. Infanterie-Bataillon)
Vergehen: Ungehorsam
Urteil: fünfmal fünftägiger Arrest 1848

533 Personen: Rahn, Hans Jürgen Hinrich, Musketier (1. Kompanie/7. Infanterie-Bataillon)
Greewe, Jürgen, Musketier (2. Kompanie/7. Infanterie-Bataillon)
Vergehen: Ungehorsam und Unterschlagung
Urteil: fünfmal fünftägiger Arrest (Rahn), Freispruch (Greewe) 1848

520 Person: Reimer, Hinrich, Musketier (2. Kompanie/7. Infanterie-Bataillon)
Vergehen: unerlaubte Entfernung und Fälschung militärischer Legitimationsurkunden
Urteil: sechswöchiger Mittelarrest 1851

543 Person: Richter, Johann Wilhelm, Musketier (1. Kompanie/7. Infanterie-Bataillon)
Vergehen: Gehorsamsverweigerung
Urteil: dreiwöchiger strenger Arrest 1850

531 Person: Rohwedder, Hinrich, Musketier (1. Kompanie/7. Infanterie-Bataillon)
Vergehen: mehrfache Pflichtverletzung als Schildwache
Urteil: vierzehntägiger strenger Arrest 1851

512 Person: Rumb, Jochim Jacob Martin, Musketier (4. Kompanie/7. Infanterie-Bataillon)
Vergehen: Gehorsamsverweigerung und Beleidigung eines Vorgesetzten
Urteil: sechswöchiger strenger Arrest 1849

515 Person: Scharnberg, Johann Joachim Zimbert, Musketier (3. Kompanie/7. Infanterie-Bataillon)
Vergehen: Entwendung
Urteil: Untersuchung eingestellt 1850

541 Person: Schlapmann, Carl Nicolaus August, Musketier (4. Kompanie/7. Infanterie-Bataillon)
Vergehen: Postenvergehen
Urteil: sechsmonatige Festungsarbeitsstrafe 1849

475 Person: Schwager, Hans Hinrich, Musketier (1. Kompanie/7. Infanterie-Bataillon)
Vergehen: wiederholte Trunkenheit, Postenvergehen und Ausschreitungen
Urteil: sechswöchiger verschärfter Arrest 1848-1849

474 Person: Schwager, Hans Hinrich, Musketier (1. Kompanie/7. Infanterie-Bataillon)
Vergehen: wiederholte Trunkenheit und Missbrauch seiner Waffe
Urteil: sechswöchiger strenger Arrest 1849

540 Person: Schwager, Hans Hinrich, Musketier (1. Kompanie/7. Infanterie-Bataillon)
Vergehen: wiederholte Trunkenheit im Dienst
Urteil: dreimonatige Festungsstrafe 1849

526 Person: Sieck, Peter, Musketier (1. Kompanie/7. Infanterie-Bataillon)
Vergehen: wiederholte Trunkenheit
Urteil: vierzigtägiger strengster Arrest 1849

470 Person: Sieck, Peter, Musketier (1. Kompanie/7. Infanterie-Bataillon)
Vergehen: Trunkenheit, Diebstahl und unerlaubte Entfernung
Urteil: achtzehnmonatige Festungsstrafe und Versetzung in den Soldatenstand 2. Klasse 1849

489 Person: Sieck, Peter, Musketier (1. Kompanie/7. Infanterie-Bataillon)
Vergehen: wiederholte Trunkenheit und Ungehorsam
Urteil: fünfmal dreitägiger Mittelarrest 1849

521 Person: Sonrey, Ludwig, Musketier (1. Kompanie/7. Infanterie-Bataillon)
Vergehen: Widersetzung, Gehorsamsverweigerung, ungebührliches Benehmen mit Drohungen und Trunkenheit
Urteil: Entlassung aus dem Soldatenstand 1850-1851
Enthält u. a.: Verweis für den Kommandeur des Infanterie-Bataillons und den Chef der 1. Kompanie wegen der Entlassung Sonreys

492 Personen: Sörensen, Wilhelm, Musketier (1. Kompanie/7. Infanterie-Bataillon)
Asmussen, Johann Peter, Musketier (1. Kompanie/7. Infanterie-Bataillon)
Andresen, Johannes Hansen, Musketier (1. Kompanie/7. Infanterie-Bataillon)
Vergehen: nächtliches Umherschwärmen und verübter Unfug
Urteil: dreißigtägige (Sörensen) und zehntägige (Asmussen und Andresen) Gefängnisstrafe 1849

501 Person: Stöcker, Christian Heinrich, Musketier (1. Kompanie/7. Infanterie-Bataillon)
Vegehen: Störung des Polizeidieners in der Ausübung seines Dienstes und Beleidigung
Urteil: zwanzigtägiger Mittelarrest 1849

528 Person: Stöcker, Christopher Heinrich Johann, Musketier (2. Kompanie/7. Infanterie-Bataillon)
Vergehen: erster kleiner Diebstahl
Urteil: zehntägige Gefängnisstrafe und Versetzung in den Soldatenstand 2. Klasse 1849

503 Person: Stolt, Ferdinand, Musketier (3. Kompanie/7. Infanterie-Bataillon)
Vergehen: wiederholte Trunkenheit und Brotdiebstahl
Urteil: dreißigtägiger Arrest 1849

519 Person: von Strantz, Premierleutnant (2. Kompanie/7. Infanterie-Bataillon)
Vergehen: Körperverletzung des Musketiers Hinrich Friedrich Dibbern (3. Kompanie/7. Infanterie-Bataillon)
Urteil: disziplinarische Bestrafung 1850

532 Person: Talemann, Moritz, Unteroffizier (1. Kompanie/7. Infanterie-Bataillon)
Vergehen: Missachtung des Dienstweges und respektwidrige Beschwerde über seinen Bataillonskommandeur
Urteil: disziplinarische Erledigung 1850

490 Person: Tiedge, Carl Christopher, Musketier (1. Kompanie/7. Infanterie-Bataillon)
Vergehen: Ungehorsam und ungebührliches Benehmen
Urteil: dreißigtägiger strenger Arrest 1849

486 Person: Timmermann, Jürgen Hinrich, Musketier (1. Kompanie/7. Infanterie-Bataillon)
Vergehen: Postenvergehen unter entschuldigenden Umständen
Urteil: vierwöchiger strenger Arrest 1849

535 Person: Traut, Johann Heinrich, Sekondeleutnant (7. Infanterie-Bataillon)
Vergehen: wiederholtes Geldborgen von einem Untergebenen
Urteil: ohne Entscheidung 1850
Enthält auch: Beschwerde des Leutnants Traut über seinen Bataillonskommandeur, Oberstleutnant von Springborn

544 Person: Traut, Johann Heinrich, Sekondeleutnant (7. Infanterie-Bataillon)
Vergehen: Geldborgen von einem Untergebenen
Urteil: Freispruch 1851

494 Person: Weigert, Georg Wilhelm, Musketier (3. Kompanie/7. Infanterie-Bataillon)
Vergehen: ungebührliches Benehmen, Gehorsamsverweigerung und Trunkenheit
Urteil: vierwöchiger strenger Arrest 1850

548 Personen: Wittmaack, Hans Hinrich, Musketier (1. Kompanie/7. Infanterie-Bataillon)
Dortmann, Hinrich Christoph, Musketier (1. Kompanie/7. Infanterie-Bataillon)
Höft, Jürgen, Musketier (1. Kompanie/7. Infanterie-Bataillon)
Stahl, Jacob Ernst, Musketier (1. Kompanie/7. Infanterie-Bataillon)
Rohr, Carl August, Musketier (2. Kompanie/7. Infanterie-Bataillon)
Steffen, Christian, Musketier (2. Kompanie/7. Infanterie-Bataillon)
Beth, Jürgen Johann Heinrich, Musketier (2. Kompanie/7. Infanterie-Bataillon)
Vergehen: Respektvergehen und unanständiges Benehmen
Urteil: dreitägiger strenger Arrest 1849

487 Personen: Wriedt, Christian, Unteroffizier (2. Kompanie/7. Infanterie-Bataillon)
Cordtsen, Peter, Unteroffizier (2. Kompanie/7. Infanterie-Bataillon)
Vergehen: Uhrendiebstahl
Urteil: Freispruch 1849

## 8. Infanterie-Bataillon

602 Personen: Musketiere des 8. Infanterie-Bataillons
Vergehen: angebliche Ausschreitungen in Ratjensdorf
Urteil: ohne Entscheidung 1849

569 Personen: Abraham, Christian, Musketier (1. Kompanie/8. Infanterie-Bataillon)
Andersen, Nikolaus, Musketier (1. Kompanie/8. Infanterie-Bataillon)
Cordes, Claus, Musketier (1. Kompanie/8. Infanterie-Bataillon)
Wehde, Carl, Musketier (1. Kompanie/8. Infanterie-Bataillon)
Jahn, Christian, Musketier (1. Kompanie/8. Infanterie-Bataillon)
Lempke, Johann Peter, Musketier (1. Kompanie/8. Infanterie-Bataillon)
Tewes, Marx Friedrich, Musketier (1. Kompanie/8. Infanterie-Bataillon)
Vergehen: Ungehorsam
Urteil: sechswöchiger (Andersen) und vierwöchiger (Lempke) strenger Arrest 1849

590 Person: Albrecht, Johann, Musketier (1. Kompanie/8. Infanterie-Bataillon)
Vergehen: Aufsässigkeit
Urteil: sechswöchiger strenger Arrest 1849

568 Person: Allerding, Peter Heinrich Wilhelm, Musketier (3. Kompanie/8. Infanterie-Bataillon)
Vergehen: hartnäckiger Ungehorsam und ungebührliches Benehmen
Urteil: sechswöchiger strenger Arrest 1849

606 Person: Althof, Johann Christian Heinrich, Musketier (3. Kompanie/8. Infanterie-Bataillon)
Vergehen: Widerstand gegen die zu seiner Verhaftung beorderte Mannschaft
Urteil: einjährige Festungsarbeitsstrafe 1848-1849

592 Person: Bantz, Friedrich Heinrich Theodor, Unteroffzier (3. Kompanie/8. Infanterie-Bataillon)
Vergehen: Ungehorsam
Urteil: Anrechnung der Untersuchungshaft als Strafe 1848

599 Person: Beckmann, Kay, Musketier (2. Kompanie/8. Infanterie-Bataillon)
Vergehen: Trunkenheit und Wachvergehen
Urteil: Tod des Angeklagen im Gefecht 1849

582 Person: Berg, Johann Detlef, Musketier (1. Kompanie/8. Infanterie-Bataillon)
Vergehen: ungebührliches Benehmen, Beleidigung des Unteroffiziers Harms und fälschliche Diebstahlsbeschuldigung sowie Verletzung des Musketiers Klüglein
Urteil: sechswöchiger strenger Arrest 1850

559 Person: Berg, Johann Detlef, Musketier (1. Kompanie/8. Infanterie-Bataillon)
Vergehen: Gehorsamsverweigerung, ungebührliches Benehmen und Trunkenheit
Urteil: einjährige Festungsstrafe und Versetzung in den Soldatenstand 2. Klasse 1850

560 Person: Boock, Christian, Fourier (3. Kompanie/8. Infanterie-Bataillon)
Vergehen: Urlaubsüberschreitung und Schuldenmachen
Urteil: sechswöchiger Mittelarrest 1850

566 Personen: Boysen, Georg, Musketier (2. Kompanie/8. Infanterie-Bataillon)
Albrecht, Johann, Musketier (1. Kompanie/8. Infanterie-Bataillon)
Beuck, Jochim Hinrich, Rekrut (4. Kompanie/8. Infanterie-Bataillon)
Vergehen: Ausschreitung gegen die Militärpolizei
Urteil: disziplinarische Erledigung 1849

586 Personen: Brandenburg, Claus, Musketier (3. Kompanie/8. Infanterie-Bataillon)
Münster, Johann Hinrich, Musketier (3. Kompanie/8. Infanterie-Bataillon)
Wulwi, Hinrich Friedrich, Musketier (3. Kompanie/8. Infanterie-Bataillon)
Thede, Claus, Musketier (3. Kompanie/8. Infanterie-Bataillon)
Vergehen: Nichtbefolgung des Einberufungsbefehls
Urteil: vierzehntägiger Mittelarrest 1850

555 Personen: Brütt, Carsten, Musketier (3. Kompanie/8. Infanterie-Bataillon)
Jensen, Hans Peter, Musketier (3. Kompanie/8. Infanterie-Bataillon)
Claussen, Hans Heinrich, Musketier (3. Kompanie/8. Infanterie-Bataillon)
Stuhr, Marcus, Musketier (2. Kompanie/8. Infanterie-Bataillon)
Vergehen: Widersetzung, Beleidigung, Gehorsamsverweigerung, Aufwiegelung
Urteil: zweijährige Festungsstrafe (Brütt), dreiwöchiger (Jensen und Claussen) und sechswöchiger (Stuhr) strenger Arrest 1850
Enthält auch: Verzeichnis der Militärpersonen, die in Untersuchungsangelegenheiten wegen der am 23. April 1850 im Soltauschen Lokal in Plön verübten Ausschreitungen nicht zu Richtern berufen werden können

594 Person: Buch, Carl, Musketier (2. Kompanie/8. Infanterie-Bataillon)
Vergehen: Trunkenheit und Postenvergehen
Urteil: neuntägige Gefängnisstrafe 1848

574 Person: Buchardt, Carl Adolph Johann, Musketier (1. Kompanie/8. Infanterie-Bataillon)
Vergehen: Diebstahl
Urteil: achttägiger strenger Arrest und Versetzung in den Soldatenstand 2. Klasse 1850

558 Person: Buchardt, Carl Adolph Johann, Musketier (1. Kompanie/8. Infanterie-Bataillon)
Vergehen: Desertion, mehrfacher Diebstahl, Veruntreuung, ungebührliches Benehmen und Gehorsamsverweigerung
Urteil: anderthalbjährige Festungsstrafe 1850

570 Person: Carstens, Andreas Christian, Musketier (4. Kompanie/8. Infanterie-Bataillon)
Vergehen: erster kleiner Diebstahl
Urteil: dreiwöchiger strenger Arrest 1849

554 Person: Claussen, Johann, Musketier (3. Kompanie/8. Infanterie-Bataillon)
Vergehen: zweiter kleiner Diebstahl
Urteil: viermonatige Festungsarbeit 1850

577 Person: Claussen, Johann, Musketier (3. Kompanie/8. Infanterie-Bataillon)
Vergehen: Diebstahl
Urteil: achttägiger strenger Arrest und Versetzung in den Soldatenstand 2. Klasse 1850

573 Person: Dahm, Friedrich, Musketier (2. Kompanie/8. Infanterie-Bataillon)
Vergehen: Schwindelei
Urteil: dreiwöchiger Mittelarrest unter Anrechnung der Untersuchungshaft 1850

565 Person: Doose, Marx Friedrich, Musketier (1. Kompanie/8. Infanterie-Bataillon)
Vergehen: Postenvergehen
Urteil: fünfwöchiger strenger Arrest 1849

572 Person: Drewes, Simon Christian, Gefreiter (3. Kompanie/8. Infanterie-Bataillon)
Vergehen: ungebührliches Benehmen gegen den Fourier Amthor
Urteil: vierzehntägiger strenger Arrest 1850

611 Person: Dr. Eichhorn, Assistenzarzt (8. Infanterie-Bataillon)
Vergehen: Suspendierung vom Dienst wegen schwerer Konflikte mit mehreren Offizieren beim Spiel
Urteil: Entlassung wegen Verringerung des ärztlichen Personals
1851

575 Person: Haacke, Andreas Heinrich Christian, Musketier (3. Kompanie/8. Infanterie-Bataillon)
Vergehen: Entwendung
Urteil: Freispruch 1850

595 Person: Hamann, Musketier (8. Infanterie-Bataillon)
Vegehen: wiederholte Trunkenheit und Ungehorsam
Urteil: zwanzigtägige Gefängnisstrafe 1849

601 Person: Hansen, Peter Friedrich, Musketier (1. Kompanie/8. Infanterie-Bataillon)
Vergehen: Desertion und Diebstahl
Urteil: ohne Entscheidung 1851

598 Person: Heldt, Claus Peter, Musketier (1. Kompanie/8. Infanterie-Bataillon)
Vergehen: Wachvergehen
Urteil: vermisst seit 6. Juli 1849 vor Fredericia 1849

588 Person: Hoppe, Wilhelm, Unteroffizier (1. Kompanie/8. Infanterie-Bataillon)
Vergehen: Feigheit im Gefecht
Urteil: vierzigtägiger strenger Arrest mit Degradierung und Versetzung in den Soldatenstand 2. Klasse 1849

579 Person: Husfeldt, Johann, Musketier (3. Kompanie/8. Infanterie-Bataillon)
Vergehen: Postenvergehen
Urteil: sechswöchiger strenger Arrest 1850

552 Person: Hütter, Johannes, Musketier (2. Kompanie/8. Infanterie-Bataillon)
Vergehen: Desertion und Verwahrlosung seiner Dienstgegenstände
Urteil: zweijährige Festungsstrafe und Versetzung in den Soldatenstand 2. Klasse 1850

589 Person: Jaeger, Johann, Musketier (3. Kompanie/8. Infanterie-Bataillon)
Vergehen: Postenvergehen
Urteil: sechswöchiger strenger Arrest 1849

596 Person: Kasch, Carl Wilhelm, Unteroffizier (3. Kompanie/8. Infanterie-Bataillon)
Vergehen: Klage des Hauptmanns von Cannstadt gegen Kasch
Urteil: Untersuchung eingestellt 1848

557 Person: Knoblauch, Fritz, Musketier (1. Kompanie/8. Infanterie-Bataillon)
Vergehen: Ausbleiben nach den Zapfenstreich und Ungehorsam mit Drohungen
Urteil: zweijährige Festungsstrafe und Versetzung in den Soldatenstand 2. Klasse 1849

567 Person: Knoblauch, Fritz, Musketier (1. Kompanie/8. Infanterie-Bataillon)
Vergehen: wiederholte Trunkenheit im Dienst
Urteil: dreißigtägiger strenger Arrest 1849

583 Personen: Knoop, Detlef Wilhelm Johann, Fahrer (1. Kompanie/8. Infanterie-Bataillon)
Preuß, Christian, Musketier (4. Kompanie/8. Infanterie-Bataillon)
Vergehen: Reiten ohne Erlaubnis
Urteil: achttägiger strenger Arrest (Knoop) und Freispruch (Preuß) 1850

612 Beschwerde des Kommandeurs des 8. Infanterie-Bataillons, Major von Roques, gegen Dr. Koch in Ahrensbök (Untersuchung eingestellt) 1849

593 Personen: Krebs, Christian, Musketier (3. Kompanie/8. Infanterie-Bataillon)
Brammer, Johann Friedrich, Musketier (3. Kompanie/8. Infanterie-Bataillon)
Vergehen: Ungehorsam und ungebührliches Benehmen
Urteil: dreißigtägiger strenger Arrest 1848

604 Person: Kruckenberg, Friedrich Theodor Berthold, Unteroffizier (2. Kompanie/8. Infanterie-Bataillon)
Vergehen: Öffnung und Veruntreuung eines Geldbriefs
Urteil: dreijährige Zuchthausstrafe und Degradierung sowie Ausstoß aus dem Soldatenstand 1849

556 Person: Levy, Nathan, Musketier (1. Kompanie/8. Infanterie-Bataillon)
Vergehen: Postenvergehen und ungebührliches Benehmen
Urteil: zweijährige Festungsstrafe und Versetzung in den Soldatenstand 2. Klasse 1849

603 Person: Lienau, Friedrich Christian, Musketier (1. Kompanie/8. Infanterie-Bataillon)
Vergehen: Ungehorsam, Provokation seines Vorgesetzten zum Duell und Verhöhnung des Hauptmanns Lauer von Münchhofen
Urteil: einjährige Festungsstrafe und sechsmonatige Festungsarbeitsstrafe 1848

607 Person: Lütjens, Johann Eduard, Tambour (1. Kompanie/8. Infanterie-Bataillon)
Vergehen: unerlaubte Entfernung und Ungehorsam
Urteil: neunmonatige Festungsarbeitsstrafe 1850

576 Person: Mohr, Johann, Musketier (3. Kompanie/8. Infanterie-Bataillon)
Vergehen: Postenvergehen
Urteil: vierzehntägiger strenger Arrest 1850

553 Person: von Möllendorf, Eduard Ottocar Titus Fido, Gefreiter (3. Kompanie/8. Infanterie-Bataillon)
Vergehen: Beleidigung, ungebührliches Benehmen, Ungehorsam, Gehorsamsverweigerung, Glücksspiel, Trunkenheit, Ausbleiben nach dem Zapfenstreich und Verleumdung eines Vorgesetzten
Urteil: dreijährige Festungsstrafe und Degradierung 1850

580 Person: Rief, Johann Diedrich, Musketier (3. Kompanie/8. Infanterie-Bataillon)
Vergehen: Postenvergehen
Urteil: vierwöchiger strenger Arrest 1849

561 Person: Ritter, Hermann Anton, Musketier (3. Kompanie/8. Infanterie-Bataillon)
Vergehen: Körperverletzung
Urteil: zwanzigtägiger Mittelarrest 1849

581 Person: Roll, Johann, Musketier (2. Kompanie/8. Infanterie-Bataillon)
Vergehen: Postenvergehen
Urteil: fünfwöchiger strenger Arrest 1850

584 Person: Bott, Johann, Musketier (1. Kompanie/8. Infanterie-Bataillon)
Vergehen: wiederholte Ausschreitungen gegen die Militärpolizei, wiederholte Trunkenheit, unerlaubte Entfernung, Gehorsamsverweigerung und ungebührliches Benehmen mit Drohungen gegen Vorgesetzte
Urteil: Flucht aus der Haft 1850-1851

578 Person: Sauerberg, Christian Detlef August, Musketier (3. Kompanie/8. Infanterie-Bataillon)
Vergehen: erster kleiner Diebstahl, Ausbleiben nach dem Zapfenstreich und Trunkenheit
Urteil: fünfwöchiger strenger Arrest und Versetzung in den Soldatenstand 2. Klasse 1850
Darin: Wanderbücher des Maurergesellen Sauerberg 1845-1847

571 Person: Schack, Heinrich Diedrich Hermann, Musketier (2. Kompanie/8. Infanterie-Bataillon)
Vergehen: erster kleiner Diebstahl
Urteil: vierwöchiger strenger Arrest und Versetzung in den Soldatenstand 2. Klasse 1850

613 Person: Schellhorn, Portepeefähnrich (8. Infanterie-Bataillon)
Vergehen: Verdacht auf Notzucht
Urteil: ohne Entscheidung 1848

609 Personen: Schneider, Friedrich, Festungssträfling (8. Infanterie-Bataillon)
Lienau, Friedrich Christian, Festungssträfling (8. Infanterie-Bataillon)
Ewers, Wilhelm, Musketier (8. Infanterie-Bataillon)
Vergehen: unerlaubte Entfernung aus der Strafabteilung
Urteil: einundzwanzigtägiger strenger (Schneider und Lienau) und eintägiger einfacher (Ewers) Arrest 1849

610 Personen: Schneider, Friedrich, Festungssträfling (8. Infanterie-Bataillon)
Lienau, Christian Friedrich, Festungssträfling (8. Infanterie-Bataillon)
Möller, Festungssträfling (8. Infanterie-Bataillon)
Vergehen: unerlaubtes Ausgehen
Urteil: achttägiger (Schneider), sechstägiger (Lienau) und fünftägiger (Möller) strenger Arrest 1849

563 Person: Schwarz, Unteroffizier (8. Infanterie-Bataillon)
Vergehen: Desertion 1848
Enthält auch: Urteil gegen den Gastwirt Bracker wegen der Begünstigung der Flucht und Desertion des Arrestanten Schwarz vom 23. November 1848

600 Person: Stengel, Heinrich, Musketier (1. Kompanie/8. Infanterie-Bataillon)
Vergehen: kleine Entwendung
Urteil: zehntägige Gefängnisstrafe und Versetzung in den Soldatenstand 2. Klasse 1849

562 Person: Stenger, Heinrich, Tambour (1. Kompanie/8. Infanterie-Bataillon)
Vergehen: Entwendung einer Pfeilspitze
Urteil: Erledigung durch das Bataillon 1848

605 Person: Stenger, Heinrich, Tambour (1. Kompanie/8. Infanterie-Bataillon)
Vergehen: unerlaubte Entfernung und Urlaubsüberschreitung
Urteil: elfmonatige Festungsarbeit 1849

608 Person: Stenger, Heinrich, Tambour (Festungssträfling) (1. Kompanie/8. Infanterie-Bataillon)
Vergehen: Flucht von der Festung
Urteil: dreiwöchiger strenger Arrest 1850

564 Personen: Stölting, Friedrich Wilhelm, Sekondeleutnant (8. Infanterie-Bataillon)
Remmstedt, Johann Peter, Unteroffizier (8. Infanterie-Bataillon)
Vergehen: bewiesenes Fehlverhalten
Urteil: dreiwöchiger Stubenarrest (Stölting), disziplinarische Erledigung (Remmstedt) 1850

591 Person: Tang, Ernst Friedrich, Musketier (3. Kompanie/8. Infanterie-Bataillon)
Vergehen: erster kleiner Diebstahl
Urteil: zehntägiger Gefängnisstrafe 1848

587 Person: Theobald, Musketier (3. Kompanie/8. Infanterie-Bataillon)
Vergehen: Desertion 1850

597 Person: Thor, Johann, Musketier (1. Kompanie/8. Infanterie-Bataillon)
Vergehen: zweifacher Ungehorsam
Urteil: dreiwöchiger Mittelarrest unter Anrechnung der Haft 1849

585 Person: Wollgast, Johann Christian, Musketier (1. Kompanie/8. Infanterie-Bataillon)
Vergehen: Desertion unter Mitnahme von Ausrüstungsgegenständen
Urteil: zweieinhalbjährige Festungsstrafe und Versetzung in den Soldatenstand 2. Klasse 1851

### 9. Infanterie-Bataillon

670 Forderungen und Beschwerden an das 9. Infanterie-Bataillon: Fabrikant G. W. Hinrichs in Hamburg, Kaufmann C. A. Carstens in Wesselburen, Gastwirt to Aspern in Elmshorn und Frau des Schneidermeisters Augustin 1848-1850
Enthält auch: Schuld des Leutnants de Borde an die Kleiderkasse

694 Untersuchung des 9. Infanterie-Bataillons zur Forderung des Drechslermeisters H. Groth in Itzehoe für Patronen und Knopfgabeln 1848

687 Forderung des Fabrikanten Hinrichs in Hamburg an die Kleiderkasse des 9. Infanterie-Bataillons 1849-1850

688 Kassendefizit in der Kleiderkasse des 9. Infanterie-Bataillllons und Untersuchung gegen Bataillonskommandeur Major von Hacke wegen Unordnung in der Ökonomieverwaltung 1850

663 Personen: Arnold, Christian, Feldwebel (2. Kompanie/9. Infanterie-Bataillon)
Rönnau, Heinrich, Musketier (2. Kompanie/9. Infanterie-Bataillon)
Reimers, Michael, Musketier (2. Kompanie/9. Infanterie-Bataillon)
Vergehen: Missbrauch der Dienstgewalt und Glücksspiel
Urteil: Verfahren niedergeschlagen 1849-1850

693 Person: Asmus, Feldwebel (9. Infanterie-Bataillon)
Vergehen: Verdacht auf Unterschlagung der Löhnungsgelder
Urteil: Freispruch wegen Unterschlagung, dagegen Verweis für Geschäftsführung 1848

618 Personen: Bachmann, Heinrich Wilhelm, Musketier (4. Kompanie/ 9. Infanterie-Bataillon)
Göpfert, Johann Adam Wilhelm, Musketier (4. Kompanie/9. Infanterie-Bataillon)
Albrecht, Bernhard, Musketier (4. Kompanie/9. Infanterie-Bataillon)
Goldbach, Johann Adam, Musketier (4. Kompanie/6. Infanterie-Bataillon)
Rimmler, Elias, Tambour (2. Kompanie/13. Infanterie-Bataillon)
Groell, Carl, Tambour (2. Kompanie/13. Infanterie-Bataillon)
Vergehen: gemeinschaftliche Desertion
Urteil: fünfjährige Festungsstrafen, Rimmler geflohen 1850

635 Person: Bahr, Ferdinand Eduard, Musketier (4. Kompanie/1. Besatzungsbataillon)
Vergehen: erster kleiner Diebstahl
Urteil: sechzehntägiger Arrest und Versetzung in den Soldatenstand 2. Klasse 1851

696 Person: Balloe, Nicolai Sörensen, Hutmacher in Apenrade
Vergehen: Verdacht auf Spionage
Urteil: Verfahren niedergeschlagen 1849

630 Person: Banse, Gustav Heinrich Christian, Musketier (2. Kompanie/9. Infanterie-Bataillon)
Vergehen: Diebstahl
Urteil: Flucht aus dem Arrestlokal 1850
Darin: Wanderbuch des Johann Friedrich Hatzny, Bäcker aus Speyer

675 Personen: Bauers, Wilhelm, Musketier (2. Kompanie/9. Infanterie-Bataillon)
Westphal, Friedrich, Musketier (2. Kompanie/9. Infanterie-Bataillon)
Vergehen: Dienstwidrigkeiten
Urteil: fünfwöchiger (Bauers) und vierwöchiger (Westphal) strenger Arrest 1850

629 Person: Behrens, Heinrich Friedrich August, Musketier (4. Kompanie/9. Infanterie-Bataillon)
Vergehen: Unterschlagung, unerlaubte Entfernung aus dem Arrestlokal und Veruntreuung
Urteil: sechswöchiger strenger Arrest 1850

660 Person: Behrmann, Anton Ewald, Musketier (1. Kompanie/9. Infanterie-Bataillon)
Vergehen: Ungehorsam und Urlaubsüberschreitung
Urteil: sechswöchiger strenger Arrest 1849

695 Ermittlung des Nachlasses des Musketiers Wilhelm Beiersdorf (2. Kompanie/9. Infanterie-Bataillon) 1849-1850

673 Person: Boll, Musketier (9. Infanterie-Bataillon)
Vergehen: Brücheurteil in Heide 1849-1850

654 Person: Bollmeier, Ernst, Reservist (früher 9. Infanterie-Bataillon)
Vergehen: Diebstahl von Zivilkleidern
Urteil: Verfahren durch den Magistrat in Rendsburg niedergeschlagen 1850

672 Person: Böttcher, Heinrich, Sergeant (4. Kompanie/9. Infanterie-Bataillon)
Vergehen: Gehorsamsverweigerung vor versammelter Mannschaft
Urteil: sechswöchiger Mittelarrest unter Anrechnung der Untersuchungshaft 1850

650 Person: Braasch, Ludolph, Musketier (4. Kompanie/9. Infanterie-Bataillon)
Vergehen: erster kleiner Diebstahl
Urteil: sechswöchiger strenger Arrest und Versetzung in den Soldatenstand 2. Klasse, später in die 1. Klasse zurückversetzt 1849-1850

676 Person: Bräuninger, Detlef, Musketier (2. Kompanie/9. Infanterie-Bataillon)
Vergehen: Ungehorsam und Ausbleiben nach dem Zapfenstreich
Urteil: sechswöchiger strenger Arrest 1850

645 Person: Bünsow, Carl, Musketier (3. Kompanie/9. Infanterie-Bataillon)
Vergehen: unerlaubtes Beutemachen, versuchter Diebstahl von Feldpostsachen und Erbrechen des schleswig-holsteinischen Feldpostsiegels
Urteil: einjährige Festungsstrafe 1849

651 Person: Bünsow, Carl, Festungssträfling (3. Kompanie/9. Infanterie-Bataillon)
Vergehen: Absendung eines Schmäh- und Drohbriefes an den Bataillonskomandeur 1849-1850

648 Personen: Busch, Johann Friedrich Wilhelm, Musketier (3. Kompanie/9. Infanterie-Bataillon)
Breiling, Cornelius, Musketier (2. Kompanie/9. Infanterie-Bataillon)
Vergehen: unerlaubtes Beutemachen, Widerstand bei ihrer Verhaftung, Aufsässigkeit gegen Vorgesetzte und Tätlichkeit gegen einen Vorgesetzten vor versammelter Mannschaft
Urteil: Todesurteil, später in zwanzigjährige Festungsstrafe umgewandelt (Breiling), zweijährige Festungsstrafe (Busch) 1849

666 Personen: Busch, Musketier (10. Infanterie-Bataillon)
Wortmann, Musketier (9. Infanterie-Bataillon)
Ahlers, Christian, Musketier (4. Kompanie/9. Infanterie-Bataillon)
Vergehen: unbefugtes Laden ihres Gewehres und dadurch verschuldete lebensgefährliche Verwundung von zwei Personen
Urteil: Strafe nach Ermessen (arbiträr) (Busch und Wortmann), sechswöchiger strenger Arrest mit Entschädigung der Betroffenen (Ahlers) 1849

643 Person: Cramm, Heinrich Wilhelm, Musketier (4. Kompanie/9. Infanterie-Bataillon)
Vergehen: Wachvergehen und ungebührliches Benehmen vor versammelter Mannschaft
Urteil: sechsmonatige Festungsstrafe und Versetzung in den Soldatenstand 2. Klasse 1849

620 Person: Delfs, Friedrich, Musketier (4. Kompanie/9. Infanterie-Bataillon)
Vergehen: Postenvergehen
Urteil: zweijährige Festungsstrafe und Versetzung in den Soldatenstand 2. Klasse 1849-1851
Enthält auch: Urteil vom 9. April 1851 zu sechswöchigem strengem Arrest
Darin: „Norddeutsche Freie Presse“ vom 24., 26. und 28. November 1849; Abrechnungsbuch von Delfs

671 Person: Drenkhan, Anton, Musketier (2. Kompanie/9. Infanterie-Bataillon)
Vergehen: Verdacht auf Hauptbeteiligung an den Exzessen am Korpsschreiber Schetelig (4. Infanterie-Bataillon) in Glückstadt
Urteil: Freispruch 1850

632 Person: Eichner, Carl, Musketier (2. Kompanie/9. Infanterie-Bataillon)
Vergehen: Desertion
Urteil: Erlass eines Steckbriefs 1850

692 Untersuchung zur Behandlung des verstorbenen Sergeanten August Evertsbusch im Lazarett in Heide 1848

685 Person: Focke, Lazarettinspektor vom Lazarett Jevenstedt
Vergehen: Respektswidrigkeiten
Urteil: Verweis 1850

641 Person: von Fries, Carl Gustav Waldemar, Sergeant und Offziersanwärter (4. Kompanie/9. Infanterie-Bataillon)
Vergehen: Desertion
Urteil: Untersuchung niedergeschlagen 1851

683 Personen: Gabel, Johann, Waffenmeister (2. Kompanie/9. Infanterie-Bataillon)
Meier, Maas, Musketier (2. Kompanie/9. Infanterie-Bataillon)
Vergehen: Unterschlagung und lügnerische Angaben
Urteil: Freispruch 1849-1850

623 Person: Geipel, Carl Emil, Sergeant (2. Kompanie/9. Infanterie-Bataillon)
Vergehen: Gehorsamsverweigerung, ungebührliches Benehmen vor versammelter Mannschaft und Trunkenheit
Urteil: Straferlass aufgrund der duch die Verwundung erlittenen Leiden 1850

622 Personen: Gorgau, Carl Friedrich Elslarius, Tambour (4. Kompanie/9. Infanterie-Bataillon)
Kriesmeier, Ludwig, Tambour (3. Kompanie/9. Infanterie-Bataillon)
Vergehen: versuchte Notzucht und Beihilfe
Urteil: zweijährige Festungsstrafe (Gorgau) und sechswöchiger einfacher Arrest (Kriesmeier) 1849

669 Person: Greve, Christopher, Musketier (4. Kompanie/9. Infanterie-Bataillon)
Vergehen: Ungehorsam
Urteil: sechswöchiger strenger Arrest 1849

686 Personen: von Hacke, Major (9. Infanterie-Bataillon)
Rodowicz, Hauptmann (9. Infanterie-Bataillon)
Vergehen: Konflikte
Urteil: Belehrung und Verweis 1849-1850

631 Person: Hagen, Johannes, Musketier (1. Kompanie/9. Infanterie-Bataillon)
Vergehen: Trunkenheit, Ungehorsam und aufrührerische Reden
Urteil: Flucht aus dem Untersuchungsarrest 1850

644 Person: Hagge, Hans, Musketier (4. Kompanie/9. Infanterie-Bataillon)
Vergehen: unerlaubtes Ausbleiben und Umhertreiben nach einer Arreststrafe
Urteil: dreimonatige Festungsstrafe und Versetzung in den Soldatenstand 2. Klasse 1849

662 Person: Hagge, Hans, Musketier (4. Kompanie/9. Infanterie-Bataillon)
Vergehen: Trunkenheit im Dienst und Urlaubsüberschreitung
Urteil: sechswöchiger strenger Arrest 1849

616 Person: Hagge, Hans, Musketier (4. Kompanie/9. Infanterie-Bataillon)
Vergehen: unerlaubte Entfernung, Umhertreiben, Trunkenheit, Gehorsamsverweigerung und unerlaubte Entfernung aus dem Arrestlokal
Urteil: einjährige Festungsstrafe 1850-1851

691 Person: Harras, Georg Wilhelm, Musketier (1. Kompanie/9. Infanterie-Bataillon)
Vergehen: Ausschreitungen an der Einwohnerschaft in Meldorf
Urteil: achttägiger strenger Arrest 1849

626 Person: Hartz, Johann, Unteroffizier 2. Klasse (4. Kompanie/9. Infanterie-Bataillon)
Vergehen: Trunkenheit im Dienst
Urteil: achttägiger strenger Arrest und Degradierung 1850

664 Person: Hellmundt, Carl, Musketier (1. Kompanie/9. Infanterie-Bataillon)
Vergehen: Ungehorsam
Urteil: fünfwöchiger strenger Arrest 1849

665 Person: Hinkler, August, Unteroffizier (4. Kompanie/9. Infanterie-Bataillon)
Vergehen: Ungehorsam
Urteil: vierwöchiger Mittelarrest 1849

647 Person: Holle, Julius, Musketier (4. Kompanie/9. Infanterie-Bataillon)
Vergehen: wiederholte Gehorsamsverweigerung
Urteil: sechsmonatige Festungsstrafe und Versetzung in den Soldatenstand 2. Klasse 1849

652 Person: Huthsteiner, Rudolph, Unteroffizier (4. Kompanie/9. Infanterie-Bataillon)
Vergehen: ungebührliches Benehmen im Arrest gegenüber dem Auditeur Lüders
Urteil: dreitägiger Mittelarrest 1850

689 Person: Jordan, Robert, Leutnant (9. Infanterie-Bataillon)
Vergehen: Duell 1849
Enthält auch: Bericht über die soziale Herkunft der Offiziere und die Erziehung im 9. Infanterie-Bataillon

617 Person: Kinzer, Heinrich, Gefreiter (2. Kompanie/9. Infanterie-Bataillon)
Vergehen: Desertion, Veruntreuung, Gehorsamsverweigerung, Trunkenheit und Anmaßung eines Offiziersranges
Urteil: dreijährige Festungsstrafe und Versetzung in den Soldatenstand 2. Klasse 1850

619 Person: Kroeger, Claus, Musketier (9. Infanterie-Bataillon)
Vergehen: ungebührliches Benehmen, Beleidigung des Unteroffiziers Jasper und Ausschreitungen im Quartier
Urteil: einundzwanzigmonatige Festungsstrafe 1850

658 Person: Kröger, Claus, Musketier (1. Kompanie/9. Infanterie-Bataillon)
Vergehen: ungebührliches Benehmen, tätliche Beleidigung des Unteroffiziers Jasper und Ausschreitungen in dessen Quartier
Urteil: einundzwanzigmonatige Festungsstrafe, anschließend Wiedereintritt in den Soldatenstand 1. Klasse 1850

646 Person: Kruse, Theodor, Musketier (3. Kompanie/9. Infanterie-Bataillon)
Vergehen: Aufsässigkeit und ungebührliches Benehmen
Urteil: sechsmonatige Festungsstrafe und Versetzung in den Soldatenstand 2. Klasse 1849

680 Person: Lanz, Johann Christian, Musketier (3. Kompanie/9. Infanterie-Bataillon)
Vergehen: wiederholte Gehorsamsverweigerung, Trunkenheit und Ausschreitungen
Urteil: dreiwöchiger strenger Arrest 1850

681 Person: Lehmkuhl, Friedrich, Musketier (2. Kompanie/9. Infanterie-Bataillon)
Vergehen: Unterschlagung und fahrlässige Beschädigung eines Dienstrocks
Urteil: Freispruch wegen Unterschlagung, dreitägiger Mittelarrest wegen Beschädigung 1850

649 Person: Loether, Heinrich, Musketier (3. Kompanie/9. Infanterie-Bataillon)
Vergehen: Aufsässigkeit unter erschwerenden Umständen mit Drohungen gegen einen Vorgesetzten
Urteil: sechsmonatige Festungsstrafe und Versetzung in den Soldatenstand 2. Klasse 1849

615 Person: Marschner, Ferdinand, Waffenmeister (4. Kompanie/9. Infanterie-Bataillon)
Vergehen: Desertion, Diebstahl, Fälschung, Veruntreuung und Schwindelei
Urteil: fünfeinhalbjährige Zuchthausstrafe, Ausstoßung aus dem Soldatenstand und Ersatz sämtlicher Kosten 1849

661 Person: Martin, Gottfried, Musketier (2. Kompanie/9. Infanterie-Bataillon)
Vergehen: Ungehorsam
Urteil: sechswöchiger strenger Arrest 1849

653 Personen: Martin, Johann Gottfried, Musketier (2. Kompanie/9. Infanterie-Bataillon)
Winkler, Heinrich, Musketier (2. Kompanie/9. Infanterie-Bataillon)
Vergehen: Misshandlung einer Schildwache
Urteil: Freispruch, dagegen je vierzehntägiger strenger Arrest wegen unerlaubter Entfernung 1850-1851

682 Person: Meier, Wilhelm, Musketier (1. Kompanie/9. Infanterie-Bataillon)
Vergehen: Diebstahl
Urteil: fünfwöchiger strenger Arrest und Versetzung in den Soldatenstand 2. Klasse 1849

678 Person: Meyer, Dietrich Friedrich Martin, Musketier (1. Kompanie/ 9. Infanterie-Bataillon)
Vergehen: mehrfaches Schuldenmachen, Lügen in Dienstangelegenheiten und Verkauf seiner Diensthose
Urteil: vierwöchiger strenger Arrest 1850

640 Personen: Nebendahl, Wilhelm, Musketier (2. Kompanie/9. Infanterie-Bataillon)
Methmann, Diedrich, Musketier (2. Kompanie/9. Infanterie-Bataillon)
Lorenzen, Claus, Musketier (1. Kompanie/9. Infanterie-Bataillon)
Vergehen: tätliche Beleidigung gegen einen Vorgesetzten, Gehorsamsverweigerung, versuchte gewaltsame Befreiung eines Arrestanten und ungebührliches Verhalten
Urteil: ohne Entscheidung 1850-1851

667 Verlust von zwei Pferden des Marketenders Otto Heinrich Jeß Nissen (3. Kompanie/9. Infanterie-Bataillon) 1849

625 Personen: Ostermann, Heinrich, Musketier (4. Kompanie/9. Infanterie-Bataillon)
Petersen, Christian, Musketier (4. Kompanie/9. Infanterie-Bataillon)
Melchert, Hans, Musketier (4. Kompanie/9. Infanterie-Bataillon)
Vergehen: Trunkenheit außer Dienst und Ungehorsam
Urteil: Anrechnung der Untersuchungshaft als Strafe 1850

657 Personen: Peemöller, Hans Hinrich, Festungssträfling (9. Infanterie-Bataillon)
Kuppinger, Festungssträfling (9. Infanterie-Bataillon)
Stapelfeldt, Musketier (3. Kompanie/3. Reserve-Bataillon)
Vergehen: ungebührliches Benehmen und Postenvergehen
Urteil: Untersuchung niedergeschlagen 1849

655 Personen: Peemöller, Hans Hinrich, Festungssträfling (9. Infanterie-Bataillon)
Löther, Johann Heinrich, Festungssträfling (9. Infanterie-Bataillon)
Vergehen: unerlaubte Entfernung von der Arbeit
Urteil: sechswöchiger (Peemöller) und fünfwöchiger (Löther) strenger Arrest 1849
Enthält auch: tätlicher Angriff des Trainfahrers Peemöller auf den hannoverschen Sergeanten Hantelmann vom 2. Infanterie-Bataillon

677 Person: Petschow, Friedrich, Gefreiter (2. Kompanie/9. Infanterie-Bataillon)
Vergehen: wiederholtes Ausbleiben nach dem Zapfenstreich, wiederholte Trunkenheit mit Missbrauch der Waffe und Ausschreitungen
Urteil: dreiwöchiger strenger Arrest und Degradierung 1850

633 Person: Rabuske, Eduard, Musketier (4. Kompanie/9. Infanterie-Bataillon)
Vergehen: Desertion
Urteil: Verhaftung in Grabow nach steckbrieflicher Verfolgung 1850

638 Person: Ramnitz, Friedrich Leopold, Sergeant (4. Kompanie/1. Besatzungsbataillon)
Vergehen: Veruntreuung, Unterschlagung und Betrug
Urteil: Anrechnung der Haft, Degradierung, Versetzung in den Soldatenstand 2. Klasse und Dienstentlassung 1851
Enthält u. a.: Listen über die Quartiere im Amt Kronshagen

636 Person: Rentz, August, Unteroffizier (4. Kompanie/9. Infanterie-Bataillon)
Vergehen: Tätlichkeit gegen einen Vorgesetzten, Gehorsamsverweigerung und ungebührliches Benehmen
Urteil: zwölfwöchiger Mittelarrest 1850-1851

621 Person: Scharf, Friedrich, Musketier (4. Kompanie/9. Infanterie-Bataillon)
Vergehen: versuchte Notzucht, grober Hausfriedensbruch, Trunkenheit, Ausbleiben nach dem Zapfenstreich und Lügen vor Gericht
Urteil: dreijährige Zuchthausstrafe und Ausstoßung aus dem Soldatenstand 1849

639 Person: Schlettner, Peter Wilhelm, Musketier (3. Kompanie/9. Infanterie-Bataillon)
Vergehen: Versuch der Notzucht und erster kleiner Diebstahl
Urteil: Freispruch 1850-1851

656 Personen: Schlichting, Peter, Festungssträfling (9. Infanterie-Bataillon)
Peemöller, Hans Hinrich, Festungssträfling (9. Infanterie-Bataillon)
Vergehen: unerlaubte Entfernung aus dem Arrest
Urteil: fünfwöchiger strenger Arrest 1849

698 Person: Schlüter, Jacob Johann Heinrich, Gefreiter (3. Kompanie/ 9. Infanterie-Bataillon)
Vergehen: Teilnahme an Ausschreitungen in Hennstedt
Urteil: sechswöchiger strenger Arrest und Versetzung in den Soldatenstand 2. Klasse 1849

697 Person: Schmidt, Carl, Ökonom in Probsteierhagen
Vergehen: Verdacht auf Spionage
Urteil: Entlassung aus der Haft 1849

642 Personen: Schmidt, Johann Ludwig, Musketier (1. Kompanie/9. Infanterie-Bataillon)
Borrmann, Adolph Heinrich, Musketier (1. Kompanie/9. Infanterie-Bataillon)
Vergehen: versuchter Angriff auf einen Vorgesetzten
Urteil: zweijährige (Schmidt) und einjährige (Borrmann) Festungsstrafe 1850

Enthält auch: Urteil gegen den Festungssträfling Schmidt wegen Aufsässigkeit gegen den Wachkommandeur (vierzehntägiger strenger Arrest)

684 Person: Spiering, Johann Friedrich, Musketier (4. Kompanie/9. Infanterie-Bataillon)
Vergehen: unerlaubtes nächtliches Ausbleiben, wiederholte Trunkenheit und versuchter Verkauf seines Dienstmantels
Urteil: sechswöchiger strenger Arrest und Versetzung in den Soldatenstand 2. Klasse 1849

614 Person: Stadach, Carl Ernst, Musketier (4. Kompanie/9. Infanterie-Bataillon)
Vergehen: schwerer Diebstahl, Desertion, Fälschung militärischer Legitimationsurkunden, betrügerische Annahme eines falschen Namens und Offiziersrangs
Urteil: einjährige Festungsstrafe 1851

690 Person: Steinmann, Johann Martin Heinrich, Musketier (4. Kompanie/9. Infanterie-Bataillon)
Vergehen: Ungehorsam und versuchte Prellerei 1849

627 Person: Ströh, Marx Christoph, Musketier (1. Kompanie/9. Infanterie-Bataillon)
Vergehen: Bedrohung eines Vorgesetzten mit der Waffe und Trunkenheit
Urteil: achttägiger strenger Arrest 1850

637 Person: von Uckermann, Hugo, Sekondeleutnant (9. Infanterie-Bataillon)
Vergehen: Missbrauch der Dienstgewalt gegen einen Wachtposten
Urteil: Freispruch 1851

679 Person: Walter, Johann Hinrich, Musketier (1. Kompanie/9. Infanterie-Bataillon)
Vergehen: fahrlässige Vernachlässigung seines Dienstmantels
Urteil: zehntägiger strenger Arrest 1850

659 Person: Wendel, Friedrich, Musketier (2. Kompanie/9. Infanterie-Bataillon)
Vergehen: Diebstahl
Urteil: vierwöchiger strenger Arrest und Versetzung in den Soldatenstand 2. Klasse 1849

628 Person: Wendell, Wilhelm, Musketier (2. Kompanie/9. Infanterie-Bataillon)
Vergehen: kleiner Diebstahl
Urteil: vierwöchiger strenger Arrest und Versetzung in den Soldatenstand 2. Klasse, später Zurückversetzung in die 1. Klasse 1850

668 Personen: Westermann, Ludwig Lorenz Hans, Musketier (2. Kompanie/9. Infanterie-Bataillon)
Wagner, Christian Hans, Musketier (2. Kompanie/9. Infanterie-Bataillon)
Vergehen: Postenvergehen
Urteil: vierwöchiger strenger Arrest 1849

674 Person: Wiegand, Johann Caspar, Musketier (2. Kompanie/9. Infanterie-Bataillon)
Vergehen: Ungehorsam
Urteil: sechswöchiger Arrest 1849

634 Personen: Winkler, Heinrich, Musketier (2. Kompanie/9. Infanterie-Bataillon)
Martin, Gottfried, Musketier (2. Kompanie/9. Infanterie-Bataillon)
Vergehen: nächtliches Umhertreiben und Verdacht auf Überfall auf einen Posten
Urteil: ohne Entscheidung 1850

624 Person: Winkler, Joseph, Musketier (3. Kompanie/9. Infanterie-Bataillon)
Vergehen: Gehorsamsverweigerung, ungebührliche Beschwerdeführung und ungebührliches Benehmen vor versammelter Mannschaft
Urteil: vierzehntägiger strenger Arrest unter Anrechnung der Untersuchungshaft 1850

## 10. Infanterie-Bataillon

710 Person: Becker, Bendix, Musketier (2. Kompanie/10. Infanterie-Bataillon)
Vergehen: Trunkenheit und Ungehorsam
Urteil: dreißigtägiger strenger Arrest 1850

718 Person: Biegemann, Wilhelm Friedrich, Musketier (3. Kompanie/10. Infanterie-Bataillon)
Vergehen: Gelddiebstahl
Urteil: sechswöchiger strenger Arrest und Versetzung in den Soldatenstand 2. Klasse 1849

745 Person: Bochow, Paul, Musketier (3. Kompanie/10. Infanterie-Bataillon)
Vergehen: Desertion
Urteil: steckbriefliche Verfolgung 1850-1851

730 Person: Bock, Heinrich, Musketier (1. Kompanie/10. Infanterie-Bataillon)
Vergehen: Trunkenheit
Urteil: dreiwöchiger Arrest 1849

707 Person: Böge, Christian, Musketier (4. Kompanie/10. Infanterie-Bataillon)
Vergehen: Veruntreuung fremden Eigentums
Urteil: fünfmal dreitägiger strenger Arrest und Versetzung in den Soldatenstand 2. Klasse, später Zurückversetzung in die 1. Klasse 1849

700 Person: Bornholm, Thomas Heinrich, Musketier (1. Kompanie/ 10. Infanterie-Bataillon)
Vergehen: Postenvergehen im Gefecht von Fredericia, Verlust von Ausrüstungsgegenständen, verzögerte Rückkehr zum Truppenteil und Trunkenheit
Urteil: fünfjährige Festungsstrafe und Versetzung in den Soldatenstand 2. Klasse 1849

701 Person: Bruss, Gerhard Ludwig, Musketier (3. Kompanie/10. Infanterie-Bataillon)
Vergehen: grober Ungehorsam und Verdacht auf Plünderung
Urteil: fünfjährige Festungsstrafe und Versetzung in den Soldatenstand 2. Klasse 1849

743 Person: Burchard, Heinrich Christian Gottlieb, Tambour (1. Kompanie/10. Infanterie-Bataillon)
Vergehen: Desertion oder unerlaubte Entfernung
Urteil: achttägiger strenger Arrest 1851

711 Person: Diedrichsen, Johann Christian August, Musketier (1. Kompanie/10. Infanterie-Bataillon)
Kiehl, Marx Hinrich, Musketier (2. Kompanie/10. Infanterie-Bataillon)
Gasen, Gottfried Christian, Musketier (1. Kompanie/10. Infanterie-Bataillon)
Wieck, Hartwig Hinrich Christ., Musketier (3. Kompanie/10. Infanterie-Bataillon)
Vergehen: verspätetes Eintreffen bei der Truppe
Urteil: Irrtum des einberufenen Truppenteils 1850

725 Personen: Dittmer, Unteroffizier (2. Kompanie/10. Infanterie-Bataillon)
Fröhlich, Unteroffizier (2. Kompanie/10. Infanterie-Bataillon)
Böll, Gefreiter (2. Kompanie/10. Infanterie-Bataillon)
Vergehen: militärpolizeiliche Ausschreitungen im Biwak
Urteil: disziplinarische Erledigung 1849

750 Person: Frank, Fritz Heinrich Christian, Gefreiter (2. Kompanie/ 10. Infanterie-Bataillon)
Vergehen: Widersetzlichkeit und Verhöhnung eines Vorgesetzten
Urteil: dreimonatiger strengster Arrest unter Anrechnung der Haft und Versetzung in den Soldatenstand 2. Klasse 1849

720 Personen: Fröhlich, Unteroffizier (10. Infanterie-Bataillon)
Vergehen: unerlaubtes Beutemachen im Haus des Handelsmannes Abraham Cohn in Kolding
Urteil: ohne Entscheidung 1849

708 Person: Fröhlich, Julius, Fourier (10. Infanterie-Bataillon)
Vergehen: Trunkenheit außer Dienst und Beleidigung
Urteil: disziplinarische Erledigung 1849

747 Person: Goldammer, Ernst, Unteroffizier 1. Klasse (2. Kompanie/ 1. Besatzungs-Bataillon)
Vergehen: Veruntreuung von ihm als Fourier anvertrauten Naturalien
Urteil: Entweichen aus der Haft 1851

744 Personen: Graevert, Carl, Musketier (3. Kompanie/10. Infanterie-Bataillon)
Borchert, Carl, Musketier (3. Kompanie/10. Infanterie-Bataillon)
Biel, Hans, Musketier (3. Kompanie/10. Infanterie-Bataillon)
Vergehen: Gehorsamsverweigerung, ungebührliches Benehmen, Drohungen und Ausbleiben nach dem Zapfenstreich
Urteil: sechswöchiger strenger (Graevert), vierwöchiger leichter (Borchert) Arrest und Anrechnung der Untersuchungshaft als Strafe (Biel) 1851

716 Person: Haack, Johann Christian Martin, Musketier (3. Kompanie/ 10. Infanterie-Bataillon)
Vergehen: erster kleiner Diebstahl
Urteil: neunmal dreitägiger strenger Arrest und Versetzung in den Soldatenstand 2. Klasse 1849

752 Person: Hahn, Friedrich Wilhelm, Unteroffizier (2. Kompanie/10. Infanterie-Bataillon)
Vergehen: Betrug
Urteil: vierwöchiger strenger Arrest und Ausstoßung aus dem Soldatenstand 1850

713 Person: Hamann, Magnus Diedrich Bernhard, Musketier (4. Kompanie/10. Infanterie-Bataillon)
Vergehen: Aufsässigkeit
Urteil: vierzehnmal dreitägiger strenger Arrest 1849

709 Person: Hansen, Carl, Sergeant (2. Kompanie/10. Infanterie-Bataillon)
Vergehen: Trunkenheit und ungebührliches Benehmen
Urteil: vierzigtägiger Mittelarrest 1850

748 Person: Hartenberg, Johann Friedrich Wilhelm, Hornist (3. Kompanie/10. Infanterie-Bataillon)
Vergehen: Gehorsamsverweigerung und ungebührliches Verhalten vor versammelter Mannschaft
Urteil: einjährige Festungsstrafe und Versetzung in den Soldatenstand 2. Klasse 1849-1851
Enthält auch: Rehabilitierung Hartenbergs durch Zurückversetzung in die 1. Klasse aufgrund der Entscheidung des Generalkommandos 1851

727 Person: Heesch, Jacob, Musketier (4. Kompanie/10. Infanterie-Bataillon)
Vergehen: unerlaubte Entfernung
Urteil: Verfahren eingestellt 1849

699 Person: Hinsch, Heinrich, Gefreiter (4. Kompanie/10. Infanterie-Bataillon)
Vergehen: Urlaubsüberschreitung, Fälschung eines Einquartierungszettels, vorsätzliche Falschmeldungen und Schuldenmachen
Urteil: dreijährige Festungsstrafe und Degradierung 1849

737 Person: Jacobsen, Claus Jacob, Musketier (4. Kompanie/10. Infanterie-Bataillon)
Vergehen: Gehorsamsverweigerung, ungebührliches Benehmen und Trunkenheit
Urteil: dreiwöchiger strenger Arrest 1850

738 Person: Jensen, Lorenz, Musketier (1. Kompanie/10. Infanterie-Bataillon)
Vergehen: Entziehen vom Militärdienst durch Vorschützung einer Krankheit
Urteil: vierzehntägiger strenger Arrest und Versetzung in den Soldatenstand 2. Klasse 1850

735 Personen: Johannsen, Peter Nissen, Musketier (3. Kompanie/ 10. Infanterie-Bataillon)
Burg, Johann, Musketier (3. Kompanie/10. Infanterie-Bataillon)
Vergehen: Postenvergehen aus Feigheit
Urteil: vierzehntägiger strenger Arrest 1850

755 Person: Knudsen, Hans Alexander, Musketier (1. Kompanie/10. Infanterie-Bataillon)
Vergehen: Diebstahl
Urteil: ohne Entscheidung 1849

715 Person: Knüppel, Carl, Unteroffizer (1. Kompanie/10. Infanterie-Bataillon)
Vergehen: Gehorsamsverweigerung
Urteil: vierwöchiger strenger Arrest und Degradierung 1850

717 Person: Knüppel, Carl, Musketier (1. Kompanie/10. Infanterie-Bataillon)
Vergehen: Wachvergehen und Trunkenheit im Dienst
Urteil: viermal sechstägiger strenger Arrest 1850

742 Personen: Koscielsky, Maximilian, Unteroffizier (4. Kompanie/10. Infanterie-Bataillon)
Petersen, Asmus, Unteroffizier (4. Kompanie/10. Infanterie-Bataillon)
Vergehen: gegenseitige Beleidigung vor versammelter Mannschaft
Urteil: eintägiger leichter Arrest, Koscielsky wahrscheinlich desertiert 1851

712 Person: Kühl, Hinrich Friedrich, Musketier (1. Kompanie/10. Infanterie-Bataillon)
Vergehen: verspätetes Eintreffen bei der Truppe
Urteil: Irrtum des einberufenden Truppenteils 1850

723 Person: Lachmund, Friedrich Huber, Unteroffizier (3. Kompanie/ 10. Infanterie-Bataillon)
Vergehen: Ungehorsam
Urteil: zweimal fünftägige Gefängnisstrafe 1848

726 Personen: Lafrent, Paul Heinrich, Musketier (10. Infanterie-Bataillon)
Dahl, Johann, Musketier (10. Infanterie-Bataillon)
Vergehen: Ausschreitung in Elmshorn
Urteil: Untersuchung eingestellt 1848

729 Person: Lembke, Joachim Heinrich, Musketier (10. Infanterie-Bataillon)
Vergehen: Nichterscheinen auf der Landmilitärsession
Urteil: disziplinarische Erledigung 1849

732 Person: Lohse, Georg Hieronymus, Fahrer (2. Kompanie/10. Infanterie-Bataillon)
Vergehen: Verwundung des Fahrers Lienau durch Messerziehen
Urteil: Anrechnung der elfwöchigen Untersuchungshaft als Strafe 1850

734 Person: Lüders, Johann Hinrich, Musketier (3. Kompanie/10. Infanterie-Bataillon)
Vergehen: Veruntreuung oder Entwendung anvertrauter Gegenstände
Urteil: Freispruch 1850

741 Person: Mädel, Heinrich Christian Wilhelm, Musketier (3. Kompanie/10. Infanterie-Bataillon)
Vergehen: Trunkenheit
Urteil: vierzehntägiger strenger Arrest 1850

739 Person: Mohr, Christian Heinrich Peter, Musketier (2. Kompanie/ 10. Infanterie-Bataillon)
Vergehen: erster kleiner Diebstahl, Unterschlagung, Ausbleiben nach dem Zapfenstreich und Trunkenheit
Urteil: dreiwöchiger strenger Arrest unter Anrechnung der Untersuchungshaft 1850

724 Person: Nagel, F. A., Rekrut (10. Infanterie-Bataillon)
Vergehen: Diebstahl
Urteil: zur Erledigung dem Magistrat von Itzehoe übergeben 1848

714 Person: von Neviadomski, Rudolph, Leutnant (10. Infanterie-Bataillon)
Vergehen: Differenzen mit dem Gastwirt Christian Grell in Neustadt
Urteil: Beilegung durch gegenseitiges Einvernehmen 1849-1850

754 Personen: von Neviadomski, Rudolph, Leutnant (4. Kompanie/ 10. Infanterie-Bataillon)
von Hirsch, Hugo, Offiziersanwärter (10. Infanterie-Bataillon)
Vergehen: Trunkenheit und Straßenskandal
Urteil: vierzehntägiger Stubenarrest und Verweis (von Neviadomsky) und dreitägiger Stubenarrest (von Hirsch) 1851

733 Person: Nielsen, Jürgen, Musketier (1. Kompanie/10. Infanterie-Bataillon)
Vergehen: Aufwiegelung, Gehorsamsverweigerung und ungebührliches Benehmen
Urteil: sechswöchiger strenger Arrest 1850

703 Personen: Paulsen, Carsten, Musketier (3. Kompanie/10. Infanterie-Bataillon)
Scherfenstein, Theodor, Musketier (3. Kompanie/10. Infanterie-Bataillon)
Vergehen: Ungehorsam
Urteil: sechswöchiger (Paulsen) und fünfwöchiger (Scherfenstein) strenger Arrest 1849

753 Person: Ralf, Johann, Musketier (1. Kompanie/10. Infanterie-Bataillon)
Vergehen: Verwundung des Musketiers Suhr
Urteil: Verfahren eingestellt 1850

719 Personen: Rohlf, Christian Hans Nicolaus, Musketier (4. Kompanie/10. Infanterie-Bataillon)
Starke, Jürgen, Musketier (4. Kompanie/10. Infanterie-Bataillon)
Vergehen: unerlaubtes Beutemachen
Urteil: Freispruch (Starke) und sechswöchiger strenger Arrest (Rohlf) 1849

706 Person: Röhr, Ferdinand, Musketier (1. Kompanie/10. Infanterie-Bataillon)
Vergehen: unordentlicher Lebenswandel und Ungehorsam
Urteil: disziplinarische Erledigung 1850

749 Person: Schröder, Heinrich, Musketier (2. Kompanie/10. Infanterie-Bataillon)
Vergehen: Ungehorsam und wiederholte Trunkenheit
Urteil: zwölfmonatige Festungsstrafe und Versetzung in den Soldatenstand 2. Klasse 1849

702 Person: Seligmann, Hans Friedrich, Musketier (1. Kompanie/10. Infanterie-Bataillon)
Vergehen: unerlaubtes Beutemachen und Trunkenheit außer Dienst
Urteil: vierzehnmal dreitägiger strenger Arrest und Versetzung in den Soldatenstand 2. Klasse 1849

740 Person: Seligmann, Hans Friedrich, Musketier (1. Kompanie/10. Infanterie-Bataillon)
Vergehen: unerlaubtes Beutemachen im Jahr 1849
Urteil: Zurückversetzung in den Soldatenstand 1. Klasse aufgrund des Gesuchs seiner Kompanie um Rehabilitierung 1850

731 Person: Severin, Hans Jürgen, Musketier (3. Kompanie/10. Infanterie-Bataillon)
Vergehen: lautes und ungebührliches Beschwerdeführen vor versammelter Mannschaft
Urteil: vierzigtägiger strenger Arrest 1849

721 Personen: Simon, Levi, Musketier (4. Kompanie/10. Infanterie-Bataillon)
Mohr, Christian Heinrich, Musketier (2. Kompanie/10. Infanterie-Bataillon)
Vergehen: Trunkenheit und Widersetzlichkeit gegen den Unteroffizier Bode sowie Gewalttätigkeit gegen den Schiffer Berthold Lumland
Urteil: fünfwöchiger (Simon) und vierwöchiger (Mohr) strenger Arrest 1849

722 Person: Sindt, Jürgen Heinrich, Musketier (2. Kompanie/10. Infanterie-Bataillon)
Vergehen: Ungehorsam
Urteil: disziplinarische Bestrafung 1848

751 Person: Stender, Johann Friedrich, Trainfahrer (2. Kompanie/10. Infanterie-Bataillon)
Vergehen: Aufsässigkeit und ungebührliches Benehmen gegen Vorgesetzte
Urteil: dreijährige Festungsstrafe und Versetzung in den Soldatenstand 2. Klasse 1849

756 Person: Sühlau, Johannes Adolph August, Stabstambour (10. Infanterie-Bataillon)
Vergehen: Diebstahl, Trunkenheit und Ausschreitungen
Urteil: sechsmonatige Zuchthausstrafe 1848

705 Person: Sühlau, Stabstambour (10. Infanterie-Bataillon)
Vergehen: Diebstahl und Raub
Urteil: Akten an das Magistratsgericht in Parchim abgegeben 1849

746 Personen: Weng, Gottlieb, Unteroffizier (2. Kompanie/10. Infanterie-Bataillon)
Fontain, Rudolph, Musketier (3.Kompanie/10. Infanterie-Bataillon)
Vergehen: Desertion
Urteil: steckbriefliche Verfolgung 1850

728 Person: Wilberg, August Rudolph, Feldwebel (1. Kompanie/10. Infanterie-Bataillon)
Vergehen: angebliche Feigheit
Urteil: Untersuchung niedergeschlagen 1849

704 Person: Wilkens, Asmus Hinrich, Musketier (4. Kompanie/10. Infanterie-Bataillon)
Vergehen: erster kleiner Kameradendiebstahl
Urteil: vierwöchiger strenger Arrest und Versetzung in den Soldatenstand 2. Klasse 1850

736 Person: Will, Johann Christian Friedrich, Musketier (4. Kompanie/10. Infanterie-Bataillon)
Vergehen: Postenvergehen
Urteil: vierwöchiger strenger Arrest 1850

## 11. Infanterie-Bataillon

793 Person: Albrecht, Jacob Heinrich Conrad, Musketier (3. Kompanie/11. Infanterie-Bataillon)
Vergehen: erster kleiner Kameradendiebstahl
Urteil: vierwöchiger strenger Arrest und Versetzung in den Soldatenstand 2. Klasse 1850

790 Person: Biere, Friedrich Wilhelm, Musketier (4. Kompanie/11. Infanterie-Bataillon)
Vergehen: Postenvergehen
Urteil: vierzehntägiger strenger Arrest 1850-1851

789 Person: Butenschön, Hans Hinrich, Unterroffizier (1. Kompanie/ 11. Infanterie-Bataillon)
Vergehen: Wachvergehen
Urteil: viertägiger Mittelarrest 1850

758 Person: Carstensen, Fedder, Musketier (1. Kompanie/11. Infanterie-Bataillon)
Vergehen: Desertion und Überlaufen zum Feind
Urteil: Todesurteil 1850-1851

773 Person: Carstensen, Fedder, Musketier (1. Kompanie/11. Infanterie-Bataillon)
Vergehen: Desertion und Überlaufen zum Feind
Urteil: Todesurteil 1850-1851

787 Person: Czuck, Joseph, Musketier (3. Kompanie/11. Infanterie-Bataillon)
Vergehen: Verletzung seiner Dienstpflicht vor dem Feind aus Furcht
Urteil: achttägiger strenger Arrest und Versetzung in den Soldatenstand 2. Klasse 1850-1851

778 Person: Drews, Johann Nicolaus, Musketier (2. Kompanie/11. Infanterie-Bataillon)
Vergehen: erster kleiner Diebstahl
Urteil: vierwöchiger strenger Arrest und Versetzung in den Soldatenstand 2. Klasse 1851

760 Person: Ebel, Heinrich, Musketier (2. Kompanie/11. Infanterie-Bataillon)
Vergehen: wiederholte Gehorsamsverweigerung, Drohungen gegen Vorgesetzte und Verletzungen seiner Dienstpflichten
Urteil: achtzehnmonatige Festungsstrafe 1850

770 Person: Franck, Andreas, Musketier (1. Kompanie/11. Infanterie-Bataillon)
Vergehen: betrügerische Aneignung fremder Sachen
Urteil: achttägiger Mittelarrest 1850-1851

775 Person: Friedrichs, Claus, Musketier (2. Kompanie/11. Infanterie-Bataillon)
Vergehen: Desertion oder längeres unerlaubtes Ausbleiben
Urteil: Angeklagter geflohen 1849-1851
Enthält auch: früheres Urteil wegen Desertion (einjährige Festungsstrafe)

786 Person: Harbeck, Heinrich, Unteroffizier (1. Kompanie/11. Infanterie-Bataillon)
Vergehen: fahrlässige Verletzung seiner Pflichten als Kommandeur einer Patrouille
Urteil: Freispruch 1850

771 Person: Hefer, Martin, Musketier (2. Kompanie/11. Infanterie-Bataillon)
Vergehen: ungebührliches Benehmen mit Drohungen und Gehorsamsverweigerung
Urteil: Anrechnung der Untersuchungshaft als Strafe 1850-1851

767 Person: Heiderich, Johann Ferdinand, Unteroffizier (1. Kompanie/11. Infanterie-Bataillon)
Vergehen: Verletzung seiner Dienstpflichten vor dem Feind aus Furcht
Urteil: Freispruch 1850

798 Person: Hellmundt, Hauptmann (11. Infanterie-Bataillon, früher im 2. und 4. Jägerkorps)
Vergehen: Beleidigung seines Vorgesetzten, Major von Seelhorst, durch ungebührliche Äußerungen
Urteil: dreitägiger Stubenarrest (1848) 1849-1850
Darin: „Schleswig-Holsteinische Zeitung“ vom 28. November 1848

774 Person: Hermann, Festungssträfling (3. Kompanie/11. Infanterie-Bataillon)
Vergehen: Entweichen während eines Lazarettaufenthaltes 1850

757 Person: Herrmannsen, Mortiz, Musketier und Festungssträfling (3. Kompanie/11. Infanterie-Bataillon)
Vergehen: Desertion unter Mitnahme von Waffe und Ausrüstungsgegenständen, aber freiwillige Rückkehr
Urteil: einjährige Festungsstrafe und Versetzung in den Soldatenstand 2. Klasse 1850
Enthält auch: Urteil wegen Entweichens aus der Strafabteilung (vierwöchiger strenger Arrest)

794 Person: Herrmannsen, Moritz, Musketier (3. Kompanie/11. Infanterie-Bataillon)
Vergehen: Desertion unter Mitnahme von Waffen und Bekleidungsstücken, aber freiwillige Rückkehr
Urteil: einjährige Festungsstrafe und Versetzung in den Soldatenstand 2. Klasse 1850

761 Person: Hoffmann, Eduard, Musketier (1. Kompanie/11. Infanterie-Bataillon)
Vergehen: Aufkündigung des Dienstes, Gehorsamsverweigerung und ungebührliches Benehmen mit Drohungen
Urteil: dreimonatige Festungsstrafe 1850-1851

762 Person: Holling, Marcus Heinrich, Musketier (3. Kompanie/11. Infanterie-Bataillon)
Vergehen: Funddiebstahl
Urteil: achttägiger Mittelarrest 1850

788 Person: Koch, Johann, Musketier (3. Kompanie/11. Infanterie-Bataillon)
Vergehen: Postenvergehen und ungebührliches Benehmen gegen den Sergeanten Hinrichs
Urteil: Disziplinarbestrafung mit dreitägigem Mittelarrest 1850-1851

772 Person: König, Franz, Unteroffizier (4. Kompanie/11. Infanterie-Bataillon)
Vergehen: Trunkenheit im Dienst
Urteil: achttägiger strenger Arrest und anschließende Dienstentlassung 1850

777 Person: Köpping, Carl Friedrich, Musketier (1. Kompanie/11. Infanterie-Bataillon)
Vergehen: ungebührliches Benehmen vor versammelter Mannschaft
Urteil: Anrechnung der Untersuchungshaft als Strafe 1851

782 Person: Kröger, Claus Peter Wilhelm, Musketier (4. Kompanie/11. Infanterie-Bataillon)
Vergehen: erster kleiner Diebstahl
Urteil: Freispruch 1851

783 Person: Krohn, Hans Heinrich, Musketier (4. Kompanie/11. Infanterie-Bataillon)
Vergehen: Desertion zum Feind unter Mitnahme seiner Waffe
Urteil: ohne Entscheidung 1851

776 Person: Krüger, Johann Hinrich, Musketier (4. Kompanie/11. Infanterie-Bataillon)
Vergehen: Desertion
Urteil: ohne Entscheidung 1851

780 Person: Marxen, Hans Hinrich, Unteroffizier 2. Klasse (3. Kompanie/11. Infanterie-Bataillon)
Vergehen: Desertion
Urteil: ohne Entscheidung 1851

768 Person: Mauritz, Heinrich Julius, Unteroffizier (3. Kompanie/11. Infanterie-Bataillon)
Vergehen: Verletzung seiner Dienstpflicht vor dem Feind aus Furcht
Urteil: Freispruch 1850

764 Person: Möller, Christoph, Musketier (2. Kompanie/11. Infanterie-Bataillon)
Vergehen: ungebührliches Benehmen vor versammelter Mannschaft und Aufwiegelung
Urteil: achttägiger strenger Arrest 1850

792 Dienstentlassung des Leutnants Noodt (11. Infanterie-Bataillon) 1849-1850
Enthält auch: Vorgang über das Musikkorps (11. Infanterie-Bataillon) und die dort vorgekommenen Unregelmäßigkeiten von Dezember 1849 bis Mai 1850

785 Person: Oberg, Gerhardt, Musketier (3. Kompanie/11. Infanterie-Bataillon)
Vergehen: erster kleiner Diebstahl
Urteil: Freispruch 1850-1851

797 Person: von Rathlev, Major und Stabsoffizer bei der 2. Infanterie-Brrigade
Vergehen: Beleidigung des Majors von Seelhorst oder ungebührliches Benehmen
Urteil: trotz verweigerter Satisfaktion als ehrenhafter und unbescholtener Kamerad anerkannt 1849-1850

766 Person: Rust, Johann, Musketier (2. Kompanie/11. Infanterie-Bataillon)
Vergehen: eigenmächtige Aufkündigung des Dienstes und Gehorsamsverweigerung
Urteil: Freispruch 1850

791 Person: Schwiebs, Carl Heinrich Julius, Inspektionsoffizier am Lazarett in Altona
Vergehen: unerlaubte Annahme von Geschenken Untergebener in Bezug auf den Dienst
Urteil: Degradierung und Anrechnung der Untersuchungshaft als Strafe 1850-1851
Darin: Abrechnungsbuch für Station II des Lazaretts

2864 Klage gegen Major und Kommandeur von Seelhorst (11. Infanterie-Bataillon) wegen nicht ausgeführter Befehle 1849-1850
Enthält u. a.: Kladde mit Schriftwechsel des Bataillons

799 Person: von Seelhorst, Major und Kommandeur (11. Infanterie-Bataillon)
Vergehen: Unehrenhaftigkeit, Trunksucht und Ungehorsam
Urteil: Nichtanerkennung des Majors als ehrenhafter und unbescholtener Kamerad durch das Ehrengericht 1849-1851

763 Person: Sengelmann, Johann Hinrich, Musketier (1. Kompanie/11. Infanterie-Bataillon)
Vergehen: unerlaubte Entfernung
Urteil: sechswöchiger Mittelarrest unter Anrechnung der Haft 1850

795 Person: von Strantz, Hauptmann (1. Kompanie/11. Infanterie-Bataillon)
Vergehen: mehrfache Veruntreuung ihm anvertrauter Kompaniegelder
Urteil: Entlassung aus dem Offiziersstand 1851
Enthält u. a.: Stärke- und Verpflegungslisten

796 Person: von Unger, Hugo, Hauptmann und Kommandeur (2. Kompanie/11. Infanterie-Bataillon)
Vergehen: vorsätzliche Verletzung seiner Dienstpflicht vor dem Feind und wiederholte Veruntreuung ihm anvertrauter Kompaniegelder
Urteil: Entlassung aus dem Offiziersstand 1851

784 Person: Vest, Johann Hinrich Wilhelm, Musketier (1. Kompanie/11. Infanterie-Bataillon)
Vergehen: erster kleiner Diebstahl
Urteil: achtwöchiger strenger Arrest und Versetzung in den Soldatenstand 2. Klasse 1850

779 Person: Wadstein, Friedrich Wilhelm, Musketier (4. Kompanie/ 11. Infanterie-Bataillon)
Vergehen: Teilnahme an einer Zusammenrottung und Beleidigung eines Vorgesetzten
Urteil: Freispruch 1851

765 Person: Werle, Heinrich, Musketier (3. Kompanie/11. Infanterie-Bataillon)
Vergehen: wiederholte Gehorsamsverweigerung durch eigenmächtige Aufkündigung des Dienstes
Urteil: Anrechnung der Untersuchungshaft als Strafe 1850-1851

759 Personen: Wilm, Carl, Unteroffizier (3. Kompanie/11. Infanterie-Bataillon)
Deich (Deug), Louis, Unteroffizier (3. Kompanie/11. Infanterie-Bataillon)
Vergehen: Desertion
Urteil: dreimonatige (Wilm) und dreijährige (Deug) Festungsstrafe sowie Degradierungen 1850-1851

769 Person: Zablowsky, Christian, Musketier (2. Kompanie/11. Infanterie-Bataillon)
Vergehen: Ungehorsam und wiederholte Gehorsamsverweigerung
Urteil: vierwöchiger strenger Arrest 1850-1851

781 Person: Zecher, Georg Wilhelm, Musketier (1. Kompanie/11. Infanterie-Bataillon)
Vergehen: unerlaubte Entfernung sowie Vernachlässigung der Kleidung und Ausrüstung
Urteil: vierzehntägiger strenger Arrest 1851

## 12. Infanterie-Bataillon

831 Untersuchungen des 12. Infanterie-Bataillons wegen der Ausschreitungen in Meldorf im November 1849: Verweis für Kommandeur Major von Brackel 1850

807 Person: Armbrecht, Carl Conrad, Krankenwärter im Lazarett Nr. 1 in Kiel
Vergehen: Betrug und zweiter schwerer Kameradendiebstahl
Urteil: dreimonatige Festungsarbeitsstrafe 1849-1850

821 Person: Averhoff, Inspektionsoffizier im Lazarett Nr. 6 in Rendsburg
Vergehen: Klagen des Musketiers Friedrich Weber (3. Kompanie/12. Infanterie-Bataillon)
Urteil: für Weber wegen unbegründeter Beschwerdeführung vierzehntägiger Mittelarrest 1851

832 Person: Bartholdt, Heinrich, Musketier (4. Kompanie/12. Infanterie-Bataillon)
Vergehen: ungebührliches Benehmen gegen Vorgesetzte
Urteil: siebentägiger Mittelarrest 1850

823 Person: Blunck, Hans Hinrich, Musketier (4. Kompanie/12. Infanterie-Bataillon)
Vergehen: verspätetes Einstellen zum Dienst nach Erhalt des Einberufungsbefehls
Urteil: außer Verfolgung gestellt 1850

804 Person: Bockwoldt, Johann Joachim Friedrich, Musketier (4. Kompanie/12. Infanterie-Bataillon)
Vergehen: Desertion und wiederholter Diebstahl
Urteil: viereinhalbjährige Zuchthausstrafe und Ausstoßung aus dem Soldatenstand 1849

838 Person: Bornholdt, Johann Friedrich, Musketier (2. Kompanie/12. Infanterie-Bataillon)
Vergehen: Diebstahl und Veruntreuung
Urteil: Freispruch wegen Diebstahls, dagegen achttägiger Mittelarrest wegen Trunkenheit 1850

803 Person: Bürger, Jochim August, Musketier (1. Kompanie/12. Infanterie-Bataillon)
Vergehen: Verletzung seiner Dienstpflicht vor dem Feind aus Furcht
Urteil: einjährige Festungsstrafe und Versetzung in den Soldatenstand 2. Klasse 1851

809 Personen: Davids, Jacob Hinrich, Musketier (4. Kompanie/12. Infanterie-Bataillon)
von Essens, Claus Friedrich, Musketier (4. Kompanie/12. Infanterie-Bataillon)
Hass, Hinrich, Musketier (4. Kompanie/12. Infanterie-Bataillon)
Runge, Friedrich, Musketier (4. Kompanie/12. Infanterie-Bataillon)
Kuphal, Johann, Musketier (4. Kompanie/12. Infanterie-Bataillon)
Kock, Jürgen, Musketier (4. Kompanie/12. Infanterie-Bataillon)
Vergehen: Gehorsamsverweigerung, ungebührliches Benehmen und Aufwiegelung
Urteil: neunmonatige (Davids), sechsmonatige (von Essens) und einjährige (Hass) Festungsstrafe sowie sechsmonatiger strenger Arrest (Runge, Kuphla und Kock) 1850

824 Personen: Dibbern, Friedrich Christian, Gefreiter (3. Kompanie/12. Infanterie-Bataillon)
Humfeldt, Paul, Musketier (3. Kompanie/12. Infanterie-Bataillon)
Butenschön, Claus Hinrich, Musketier (4. Kompanie/12. Infanterie-Bataillon)
Bahr, Hinrich Friedrich, Musketier (1. Kompanie/12. Infanterie-Bataillon)
Boysen, Mathias, Musketier (1. Kompanie/12. Infanterie-Bataillon)
Brandt, Johann, Musketier (1. Kompanie/12. Infanterie-Bataillon)
Vergehen: Ausbleiben nach dem Zapfenstreich, Gehorsamsverweigerung, Glücksspiel, mangelnde Dienstaufsicht über einen Gefangenen
Urteil: disziplinarische Bestrafung 1850

814 Person: Donath, Friedrich Hinrich Wilhelm, Musketier (3. Kompanie/12. Infanterie-Bataillon)
Vergehen: verspätetes Einstellen zum Dienst nach Erhalt des Einberufungsbefehls
Urteil: außer Verfolgung gestellt 1850

822 Person: Hach, Musketier (4. Kompanie/12. Infanterie-Bataillon)
Vergehen: Trunkenheit und Skandal außer Dienst
Urteil: disziplinarische Bestrafung unter Anrechnung der Untersuchungshaft 1851

808 Person: Hansen, Carl, Krankenwärter im Lazarett in Altona
Vergehen: erster kleiner Diebstahl
Urteil: vierzehntägiger strenger Arrest und Versetzung in den Soldatenstand 2. Klasse 1849

830 Person: Heims, Carl Christian, Musketier (2. Kompanie/12. Infanterie-Bataillon)
Vergehen: ungebührliches Benehmen gegen einen Vorgesetzten und Beleidigung eines Kameraden
Urteil: Anrechnung der vierwöchigen Untersuchungshaft als Strafe
1850

815 Person: Ide, Hermann Christian Ludwig, Musketier (2. Kompanie/12. Infanterie-Bataillon)
Vergehen: verspätetes Einstellen zum Dienst nach Erhalt des Einberufungsbefehls
Urteil: achttägiger einfacher Arrest (1849) 1850

802 Person: Just, Robert, Unteroffizier 2. Klasse (1. Kompanie/12. Infanterie-Bataillon)
Vergehen: Gehorsamsverweigerung und ungebührliches Benehmen gegen Vorgesetzte vor versammelter Mannschaft
Urteil: zwölfjährige Festungsstrafe und Degradierung 1850

812 Person: Klein, Johann, Musketier (3. Kompanie/12. Infanterie-Bataillon)
Vergehen: erster kleiner Diebstahl
Urteil: sechsmonatige Festungsstrafe und Versetzung in den Soldatenstand 2. Klasse 1850

820 Person: Klein, Johann, Festungssträfling (3. Kompanie/12. Infanterie-Bataillon)
Vergehen: zweiter kleiner Diebstahl
Urteil: achttägiger strenger Arrest unter Anrechnung der Untersuchungshaft als Strafe 1850

800 Person: Köhler, Hinrich Claus Friedrich, Festungssträfling (4. Kompanie/12. Infanterie-Bataillon)
Vergehen: wiederholter erster kleiner Diebstahl
Urteil: fünfmonatige Festungsstrafe und Versetzung in den Soldatenstand 2. Klasse 1851

837 Personen: Kuchel, Johann Christian, Musketier (2. Kompanie/12. Infanterie-Bataillon)
Jensen, Heinrich, Musketier (2. Kompanie/12. Infanterie-Bataillon)
Vergehen: Postenvergehen
Urteil: vierzehntägiger strenger Arrest 1850

810 Personen: Kühl, Hans, Musketier (1. Kompanie/12. Infanterie-Bataillon)
Möller, Heinrich, Musketier (1. Kompanie/12. Infanterie-Bataillon)
Vergehen: tätliche Beleidigung und böswillige Körperverletzung eines Vorgesetzten
Urteil: fünfjährige (Kühl) und einjährige (Möller) Festungsstrafe und Versetzungen in den Soldatenstand 2. Klasse 1850

819 Personen: Larsen, Johann Friedrich, Unteroffizier (4. Kompanie/ 12. Infanterie-Bataillon)
Herrmann, Unteroffizier (2. Kompanie/12. Infanterie-Bataillon)
Vergehen: Misshandlung des Unteroffiziers Willatschek der Depot-Kompanie (12. Infanterie-Bataillon)
Urteil: Freispruch 1851

836 Person: Lemke, Johann Christoph Gottfried, Musketier (1. Kompanie/12. Infanterie-Bataillon)
Vergehen: Gehorsamsverweigerung, ungebührliches Benehmen und unerlaubte Entfernung
Urteil: vierzehntägiger strenger Arrest 1850

827 Person: Leverenz, Hinrich Adolph Friedrich, Musketier (2. Kompanie/12. Infanterie-Bataillon)
Vergehen: Unterschlagung eines Briefes und Aneignung fremder Sachen zum Verkauf
Urteil: vierwöchiger strenger Arrest und Versetzung in den Soldatenstand 2. Klasse 1850

825 Person: Lienau, Friedrich Christian, Musketier (2. Kompanie/12. Infanterie-Bataillon)
Vergehen: betrügerische Aneigung von Geld, Lügen und unrichtige Angaben bei der Kommandantur in Friedrichsort, Veruntreuung und Schuldenmachen
Urteil: fünfwöchiger strenger Arrest 1850

828 Person: Offen, Johann Heinrich Friedrich, Musketier (4. Kompanie/12. Infanterie-Bataillon)
Vergehen: verspätetes Erscheinen zum Militärdienst
Urteil: Untersuchung niedergeschlagen 1850

818 Person: Overdieck, Johann Heinrich, Musketier (2. Kompanie/ 12. Infanterie-Bataillon)
Vergehen: Gehorsamsverweigerung und ungebührliches Benehmen vor versammelter Mannschaft
Urteil: dreimonatige Festungsstrafe und anschließender Eintritt in den Soldatenstand 1. Klasse 1850

806 Person: Paulsen, Heinrich Christian Friedrich W., Musketier (3. Kompanie/12. Infanterie-Bataillon)
Vergehen: Desertion zur Kriegszeit und Verschleppung seines Gewehrs
Urteil: fünfjährige Zuchthausstrafe und Ausstoßung aus dem Soldatenstand 1849
Enthält auch: Vorgang gegen Paulsen wegen Desertion vom 8. Septemer 1848 (viermal fünftägige Gefängnisstrafe)

813 Person: Paulsen, Jens Heinrich, Musketier (3. Kompanie/12. Infanterie-Bataillon)
Vergehen: verspätetes Einstellen zum Dienst nach Erhalt des Einberufungsbefehls
Urteil: außer Verfolgung gestellt 1850

835 Person: Pietschmann, Friedrich, Musketier (2. Kompanie/12. Infanterie-Bataillon)
Vergeehn: erster kleiner Diebstahl
Urteil: Freispruch 1850

801 Person: Schümann, Hans Hinrich, Musketier (1. Kompanie/12. Infanterie-Bataillon)
Vergehen: Verwundung des Arbeitsmannes Jürgen Hinrich Kuhrts in Elpersbüttel mit Verlust des Auges und des Verstandes
Urteil: zweijährige Festungsstrafe (1841) 1850
Darin: Dienstbuch von Schümann 1841

829 Personen: Seebeck, Peter Hinrich, Musketier (1. Kompanie/12. Infanterie-Bataillon)
Jensen, Broder Peter, Musketier (1. Kompanie/12. Infanterie-Bataillon)
Vergehen: tätliche Misshandlung des Dienstknechtes Hans Johann Heuer in Elpersbüttel
Urteil: zwölftägiger Mittelarrest 1850

834 Person: Sellmer, Marx Detlef, Musketier (1. Kompanie/12. Infanterie-Bataillon)
Vergehen: unerlaubte Entfernung
Urteil: sechswöchiger strenger Arrest 1850

811 Person: Stipping, Heinrich, Musketier (3. Kompanie/12. Infanterie-Bataillon)
Vergehen: Widersetzlichkeit, wiederholte Gehorsamsverweigerung und Trunkenheit
Urteil: zweijährige Festungsstrafe 1850

833 Personen: Suhr, Musketier (12. Infanterie-Bataillon)
Jensen, Musketier (12. Infanterie-Bataillon)
Wichelmann, Musketier (12. Infanterie-Bataillon)
Hansen, Musketier (12. Infanterie-Bataillon)
Vergehen: Ungehorsam und Tumulte
Urteil: siebentägiger strenger Arrest 1851

805 Person: Vondrey, Adolph Christian August, Musketier (1. Kompanie/12. Infanterie-Bataillon)
Vergehen: Desertion zur Kriegszeit, kleiner Diebstahl, Unterschlagung und Schuldenmachen
Urteil: fünfjährige Festungsstrafe und Versetzung in den Soldatenstand 2. Klasse 1850

816 Personen: Voss, Johann Claus, Musketier (4. Kompanie/12. Infanterie-Bataillon)
Gude, Hinrich, Musketier (4. Kompanie/12. Infanterie-Bataillon)
Steffens, Peter, Musketier (4. Kompanie/12. Infanterie-Bataillon)
Eggers, Detlef, Musketier (4. Kompanie/12. Infanterie-Bataillon)
Theede, Detlef Hinrich, Musketier (4. Kompanie/12. Infanterie-Bataillon)
Hein, Hans, Musketier (4. Kompanie/12. Infanterie-Bataillon)
Vergehen: Misshandlung des geisteskranken Hans Thies Dreesse in Meldorf, besonders dessen Versetzung in den Zustand totaler Betrunkenheit
Urteil: Freispruch (Voss und Gude), zweitägiger (Steffens und Eggers) und viertägiger (Theede und Hein) Mittelarrest 1850

817 Personen: Voss, Johann, Musketier (4. Kompanie/12. Infanterie-Bataillon)
Claussen, Jacob, Musketier (4. Kompanie/12. Infanterie-Bataillon)
Vergehen: Misshandlung des Arbeitsmannes Claus Timm in Meldorf
Urteil: achttägiger (Voss) und zweitägiger (Claussen) Mittelarrest
1850

826 Personen: Wiehe, Friedrich Hinrich, Unteroffizier (2. Kompanie/12. Infanterie-Bataillon)
Losseck, Johann Heinrich, Gefreiter (2. Kompanie/12. Infanterie-Bataillon)
Vergehen: Desertion
Urteil: steckbriefliche Verfolgung 1850

## 13. Infanterie-Bataillon

845 Person: Boll, Otto Friedrich, Gefreiter (1. Kompanie/3. Kontingents-Bataillon)
Vergehen: Unterschlagung einer Geldsendung
Urteil: Verfahren eingestellt 1851

852 Person: Guettner, August, Gefreiter (3. Kompanie/13. Infanterie-Bataillon)
Vergehen: versuchtes Überlaufen zum Feind
Urteil: Untersuchung eingestellt 1850

858 Person: Hahnküber, Heinrich Peter Cord, Musketier (4. Kompanie/ 3. Reserve-Bataillon)
Vergehen: Desertion
Urteil: vierjährige Zuchthausstrafe und Ausstoßung aus dem Soldatenstand 1849

849 Person: Illgen, Carl Friedrich Theodor, Unteroffizier (2. Kompanie/ 13. Infanterie-Bataillon)
Vergehen: Vernachlässigung seiner Dienstpflichten und unterlassene Meldung
Urteil: achttägiger Mittelarest 1850

848 Person: Jacobsen, Ewald Peter, Musketier (2. Kompanie/13. Infanterie-Bataillon)
Vergehen: Desertion
Urteil: vierzehntägiger strenger Arrest 1850

856 Person: John, August Friedrich Wilhelm, Musketier (3. Kompanie/ 13. Infanterie-Bataillon)
Vergehen: Diebstahl
Urteil: zur Aburteilung an das Patronat der Vorstadt St. Pauli in Hamburg ausgeliefert 1850

851 Person: Jordt, Heinrich, Musketier (4. Kompanie/13. Infanterie-Bataillon)
Vergehen: Postenvergehen
Urteil: vierzehntägiger strenger Arrest unter Anrechnung der Untersuchungshaft 1850-1851

841 Person: Kahl, Friedrich August Christian, Musketier (1. Kompanie/ 13. Infanterie-Bataillon)
Vergehen: Desertion und Kameradendiebstahl
Urteil: viereinhalbjährige Zuchthausstrafe und Ausstoßung aus dem Soldatenstand sowie Schadensersatz 1849-1850
Darin: „Altonaer Mercur“ vom 7. bis 9. März 1850

860 Person: von Klitzing, Louis, Sekondeleutnant (13. Infanterie-Bataillon)
Vergehen: mangelnde Ehrauffassung
Urteil: Entlassung aus der Armee 1850

853 Person: Krähe, Christian Heinrich, Sergeant (4. Kompanie/13. Infanterie-Bataillon)
Vergehen: unerlaubte Enfernung
Urteil: Verfahren eingestellt 1850

850 Person: Lüthje, Jürgen, Musketier (4. Kompanie/13. Infanterie-Bataillon)
Vergehen: tätliche Widersetzung gegen den Vorgesetzten mit der Waffe und Gehorsamsverweigerung
Urteil: zehnjährige Festungsstrafe 1850-1851

846 Person: Michaelsen, Johann Julius, Rekrut (1. Musketierabteilung)
Vergehen: Kameradendiebstahl
Urteil: dreimonatige Festungsstrafe und Versetzung in den Soldatenstsand 2. Klasse 1849

847 Person: Offen, Hans, Musketier (2. Kompanie/13. Infanterie-Bataillon)
Vergehen: Postenvergehen
Urteil: vierzehntägiger strenger Arrest 1850

854 Person: Otto, Carl, Unteroffizier (1. Kompanie/13. Infanterie-Bataillon)
Vergehen: Verdacht auf Flucht in der Schlacht bei Idstedt
Urteil: außer Verfolgung gestellt 1850

839 Personen: Rittmann, Daniel, Musketier (2. Kompanie/13. Infanterie-Bataillon)
Moskopp, Hinrich, Musketier (2. Kompanie/13. Infanterie-Bataillon)
Vergehen: Desertion
Urteil: fünfjährige Festungsstrafe 1850-1851

844 Person: Schäftlein, Carl, Unteroffizier (1. Kompanie/13. Infanterie-Bataillon)
Vergehen: Verleumdung des Leutnants von Reißwitz
Urteil: Verfahren wegen der zwischenzeitlichen Entlassung von Schäftlein eingestellt 1851

857 Person: Schneider, Friedrich Johann Traugott, Unteroffizier (1. Kompanie/13. Infanterie-Bataillon)
Vergehen: Trunkenheit und Straßenskandal
Urteil: disziplinarische Bestrafung mit dreitägigem Mittelarrest 1850-1851

842 Person: Schulz, Simon Johann Heinrich, Musketier (4. Kompanie/13. Infanterie-Bataillon)
Vergehen: Desertion
Urteil: zweijährige Festungsstrafe und Versetzung in den Soldatenstand 2. Klasse 1850

855 Personen: Stammerjohann, Hans Christian, Musketier (3. Kompanie/13. Infanterie-Bataillon)
Wulf, Peter Christian, Musketier (2. Kompanie/13. Infanterie-Bataillon)
Lohse, Johann, Musketier (2. Kompanie/13. Infanterie-Bataillon)
Lass, Johann Hinrich, Musketier (2. Kompanie/13. Infanterie-Bataillon)
Vergehen: Teilnahme an einer Demonstration, Ungehorsam und unerlaubte Entfernung
Urteil: Freispruch (Stammerjohann), vierzehntägiger Mittelarrest (Wulf) und Anrechnung der Untersuchungshaft als Strafe (Lohse und Lass) 1850

843 Person: Stein, Gotthard, Musketier (4. Kompanie/13. Infanterie-Bataillon)
Vergehen: Desertion
Urteil: zweijährige Festungsstrafe und voraussichtlicher Wiedereintritt in den Soldatenstand 1. Klasse 1850-1851

840 Personen: Treter, Carl, Unteroffizier (3. Kompanie/13. Infanterie-Bataillon)
Nather, Carl, Musketier (3. Kompanie/13. Infanterie-Bataillon)
Vergehen: Desertion
Urteil: zweijährige Festungsstrafe und Degradierung sowie Versetzung in den Soldatenstand 2. Klasse (Treter), Freispruch (Nather) 1850-1851

861 Person: Dr. Wittmaack, Johann, Assistenzarzt (13. Infanterie-Bataillon)
Vergehen: ungebührliches Benehmen gegen Vorgesetzte
Urteil: vierwöchiger Stubenarrest 1850

859 Person: von Wuthenau, Roderich, Hauptmann (13. Infanterie-Bataillon)
Vergehen: Unterschlagung, Diebstahl und pflichtwidrige Entfernung von seiner Truppe während des Rückzugs in der Schlacht bei Idstedt
Urteil: Anrechnung der Untersuchungshaft als Strafe 1850

## 14. Infanterie-Bataillon

873 Untersuchung des 14. Infanterie-Bataillons wegen der Entwendung von Montierungsstücken auf dem Marsch von Heide nach Rendsburg sowie Untersuchung gegen den Musketier Friedrich Bock (1. Kompanie/2. Infanterie-Bataillon) wegen der Entwendung des Mantels des Eingesessenen Claus Thedens in Hademarschen (Untersuchungen eingestellt) 1851

879 Person: Baran, Jacob Friedrich Ludwig, Unteroffizier (1. Kompanie/14. Infanterie-Bataillon)
Vergehen: Veruntreuung öffentlicher Gelder
Urteil: sechswöchiger Arrest, Degradierung und Versetzung in den Soldatenstand 2. Klasse 1849-1850

3046 Person: Block, Peter Ludwig, Musketier (3. Kompanie/12. Infanterie-Bataillon)
Vergehen: Aufwiegelung
Urteil: vierzehntägiger strenger Arrest 1850

876 Person: Boysen, Georg, Musketier (4. Kompanie/14. Infanterie-Bataillon)
Vergehen: betrügerische Aneigung und Verkauf einer Uhr des Quartierwirts
Urteil: vierwöchiger strenger Arrest 1850

881 Person: Boysen, Georg, Musketier (4. Kompanie/14. Infanterie-Bataillon)
Vergehen: Postenvergehen
Urteil: vierzehntägiger strenger Arrest 1850

872 Person: Brebeck, Otto Albert, Sekondeleutnant (14. Infanterie-Bataillon)
Vergehen: Veruntreuung von Dienstgeldern
Urteil: Entfernung aus dem Offiziersstand unter Anrechnung der Haft; wegen mangelnder Dienstaufsicht des Kompaniechefs zur Strafmilderung der Staatsregierung empfohlen 1850-1851

870 Person: Falck, Julius, Unteroffizier (1. Kompanie/14. Infanterie-Bataillon)
Vergehen: Gehorsamsverweigerung und Nachlässigkeit als Wachkommandeur
Urteil: achttägiger Mittelarrest 1850

869 Person: Fischer, Detlef, Musketier (2. Kompanie/14. Infanterie-Bataillon)
Vergehen: Gehorsamsverweigerung und ungebührliches Benehmen
Urteil: dreiwöchiger strenger Arrest 1850

878 Person: Gosau, Johann, Musketier (4. Kompanie/14. Infanterie-Bataillon)
Vergehen: erster kleiner Kameradendiebstahl
Urteil: vierwöchiger strenger Arrest und Versetzung in den Soldatenstand 2. Klasse 1850

867 Person: Grassmeyer, Christian, Musketier (3. Kompanie/14. Infanterie-Bataillon)
Vergehen: Unterschleif von Geldern seiner Kameraden, Glücksspiel und unerlaubte Entfernung
Urteil: vierzehntägiger strenger Arrest, Freispruch wegen Unterschleifs 1850

877 Person: Harders, Detlef, Musketier (3. Kompanie/14. Infanterie-Bataillon)
Vergehen: erster kleiner Diebstahl
Urteil: Freispruch 1850-1851

866 Person: Herbold, Conrad, Musketier (3. Kompanie/14. Infanterie-Bataillon)
Vergehen: ungebührliches Benehmen
Urteil: dreiwöchiger strenger Arrest 1850

882 Person: Hutterer, Andreas, Musketier (2. Kompanie/14. Infanterie-Bataillon)
Vergehen: mangelnde Aufsicht über Verhaftete sowie Trunkenheit
Urteil: vierzehntägiger strenger Arrest 1850-1851

883 Person: Keller, Casper, Leutnant (14. Infanterie-Bataillon)
Vergehen: hohe Schulden bei Untergebenen und Geschäftsleuten
Urteil: Entlassung aus dem Militärdienst 1850

880 Person: Kohl, Heinrich August, Musketier (4. Kompanie/14. Infanterie-Bataillon)
Vergehen: Vernachlässigung seiner Dienstpflicht bei der Flucht des Tambours Remler aus der Untersuchungshaft
Urteil: disziplinarische Bestrafung mit fünftägigem Mittelarrest 1850-1851

865 Person: Koops, Johann, Musketier (4. Kompanie/14. Infanterie-Bataillon)
Vergehen: wiederholte Trunkenheit, ungebührliches Benehmen und Ungehorsam
Urteil: vierwöchiger strenger Arrest 1850

862 Person: Muss, Hinrich Christian, Musketier (4. Kompanie/14. Infanterie-Bataillon)
Vergehen: Desertion, unerlaubte Entfernung, Diebstahl, unerlaubtes Schießen auf der Eisenbahn zwischen Altona und Rendsburg sowie Trunkenheit
Urteil: sechsmonatige Festungsstrafe und Versetzung in den Soldatenstand 2. Klasse 1850

874 Person: Nientzel, Johann Jacob, Musketier (2. Kompanie/14. Infanterie-Bataillon)
Vergehen: unerlaubte Entfernung
Urteil: Freispruch 1850

871 Person: von Paraski, Carl Ludwig Friedrich, Sekondeleutnant (14. Infanterie-Bataillon)
Vergehen: Veruntreuung von öffentlichen Geldern
Urteil: dreiwöchiger Stubenarrest und Entfernung aus dem Offiziersstand 1851

864 Person: Siemers, Johann Hinrich, Musketier (1. Kompanie/14. Infanterie-Bataillon)
Vergehen: Diebstahl in Warde in Jütland
Urteil: Untersuchung niedergeschlagen 1850

875 Person: Suffrian, Heinrich Friedrich, Musketier (3. Kompanie/14. Infanterie-Bataillon)
Vergehen: erster kleiner Kameradendiebstahl
Urteil: sechswöchiger strenger Arrest und Versetzung in den Soldatenstand 2. Klasse 1851

863 Person: Tönnies, Andreas Christian Heinrich, Musketier (2. Kompanie/14. Infanterie-Bataillon)
Vergehen: Desertion
Urteil: sechsmonatige Festungsstrafe 1851

868 Personen: Wildt, August Heinrich, Musketier (3. Kompanie/14. Infanterie-Bataillon)
Fürst, Claus Ernst Friedrich, Musketier (3. Kompanie/14. Infanterie-Bataillon)
Baumann, Henning, Musketier (3. Kompanie/14. Infanterie-Bataillon)
Vergehen: Ausbleiben nach dem Zapfenstreich, Trunkenheit und Ungehorsam
Urteil: achttägiger (Wildt), vierzehntägiger (Fürst) und viertägiger (Baumann) Arrest 1850

## 15. Infanterie-Bataillon

928 Beschwerde des Händlers Moritz Bergeau in Rendsburg über Musketiere des 15. Infanterie-Bataillons (ohne Entscheidung) 1851

907 Person: Abraham, Christian, Musketier (1. Kompanie/15. Infanterie-Bataillon)
Vergehen: unerlaubte Entfernung beim Rückzug vom Sturm auf Friedrichstadt
Urteil: vierzehntägiger Mittelarrest 1850

930 Personen: Beick, Detlev Hinrich, Rekrut (1. Kompanie/15. Infanterie-Bataillon)
Heldt, Ludwig Hinrich (1. Kompanie/15. Infanterie-Bataillon)
Vergehen: Besuch des verbotenen Lokals beim Wirt Estorff in Rendsburg
Urteil: Freispruch (Beick), fünftägiger leichter Arrest (Heldt) 1849

889 Person: Bielefeld, Johann Hinrich Christoph, Musketier (3. Kompanie/15. Infanterie-Bataillon)
Vergehen: Desertion in der Kriegszeit und Fälschung
Urteil: dreijährige Festungsstrafe und Versetzung in den Soldatenstand 2. Klasse 1850

924 Person: Bierkardt, Hinrich Friedrich, Sergeant (15. Infanterie-Bataillon)
Vegehen: widerrrechtliche Erwerbung oder Aneignung von Militärvermögen
Urteil: Untersuchung nicht beendet 1850

887 Person: Böhm, August, Musketier (3. Kompanie/15. Infanterie-Bataillon)
Vergehen: ungebührliche Beschwerdeführung, ungebührliches Benehmen, Gehorsamsverweigerung, Beleidigungen gegen Vorgesetzte und mutwilliger Skandal im Quartier
Urteil: einjährige Festungsstrafe 1850

884 Person: Boszelmann, Wilhelm Leonhard Carl, Gefreiter (2. Kompanie/15. Infanterie-Bataillon)
Vergehen: Desertion in der Kriegszeit
Urteil: zweijährige Festungsstrafe 1850-1851

890 Personen: Deckmann, Heinrich Diedrich Andreas, Festungssträfling (15. Infanterie-Bataillon)
Hölzer, Christian, Musketier (3. Kompanie/15. Infanterie-Bataillon)
Vergehen: Flucht aus der Strafabteilung, Diebstahl, Gehorsamsverweigerung und Trunkenheit
Urteil: neunmonatige (Deckmann) und sechsmonatige (Hölzer) verlängerte Festungsstrafe 1850

892 Person: Dencker, Heinrich Matthias, Unterroffizier (1. Kompanie/ 15. Infanterie-Bataillon)
Vergehen: Feigheit
Urteil: Untersuchung eingestellt 1850

905 Person: Dreier, Claus, Musketier (1. Kompanie/ 15. Infanterie-Bataillon)
Vergehen: unerlaubte Entfernung aus dem Gefecht 1850
Bemerkung: Anlagen mit dem Urteil fehlen

933 Person: von Drigalsky, Hauptmann (15. Infanterie-Bataillon)
Vergehen: ungebührliche Äußerungen und Achtungsverletzung gegenüber seinem Bataillonskommandeur
Urteil: fünftägiger Stubenarrest 1850

914 Person: Funk, Johann, Musketier (4. Kompanie/15. Infanterie-Bataillon)
Vergehen: Ungehorsam
Urteil: disziplinarische Erledigung 1850

917 Person: Geiger, Sebastian, Musketier (4. Kompanie/15. Infanterie-Bataillon)
Vergehen: Verletzung seiner Dienstpflichten vor dem Feind aus Furcht und Verwahrlosung seiner Ausrüstung
Urteil: vierwöchiger strenger Arrest und Versetzung in den Soldatenstand 2. Klasse 1850

909 Personen: Gottschalk, Christian Theodor Claus, Musketier (4. Kompanie/2. Besatzungs-Bataillon)
Böttger, Johann Jacob Claus, Musketier (2. Kompanie/15. Infanterie-Bataillon)
Vergehen: unerlaubte Entfernung aus dem Lazarett, Gehorsamsverweigerung, grobe Beleidigung eines Vorgesetzten und Trunkenheit
Urteil: zehntägiger Mittelarrest 1850

922 Person: von Gruszinsky, Severin, Unteroffizier (1. Kompanie/15. Infanterie-Bataillon)
Vergehen: ungebührliches Benehmen und Drohungen gegen einen Vorgesetzten, grobes und beleidigendes Benehmen gegen einen Untergebenen und Trunkenheit außer Dienst
Urteil: nach Einstellung des Verfahrens entlassen 1850

902 Person: Hamann, Johann Joachim Hinrich, Hornist (4. Kompanie/15. Infanterie-Bataillon)
Vergehen: tätliche Widersetzung gegen einen Vorgesetzten, mehrfache Gehorsamsverweigerung und ungebührliche Äußerungen gegen einen Vorgesetzten
Urteil: Freispruch 1850

904 Person: Hanssen, Nils Eduard Friedrich, Fourier (2. Kompanie/15. Infanterie-Bataillon)
Vergehen: Ungehorsam
Urteil: Freispruch 1850

915 Person: Henry, Alexander Friedrich Wilhelm, Unteroffizier (3. Kompanie/15. Infanterie-Bataillon)
Vergehen: Vernachlässigung seiner Pflicht als Wachkommandeur sowie Trunkenheit im Dienst
Urteil: Untersuchung auf Veranlassung des Kommandierenden Generals niedergeschlagen 1851

906 Person: Heynsen, Christian, Musketier (1. Kompanie/15. Infanterie-Bataillon)
Vergehen: Versuch der Desertion
Urteil: vierzehntägiger strenger Arrest 1850

885 Personen: Hölzer, Christian, Musketier (3. Kompanie/15. Infanterie-Bataillon)
Speck, Christian Asmus, Musketier (3. Kompanie/15. Infanterie-Bataillon)
Schröder, Johann August, Musketier (3. Kompanie/15. Infanterie-Bataillon)
Vergehen: unerlaubte Entfernung und Trunkenheit außer Dienst
Urteil: zwölfmonatige Festungsstrafe (Hölzer) und vierzehntägiger strenger Arrest (Speck und Schröder) 1849-1850

899 Person: Hörner, Casper, Tambour (3. Kompanie/15. Infanterie-Bataillon)
Vergehen: Desertion in der Kriegszeit oder Urlaubsüberschreitung sowie Trunkenheit außer Dienst
Urteil: Anrechnung der siebenwöchigen Haft als Strafe, Trunkenheit disziplinarisch zu bestrafen 1850

910 Person: Hübner, Karl, Unteroffizier (2. Kompanie/15. Infanterie-Bataillon)
Vergehen: Verdacht auf Spionage aufgrund einer Mitteilung des Agenten der auswärtigen Angelegenheiten in Berlin, Baron von Liliencron
Urteil: ohne Entscheidung 1851

932 Personen: Hüggin, Heinrich, Tambour (3. Kompanie/15. Infanterie-Bataillon)
Siebcke, Heinrich, Tambour (3. Kompanie/15. Infanterie-Bataillon)
Vergehen: unerlaubte Entfernung, Ungehorsam und unordentlicher, bereits früher mehrfach disziplinarisch bestrafter Lebenswandel
Urteil: achttägiger strenger Arrest 1850

900 Person: Katzmann, Georg Andreas, Musketier (2. Kompanie/15. Infanterie-Bataillon)
Vergehen: ungebührliches Benehmen mit Drohungen gegen Vorgesetzte, mehrfache Gehorsamsverweigerung und Trunkenheit im Dienst
Urteil: vierwöchiger strenger Arrest 1850

894 Person: Körber, Alexander Rudolf, Feldwebel (4. Kompanie/15. Infanterie-Bataillon)
Vergehen: unbegründete Beschwerdeführung über den Leutnant Hennings
Urteil: disziplinarische Bestrafung 1850-1851

903 Person: Leckband, Friedrich Theodor, Unteroffizier (4. Kompanie/ 15. Infanterie-Bataillon)
Vergehen: Wachvergehen
Urteil: Freispruch 1850

913 Person: Levy, Meyer Michael, Musketier (3. Kompanie/15. Infanterie-Bataillon)
Vergehen: Verletzung seiner Dienstpflicht vor dem Feind aus Furcht und unerlaubte Entfernung aus dem Gefecht
Urteil: vierwöchiger strenger Arrest und Versetzung in den Soldatenstand 2. Klasse 1850

918 Person: Löhndorf, Peter Johann Gottfried, Musketier (4. Kompanie/15. Infanterie-Bataillon)
Vergehen: erster kleiner Kameradendiebstahl
Urteil: vierzehntägiger strenger Arrest und Versetzung in den Soldatenstand 2. Klasse 1850

921 Person: Lohse, Hartwig, Musketier (1. Kompanie/15. Infanterie-Bataillon)
Vergehen: tätliche Beleidigung eines Kameraden, tätliche Widersetzung gegen einen Wachtposten und Trunkenheit außer Dienst
Urteil: vierwöchiger strenger Arrest 1850

912 Person: Luther, Johann Joachim Hinrich, Musketier (3. Kompanie/ 15. Infanterie-Bataillon)
Vergehen: erster kleiner Kameradendiebstahl
Urteil: achttägiger strenger Arrest und Versetzung in den Soldatenstand 2. Klasse 1850

931 Person: Mahrt, Johann Carl Friedrich, Marketender (15. Infanterie-Bataillon)
Vergehen: Funddiebstahl
Urteil: zehntägiger strenger Arrest 1850

929 Person: März, Friedrich Wilhelm Eduard, Unteroffizier (2. Kompanie/15. Infanterie-Bataillon)
Vergehen: Veruntreuung von Geldbriefen und Fälschung
Urteil: zweieinvierteljährige Zuchthausstrafe und Ausstoß aus dem Soldatenstand 1850-1851
Enthält u. a.: mehrer Privatbriefe verschiedener Personen
Enthält auch: Begnadigungsantrag des Vaters des Zuchthaussträflings März und abschlägiger Bescheid 1851

891 Person: Mau, Fritz Hinrich, Musketier (4. Kompanie/15. Infanterie-Bataillon)
Vergehen: Trunkenheit und Umhertreiben am Tag der Schlacht bei Idstedt sowie unerlaubte Entfernung
Urteil: außer Verfolgung gestellt 1850

315 Person: Mau, Fritz, Musketier (4. Kompanie/15. Infanterie-Bataillon)
Vergehen: Entfernung aus dem Arrest und Betrug
Urteil: vierzehntägiger strenger Arrest 1850-1851

901 Person: Metzger, Christian, Musketier (4. Kompanie/15. Infanterie-Bataillon)
Vergehen: Versuch der Desertion
Urteil: vierwöchiger Mittelarrest 1850

886 Person: Meyer, Claus Hinrich, Musketier (1. Kompanie/1. Infanterie-Bataillon)
Vergehen: Versuch der Notzucht
Urteil: Untersuchung eingestellt 1851

923 Person: Pastuczack, Georg, Unteroffizier (3. Kompanie/15. Infanterie-Bataillon)
Vergehen: Ausschreitung in der Wohnung des Kaufmanns Lindberg in Rendsburg
Urteil: Anrechnung der Untersuchungshaft als Strafe 1851

919 Personen: Pfeiffer, Emil, Feldwebel und Offiziersanwärter (4. Kompanie/15. Infanterie-Bataillon)
Stiller, August Benjamin, Unteroffizier (4. Kompanie/15. Infanterie-Bataillon)
Daschky, Emil Heinrich, Unteroffizier (4. Kompanie/15. Infanterie-Bataillon)
Körber, Alexander, Unteroffizier (4. Kompanie/15. Infanterie-Bataillon)
Bobsien, Johann, Unteroffizier (4. Kompanie/15. Infanterie-Bataillon)
Vergehen: Gehorsamsverweigerung, ungebührliches Benehmen, gegenseitige Beleidigungen, Glücksspiel und Trunkenheit
Urteil: zwölfwöchiger (Pfeiffer), sechstägiger (Stiller und Daschky) und viertägiger (Körber und Bobsien) Mittelarrest 1850

925 Person: Rönnfeldt, Johann Friedrich Christian, Tambour (1. Kompanie/15. Infanterie-Bataillon)
Vergehen: vermeintlicher tätlicher Angriff auf einen Vorgesetzten
Urteil: außer Verfolgung gesetzt 1850

893 Personen: Schoer, Hans, Musketier (3. Kompanie/15. Infanterie-Bataillon)
Siegler, Johannes, Musketier (4. Kompanie/15. Infanterie-Bataillon)
Vergehen: Ungehorsam
Urteil: fünftägiger strenger Arrest 1850

898 Person: Schott, Carl Wilhelm, Unteroffizier 2. Klasse (2. Kompanie/15. Infanterie-Bataillon)
Vergehen: grobe Beleidigung eines Unteroffiziers, völlige Vernachlässigung seiner Dienstpflichten bei einem Gefangenentransport und Trunkenheit
Urteil: vierwöchiger Mittelarrest 1850-1851

911 Person: Schott, Karl Wilhelm August, Unteroffizier (2. Kompanie/15. Infanterie-Bataillon)
Vergehen: unerlaubtes Ausbleiben nach dem Zapfenstreich, Trunkenheit, vorschriftswidrige Behandlung von Untergebenen und Gehorsamsverweigerung
Urteil: Untersuchung wegen der Entlassung Schotts eingestellt
1850-1851

908 Person: Schultz, Johann Philipp Gustav, Musketier (4. Kompanie/15. Infanterie-Bataillon)
Vergehen: erster kleiner Diebstahl bei seinem Offizier
Urteil: Freispruch 1850

920 Person: Selemann, Richard, Portopeefähnrich (4. Kompanie/15. Infanterie-Bataillon)
Vergehen: Verdacht auf Unterschlagung eines Geldbriefs und Veruntreuung von Dienstgegenständen
Urteil: außer Verfolgung gestellt 1850

888 Person: Sönnichsen, Peter Christian, Musketier (3. Kompanie/15. Infanterie-Bataillon)
Vergehen: Trunkenheit, wiederholte Gehorsamsverweigerung, grobe Beleidigung von Vorgesetzten und nächtliches Umhertreiben
Urteil: einjährige Festungsstrafe 1850

896 Person: Sulzer, Friedrich, Unteroffizier (3. Kompanie/15. Infanterie-Bataillon)
Vergehen: wiederholte Gehorsamsverweigerung, grobe Beleidigung des Vorgesetzten, ungebührliches Benehmen und Äußerungen gegen Vorgesetzte sowie Trunkenheit
Urteil: sechsmonatige Festungsstrafe 1850

897 Personen: Theuerlein, Louis, Musketier (4. Kompanie/15. Infanterie-Bataillon)
Schlieker, Hinrich, Musketier (4. Kompanie/15. Infanterie-Bataillon)
Vergehen: Überschreiten von Dienstbefehlen und mangelnde Aufsicht über Verhaftete
Urteil: zwischenzeitliche Entlassung als Ausländer (Theuerlein) und sechswöchiger strenger Arrest (Schlieker) 1851

916 Person: Tyroll, Christian Gottfried Georg, Unteroffizier 2. Klasse (2. Kompanie/15. Infanterie-Bataillon)
Vergehen: Vernachlässigung seiner Pflichten als Wachkommandeur
Urteil: Degradierung zum Gemeinen 1850-1851

927 Personen: Westermann, Ferdinand, Musketier (4. Kompanie/15. Infanterie-Bataillon)
Legrom, Michael, Musketier (4. Kompanie/15. Infanterie-Bataillon)
Vergehen: Ausbleiben nach dem Zapfenstreich und Trunkenheit sowie Widersetzlichkeit gegen eine Patrouille im Axtschen Lokal in Rendsburg
Urteil: Anrechnung der unverschuldeten Haft als Strafe (Westermann), vierzehntägiger Mittelarrest (Legrom) 1850

895 Person: Winter, Daniel August Julius, Tambour (1. Kompanie/15. Infanterie-Bataillon)
Vergehen: Feigheit
Urteil: ohne Entscheidung 1850

926 Person: Zastrow, Louis Ferdinand, Leutnant (4. Kompanie/15. Infanterie-Bataillon)
Vegehen: Verhalten gegen den Gendarmen Mendel
Urteil: strenger Verweis 1850

## 1. Jägerkorps

1021 Untersuchungen über das Lauenburger Jäger-Bataillon wegen dessen Verhalten im Jahr 1848 1848
Enthält u. a.: zahlreiche Namenslisten

998 Liste über die Vergehen von Angehörigen des 1. Jägerkorps von November 1850 bis Februar 1851 1850-1851

999 Monatliche Strafverzeichnisse der Angehörigen des 1. Jägerkorps von November 1850 bis Februar 1851 1850-1851

952 Personen: Mannschaft der 1. Kompanie/1. Jägerkorps
Vergehen: betrügerisches Zerschneiden von Wolldecken
Urteil: Untersuchung bis auf Weiteres zurückgestellt 1851

997 Personen: Aereboe, Hans Justus, Bataillonsschreiber (2. Kompanie/1. Jägerkorps)
Bergst, Carl Ferdinand (2. Kompanie/1. Jägerkorps)
Storge, Christoph, Rechnungsführer (2. Kompanie/1. Jägerkorps)
Schmidt, Soenne, Jäger (2. Kompanie/1. Jägerkorps)
Vergehen: Verlust von Geldbriefen
Urteil: ohne Entscheidung 1851

990 Personen: Alwadt, Paul Herrmann Wilhelm, Jäger (2. Kompanie/ 1. Jägerkorps)
Dietz, Johann, Musketier (4. Kompanie/5. Infanterie-Bataillon)
Vergehen: Hochverrat, Landesverrat und Beleidigung eines Vorgesetzten
Urteil: ohne Entscheidung 1850

1022 Person: Arp, Dietrich, Jäger (1. Kompanie/1. Jägerkorps)
Vergehen: veranlasste Unordnung, für die er eine Strafe nach Ermessen (arbiträr) nicht annehmen wollte
Urteil: elftägige Gefängnisstrafe, nach dem zweiten Tag als Arrest zu verbüßen 1848

1000 Person: Bartels, Hinrich Hans, Hornist (1. Kompanie/1. Jägerkorps)
Vergehen: erster kleiner Diebstahl und Ungehorsam
Urteil: ohne Entscheidung 1850
Bemerkung: vgl. Abt. 55 Nr. 1274

976 Person: Beuck, Claus Matthias, Jäger (1. Kompanie/1. Jägerkorps)
Vergehen: tätliche Widersetzung gegen einen Vorgesetzten
Urteil: zehnjährige Festungsstrafe 1848-1849

1030 Person: Bluhme, Ferdinand August, Feldwebel (1. Kompanie/1. Jägerkorps)
Vergehen: ungerechtfertigter Besitz von Militärvermögen und unerlaubtes Beutemachen
Urteil: disziplinarische Bestrafung 1850-1851

986 Personen: Blunck, Hans, Jäger (1. Kompanie/1. Jägerkorps)
Kienitz, Ernst Ludwig, Jäger (1. Kompanie/1. Jägerkorps)
Vergehen: Urlaubsüberschreitung
Urteil: disziplinarische Erledigung 1850

941 Personen: Blunck, Hans, Jäger (1. Kompanie/1. Jägerkorps)
Overdieck, Johann Georg Sophus, Jäger (1. Kompanie/1. Jägerkorps)
Kienitz, Ernst Ludwig, Jäger (1. Kompanie/1. Jägerkorps)
Vergehen: Abführung eines zivilen Arrestanten aus der Kirchspielvogtei Hennstedt
Urteil: siebentägiger Mittelarrest 1850

968 Person: Böge, Friedrich Theodor, Jäger (1. Kompanie/1. Jägerkorps)
Vergehen: mehrfache laute Beschwerdeführung und ungebührliches Benehmen vor versammelter Mannschaft
Urteil: sechswöchiger strenger Arrest 1850

996 Person: Bösche, Julius, Oberjäger (2. Kompanie/1. Jägerkorps)
Vergehen: Ablösung einer Geldschuld
Urteil: Untersuchung niedergeschlagen 1850

1032 Person: Bruhn, Friedrich, Inspektionsunteroffizier (Krankenwärterkompanie)
Vergehen: mangelnde Dienstaufsicht
Urteil: Suspendierung 1851

946 Personen: Dehn, Mathias Detlev, Jäger (3. Kompanie/1. Jägerkorps)
Petersen, Hans, Jäger (3. Kompanie/1. Jägerkorps)
Bolten, Johann, Jäger (3. Kompanie/1. Jägerkorps)
Vergehen: Teilnahme an der gewaltsamen Befreiung eines Arrestanten sowie unterlassene Anzeige dieser Tat
Urteil: Freispruch (Petersen), von der Instanz entbunden (Dehn) 1850

956 Person: Detlefsen, Friedrich Peter, Jäger (1. Kompanie/1. Jägerkorps)
Vergehen: Trunkenheit im Dienst
Urteil: Strafe nach Ermessen (arbiträr) 1848

1024 Personen: Ehlers, Hans, Jäger (1. Kompanie/1. Jägerkorps)
Ehlers, Claus, Kanonier (2. Festungsbatterie)
Vergehen: polizeilicher Exzess und Ungehorsam
Urteil: dreitägiger strenger Arrest 1851

987 Personen: Freese, Hans, Jäger (1. Kompanie/1. Jägerkorps)
Hoff, Johann Carl Eduard Ferdinand, Jäger (1. Kompanie/1. Jägerkorps)
Schröder, Friedrich Wilhelm, Jäger (3. Kompanie/1. Jägerkorps)
Vergehen: unerlaubtes Ausbleiben und grober Unfug
Urteil: siebentägiger strenger Arrest (Freese) und Anrechnung der Untersuchungshaft als Strafe (Hoff und Schröder) 1850

1017 Person: Frick, Detlef Hinrich, Unterjäger (3. Kompanie/1. Jägerkorps)
Vergehen: Ungehorsam und ungebührliches Benehmen
Urteil: sechsmal fünftägige strenge Gefängnisstrafe 1848

942 Person: Glindemann, Christian, Jäger (4. Kompanie/1. Jägerkorps)
Vergehen: Ausschreitungen in St. Pauli
Urteil: disziplinarische Erledigung 1850

1025 Person: Hamann, Heinrich Ch. T., Jäger (4. Kompanie/1. Jägerkorps)
Vergehen: Trunkenheit und Urlaubsüberschreitung
Urteil: sechswöchiger strenger Arrest 1849

949 Person: Hansen, Christian, Jäger (2. Kompanie/1. Jägerkorps)
Vergehen: starke Trunkenheit außer Dienst und Verwundung
Urteil: disziplinarische Erledigung 1850

979 Person: Hartkopf, Heinrich Christoph, Jäger (2. Kompanie/1. Jägerkorps)
Vergehen: fahrlässige Selbstverwundung mit dem Gewehr
Urteil: Untersuchung eingestellt 1850

982 Person: Hecht, Rudolph, Jäger (4. Kompanie/1. Jägerkorps)
Vergehen: Teilnahme an einer Schlägerei mit preußischen Husaren in St. Pauli
Urteil: ohne Entscheidung 1849

977 Person: Heegard, Christian Ludwig, Jäger (1. Kompanie/1. Jägerkorps)
Vergehen: Desertion oder unerlaubte Entfernung
Urteil: sechsmonatige Festungsstrafe 1848-1849
Enthält auch: Urteil vom 7. September 1848 wegen Desertion (achtmal fünftägige Gefängnisstrafe)

1003 Person: Hingst, Hans Jochim, Jäger (4. Kompanie/1. Jägerkorps)
Vergehen: ungebührliches Benehmen
Urteil: sechsmal dreitägiger strenger Arrest 1849

954 Person: Hitzner, Hans Christian Friedrich, Feldwebel (1. Kompanie/1. Jägerkorps)
Vergehen: Defizit in der Kompaniekasse von 100 Mark Kurant
Darin: Krankenbuch der 1. Kompanie/1. Jägerkorps 1849-1850

950 Person: Hitzner, Hans Christian Friedrich, Feldwebel (1. Kompanie/1. Jägerkorps)
Vergehen: Desertion
Urteil: zu den Akten gelegt, da von steckbrieflicher Verfolgung keine Resultate zu erwarten sind 1850

958 Person: Jänsch, Julius Ludwig August, Jäger (2. Kompanie/1. Jägerkorps)
Vergehen: betrügerische Aneignung von Hemden
Urteil: vierzehntägiger strenger Arrest und Versetzung in den Soldatenstand 2. Klasse 1849

951 Person: Kaletzky, Hans Hinrich, Jäger (2. Kompanie/1. Jägerkorps)
Vergehen: Postenvergehen und ungebührliches Benehmen gegen einen Vorgesetzten
Urteil: sechswöchiger strenger Arrest 1850

961 Person: Kniep, Andreas, Jäger (1. Kompanie/1. Jägerkorps)
Vergehen: Verdacht auf kleinen Diebstahl
Urteil: Freispruch 1849

938 Personen: Kniep, Andreas, Jäger (1. Kompanie/1. Jägerkorps)
Siepen, Johann, Jäger (3. Kompanie/1. Jägerkorps)
Vergehen: Gewalttätigkeiten gegen einen Polizeidiener zur Befreiung eines Arrestanten
Urteil: zweijährige Festungsstrafe und Versetzung in den Soldatenstand 2. Klasse 1849-1850

1033 Personen: Kommando des Jägerbataillons
Vergehen: unterlassene Benachrichtigung der Reststrafe des Leutnant Lenz (7. Kompanie/1. Jägerkorps) an die Justizbehörde des 3. Infanterie-Bataillons
Urteil: Rüge durch das Generalkommando 1851

1031 Person: Krätzdorn, Matthias, Jäger (2. Kompanie/2. Jägerkorps)
Vergehen: Entwendung einer Taschenuhr im Lazarett in Preetz
Urteil: Verfahren eingestellt 1851

943 Person: Kröger, Johann Detlef, Jäger (1. Kompanie/1. Jägerkorps)
Vergehen: Beleidigung eines Vorgesetzten außer Dienst
Urteil: vierwöchiger strenger Arrest 1850

1029 Person: Krummseel, Heinrich, Jäger (6. Kompanie/1. Jägerkorps)
Vergehen: Postenvergehen
Urteil: vierzehntägiger strenger Arrest 1850-1851

1028 Person: Kruse, Johann Friedrich, Jäger (1. Kompanie/1. Jägerkorps)
Vergehen: Diebstahl, Trunkenheit im Dienst und ungebührliches Benehmen
Urteil: sechswöchiger strenger Arrest und Versetzung in den Soldatenstand 2. Klasse 1849

1007 Person: Kuhl, Franz, Jäger (4. Kompanie/1. Jägerkorps)
Vergehen: Trunkenheit im Dienst
Urteil: vierwöchiger strenger Arrest 1849

1018 Person: Kümmerfeld, Joachim Hinrich, Jäger (3 Kompanie/1. Jägerkorps)
Vergehen: Trunkenheit im Wachdienst und Ungehorsam
Urteil: sechsmal fünftägige Gefängnisstrafe 1848

969 Person: Lenz, Franz Rudolph Hermann, Leutnant (2. Kompanie/ 1. Jägerkorps)
Vergehen: mehrfache unerlaubte Entfernung, strafbare Unredlichkeit und Anstiftung eines Untergebenen zu einer gesetzwidrigen Handlung
Urteil: sechswöchiger Stubenarrest, dagegen Freispruch wegen Anstiftung 1851

936 Person: Linde, Julius, Jäger (4. Kompanie/1. Jägerkorps)
Vergehen: tätliche Widersetzung gegen Vorgesetzte mit der Waffe, wiederholte Gehorsamsverweigerung, grobe Beleidigung von Vorgesetzten, unerlaubte Entfernung und Trunkenheit
Urteil: zehnjährige Festungsstrafe 1850-1851
Enthält auch: Begnadigungsgesuch für Linde

962 Person: Lohmann, Johann, Jäger (2. Kompanie/1. Jägerkorps)
Vergehen: Entwendung einer Pfeife und Funddiebstahl
Urteil: vierzehntägiger strenger Arrest und Versetzung in den Soldatenstand 2. Klasse 1849

960 Person: Lohse, Friedrich Christian August, Jäger (3. Kompanie/ 1. Jägerkorps)
Vergehen: unerlaubte Entfernung, Trunkenheit, Beleidigung eines Vorgesetzten und ungebührliches Benehmen gegen einen Wachkommandeur
Urteil: sechswöchiger strenger Arrest 1849

947 Person: Lorenz, Heinrich Christian Friedrich, Jäger (3. Kompanie/ 1. Jägerkorps)
Vergehen: ungebührliches Benehmen gegen Vorgesetzte
Urteil: dreiwöchiger strenger Arrest 1850

939 Person: Luth, Johann Friedrich, Jäger (3. Kompanie/1. Jägerkorps)
Vergehen: Aufwiegelung seiner Kameraden vor versammelter Mannschaft
Urteil: dreijährige Festungsstrafe 1849

937 Person: Lüth, Claus Hinrich, Hornist (8. Kompanie/1. Jägerkorps)
Vergehen: erster kleiner Diebstahl, unerlaubte Entfernung aus dem Arrestlokal, ungebührliches Benehmen und respektlose Äußerungen gegen Vorgesetzte vor versammelter Mannschaft
Urteil: vierjährige Festungsstrafe und Versetzung in den Soldatenstand 2. Klasse 1850-1851

934 Person: Milde, Heinrich Gottfried, Jäger (3. Kompanie/1. Jägerkorps)
Vergehen: Postenvergehen, gewaltsame Requisition eines Wagens, Gehorsamsverweigerung und Trunkenheit
Urteil: dreiwöchiger strenger Arrest 1850

970 Person: Mumme, Carl Michael Christian, Brigadeschreiber, Feldwebel (Jäger-Inspektion)
Vergehen: Fälschung und Unterschlagung
Urteil: von der Instanz entbunden 1849

966 Person: Muxfeldt, Johann Friedrich, Jäger (4. Kompanie/1. Jägerkorps)
Vergehen: wiederholte Gehorsamsverweigerung, ungebührliches Benehmen und Trunkenheit
Urteil: sechswöchiger strenger Arrest unter Anrechnung der Untersuchungshaft 1850

1016 Person: Peper, Carl Hans Christian, Jäger (3. Kompanie/1. Jägerkorps)
Vergehen: gefährliche Selbstverwundung in Trunkenheit durch Schuss in den linken Arm
Urteil: ohne Entscheidung 1850

945 Person: Pfeiffer, Johann Julius, Jäger (3. Kompanie/1. Jägerkorps)
Vergehen: Ungehorsam
Urteil: dreiwöchiger strenger Arrest 1850

1020 Person: Priel, Bernhard Christian, Gefreiter (1 Kompanie/1. Jägerkorps)
Vergehen: Dienstvergehen als Patrouillenführer und Trunkenheit
Urteil: sechsmal fünftägige Gefängnisstrafe und Degradierung 1848

959 Personen: Radecker, Friedrich, Jäger (4. Kompanie/1. Jägerkorps)
Lage, Friedrich, Jäger (4. Kompanie/1. Jägerkorps)
Mohr, Ahrend, Jäger (3. Kompanie/1. Jägerkorps)
Lorentzen, Friedrich, Jäger (3. Kompanie/1. Jägerkorps)
Vergehen: körperliche Misshandlung des Gefreiten Bruhn
Urteil: dreitägiger (Radecker und Lage) und achttägiger (Lorentzen) strenger Arrest 1849

967 Person: Remling, Johann Carl Martin, Jäger (1. Kompanie/1. Jägerkorps)
Vergehen: Postenvergehen und ungebührliches Benehmen gegen einen Vorgesetzten
Urteil: Anrechnung der Untersuchungshaft als Strafe 1850

1009 Person: Rohwedder, Carsten, Jäger (4. Kompanie/1. Jägerkorps)
Vergehen: Trunkenheit
Urteil: sechswöchiger strenger Arrest 1849

965 Person: Rörup, Ernst August Victor, Oberjäger (4. Kompanie/1. Jägerkorps)
Vergehen: unvorsichtiges Feuern der Patrouille unter seiner Führung mit Tötung und Verwundung eines Jägers
Urteil: achttägiger einfacher Arrest 1849

1034 Person: von Sandrart, Carl, Hauptmann (1. Jägerkorps)
Vergehen: Ungehorsam 1850

935 Person: Sauermann, Ludwig Ferdinand Daniel, Jäger (4. Kompanie/1. Jägerkorps)
Vergehen: wiederholte Verletzung seiner Dienstpflichten aus Furcht vor persönlicher Gefahr
Urteil: zwölfmonatige Festungsstrafe und Versetzung in den Soldatenstand 2. Klasse 1850
Enthält auch: Begnadigungsgesuch des Drechslers Sauermann für seinen Sohn

1023 Person: Schenck, Friedrich, Wachtmeister (Trainkompanie/1. Jägerkorps)
Vergehen: Unterschlagung eines am Tag vor der Schlacht bei Idstedt requirierten Pferdes des Kätners Asmus Ehrichsen
Urteil: Verfahren aufgrund der Desertion Schencks eingestellt 1851

973 Person: Schlichting, Peter, Jäger (1. Kompanie/1. Jägerkorps)
Vergehen: Ungehorsam und Entfernung vom Korps
Urteil: zweimonatige Festungsstrafe und Versetzung in den Soldatenstand 2. Klasse wegen Ungehorsams, zweijährige Festungsstrafe wegen Entfernung 1848-1849

1027 Person: Schmüser, Johann Peter, Jäger (4. Kompanie/1. Jägerkorps)
Vergehen: Diebstahl einer Brieftasche
Urteil: Verfahren niedergeschlagen 1849

953 Person: Schnoor, Carl, Gefreiter (2. Kompanie/1. Jägerkorps)
Vergehen: ungebührliches Benehmen gegen Vorgesetzte und Trunkenheit
Urteil: Anrechnung der Untersuchungshaft als Strafe 1851

980 Person: Schröder, Johann, Jäger (4. Kompanie/1. Jägerkorps)
Vergehen: Ungehorsam
Urteil: ohne Entscheidung 1850

948 Person: Schultz, Andreas Adolph Marcus, Feldwebel (4. Kompanie/1. Jägerkorps)
Vergehen: Beleidigung des Oberpolizeidieners Brüshaber
Urteil: dreitägiger einfacher Arrest 1849-1850

972 Person: Schulz, Claus Hinrich, Jäger (3. Kompanie/1. Jägerkorps)
Vergehen: Postenvergehen
Urteil: einjährige Festungsstrafe und Versetzung in den Soldatenstand 2. Klasse 1849

1019 Person: Schwarzlose, Unterjäger (1 Kompanie/1. Jägerkorps)
Vergehen: Trunkenheit im Dienst
Urteil: Anrechnung der Untersuchungshaft als Strafe 1848

978 Person: Schwarzlose, Hans Hinrich Carl, Jäger (1. Kompanie/1. Jägerkorps)
Vergehen: Versuch der Notzucht und Trunkenheit
Urteil: Untersuchung auf Veranlassung des Generalkommandos niedergeschlagen 1848

983 Person: Sievers, Peter August Heinrich, Jäger (3. Kompanie/1. Jägerkorps)
Vergehen: öffentlicher Tadel an Vorgesetzte und Beteiligung an einer disziplinwidrigen öffentlichen Kundgebung
Urteil: disziplinarische Erledigung 1850

957 Person: Sinnern, Johann Hinrich, Jäger (3. Kompanie/1. Jägerkorps)
Vergehen: wiederholte Trunkenheit und Verkauf von Uniformteilen
Urteil: sechsmal dreitägige Gefängnisstrafe und Versetzung in den Soldatenstand 2. Klasse 1848

940 Person: Sinnern, Johann Hinrich, Festungssträfling (3. Kompanie/1. Jägerkorps)
Vergehen: Trunkenheit, Verkauf seiner Ausrüstung, Postenvergehen und tätlicher Angriff auf Vorgesetzte
Urteil: Freispruch wegen Unzurechnungsfähigkeit 1848-1850
Enthält u. a.: Urteil vom Febr. 1849 wegen Trunkenheit und Postenvergehen (dreijährige Festungsstrafe)

964 Person: Sorgenfrei, Joachim Heinrich, Jäger (1. Kompanie/1. Jägerkorps)
Vergehen: Ausschreitung auf St. Pauli unter Trunkenheit
Urteil: dreiwöchiger Mittelarrest 1849

971 Person: Stöcken, Jürgen Detlef, Jäger (4. Kompanie/1. Jägerkorps)
Vergehen: Wach- und Postenvergehen
Urteil: dreimonatige Festungsstrafe 1850

963 Personen: Stühr, Johann Carl Marcus, Jäger (2. Kompanie/1. Jägerkorps)
Sopp, Ernst Friedrich August, Jäger (2. Kompanie/1. Jägerkorps)
Vergehen: Entwendung von Kugelblei
Urteil: vierwöchiger strenger Arrest und Versetzungen in den Soldatenstand 2. Klasse 1848-1849

955 Person: Thedt, L. A. P., Oberjäger (4. Kompanie/1. Jägerkorps)
Vergehen: Trunkenheit und ungebührliches Benehmen gegen einen Offizier
Urteil: zweimal fünftägige Gefängnisstrafe 1848

991 Person: Warnecke, Gefreiter (2. Kompanie/1. Jägerkorps)
Vergehen: Ungehorsam
Urteil: siebentägiger strenger Arrest 1850

944 Personen: Witt, Johann Hermann Erdmann, Jäger (1. Kompanie/1. Jägerkorps)
Baltzer, Georg Friedrich Theodor, Jäger (4. Kompanie/1. Jägerkorps)
Albatz, Claus, Jäger (4. Kompanie/1. Jägerkorps)
Vergehen: Ausschreitungen auf St. Pauli trotz des Verbots, diese Vorstadt ohne besondere Erlaubnis zu besuchen
Urteil: dreiwöchiger (Albatz und Witt) und vierwöchiger (Baltzer) strenger Arrest 1850

1026 Person: Wittmaack, Jürgen, Jäger (3. Kompanie/1. Jägerkorps)
Vergehen: Beleidigung eines Vorgesetzten und Trunkenheit außer Dienst
Urteil: sechswöchiger strenger Arrest 1849

974 Personen: Wulff, Hans Christian, Jäger (3. Kompanie/1. Jägerkorps)
Katzmann, Hans Christian, Jäger (3. Kompanie/1. Jägerkorps)
Vergehen: erster und zweiter kleiner Diebstahl
Urteil: zwölfmonatige (Wulff) und dreimonatige (Katzmann) Festungsstrafe 1849

## 2. Jägerkorps

1141 Einzelne Militärgerichtsfälle des 2. Jägerkorps 1848-1851
Enthält u. a.: Ausschreitungen in Laboe; Diebstahl einer Geldkiste in Kolding; Holzdiebstahl im Forst Wüstenei

1083 Liste der Arrestanten des 1. und 2. Jägerkorps vom 29. Dezember 1850 bis 9. Februar 1851 1850-1851

1070 Person: Ahrend, Ernst Christian, Jäger (2. Kompanie/2. Jägerkorps)
Vergehen: Hausfriedensbruch und böswillige Verwundung des Tischlers Nissen in Kiel, Missbrauch der Waffe, unerlaubte Entfernung und nächtliches Umhertreiben
Urteil: sechsmonatige Festungsstrafe und Versetzung in den Soldatenstand 2. Klasse 1850

1035 Person: Ahrendt, Ernst Christian, Jäger (4. Kompanie/2. Jägerkorps)
Vergehen: Postenvergehen, Trunkenheit und Verlust seiner Kopfbedeckung
Urteil: zweijährige Festungsstrafe 1850-1851

1064 Person: Andersen, Nicolaus Johann Jacob, Jäger (4. Kompanie/2. Jägerkorps)
Vergehen: ungebührliches Benehmen gegen einen Vorgesetzten
Urteil: Verhandlung nicht abgeschlossen 1850

1117 Person: Barthelmy, Peter Wilhelm, Jäger (3. Kompanie/2. Jägerkorps)
Vergehen: Postenvergehen
Urteil: vierzehntägiger Mittelarrest unter Anrechnung der Untersuchungshaft 1849
Bermekung: vgl. Abt. 55 Nr. 1141

1095 Person: Bauditz, Richard Friedrich Carl, Jäger (4. Kompanie/2. Jägerkorps)
Vergehen: Trunkenheit im Dienst und laute Beschwerdeführung gegen einen Vorgesetzten vor versammelter Mannschaft
Urteil: vierwöchiger strenger Arrest oder achtmal dreitägiger verschärfter Arrest [1848-1851]
Bemerkung: vgl. Abt. 55 Nr. 1141

1047 Person: Behncke, Jürgen, Jäger (5. Kompanie/2. Jägerkorps)
Vergehen: erster kleiner Diebstahl von Lebensmitteln
Urteil: siebentägiger strenger Arrest 1850

1116 Person: Bluhm, Christian Friedrich, Jäger (3. Kompanie/2. Jägerkorps)
Vergehen: ungebührliches Benehmen gegen einen Vorgesetzten
Urteil: zwölftägiger Arrest 1849
Bemerkung: vgl. Abt. 55 Nr. 1141

1038 Person: Blum, Christian Friedrich, Jäger (6. Kompanie/2. Jägerkorps)
Vergehen: tätliche Widersetzung gegen einen Vorgesetzten nach vorangegangener Gehorsamsverweigerung
Urteil: sechsmonatige Festungsstrafe und anschließender Wiederversetzung in den Soldatenstand 1. Klasse 1851

1041 Person: Böhm, Gottlob Heinrich Matthias, Jäger (2. Kompanie/2. Jägerkorps)
Vergehen: wiederholter Kameradendiebstahl
Urteil: zwölfmonatige Festungsstrafe und Versetzung in den Soldatenstand 2. Klasse 1849-1850

1062 Person: Böttcher, Jäger (3. Kompanie/2. Jägerkorps)
Vergehen: Fälschung
Urteil: viermal fünftägige Gefängnisstrafe 1848
Enthält u. a.: Briefe von Böttchers Vater

1124 Person: Bremer, Ernst Friedrich, Oberjäger (2. Kompanie/2. Jägerkorps)
Vergehen: mangelnde Aufsicht des Arrestlokals
Urteil: disziplinarische Bestrafung 1850

1056 Personen: Brutkohl, Wilhelm, Jäger (8. Kompanie/2. Jägerkorps)
Richtsteig, Joseph, Jäger (Ersatz-Kompanie/2. Jägerkorps)
Kattenbracker, Gottfried, Jäger (1. Jägerkorps)
Vergehen: Beleidigung, Körperverletzung, Entwendung und Trunkenheit außer Dienst
Urteil: Entlassung als Ausländer in die Heimat (Brutkohl und Richtsteig) sowie disziplinarische Bestrafung (Kattenbracker) 1851

1075 Person: von Bülzingslöwen, Fähnrich (2. Jägerkorps)
Vergehen: Verdacht auf Unterschlagung von Geldern und andere Vergehen
Urteil: ohne Entscheidung 1850

1036 Person: Bülzingslöwen, Georg, Portepeefähnrich (2. Kompanie/2. Jägerkorps)
Vergehen: wiederholter Betrug mit Annahme eines falschen Namen und Dienstgrads, Diebstahl an der Familie seines Quartierwirts, unerlaubte Entfernung und versuchte Desertion
Urteil: einjährige Festungsstrafe, Degradierung und Versetzung in den Soldatenstand 2. Klasse 1851

1055 Person: Büttner, Friedrich, Jäger (2. Kompanie/2. Jägerkorps)
Vergehen: ungebührliches Benehmen gegen Vorgesetzte durch laute Kundgebung seiner Unzufriedenheit vor versammelter Mannschaft
Urteil: vierzehntägiger strenger Arrest 1850
Bermerkung: vgl. Abt. 55 Nr. 1141

1037 Person: Dassdorf, Edmund, Jäger (6. Kompanie/2. Jägerkorps)
Vergehen: eigenmächtige Aufkündigung des Dienstes, Gehorsamsverweigerung und ungebührliches Benehmen vor versammelter Mannschaft
Urteil: zehnjährige Festungsstrafe, später vom Generalkommando in fünfjährige Festungsstrafe ungewandelt 1850-1851

1065 Personen: von Dau, Wilhelm Severin Theodor, Sekondeleutnant (2. Jägerkorps)
von Boeckmann, W. A., Sekondeleutnant (2. Jägerkorps)
Vergehen: ehrenrührige Beschuldigungen von Boeckmanns durch Dau
Urteil: Verhandlung nicht abgeschlossen 1848

1108 Person: Demuth, Johann Friedrich, Jäger (3. Kompanie/2. Jägerkorps)
Vegehen: ungebührliches Benehmen und Aufsässigkeit gegen einen Vorgesetzten
Urteil: sechswöchiger strenger Arrest 1849
Bemerkung: vgl. Abt. 55 Nr. 1141

1086 Person: Dircks, Peter, Gefreiter (2. Kompanie/2. Jägerkorps)
Vergehen: unerlaubte Entfernung aus dem Lazarett
Urteil: sechswöchiger strenger Arrest und Degradierung 1849
Bemerkung: vgl. Abt. 55 Nr. 1141

1131 Person: Döbereiner, Carl Christian, Jäger (4. Kompanie/2. Jägerkorps)
Vergehen: Ausbleiben nach dem Zapfenstreich und ungebührliches Benehmen
Urteil: siebentägiger strenger Arrest 1850

1071 Person: Dreeger, Wilhelm Christian Friedrich, Jäger (4. Kompanie/ 2. Jägerkorps)
Vergehen: Trunkenheit im Dienst, ungebührliches Benehmen gegen Vorgesetzte und Diebstahlsverdacht
Urteil: dreimonatige Festungsstrafe 1849

1073 Person: Edsen, Sergeant (1. Kompanie/2. Jägerkorps)
Vergehen: ungebührliches Benehmen gegen den Vizefeldwebel Sommerfeld
Urteil: ohne Entscheidung 1850

1118 Person: Eggers, Harald Eduard, Gefreiter (4. Kompanie/2. Jägerkorps)
Vergehen: laute Beschwerdeführung vor versammelter Mannschaft
Urteil: disziplinarische Bestrafung mit einem Verweis 1849
Bemerkung: vgl. Abt. 55 Nr. 1141

1113 Person: Ehms, Johann Wilhelm, Jäger (3. Kompanie/2. Jägerkorps)
Vergehen: schwere Trunkenheit außer Dienst und Misshandlung seines Quartierwirts
Urteil: achttägiger strenger Arrest 1849
Bemerkung: vgl. Abt. 55 Nr. 1141

1098 Person: Ehms, Johann Wilhelm, Jäger (3. Kompanie/2. Jägerkorps)
Vergehen: dauernde Trunkenheit im Dienst
Urteil: dreiwöchiger strenger Arrest 1849
Bemerkung: vgl. Abt. 55 Nr. 1141

1058 Person: Erich, Johannes Peter, Oberjäger (1. Kompanie/2. Jägerkorps)
Vergehen: Urlaubsüberschreitung und mehrfache Trunkenheit außer Dienst
Urteil: dreiwöchiger Mittelarrest und Degradierung 1850

1044 Person: Fischer, Johann Heinrich, Jäger (3. Kompanie/2. Jägerkorps)
Vergehen: wiederholte Aufsässigkeit, ungebührliches Benehmen und Versuch eines tätlichen Angriffs auf einen Vorgesetzten
Urteil: zweijährige Festungsstrafe und Versetzung in den Soldatenstand 2. Klasse 1849

1050 Person: Gans, Heinrich Detlef, Jäger (4. Kompanie/2. Jägerkorps)
Vergehen: Trunkenheit im Dienst
Urteil: vierwöchiger strenger Arrest 1850

1096 Person: Gloede, Hans Hinrich, Jäger (4. Kompanie/2. Jägerkorps)
Vergehen: Verdacht auf Gelddiebstahl nach bereits einmal erfolgter Bestrafung als Dieb
Urteil: Freispruch 1849
Bemerkung: vgl. Abt. 55 Nr. 1141

1051 Person: Graukopf, Carl Claus, Jäger (3. Kompanie/2. Jägerkorps)
Vergehen: Verdacht auf Diebstahl
Urteil: ohne Entscheidung 1850

1039 Person: Groth, Claus Heinrich Herrmann, Jäger (3. Kompanie/2. Jägerkorps)
Vergehen: Verdacht auf wiederholten Diebstahl und Veruntreuung
Urteil: dreijährige Zuchthausstrafe, später zu zweijähriger Zuchthausstrafe gemildert 1848-1849
Enthält auch: Entweichen aus der Strafabteilung (vierjährige und zehnmonatige Festungsstrafe)
Bemerkung: vgl. Abt. 55 Nr. 1141

1072 Person: Haase, Heinrich, Jäger (3. Kompanie/2. Jägerkorps)
Vergehen: Postenvergehen
Urteil: einjährige Festungsstrafe und Versetzung in den Soldatenstand 2. Klasse 1849

1059 Person: Hamfeldt, Theodor, Gefreiter (1. Kompanie/2. Jägerkorps)
Vergehen: erster kleiner Kameradendiebstahl und Trunkenheit im Dienst
Urteil: vierzehntägiger Mittelarrest 1850

1063 Person: Hansen, Christian Detlef, Jäger (4. Kompanie/2. Jägerkorps)
Vergehen: Aufwiegelung der Kameraden zu tätlicher Beleidigung eines Vorgesetzten
Urteil: Flucht vor Beginn der Gerichtsverhandlung 1850

1145 Person: Hansen, Jäger (4. Kompanie/2. Jägerkorps)
Vergehen: offene Meuterei und Aufforderung seiner Kameraden zum bewaffneten Widerstand
Urteil: ohne Entscheidung 1850

1140 Person: Hansen, Friedrich, Jäger (1. Kompanie/2. Jägerkorps)
Vergehen: Mitwissen von der Desertion des Jägers Diercks und Verdacht auf Desertion
Urteil: Freispruch 1850

1126 Person: Hasenbalg, Philip, Jäger (2. Kompanie/2. Jägerkorps)
Vergehen: unerlaubte Entfernung und unerlaubter zweitägiger Aufenthalt
Urteil: vierzehntägiger strenger Arrest 1850

1057 Person: Hass, Christian Friedrich, Jäger (4. Kompanie/2. Jägerkorps)
Vergehen: Gehorsamsverweigerung und grobe Beleidigung eines Vorgesetzten
Urteil: Verschonung aufgrund guter Führung und Anrechnung der Untersuchungsstrafe 1850
Bemerkung: vgl. Abt. 55 Nr. 1141

1088 Person: Holm, Peter, Jäger (3. Kompanie/2. Jägerkorps)
Vergehen: Ungehorsam und ungebührliches Benehmen gegen Vorgesetzte
Urteil: sechswöchiger strenger Arrest 1849
Bemerkung: vgl. Abt. 55 Nr. 1141

1077 Personen: Jacobsen, Feldwebel (3. Kompanie/2. Jägerkorps)
Fissel, Gefreiter (3. Kompanie/2. Jägerkorps)
Vergehen: Verdacht auf Unterschlagung eines Briefes
Urteil: ohne Entscheidung 1850

1060 Person: Kaiser, Jäger (3. Kompanie/2. Jägerkorps)
Vergehen: wiederholte Trunkenheit im Dienst
Urteil: sechsmal fünftägige Gefängnisstrafe 1848
Enthält auch: Einspruch der Inspektion der Jägerkorps gegen die Versetzung von Personen wie Kaiser zur Marine

1068 Person: Kayser, Carl Heinrich, Jäger (3. Kompanie/2. Jägerkorps)
Vergehen: wiederholte Trunkenheit im Dienst
Urteil: dreimonatige Festungsstrafe 1849

1127 Tod des Jägers Johann Detlef Hinrich Klünder (4. Kompanie/2. Jägerkorps) auf einer Bootsfahrt auf dem Lankersee 1850
Enthält u. a.: Verzeichnisse der im Nachlass befindlichen Wertgegenstände und Abrechnung der Kompanie mit den Hinterbliebenen

1139 Person: Krackow, Carl, Oboist (1. Kompanie/2. Jägerkorps)
Vergehen: ungebührliches Benehmen gegen einen Vorgesetzten außer Dienst
Urteil: vierwöchiger Mittelarrest 1850

1144 Person: Kroll, Johann Friedrich Wilhelm, Hornist (1. Kompanie/2. Jägerkorps)
Vergehen: erster kleiner Diebstahl
Urteil: ohne Entscheidung 1850

1122 Personen: Ladiges, Heinrich, Jäger (3. Kompanie/2. Jägerkorps)
Blum, Jäger (3. Kompanie/2. Jägerkorps)
Vergehen: Trunkenheit und Schlägerei außer Dienst
Urteil: achttägiger (Ladiges) und dreitägiger (Blum) strenger Arrest
1850

1040 Person: Lehmann, Friedrich, Jäger (3. Kompanie/2. Jägerkorps)
Vergehen: wiederholte Gehorsamsverweigerung vor versammelter Mannschaft
Urteil: sechsmonatige Festungsstrafe 1850-1851

1129 Personen: Löding, Johann Heinrich, Jäger (4. Kompanie/2. Jägerkorps)
Löding, Wilhelm, Jäger (4. Kompanie/2. Jägerkorps)
Vergehen: Ausschreitungen in Postfeld und Preetz im Juni 1850
1850

1078 Person: Lorenzen, Oberjäger (1. Kompanie/2. Jägerkorps)
Vergehen: Verdacht auf Unterschlagung eines Pakets
Urteil: ohne Entscheidung 1850

1133 Person: Luckmann, Johann Christoph Sophus, Jäger (4. Kompanie/2. Jägerkorps)
Vergehen: ungebührliches Benehmen gegen einen Oberjäger
Urteil: siebentägiger strenger Arrest 1850

1123 Person: Lüth, Claus Hinrich, Jäger (4. Kompanie/2. Jägerkorps)
Vergehen: unerlaubte Entfernung aus dem Quartier nach dem Zapfenstreich
Urteil: sechswöchiger strenger Arrest 1850

1115 Person: Martens, Hans Friedrich, Jäger (3. Kompanie/2. Jägerkorps)
Vergehen: ungebührliches Benehmen gegen einen Vorgesetzten
Urteil: Aufhebung des durch Leutnant von Bülow verfügten Arrests durch den Kommandeur des Jägerkorps 1849
Bemerkung: vgl. Abt. 55 Nr. 1141

1089 Person: Martens, Hans Friedrich, Jäger (3. Kompanie/2. Jägerkorps)
Vergehen: Trunkenheit im Dienst und Respektlosigkeit
Urteil: dreiwöchiger strenger Arrest 1849
Bemerkung: vgl. Abt. 55 Nr. 1141

1045 Person: Martens, Johann Carl Theodor, Waffenmeister (3. Kompanie/2. Jägerkorps)
Vergehen: Ungehorsam
Urteil: siebentägiger Mittelarrest 1851

1085 Personen: Martini, Jäger (2. Kompanie/2. Jägerkorps)
Gans, Jäger (2. Kompanie/2. Jägerkorps)
Vergehen: ungebührliches Benehmen und Ordnungswidrigkeiten auf der Wache im Arrest
Urteil: sechswöchiger strenger Arrest 1849
Bemerkung: vgl. Abt. 55 Nr. 1141

1067 Person: Matthiesen, Johann, Jäger (2. Kompanie/2. Jägerkorps)
Vergehen: erster kleiner Diebstahl
Urteil: dreimonatige Festungsstrafe 1849

1087 Personen: Milde, Heinrich, Jäger (2. Jägerkorps)
Matzer, Heinrich, Jäger (2. Jägerkorps)
Matzer, Johann Albrecht Mathias, Jäger (2. Jägerkorps)
Vergehen: tätliche Widersetzung gegen Vorgesetzte und schwere Trunkenheit
Urteil: dreimonatige Festungsstrafe und Versetzung in den Soldatenstand 2. Klasse (Milde und H. Matzer) sowie vierundzwanzigtägiger strenger Arrest (J. Matzer) [1848-1851]

1143 Personen: Möckel, Franz Louis, Oberjäger (4. Kompanie/2. Jägerkorps)
Döbereiner, Carl Christian, Jäger (4. Kompanie/2. Jägerkorps)
Vergehen: Missbrauch der Dienstgewalt, ungebührliches Benehmen und Beleidigung eines Vorgesetzten
Urteil: ohne Entscheidung 1850

1136 Person: Möller, Johann Julius, Oberjäger (3. Kompanie/2. Jägerkorps)
Vergehen: mangelnde Aufsicht über einen Arrestanten
Urteil: disziplinarische Bestrafung mit dreitägigem Mittelarrest 1850

1128 Person: Müller, Georg Friedrich, Jäger (3. Kompanie/2. Jägerkorps)
Vergehen: Urlaubsüberschreitung
Urteil: vierzehntägiger strenger Arrest 1850

1054 Person: Nagel, Johann Jochim, Jäger (4. Kompanie/2. Jägerkorps)
Vergehen: Gehorsamsverweigerung, ungebührliches Benehmen gegen Vorgesetzte und Trunkenheit
Urteil: vierzehntägiger strenger Arrest 1850
Bemerkung: vgl. Abt. 55 Nr. 1141

1100 Person: Nebel, Carl Christian Martin, Jäger (4. Kompanie/2. Jägerkorps)
Vergehen: Trunkenheit, grobes ungebührliches Benehmen und Ungehorsam
Urteil: vierwöchiger strenger Arrest 1849
Bermekung: vgl. Abt. 55 Nr. 1141

1042 Personen: Osterwald, Christopher, Jäger (4. Kompanie/2. Jägerkorps)
Bauditz, Friedrich Carl, Jäger (4. Kompanie/2. Jägerkorps)
Vergehen: gegenseitige tätliche Beleidigung und Verwundung von Bauditz´ durch Messerstich
Urteil: zweijährige Festungsstrafe (Osterwald) und Versetzung in den Soldatenstand 2. Klasse (Bauditz) 1849

1103 Person: Petersen, Hinrich Sievert, Jäger (3. Kompanie/2. Jägerkorps)
Vergehen: Ungehorsam und ungebührliches Benehmen gegen Vorgesetzte
Urteil: fünfmal dreitägiger Mittelarrest 1849
Bemerkung: vgl. Abt. 55 Nr. 1141

1090 Person: Petersen, Andreas Peter, Jäger (1. Kompanie/2. Jägerkorps)
Vergehen: Postenvergehen
Urteil: dreiwöchige Gefängnisstrafe 1849

1119 Person: Petersen, Andreas Peter, Jäger (1. Kompanie/2. Jägerkorps)
Vergehen: Postenvergehen
Urteil: dreiwöchige Gefängnisstrafe 1849
Bemerkung: vgl. Abt. 55 Nr. 1141

1132 Person: Petersen, Nicolaus, Jäger (3. Kompanie/2. Jägerkorps)
Vergehen: unerlaubte Entfernung
Urteil: siebentägiger strenger Arrest 1850

1130 Person: Plagmann, Christian Heinrich, Gefreiter (4. Kompanie/2. Jägerkorps)
Vergehen: Raisonnieren in Glinde
Urteil: achttägiger strenger Arrest und Wiedereinstellung ins Glied als Jäger 1850

1074 Person: Pusch, Andreas, Jäger (4. Kompanie/2. Jägerkorps)
Vergehen: Trunkenheit
Urteil: ohne Entscheidung 1850

1046 Person: Pusch, Andreas, Jäger (4. Kompanie/2. Jägerkorps)
Vergehen: Urlaubsüberschreitung
Urteil: achttägiger strenger Arrest 1851

1082 Person: Randebrook, Franz Joseph, Oberjäger (6. Kompanie/2. Jägerkorps)
Vergehen: Verletzung der dienstlichen Autorität
Urteil: Untersuchung eingestellt 1850

1053 Person: Rohde, Johann, Jäger (2. Kompanie/2. Jägerkorps)
Vergehen: fahrlässige Tötung eines Kameraden durch unvorsichtige Handhabung seines Gewehrs
Urteil: Freispruch 1850-1851

1066 Personen: Roschmann, Jäger (2. Kompanie/2. Jägerkorps)
Seidel, Jäger (2. Kompanie/2. Jägerkorps)
und andere Soldaten des 2. Jägerkorps
Vergehen: Holzfrevel im Gehege Fresenboye 1851

1079 Person: Rühmke, Heinrich, Gefreiter (2. Kompanie/2. Jägerkorps)
Vergehen: Verlust der ihm anvertrauten Militärgüter auf einem Krankentransport nach Rendsburg
Urteil: ohne Entscheidung 1850

1043 Personen: Schade, Carl, Jäger (2. Kompanie/2. Jägerkorps)
Hamdorf, Marx, Jäger (2. Kompanie/2. Jägerkorps)
Vergehen: Widersetzlichkeit und Beleidigung eines Vorgesetzten
Urteil: zweijährige (Schade) und dreijährige (Hamdorf) Festungsstrafe sowie Versetzungen in den Soldatenstand 2. Klasse 1849-1850

1138 Person: Schäfer, Heinrich Johann Friedrich, Jäger (3. Kompanie/2. Jägerkorps)
Vergehen: Postenvergehen
Urteil: dreiwöchiger strenger Arrest 1850

1121 Person: Schütt, Hans, Jäger (1. Kompanie/2. Jägerkorps)
Vergehen: Ausbleiben aus dem Quartier und nicht sofortige Befolgung eines Befehls
Urteil: sechstägiger strenger Arrest 1850

1049 Person: Schwarz, Friedrich, Jäger (2. Kompanie/2. Jägerkorps)
Vergehen: Postenvergehen
Urteil: vierwöchiger strenger Arrest 1850

1080 Person: Ehefrau des Insten Hinrich Sieh in Groß Wittensee
Vergehen: Verdacht auf Entwendung einer Pferdedecke
Urteil: ohne Entscheidung 1850

1061 Person: Spickermann, Wilhelm, Jäger (1. Kompanie/2. Jägerkorps)
Vergehen: wiederholtes Ausbleiben nach dem Zapfenstreich
Urteil: viermal fünftägige Gefängnisstrafe 1848

1092 Person: Spickermann, Wilhelm, Jäger (1. Kompanie/2. Jägerkorps)
Vergehen: wiederholte Trunkenheit im Dienst
Urteil: sechswöchiger strenger Arrest 1849
Bermerkung: vgl. Abt. 55 Nr. 1141

1093 Person: Spickermann, Wilhelm, Jäger (1. Kompanie/2. Jägerkorps)
Vergehen: wiederholte Trunkenheit im Dienst und ungebührliches Benehmen gegen einen Vorgesetzten
Urteil: dreimonatige Festungsstrafe 1849

1114 Person: Spickermann, Wilhelm, Jäger (1. Kompanie/2. Jägerkorps)
Vergehen: Beschimpfung des Oberwachtmeisters Kiene (2. Eskadron/1. Dragoner-Regiment) und unerlaubte Entfernung
Urteil: ohne Entscheidung 1849
Bemerkung: vgl. Abt. 55 Nr. 1141

1048 Person: Stahmer, Johann Friedrich, Jäger (3. Kompanie/2. Jägerkorps)
Vergehen: Trunkenheit im Dienst
Urteil: dreiwöchiger Mittelarrest 1850

1069 Person: Steen, Johann Heinrich, Jäger (3. Kompanie/2. Jägerkorps)
Vergehen: Diebstahl
Urteil: sechsmonatige Festungsstrafe und Versetzung in den Soldatenstand 2. Klasse 1849

1137 Personen: Stricker, Carl, Oberjäger (2. Kompanie/2. Jägerkorps)
Raabe, Adolph, Gefreiter (2. Kompanie/2. Jägerkorps)
Vergehen: Nachlässigkeit in der Ausübung der Disziplin und ungebührliches Benehmen
Urteil: viertägiger Mittelarrest (Stricker) und dreitägiger strenger Arrest (Raabe) 1850

1052 Person: Thielfoldt, Heinrich Christian Otto, Jäger (3. Kompanie/ 2. Jägerkorps)
Vergehen: Trunkenheit und tätliche Widersetzung gegen Vorgesetzte
Urteil: dreimonatige Festungsstrafe 1849

1125 Personen: Thielfoldt, Heinrich Christian Otto, Jäger (3. Kompanie/ 2. Jägerkorps)
Mohr, Johann Jacob Christian A., Jäger (3. Kompanie/2. Jägerkorps)
Vergehen: angebliche Misshandlung der Witwe Kührs in Eckernförde
Urteil: Änderung im Strafverzeichnis in Beleidigung 1850

1105 Person: Thode I, Gerhard, Jäger (1. Kompanie/2. Jägerkorps)
Vergehen: Ungehorsam und ungebührliches Benehmen gegen Vorgesetzte
Urteil: dreimonatige Festungsstrafe 1849

1084 Person: Trint, Friedrich Wilhelm Anton, Oberjäger (3. Kompanie/ 2. Jägerkorps)
Vergehen: eigenmächtige Entfernung aus der Garnison für mehrere Tage
Urteil: vierzehntägiger strenger Arrest und Degradierung 1850
Bemerkung: vgl. Abt. 55 Nr. 1141

1104 Personen: Ventien, Carl, Jäger (2. Kompanie/2. Jägerkorps)
Behn, Friedrich, Artillerist (3. Batterie)
Vergehen: unerlaubtes Beutemachen
Urteil: sechswöchiger strenger Arrest (Ventien), Freispruch (Behn) 1849
Bemerkung: vgl. Abt. 55 Nr. 1141

1135 Personen: Vogler, Wilhelm, Jäger (2. Kompanie/2. Jägerkorps)
Kay, Joachim, Trainfahrer
und andere nicht genannte Jäger des 2. Jägerkorps
Vergehen: Ausschreitungen in Kiel im Mai 1850 1850

1142 Person: Vogler, Wilhelm, Jäger (2. Kompanie/2. Jägerkorps)
Vergehen: Ausbleiben nach dem Zapfenstreich und eigenmächtige Entfernung aus dem Lazarett
Urteil: achttägiger strenger Arrest 1850

1134 Person: Wolf, Hans Asmus Emil, Sergeant (3. Kompanie/2. Jägerkorps)
Vergehen: Vernachlässigung seiner Pflichten als Wachkommandeur
Urteil: vierzehntägiger Mittelarrest 1850

## 3. Jägerkorps

1155 Personen: Jägerposten des 3. Jägerkorps
Vergehen: Vorfälle an der Sonderburger Fähre vom 18. auf den 19. Februar 1849
Urteil: ohne Entscheidung 1849

1203 Person: unbekannter Musketier vom 4. Infanterie-Bataillon
Vergehen: Verlust einer silbernen Uhr auf der Koppel bei Sehestedt
Urteil: Uhr bleibt beim 3. Jägerkorps 1850

1212 Personen: Appel, Heinrich, Jäger (1. Kompanie/3. Jägerkorps)
Bahls, Johann, Jäger (1. Kompanie/3. Jägerkorps)
Vergehen: tätliche Misshandlung ihres Quartierwirts Witte in Segeberg
Urteil: Untersuchung in gegenseitigem Einvernehmen eingestellt 1850

1166 Person: Baasch, Kai Hinrich, Jäger (2. Kompanie/3. Jägerkorps)
Vergehen: Postenvergehen
Urteil: achtundzwanzigtägiger strenger Arrest 1849

1183 Person: Bade, Hartwig, Jäger (4. Kompanie/3. Jägerkorps)
Vergehen: Postenvergehen
Urteil: vierwöchiger Mittelarrest 1850

1197 Person: Bahr, Johann Christian, Jäger (3. Kompanie/3. Jägerkorps)
Vergehen: unerlaubte Entfernung und Verwahrlosung von Ausrüstungsgegenständen
Urteil: Flucht aus der Untersuchungshaft 1850

1228 Person: Bartels, Hinrich Detlef, Jäger (2. Kompanie/3. Jägerkorps)
Vergehen: Verdacht auf Unredlichkeit gegen einen Kameraden
Urteil: Freispruch 1850

1157 Person: Bebensee, Johannes Heinrich August, Hornist (1. Kompanie/3. Jägerkorps)
Vergehen: Beleidigung und Ungehorsam gegen eine Schildwache
Urteil: vierzehntägiger strenger Arrest 1849
Enthält auch: Abschrift des Urteils vom 16. August 1849 über den Jäger Joachim Leiseringth (1. Kompanie/3. Jägerkorps)

1193 Person: Bebensee, Johannes Heinrich August, Jäger (1. Kompanie/3. Jägerkorps)
Vergehen: eigenmächtiges Ausbleiben von einer Erkundung
Urteil: siebentägiger strenger Arrest 1850

1194 Person: Bebensee, Johannes Heinrich August, Jäger (1. Kompanie/3. Jägerkorps)
Vergehen: Verdacht auf Gelddiebstahl
Urteil: sechswöchiger strenger Arrest und Versetzung in den Soldatenstand 2. Klasse 1850

1253 Person: Becker, Nicolaus, Jäger (2. Kompanie/3. Jägerkorps)
Vergehen: Verdacht auf Diebstahl
Urteil: ohne Entscheidung 1849

1245 Person: Biese, Christian Theodor Bernhard, Jäger (3. Kompanie/3. Jägerkorps)
Vergehen: Aufforderung zur tätlichen Misshandlung eines Vorgesetzten
Urteil: ohne Entscheidung 1848

1192 Person: Biszinsky, Wocheg, Jäger (3. Kompanie/3. Jägerkorps)
Vergehen: erster kleiner Diebstahl
Urteil: Entlassung in die Heimat gemäß der preußischen Kabinettsorder vor der Bestrafung 1850

1218 Person: Blohm, Johann, Jäger (2. Kompanie/3. Jägerkorps)
Vergehen: ungebührliches Benehmen gegen einen Vorgesetzten
Urteil: ohne Entscheidung 1850

1252 Person: Bock, Christian Detlef, Oberjäger (1. Kompanie/3. Jägerkorps)
Vergehen: Ungehorsam
Urteil: ohne Entscheidung 1849

1211 Person: Breede, Johann Jacob, Jäger (3. Kompanie/3. Jägerkorps)
Vergehen: Versuch der Notzucht
Urteil: vierzigtägige Gefängnisstrafe durch ein Zivilgericht 1849-1850
Enthält auch: Kompetenzfrage über die Aburteilung von Verbrechen, die vor dem Militärdienst begangen worden sind

1239 Person: Bruhn, Christoph, Jäger (8. Kompanie/3. Jägerkorps)
Vergehen: unerlaubte Entfernung
Urteil: vierzehntägiger Mittelarrest 1850

1247 Person: Bulling, Peter Julius, Jäger (1. Kompanie/3. Jägerkorps)
Vergehen: Fehlen beim Dienst
Urteil: disziplinarische Erledigung 1848

1260 Person: Burmeister, Johann Jürgen, Jäger (3. Kompanie/3. Jägerkorps)
Vergehen: Trunkenheit
Urteil: disziplinarische Erledigung 1849

1172 Person: Carlsen, Christian Henning, Fourier (3. Kompanie/3. Jägerkorps)
Vergehen: Äußerungen über die beschafften Fleischlieferungen
Urteil: Untersuchung eingestellt 1849

1152 Person: David, Hans Christian, Oberjäger (1. Kompanie/3. Jägerkorps)
Vergehen: Postenvergehen
Urteil: vierjährige Festungsstrafe und Degradierung 1849

1153 Personen: David, Hans Christian, Festungssträfling (1. Kompanie/3. Jägerkorps)
Heinz, Simon, Krankenwärter
Bock, Christian Heinrich Friedrich, Krankenwärter
Vergehen: Versuch der Desertion zum Feind (David), Wachvergehen (Heinz und Bock)
Urteil: aller Angeklagte außer Verfolgung gestellt 1850
Enthält u. a.: verschiedene beschlagnahmte Briefe

1210 Person: Delfs, Friedrich Carl Hinrich, Jäger (2. Kompanie/3. Jägerkorps)
Vergehen: Desertion
Urteil: steckbriefliche Verfolgung 1850

1227 Person: Demlowsky, Albert Friedrich Theodor, Sergeant (3. Kompanie/3. Jägerkorps)
Vergehen: Trunkenheit außer Dienst und ungebührliches Benehmen in Gegenwart von Vorgesetzten
Urteil: vierzehntägiger Mittelarrest 1850

1259 Person: Dreews, Johann Friedrich Christian, Jäger (4. Kompanie/3. Jägerkorps)
Vergehen: Ungehorsam
Urteil: ohne Entscheidung 1849

1184 Person: Eggers, Claus Christian, Jäger (5. Kompanie/3. Jägerkorps)
Vergehen: Verdacht auf Aneigung einer fremden Patronentasche
Urteil: Verfahren niedergeschlagen 1851

1159 Person: Evertsen, Evert, Gefreiter (1. Kompanie/3. Jägerkorps)
Vergehen: Postenvergehen
Urteil: wegen Krankheit keine Entscheidung 1850

1225 Person: Früchtnicht, Peter, Jäger (1. Kompanie/3. Jägerkorps)
Vergehen: Postenvergehen bei Owschlag
Urteil: ohne Entscheidung 1850

1231 Person: von Grünewald, Georg Friedrich Wilhelm, Jäger (2. Kompanie/3. Jägerkorps)
Vergehen: Nichtbefolgung eines gegebenen Befehls
Urteil: vierzehntägiger Mittelarrest 1850

1254 Person: Gundelach, Johannes, Jäger (2. Kompanie/3. Jägerkorps)
Vergehen: Nichbefolgung von Befehlen
Urteil: vierzehntägiger Mittelarrest 1849
Enthält auch: Jäger Thordsen (3. Kompanie/3. Jägerkorps)

1156 Person: Hamann, Heinrich Christian, Jäger (1. Kompanie/3. Jägerkorps)
Vergehen: Diebstahl und Trunkenheit
Urteil: Freispruch wegen Diebstahls, dagegen vierzehntägiger strenger Arrest und Versetzung in den Soldatenstand 2. Klasse wegen Trunkenheit 1849

1146 Person: Hamann, Heinrich Christian, Festungssträfling (1. Kompanie/3. Jägerkorps)
Vergehen: Flucht aus der Strafabteilung und der Festung
Urteil: fünfjährige Zuchthaustrafe und Ausstoßung aus dem Soldatenstand ausschließlich einer noch nicht verbüßten fünfzehnjährigen Festungsstrafe, die in eine siebeneinhalbjährige zu verwandeln ist 1849
Enthält auch: Vorgang wegen tätlichen Angriffs auf einen Vorgesetzten (fünfzehnjährige Festungsstrafe)

1219 Person: Hamann, Heinrich Christian, Festungssträfling (ehemals 3. Jägerkorps)
Vergehen: tätliche Widersetzung gegen einen Vorgesetzten und Flucht aus der Strafabteilung
Urteil: Umwandlung der ursprünglichen zwölfeinhalbjährigen Zuchthausstrafe auf dem Gnadenwege in eine anderthalbjährig Festungsstrafe 1851

1190 Person: Hansen, Iver Thordsen, Jäger (3. Kompanie/3. Jägerkorps)
Vergehen: selbst verschuldete Verwundung
Urteil: disziplinarische Erledigung 1850-1851

1191 Person: Harbeck, Johann, Jäger (1. Kompanie/3. Jägerkorps)
Vergehen: erster kleiner Diebstahl
Urteil: Freispruch 1850

1222 Personen: Harms, Hans Friedrich, Jäger (1. Kompanie/3. Jägerkorps)
Witt, Carl Friedrich, Jäger (1. Kompanie/3. Jägerkorps)
Vergehen: unerlaubte Entfernung in der Schlacht bei Idstedt
Urteil: fünftägiger strenger Arrest 1850

1224 Person: Heger, Jäger (1. Kompanie/3. Jägerkorps)
Vergehen: ungebührliches Benehmen im Glied
Urteil: ohne Entscheidung 1850

1173 Person: Heise, Carl Christian, Oberjäger (3. Kompanie/3. Jägerkorps)
Vergehen: Trunkenheit und Beleidigungen gegen den Jäger Müller
Urteil: disziplinarische Bestrafung 1849

1151 Person: Hennings, Henning, Jäger (2. Kompanie/3. Jägerkorps)
Vergehen: Desertion zur Kriegszeit und Mitnahme von Ausrüstungsgegenständen und Waffen
Urteil: sechsmonatige Festungsstrafe mit Rücksicht auf seine verminderte Zurechnungsfähigkeit 1850

1162 Person: Herrmannsen, Jens Peter, Jäger (1. Kompanie/3. Jägerkorps)
Vergehen: erster kleiner Gelddiebstahl
Urteil: sechsmal dreitägiger strenger Arrest 1848

1206 Person: Hettgen, Sergeant (3. Jägerkorps)
Vergehen: Urlaubsüberschreitung
Urteil: ohne Entscheidung 1850

1251 Person: Holtz, Friedrich, Jäger (4. Kompanie/3. Jägerkorps)
Vergehen: Ungehorsam gegen eine Patrouille
Urteil: sechswöchiger strenger Arrest 1848

1169 Person: Horstmann, Paul, Jäger (2. Kompanie/3. Jägerkorps)
Vergehen: Postenvergehen
Urteil: sechswöchiger strenger Arrest 1849

1215 Personen: Janssen, Carl Marcus, Jäger (4. Kompanie/3. Jägerkorps)
Thordsen, Anton Georg, Jäger (1. Kompanie/3. Jägerkorps)
Vergehen: Diebstahl aus dem Militärschneidersaal
Urteil: ohne Entscheidung 1850

1213 Person: Kerl, Hinrich, Jäger (4. Kompanie/3. Jägerkorps)
Vergehen: ungebührliches Benehmen
Urteil: achttägiger strenger Arrest 1850

1207 Personen: Klinkradt, Hans Hinrich, Jäger (1. Kompanie/3. Jägerkorps)
Meyer, Joachim Heinrich, Jäger (1. Kompanie/3. Jägerkorps)
Vergehen: Desertion
Urteil: ohne Entscheidung 1849

1196 Person: Koopmann, Heinrich Jacob, Jäger (3. Kompanie/3. Jägerkorps)
Vergehen: Trunkenheit und militärische Ausschreitungen
Urteil: sechstägiger Mittelarrest 1850

1198 Personen: Krabbenhöft, Moritz Christoph, Fahrer (3. Kompanie/3. Jägerkorps)
Jöns, Marketender (3. Jägerkorps)
Böttger, Marketender (3. Jägerkorps)
Vergehen: erster kleiner Diebstahl (Krabbenhöft) sowie Beihilfe (Jöns und Böttger)
Urteil: vierwöchiger strenger Arrest und Versetzung in den Soldatenstand 2. Klasse (Krabbenhöft) sowie Freisprüche (Jöns und Böttger) 1850

1217 Person: Kühl, Johann Friedrich, Jäger (3. Kompanie/3. Jägerkorps)
Vergehen: Nichtbefolgung eines gegebenen Befehls
Urteil: ohne Entscheidung 1850

1177 Person: Landt, Jäger (3. Kompanie/3. Jägerkorps)
Vergehen: Widersetzlichkeit gegen einen Vorgesetzten
Urteil: vierwöchiger strenger Arrest 1851

1164 Person: Lorenzen, Heinrich Matthias Christian B., Musketier (3. Kompanie/5. Infanterie-Bataillon, früher 3. Jägerkorps)
Vergehen: erster kleiner Diebstahl
Urteil: vierzehntägiger strenger Arrest und Versetzung in den Soldatenstand 2. Klasse 1849

1204 Person: Manderfeld, Friedrich Wilhelm, Jäger (3. Kompanie/3. Jägerkorps)
Vergehen: Desertion
Urteil: ohne Entscheidung 1850

1171 Person: Matthiesen, Peter, Jäger (3. Kompanie/3. Jägerkorps)
Vergehen: erster kleiner Diebstahl unter erschwerenden Umständen
Urteil: sechswöchiger strenger Arrest und Versetzung in den Soldatenstand 2. Klasse 1848

1250 Person: Meynert, Johann, Jäger (1. Kompanie/3. Jägerkorps)
Vergehen: ungebührliches Benehmen gegenüber seinen Vorgesetzten
Urteil: achttägiger Mittealrrest 1848

1220 Person: Möller, Johann Nicolaus Hinrich Friedrich, Jäger (2. Kompanie/3. Jägerkorps)
Vergehen: unerlaubtes Verlassen seines Kommandos auf dem Rückzug nach der Schlacht bei Idstedt
Urteil: Anrechnung der Untersuchungshaft als Strafe 1850

1188 Person: Müller, Johann Nicolaus Friedrich, Jäger (2. Kompanie/3. Jägerkorps)
Vergehen: eigenmächtiges Verlassen seines Kommandos beim Rückzug nach der Schlacht bei Idstedt
Urteil: Anrechnung der Untersuchungshaft als Strafe 1850

1189 Person: Müller, Johann Friedrich Gottwerth, Sergeant (3. Kompanie/3. Jägerkorps)
Vergehen: grobe Nachlässigkeiten bei der Bewachung ihm anvertrauter Dienstgegenstände
Urteil: Freispruch 1850

1168 Person: Muhs, Peter Elias, Jäger (2. Kompanie/3. Jägerkorps)
Vergehen: unerlaubte Entfernung und Verlust von Ausrüstung
Urteil: disziplinarische Erledigung 1849

1170 Person: Muhs, Peter Elias, Jäger (2. Kompanie/3. Jägerkorps)
Vergehen: Trunkenheit
Urteil: sechswöchiger strenger Arrest 1849

1181 Person: Nornberg, Peter, Jäger (3. Kompanie/3. Jägerkorps)
Vergehen: Trunkenheit im Dienst
Urteil: vierzehntägiger strenger Arrest 1849

1249 Personen: Paget, Jäger (1. Kompanie/3. Jägerkorps)
Thiesen, Jäger (1. Kompanie/3. Jägerkorps)
Vergehen: dienstwidriges Benehmen
Urteil: disziplinarische Bestrafung 1848

1248 Person: Paulsen, Jep Diedrich, Jäger (1. Kompanie/3. Jägerkorps)
Vergehen: ungebührliches Benehmen gegen einen Vorgesetzten
Urteil: disziplinarische Erledigung 1848

1258 Person: Paulsen, Jep Diedrich, Jäger (1. Kompanie/3. Jägerkorps)
Vergehen: unerlaubtes Beutemachen
Urteil: dreiwöchiger strenger Arrest 1849

1161 Person: Paulsen, Jep Diedrich, Jäger (1. Kompanie/3. Jägerkorps)
Vergehen: unerlaubtes Beutemachen
Urteil: dreiwöchiger strenger Arrest 1849

1241 Person: Peemöller, Hans Hinrich, Trainfahrer (4. Kompanie/3. Jägerkorps)
Vergehen: Widersetzlichkeit gegen einen hannoverschen Unteroffizier
Urteil: ohne Entscheidung 1849

1255 Person: Pennau, Federich Julius, Feldwebel (4. Kompanie/3. Jägerkorps)
Vergehen: Aufwiegelung
Urteil: Entlassung unter Anrechnung der Untersuchungshaft als Strafe 1849

1148 Person: Piskowski, Anton, Jäger (4. Kompanie/3. Jägerkorps)
Vergehen: Ausbleiben aus dem Quartier, wiederholte Gehorsamsverweigerung, tätliche Beleidigung eines Kameraden und tätliche Widersetzung gegen einen Vorgesetzten
Urteil: lebenslängliche Festungsstrafe, vom Generalkommando zu zehnjähriger Festungsstrafe verurteilt 1850-1851

1182 Person: Pohlmann, Carl Marcus Gottlieb, Jäger (4. Kompanie/3. Jägerkorps)
Vergehen: ungebührliches Benehmen gegen einen Oberjäger
Urteil: vierzehntägiger strenger Arrest 1849

1147 Personen: Puls, Hinrich Friedrich, Festungssträfling (3. Jägerkorps)
Schultz, Carl Friedrich, Festungssträfling (3. Jägerkorps)
Hamann, Christian, Festungssträfling (3. Jägerkorps)
Kinzer, Heinrich Carl, Festungssträfling (3. Jägerkorps)
Nagel, Friedrich Carl Theodor, Festungssträfling (3. Jägerkorps)
Vergehen: Widersetzlichkeit, Gehorsamsverweigerung und ungebührliches Benehmen
Urteil: zweijährige (Puls) und einjährige (Hamann) Festungsstrafe sowie fünfwöchiger (Schultz) und achttägiger (Kinzer) strenger Arrest 1851

1179 Person: Rath, Johann Friedrich, Jäger (3. Kompanie/3. Jägerkorps)
Vergehen: wiederholte Trunkenheit im Dienst
Urteil: dreimal dreitägiger strenger Arrest 1849

1180 Person: Rath, Johann Friedrich, Jäger (3. Kompanie/3. Jägerkorps)
Vergehen: unerlaubte Entfernung und wiederholte Trunkenheit außer Dienst
Urteil: zwanzigtägige strenge Gefängnisstrafe 1849

1236 Person: Rathje, Hans, Jäger (3. Kompanie/3. Jägerkorps)
Vergehen: Ungehorsam
Urteil: unbekannt 1850-1851
Enthält auch: Zurückversetzung des Jägers Johann August Heinz Bevensee

1205 Person: Reimers, Nicolaus Heinrich, Jäger (4. Kompanie/3. Jägerkorps)
Vergehen: verübte oder versuchte Sodomie
Urteil: Freispruch 1850-1851

1163 Person: Scheel, Adolph Carl Andreas, Jäger (1. Kompanie/3. Jägerkorps)
Vergehen: Trunkenheit im Dienst
Urteil: vierwöchiger strenger Arrest 1849

1160 Person: Schild, Hans Johann Christian, Jäger (1. Kompanie/3. Jägerkorps)
Vergehen: Trunkenheit im Dienst
Urteil: vierzehntägiger strenger Arrest 1849

1175 Person: Schlüter, Heinrich Gustav, Jäger (3. Kompanie/3. Jägerkorps)
Vergehen: Körperverletzung eines Soldaten durch sein Seitengewehr
Urteil: sechzehntägiger Mittelarrest 1849

1243 Person: Schlüter, Heinrich Gustav, Jäger (3. Kompanie/3. Jägerkorps)
Vergehen: Desertion
Urteil: steckbriefliche Verfolgung 1849

1178 Person: Schmidt, Carl August, Jäger (3. Kompanie/3. Jägerkorps)
Vergehen: Beutemachen
Urteil: ohne Entscheidung 1849

1246 Person: Schönig, Heinrich, Jäger (2. Kompanie/3. Jägerkorps)
Vergehen: undiszipliniertes Verhalten und Raisonnieren
Urteil: ohne Entscheidung 1848

1267 Personen: Schoshusen, Johann Hinrich, Jäger (3. Kompanie/3. Jägerkorps)
Landschow, Johann Hinrich, Jäger (3. Kompanie/3. Jägerkorps)
Vergehen: ungebührliche Widerrede vor versammelter Mannschaft und Aufwiegelung
Urteil: sechsmonatiger strenger Arrest (Schoshusen) und sechsmonatige Festungsstrafe und Versetzung in den Soldatenstand 2. Klasse (Landschow) 1849
Bemerkung: vgl. auch Abt. 55 Nr. 1185

1185 Personen: Schoshusen, Johann Hinrich, Jäger (3. Kompanie/3. Jägerkorps)
Landschow, Johann Hinrich, Jäger (3. Kompanie/3. Jägerkorps)
Vergehen: respektswidrige Widerrede vor versammelter Mannschaft und Aufwiegelung
Urteil: sechswöchiger strenger Arrest (Schoshusen) und sechsmonatige Festungsstrafe und Versetzung in den Soldatenstand 2. Klasse (Landschow) 1849
Bemerkung: vgl. auch Abt. 55 Nr. 1267

1216 Person: Schütt, Hans, Jäger (4. Kompanie/3. Jägerkorps)
Vergehen: ungebührliches Benehmen gegen den Oberjäger Wilstermann
Urteil: ohne Entscheidung 1850

1174 Person: Silber, Hermann, Waffenmeister (3. Jägerkorps)
Vegehen: ungebührliches Benehmen gegen seinen Vorgesetzten
Urteil: dreiwöchiger Mittelarrest 1849

1209 Person: Silber, Carl Wilhelm Alexander, Sergeant (3. Kompanie/ 3. Jägerkorps)
Vergehen: ungebührliches Benehmen gegen einen Vorgesetzten
Urteil: achttägiger Mittelarrest 1850

1201 Person: Simon, Hermann, Sergeant (2. Kompanie/3. Jägerkorps)
Vergehen: Unterschlagung von Löhnungsgeldern
Urteil: fünfmonatige Festungsstrafe, Degradierung und Versetzung in den Soldatenstand 2. Klasse 1849

1195 Person: von Soden, Conrad Louis, Hauptmann und Kommandeur (2. Kompanie/3. Jägerkorps)
Vergehen: eigenmächtige Aufkündigung des Dienstes, Gehorsamsverweigerung, eigenmächtiges Verlassen seines Kommandos unter dem Vorwand einer Krankheit
Urteil: Freispruch 1850-1851

1199 Person: von Soubiran, Premierleutnant (3. Jägerkorps)
Vergehen: Trunkenheit im Dienst
Urteil: Dienstentlassung 1848-1849

1176 Personen: Stolley, Peter Friedrich, Oberjäger (3. Kompanie/3. Jägerkorps)
Andersen, Lorenz Herinrich, Jäger (3. Kompanie/3. Jägerkorps)
Vergehen: vorschriftswidrige Behandlung eines Untergebenen und Aufsässigkeit
Urteil: vierwöchiger Mittelarrest 1850

1232 Person: Teuchert, Robert, Oberjäger (2. Kompanie/3. Jägerkorps)
Vergehen: Trunkenheit im Dienst
Urteil: siebentägiger Mittelarrest 1850

1233 Person: Thordsen, August Anton Gerhard, Jäger (2. Kompanie/3. Jägerkorps)
Vergehen: Wachvergehen, Trunkenheit und Nichtbefolgung eines Befehls
Urteil: disziplinarische Erledigung 1850

1149 Person: Topf, Joseph, Jäger (1. Kompanie/3. Jägerkorps)
Vergehen: wiederholte eigenmächtige Aufkündigung des Dienstes, Gehorsamsverweigerung und ungebührliches Benehmen
Urteil: neunmonatige Festungsstrafe 1850

1158 Person: Volly, August Martin Wilhelm, Sergeant (1. Kompanie/3. Jägerkorps)
Vergehen: Trunkenheit außer Dienst und ungebührliches Benehmen gegenüber Untergebenen
Urteil: achttägiger einfacher Arrest und Ablösung von seinem Dienst als Feldwebel 1849

1214 Personen: Volly, August Martin Wilhelm (3. Jägerkorps)
von Boineburgh, Johann Gustav Georg, Gefreiter (3. Kompanie/ 3. Jägerkorps)
Vergehen: Trunkenheit außer Dienst
Urteil: dreitägiger (Volly) und achttägiger (von Boineburgh) Mittelarrest 1850

1167 Person: Wagner, Johann, Rekrut (2. Kompanie/3. Jägerkorps)
Vergehen: Desertion
Urteil: sechsmal dreitägiger strenger Arrest 1848

1150 Personen: Waslowsky, Friedrich Christian, Gefreiter (Depotkompanie/2. Jägerkorps)
Becker, Carl Ludwig Albert, Hornist (Depotkompanie/3. Jägerkorps)
Vergehen: Desertion zur Kriegszeit sowie Mitnahme von Ausrüstungsgegenständen und Waffen
Urteil: fünfjährige (Wasloswky) und viereinhalbjährige (Becker) Festungsstrafe und Versetzungen in den Soldatenstand 2. Klasse unter Anrechnung der Untersuchungshaft 1850-1851

1237 Personen: von der Way, Carl, Gefreiter (6. Kompanie/3. Jägerkorps)
Victor, Gefreiter (6. Kompanie/3. Jägerkorps)
Vergehen: Unterschlagung eines Geldbriefs
Urteil: Untersuchung gegen den Gefreiten von der Way eingestellt 1851

1238 Person: Wegener, Gerhard, Jäger (6. Kompanie/3. Jägerkorps)
Vergehen: kleiner Kameradendiebstahl
Urteil: ohne Entscheidung 1851

1186 Person: Wegener, Gerhard, Jäger (6. Kompanie/3. Jägerkorps)
Vergehen: Ungehorsam und ungebührliches Benehmen gegen Vorgesetzte vor versammelter Mannschaft
Urteil: vierwöchiger strenger Arrest 1851

1223 Person: Weise, Carl Robert, Jäger (1. Kompanie/3. Jägerkorps)
Vergehen: ungebührliches Benehmen im Glied
Urteil: dreitägiger Mittelarrest 1850

1202 Person: Weisse, Oberjäger (3. Kompanie/3. Jägerkorps)
Vergehen: Desertion
Urteil: ohne Entscheidung 1850

1187 Person: Wilkens, Carl Ludwig Adolph, Gefreiter (4. Kompanie/3. Jägerkorps)
Vergehen: erster kleiner Diebstahl
Urteil: Freispruch wegen Diebstahls, dagegen dreiwöchiger strenger Arrest wegen Unterschlagung 1850

1154 Personen: Wilpert, Gottfried Wilhelm, Oberjäger (1. Kompanie/3. Jägerkorps)
Rolfs, Carl, Jäger (1. Kompanie/3. Jägerkorps)
Delfs, Fritz, Jäger (1. Kompanie/3. Jägerkorps)
Vergehen: Verhöhnung und tätlicher Angriff gegen eine Wachmannschaft, Aufsässigkeit und unerlaubte Entfernung
Urteil: siebzehnjährige, später fünfzehnjährige Festungsstrafe (Wilpert), vierzigtägiger (Rolfs) und vierzehntägiger (Delfs) strenger Arrest 1849

1165 Person: Wittmaack, Heinrich, Oberjäger (2. Kompanie/3. Jägerkorps)
Vergehen: ungebührliches Benehmen
Urteil: vierzehntägiger Mittelarrest 1849

1240 Person: Zeder, Peter, Jäger (6. Kompanie/3. Jägerkorps)
Vergehen: Ausbleiben nach dem Zapfenstreich und in Zivilkleidern
Urteil: ohne Entscheidung 1850

1200 Person: von Zeska, Friedrich, Premierleutnant (3. Jägerkorps)
Vergehen: unehrenhaftes Verhalten
Urteil: Entlassung aus der Armee 1849-1850

1208 Person: Zürn, Georg Thomas, Jäger (1. Kompanie/3. Jägerkorps)
Vergehen: Desertion
Urteil: ohne Entscheidung 1849

## 4. Jägerkorps

1309 Personen: Jäger des 4. Jägerkorps
Vergehen: Auseinandersetzungen zwischen Jägern und Knechten am 17. und 18. September 1848 in Heide
Urteil: ohne Entscheidung 1848
Enthält auch: Untersuchungsakten über die Ausschreitungen von Soldaten des 4. Jägerkorps auf dem Wochenmarkt in Heide am 14. Oktober 1848

1292 Ausschreitungen des 4. Jägerkorps auf dem Gut Neuhaus 1850

1363 Person: Ahrend, Heinrich Wilhelm Andreas, Sergeant (1. Kompanie/4. Jägerkorps)
Vergehen: ungebührliches Benehmen gegenüber einem Offizier in einem Tanzlokal
Urteil: dreitägiger Mittelarrest unter Anrechnung der Untersuchungshaft als Strafe 1850
Enthält auch: Erklärung des Untersuchungsführers Leutnant Siefert über die von Leutnant Lenz erhobene Klage (vgl. Abt. 55 Nr. 1364)
Bemerkung: vgl. auch Abt. 55 Nr. 1285

1285 Personen: Ahrend, Heinrich Wilhelm Andreas, Sergeant (1. Kompanie/4. Jägerkorps)
Vergehen: ungebührliches Benehmen und Ungehorsam gegen den Leutnant Graf von Reventlow
Urteil: disziplinarische Bestrafung mit achttägigem Mittelarrest 1850
Bemerkung: vgl. auch Abt. 55 Nr. 1363

1337 Person: Arnemann, Ludwig Christian Heinrich, Jäger (1. Kompanie/4. Jägerkorps)
Vergehen: wiederholte Trunkenheit außer Dienst
Urteil: achtägiger Mittelarrest 1849

1331 Person: Baars, Heinrich Georg Christian, Jäger (4. Kompanie/4. Jägerkorps)
Vergehen: Gehorsamsverweigerung
Urteil: vierwöchiger strenger Arrest 1850

1274 Person: Bartels, Heinrich Hans, Hornist (1. Kompanie/4. Jägerkorps)
Vergehen: erster kleiner Diebstahl und Ungehorsam
Urteil: vierzehntägiger strenger Arrest und Versetzung in den Soldatenstand 2. Klasse 1850

1328 Personen: Becker, Claus, Jäger (4. Kompanie/4. Jägerkorps)
Staack, Joachim Friedrich, Jäger (4. Kompanie/4. Jägerkorps)
Vergehen: unerlaubtes Ausbleiben nach dem Zapfenstreich
Urteil: sechswöchiger strenger Arrest (Becker) und vierzehntägiger Mittelarrest (Staack) 1849

1359 Person: Belitz, Gottfried Ernst, Jäger (1. Kompanie/4. Jägerkorps)
Vergehen: Pflichtversäumnis
Urteil: disziplinarische Bestrafung unter Anrechnung der Untersuchungshaft als Strafe 1850

1278 Personen: Bertelsen, Martin, Jäger (2. Kompanie/4. Jägerkorps)
Johannsen, Bernhard Wilhelm Christian, Jäger (2. Kompanie/4. Jägerkorps)
Vergehen: Auflauf und Tumult sowie Ungehorsam und Widersetzlichkeit
Urteil: einjährige Zuchthausstrafe 1848
Bemerkung: nur Deckblatt

1340 Gnadengesuch der Militärsträflinge Bertelsen und Johannsen 1849

1308 Person: Biebelwitz, Johann Rudolph Heinrich, Jäger (1. Kompanie/4. Jägerkorps)
Vergehen: Trunkenheit und nächtliches Umherschwärmen
Urteil: zwanzigtägiger strenger Arrest 1849-1850
Enthält auch: Untersuchungsakten wegen Trunkenheit und Ungehorsams vom 7. Juli bis 30. August 1850

1313 Person: Birck, Christian Hansen, Jäger (2. Kompanie/4. Jägerkorps)
Vergehen: instruktionswidriges Verhalten als Patrouillenführer
Urteil: vierzehntägiger strenger Arrest 1849

1369 Person: Bischoff, Schmerzenreich, Jäger (3. Kompanie/4. Jägerkorps)
Vergehen: Unterschlagung eines Talers
Urteil: siebentägiger strenger Arrest 1850

1299 Person: von Blandowsky, Hauptmann (4. Jägerkorps)
Vergehen: fahrlässige Pflichtverletzung durch Verbreitung falscher und beunruhigender Nachrichten über den Ausgang der Schlacht bei Idstedt
Urteil: achttägiger Stubenarrest 1850

1284 Person: von Blandowsky, Hauptmann (4. Jägerkorps)
Vergehen: Verdacht auf Feigheit vor dem Feind
Urteil: ohne Entscheidung 1851

1319 Person: Bluhm, Wilhelm, Gefreiter (3. Kompanie/4. Jägerkorps)
Vergehen: Postenvergehen als Kommandeur der Lazarettwache
Urteil: vierzehntägiger Mittelarrest und Degradierung 1849
Bemerkung: vgl. auch Abt. 55 Nr. 1330

1321 Person: Breckling, Sophus Heinrich, Oberjäger (3. Kompanie/4. Jägerkorps)
Vergehen: Überschreitung der Wachinstruktion
Urteil: vierzehntägiger Mittelarrest 1848-1849

1301 Personen: Brinckmann, Carl Ernst, Gefreiter (3. Kompanie/4. Jägerkorps)
Stender, Christian, Jäger (1. Kompanie/4. Jägerkorps)
Vergehen: Entwendung
Urteil: Freispruch (Stender) sowie vierzehntägiger strenger Arrest und Degradierung (Brinckmann) 1849

1281 Person: Bruhn, Jacob, Hornist (2. Kompanie/4. Jägerkorps)
Vergehen: vermeintlicher Diebstahl und unerlaubte Entfernung
Urteil: Freispruch wegen Diebstahls, dagegen dreimonatige Festungsstrafe wegen unerlaubter Entfernung 1849

1283 Person: von Bülow, Leutnant (4. Jägerkorps)
von Restorf, Leutnant (4. Jägerkorps)
Vergehen: Duell
Urteil: Entscheidung des Generalkommandos über die Versetzung der Offiziere steht noch aus 1848

1298 Person: Bünner, Carl Johann Wilhelm, Gefreiter (2. Kompanie/4. Jägerkorps)
Vergehen: Ungehorsam
Urteil: ohne Entscheidung 1850

1334 Person: Christiansen, Eduard Heinrich Carl N., Unterjäger (2. Kompanie/4. Jägerkorps)
Vergehen: unredliches Benehmen
Urteil: achttägiger strenger Arrest 1848

1327 Person: Christiansen, Eduard Heinrich Carl N., Jäger (2. Kompanie/4. Jägerkorps)
Vergehen: Beleidigung eines Oberjägers
Urteil: eintägiger Arrest 1850

1354 Personen: Clausen, Georg, Jäger (4. Jägerkorps)
Bruhn, Hornist (4. Jägerkorps)
Krog, Johannes, Hornist (4. Jägerkorps)
Vergehen: Desertion
Urteil: ohne Entscheidung 1848-1849
Enthält auch: Recherche des Polizeiamts in Kiel nach dem Goldarbeiter Heinrich Becker

1357 Person: Clausen, Georg, Jäger (2. Kompanie/4. Jägerkorps)
Vergehen: Desertion
Urteil: nach erfolgloser steckbrieflicher Verfolgung aus den Listen des Korps gestrichen 1848-1849

1332 Person: Cords, Claus, Jäger (3. Kompanie/4. Jägerkorps)
Vergehen: zweiter kleiner Diebstahl
Urteil: sechswöchiger strenger Arrest und Versetzung in den Soldatenstand 2. Klasse sowie Schadensersatz 1849

1290 Person: Derameés (Derames), Carl, Jäger (4. Kompanie/4. Jägerkorps)
Vergehen: in Trunkenheit außer Dienst verübter Unfug
Urteil: siebentägiger strenger Arrest 1850-1851

1345 Person: Ebers, Jürgen, Jäger (4. Kompanie/4. Jägerkorps)
Vergehen: ungebührliches und unanständiges Benehmen gegenüber einem Offizier
Urteil: viertägiger Mittelarrest 1849

1280 Person: Fedder, Johann Hinrich, Jäger (2. Kompanie/4. Jägerkorps)
Vergehen: fortgesetzter Inzest mit seiner Stiefmutter
Urteil: sechsmonatige Gefängnisstrafe 1849

1356 Person: Ferne, Heinrich, Jäger (2. Kompanie/4. Jägerkorps)
Vergehen: heimliche Entfernung aus dem Lazarett
Urteil: steckbriefliche Verfolgung 1850

1276 Person: Fischer, Peter Detlef Julius, Jäger (4. Kompanie/4. Jägerkorps)
Vergehen: erster kleiner Diebstahl
Urteil: vierwöchiger strenger Arrest und Versetzung in den Soldatenstand 2. Klasse 1850

1352 Person: Freund, Peter Heinrich, Jäger (4. Depot-Jägerkompanie)
Vergehen: Trunkenheit und Aufsässigkeit gegen einen Vorgesetzten
Urteil: disziplinarische Bestrafung unter Anrechnung der Untersuchungshaft als Strafe 1850

1348 Person: Gülich, Theodor Johannes Hestorff, Jäger (1. Kompanie/4. Jägerkorps)
Vergehen: Diebstahl
Urteil: Begnadigungsantrag vor dem Kriegsgericht 1848

1349 Person: Gülich, Theodor Johannes Hestorff, Jäger (1. Kompanie/4. Jägerkorps)
Vergehen: Veröffentlichung eines Spottgedichts, Beleidigung des Landesherrn sowie des Königs von Preußen und der preußischen Regierung sowie disziplinwidrige öffentliche Demonstration
Urteil: Verfahren abgewiesen, da der Angeklagte zum Zeitpunkt der Veröffentlichung auf unbestimmte Zeit beurlaubt war 1850

1307 Person: Hansen, genannt Freitag, Peter Wiederig, Jäger (3. Kompanie/4. Jägerkorps)
Vergehen: Unterschlagung eines ihm von einem Kameraden anvertrauten Gegenstandes
Urteil: dreiwöchiger strenger Arrest und Versetzung in den Soldatenstand 2. Klasse 1849

1275 Person: Hansen, Peter Wiedrich, Jäger (3. Kompanie/4. Jägerkorps)
Vergehen: Aufwiegelung der Kameraden zur Gehorsamsverweigerung und ungebührliches Benehmen gegen Vorgesetzte vor versammelter Mannschaft
Urteil: vierwöchiger Mittelarrest 1850

1293 Person: Heins, Hans Hinrich, Jäger (6. Kompanie/4. Jägerkorps)
Vergehen: unerlaubte Entfernung und Trunkenheit
Urteil: vierzehntägiger Mittelarrest 1850-1851

1277 Personen: Hennig, Hauptmann und Chef (1. Kompanie/4. Jägerkorps)
Sarauw, Premierleutnant (1. Kompanie/4. Jägerkorps)
Heidorn, Hans Heinrich, Jäger (1. Kompanie/4. Jägerkorps)
Koops, Johann Joachim Heinrich, Jäger (1. Kompanie/4. Jägerkorps)
Scheuer, Heinrich Jacob, Jäger (1. Kompanie/4. Jägerkorps)
Stender, Matthias Christian, Jäger (1. Kompanie/4. Jägerkorps)
Weede, Joachim Hinrich, Oberjäger (1. Kompanie/4. Jägerkorps)
Bahnson, Leutnant (1. Kompanie/4. Jägerkorps)
Vergehen: Ausschreitungen auf dem Marktplatz in Grömitz am 21. März 1850
Urteil: gemessener Verweis (Hennig), dreitägiger Stubenarrest (Sarauw), dreitägiger strenger Arrest (Heidorn, Koops, Scheuer und Stender), dreitägiger Mittelarrest (Weede) und strenger Verweis (Bahnson) 1850

1296 Person: Hitzner, Hans Christian Friedrich, überzähliger Feldwebel (1. Kompanie/4. Jägerkorps)
Vergehen: Beleidigung gegen Unteroffiziere und grobes ungebührliches Benehmen gegen Vorgesetzte im Allgemeinen
Urteil: vierzehntägiger Arrest 1850

1304 Person: Iden, Jäger (2. Kompanie/4. Jägerkorps)
Vergehen: grobe Widersetzlichkeit gegen den Unteroffizier Elze
Urteil: ohne Entscheidung 1848

1342 Person: Klüss, Matthies Hinrich, Jäger (1. Kompanie/4. Jägerkorps)
Vergehen: ungebührliches Benehmen gegen seinen Vorgesetzten
Urteil: fünftägiger Mittelarrest 1849

1344 Person: Klüver, Jochim Heinrich Friedrich, Jäger (1. Kompanie/4. Jägerkorps)
Vergehen: Wachvergehen
Urteil: Freispruch 1849

1323 Personen: Kock, Hinrich, Trainfahrer (1. Kompanie/4. Jägerkorps)
Fick, Johann Hinrich, Jäger (1. Kompanie/4. Jägerkorps)
Vergehen: Verdacht auf Gelddiebstahl (Kock), Nichtbefolgung von Befehlen und Trunkenheit (Fick)
Urteil: Freispruch (Kock) und vierzehntägiger Mittelarrest (Fick) (1848) 1850
Enthält u. a.: Löhnungslisten des 4. Jägerkorps vom 1. bis 6. September 1848

1287 Person: Kock, Hinrich, Trainfahrer (1. Kompanie/4. Jägerkorps)
Vergehen: Betrug und Diebstahl
Urteil: Verfahren eingestellt 1850-1851

1291 Person: Krambeck, Heinrich Detlef, Jäger (2. Kompanie/4. Jägerkorps)
Vergehen: zweiter großer, bewaffneter Diebstahl
Urteil: fünfjährige Zuchthausstrafe und Ausstoß aus dem Soldatenstand 1849

1294 Person: Kreienhagen, August Friedrich, Jäger (4. Kompanie/4. Jägerkorps)
Vergehen: Aufwiegelung seiner Kameraden zum Ungehorsam und zur Gehorsamsverweigerung
Urteil: dreiwöchiger strenger Arrest 1850

1355 Person: Krog, Johann Christian, Hornist (3. Kompanie/4. Jägerkorps)
Vergehen: Desertion
Urteil: steckbriefliche Verfolgung 1848-1849

1326 Person: Kuchel, Jürgen Friedrich, Jäger (3. Kompanie/4. Jägerkorps)
Vergehen: Postenvergehen
Urteil: vierwöchiger strenger Arrest unter Anrechnung der zwölftägigen Untersuchungshaft zu drei Tagen strengem Arrest 1850

1312 Person: Kühl I, Wilhelm Hinrich, Jäger (3. Kompanie/4. Jägerkorps)
Vergehen: ungebührliches Benehmen gegen Vorgesetzte vor versammelter Korporalschaft
Urteil: achttägiger strenger Arrest 1849
Bemerkung: vgl. auch Abt. 55 Nr. 1330

1311 Person: Langbein, Johannes August Wilhelm, Jäger (3. Kompanie/4. Jägerkorps)
Vergehen: ungebührliches Benehmen gegen Vorgesetzte
Urteil: achttägiger strenger Arrest 1848
Bemerkung: vgl. auch Abt. 55 Nr. 1330

1306 Personen: Leverenz, Hans Christian Gerhard, Gefreiter (3. Kompanie/4. Jägerkorps)
Neve, Detlef Friedrich, Jäger (3. Kompanie/4. Jägerkorps)
Homeister, Johann Detlef Friedrich, Jäger (3. Kompanie/4. Jägerkorps)
Mauerstedt, Jäger (3. Kompanie/4. Jägerkorps)
Treller, Jäger (3. Kompanie/4. Jägerkorps)
Momme, Jäger (3. Kompanie/4. Jägerkorps)
Hansen, Jäger (3. Kompanie/4. Jägerkorps)
Vergehen: nächtlicher Unfug
Urteil: disziplinarische Erledigung 1849

1360 Person: Marth, Jäger (1. Kompanie/4. Jägerkorps)
Vergehen: Verdacht auf Diebstahl
Urteil: ohne Entscheidung 1850

1362 Person: Marth, Jäger (1. Kompanie/4. Jägerkorps)
Vergehen: Verdacht auf Entwendung des Gewehrs des Gefreiten Sommer
Urteil: Untersuchung eingestellt 1850

1336 Person: Mass, Detlef, Jäger (1. Kompanie/4. Jägerkorps)
Vergehen: fahrlässige Verwundung eines Kindes mit seinem Gewehr
Urteil: zehntägiger Mittelarrest 1849

1273 Person: Möhring, Heinrich Friedrich Conrad, Jäger (6. Kompanie/4. Jägerkorps)
Vergehen: wiederholte Gehorsamsverweigerung, ungebührliches Benehmen vor versammelter Mannschaft und Trunkenheit im Dienst
Urteil: dreimonatige Festungsstrafe 1850-1851

1302 Person: Mordhorst, Johann Friedrich Berend, Gefreiter (3. Kompanie/4. Jägerkorps)
Vergehen: Trunkenheit im Dienst
Urteil: ohne Entscheidung 1849

1272 Person: Nachtigall, Asmus Johann Friedrich, Jäger (1. Kompanie/4. Jägerkorps)
Vergehen: Desertion oder unerlaubte Entfernung, betrügerische Anmaßung einer Dienstfunktion und Gelderpressung
Urteil: sechsmonatige Festungsstrafe 1850

1341 Person: Nagel, Rekrut (4. Kompanie/4. Jägerkorps)
Vergehen: Gelddiebstahl
Urteil: ohne Entscheidung 1848

1310 Personen: Nicolaysen, Joachim, Jäger (2. Kompanie/4. Jägerkorps)
Koops, Carl, Jäger (2. Kompanie/4. Jägerkorps)
Hagemann, Hans Dierks, Jäger (2. Kompanie/4. Jägerkorps)
Lamp, Paul Heinrich, Jäger (2. Kompanie/4. Jägerkorps)
Volkmeier, Peter Heinrich Friedrich, Jäger (2. Kompanie/4. Jägerkorps)
Reimers, Hans Detlef, Jäger (2. Kompanie/4. Jägerkorps)
Vergehen: Jagdvergehen und tätliche Widersetzung gegen Forstbediente und den Förster Nissen in Neuhaus
Urteil: dreiwöchiger (Koops, Reimers, Lamp und Volkmeier) und sechswöchiger (Nicolaysen und Hagemann) strenger Arrest 1850

1282 Person: Nissen, Detlef, Marketender (4. Kompanie/4. Jägerkorps), Plön
Vergehen: Aneignung von zwei dem Staat gehörenden Gewehren
Urteil: Untersuchung eingestellt 1850

1305 Person: Nottelmann, Franz, Jäger (2. Kompanie/4. Jägerkorps)
Vergehen: mutwillige und boshafte Zerstörung und Beschädigung fremden Eigentums
Urteil: sechswöchiger strenger Arrest 1849
Enthält auch: Untersuchungsakten wegen Zerstörung von Bäumen auf dem Gut Annenhof vom 30. August bis 21. September 1849

1303 Person: Petersen, Jürgen, Unterjäger (3. Kompanie/4. Jägerkorps)
Vergehen: Raisonnieren
Urteil: neuntägiger strenger Arrest 1848

1347 Person: Petersen, Johannes, Jäger (4. Kompanie/4. Jägerkorps)
Vergehen: Trunkenheit außer Dienst
Urteil: ohne Entscheidung 1848

1353 Person: Petersen III, Hans, Jäger (1. Kompanie/4. Jägerkorps)
Vergehen: Tötung des Korbmachers Jacob Friedrichsen aus Achterup im Amt Tondern
Urteil: Freispruch 1848-1849

1286 Person: Petersen, Andreas, Jäger (2. Kompanie/4. Jägerkorps)
Vergehen: Widersetzlichkeit gegen den Oberjäger Güllnitz
Urteil: ohne Erledigung, da Güllnitz gefallen und Petersen verwundet worden ist 1849

1333 Personen: Rathje, Joachim August Christian, Gefreiter (3. Kompanie/4. Jägerkorps)
Brinkmann, Carl Ernst, Gefreiter (3. Kompanie/4. Jägerkorps)
Vergehen: ungebührliches Benehmen gegen einen Vorgesetzten
Urteil: fünftägiger (Rathje) und dreitägiger (Brinkmann) einfacher Arrest 1849

1325 Person: Reinert, Hans Christian, Jäger (3. Kompanie/4. Jägerkorps)
Vergehen: angebliche Drohungen oder ungebührliches Benehmen gegen Vorgesetzte
Urteil: Freispruch 1850
Enthält auch: Voruntersuchung wegen Betruges (fünfwöchiger strenger Arrest)

1314 Person: Renner, Ernst Carl Christian, Jäger (1. Kompanie/4. Jägerkorps)
Vergehen: Ungehorsam
Urteil: eintägiger strenger Arrest 1848

1315 Person: Renner, Ernst Carl Christian, Jäger (1. Kompanie/4. Jägerkorps)
Vergehen: Trunkenheit und nächtliche Ruhestörung
Urteil: vierzehntägiger Mittelarrest 1849

1316 Person: Renner, Ernst Carl Christian, Jäger (1. Kompanie/4. Jägerkorps)
Vergehen: ungebührliches Benehmen gegen Vorgesetzte in Gegenwart von Untergebenen
Urteil: sechswöchiger strenger Arrest und Versetzung in den Soldatenstand 2. Klasse 1849-1850
Enthält auch: Urteil vom 23. Juli 1850 wegen Gehorsamsverweigerung und Trunkenheit (siebentägiger strenger Arrest)

1367 Personen: Ring, Carl, Jäger (3. Kompanie/4. Jägerkorps)
Petersen, Hans Hinrich, Jäger (3. Kompanie/4. Jägerkorps)
Vergehen: Trunkenheit außer Dienst, Toben auf der Straße und ungebührliches Benehmen
Urteil: disziplinarische Bestrafung 1850

1320 Personen: Rohwedder, Carsten, Jäger (4. Kompanie/4. Jägerkorps)
Kühl, Franz, Jäger (4. Kompanie/4. Jägerkorps)
Vergehen: Trunkenheit im und außer Dienst
Urteil: sechswöchiger (Rohwedder) und vierwöchiger (Kühl) Arrest
1849

1288 Personen: Ruckendorff, Peter, Jäger (2. Kompanie/4. Jägerkorps)
Stender, Johann Heinrich Friedrich, Jäger (2. Kompanie/4. Jägerkorps)
Laatzen, Johann Hinrich, Jäger (2. Kompanie/4. Jägerkorps)
Vergehen: Schlägerei mit Zivilpersonen
Urteil: ohne Entscheidung 1851

1279 Personen: Ruge, Johann Hans, Fahrer (3. Kompanie/4. Jägerkorps)
Thomsen, Behrend, Fahrer (4. Kompanie/4. Jägerkorps)
Vergehen: ungebührliches Benehmen mit Drohungen gegen den Oberjäger Wille
Urteil: einjährige Festungsarbeitsstrafe (Ruge) und sechswöchiger strenger Arrest (Thomsen) 1849

1343 Personen: Schnoor, Johann Heinrich, Jäger (3. Kompanie/4. Jägerkorps)
Petersen, Johannes, Jäger (4. Kompanie/4. Jägerkorps)
Fischer, Peter Detlef, Jäger (4. Kompanie/4. Jägerkorps)
Mühling, Jäger (2. Kompanie/4. Jägerkorps)
Vergehen: Anstiftung einer Prügelei
Urteil: achttägiger Mittelarrest (Schnoor), Untersuchung niedergeschlagen (Petersen, Fischer und Mühling) 1849

1358 Person: Schulze, Johann Georg, Oberjäger (3. Kompanie/4. Jägerkorps)
Vergehen: Desertion
Urteil: steckbriefliche Verfolgung 1850

1350 Personen: Schumacher, Jäger (2. Kompanie/4. Jägerkorps)
Knuth, Jäger (2. Kompanie/4. Jägerkorps)
Waskewitz, Wilhelm, Oberjäger (2. Kompanie/4. Jägerkorps)
Teske, Wilhelm, Oberjäger (2. Kompanie/4. Jägerkorps)
Grüne, Carl Heinrich Theodor, Sergeant (2. Kompanie/4. Jägerkorps)
Vergehen: Lügen vor Gericht in der Neuhauser Jagdangelegenheit, Überhören und Nichtbeachten von Signalen und falsche Meldung über die Stärke der 2. Kompanie
Urteil: vierzehntägiger Mittelarrest (Schumacher und Knuth), dreitägiger Quartierarrest (Waskewitz) und achttägiger einfacher Arrest (Grüne) 1850

1366 Person: Schümann, Oberhornist (4. Jägerkorps)
Vergehen: Entwendung eines Hundes
Urteil: Schadensersatz 1850

1364 Person: Siefert, Leutnant (1. Kompanie/4. Jägerkorps)
Vergehen: Beleidigung des beisitzenden Offiziers in seiner Dienstausübung
Urteil: Untersuchung niedergeschlagen 1850

1297 Person: Sohnemann, Wilhelm Henning, Gefreiter (1. Kompanie/4. Jägerkorps)
Vergehen: Ungehorsam
Urteil: siebentägiger strenger Arrest und Degradierung 1850

1365 Person: Sonnenberg, Sergeant (4. Jägerkorps)
Vergehen: Verkauf einer dem 4. Jägerkorps gehörenden Jacke
Urteil: Untersuchung niedergeschlagen 1850

1329 Person: Theuer, Heinrich, Jäger (2. Kompanie/4. Jägerkorps)
Vergehen: Verlassen seines Kommandos und ungebührliches Benehmen gegen Vorgesetzte
Urteil: sechswöchiger strenger Arrest 1849

1324 Person: Weiher, Carl August, Sergeant (2. Kompanie/4. Jägerkorps)
Vergehen: Betrug
Urteil: Freispruch 1848

1289 Personen: Westy, Christian Ludwig Sophus, Unteroffizier 2. Klasse (3. Kompanie/4. Infanterie-Bataillon)
Aschmüli, Antonius, Jäger (3. Kompanie/4. Jägerkorps)
Vergehen: Übergriffe gegen Bahnbeamte und Widersetzlichkeit gegen Gendarmen
Urteil: Entlassung als Ausländer (Westy) und Freispruch (Aschmüli)
1850-1851

1317 Person: Wetzel, Ludwig Claus Sophius, Jäger (3. Kompanie/4. Jägerkorps)
Vergehen: Trunkenheit, Ausschreitungen und Ungehorsam
Urteil: dreiwöchiger strenger Arrest und Entziehung der Lagerstätte
Bemerkung: vgl. auch Abt. 55 Nr. 1330 1849

1322 Person: Wiermann, Johann Heinrich, Gefreiter (3. Kompanie/4. Jägerkorps)
Vergehen: Beleidigung von Vorgesetzten
Urteil: vierzehntägiger strenger Arrest 1850
Enthält auch: letzter Befehl des General von Bonin an die Armee vom 9. April 1850

1335 Person: Wille, Johann Hinrich Theodor N., Gefreiter (3. Kompanie/ 4. Jägerkorps)
Vergehen: Ausbleiben nach dem Zapfenstreich, Trunkenheit außer Dienst und falsche Angaben gegenüber einer Patrouille
Urteil: achttägiger Mittelarrest 1848

1330 Personen: Ziethen, Hans Hinrich, Jäger (1. Kompanie/4. Jägerkorps)
Kühl I, Wilhelm Hinrich, Jäger (3. Kompanie/4. Jägerkorps)
Wetzel, Ludwig Claus Sophius, Jäger (3. Kompanie/4. Jägerkorps)
Schlichting, Peter, Jäger (1. Kompanie/4. Jägerkorps)
Bluhm, Wilhelm, Gefreiter (3. Kompanie/4. Jägerkorps)
Langbein, Johannes August, Jäger (3. Kompanie/4. Jägerkorps)
Breckling, Sophus Hinrich, Oberjäger (3. Kompanie/4. Jägerkorps)
Bruhn, Jacob, Hornist (2. Kompanie/4. Jägerkorps)
Vergehen: Wachvergehen, ungebührliches Benehmen, Trunkenheit, unerlaubte Entfernung und Gehorsamsverweigerung
Urteil: zweijährige (Schlichting) und dreimonatige (Bruhn) Festungsstrafe, sechswöchiger (Ziethen), dreiwöchiger (Wetzel), achttägiger (Kühl I und Langbein) strenger Arrest sowie vierzehntägiger Mittelarrest und Degradierung (Bluhm), vierzehntägiger Mittelarrest (Breckling) 1849
Bermerkung: vgl. auch Abt. 55 Nr. 973, 1281, 1311, 1312, 1317-1319, 1321, 1339

1318 Person: Ziethen, Hans Hinrich, Jäger (1. Kompanie/4. Jägerkorps)
Vergehen: Respektwidrigkeit und Wachvergehen
Urteil: sechswöchiger strenger Arrest 1849
Bermerkung: vgl. auch Abt. 55 Nr. 1330

## 5. Jägerkorps

1383 Personen: Jäger des 5. Jägerkorps
Vergehen: Ausschreitungen und Ruhestörungen in Preetz am 5. Mai 1850
Urteil: ohne Entscheidung 1850

1388 Personen: 2. Kompanie/5. Jägerkorps
Vergehen: Ausschreitungen im Hüttenlager
Urteil: ohne Entscheidung 1851

1430 Person: Bachholz, Johann Friedrich, Jäger (2. Kompanie/5. Jägerkorps)
Vergehen: Verdacht auf Diebstahl
Urteil: ohne Entscheidung 1850

1432 Person: Basse, Paul Casper Johann, Jäger (5. Kompanie/5. Jägerkorps)
Vergehen: Achtungswidrigkeit
Urteil: disziplinarische Erledigung 1850
Bemerkung: vgl. Abt. 55 Nr. 1414

1414 Person: Basse, Paul, Jäger (3. Kompanie/5. Jägerkorps)
Vergehen: Ausschreitung im Felckschen Lokal in Preetz am 20. Januar 1850
Urteil: gerichtliche Verfolgung des inzwischen entlassenen Basse nur durch zuständige Zivilgerichte möglich 1850
Bemerkung: vgl. Abt. 55 Nr. 1432

1402 Person: Bellair, Alexander, Feldwebel (2. Kompanie/5. Jägerkorps)
Vergehen: ungebührliches Benehmen und Gehorsamsverweigerung
Urteil: achtwöchiger Stubenarrest unter Anrechnung der Untersuchungshaft als Strafe 1850

1413 Person: Bornemann, Herrmann, Fourier (3. Kompanie/5. Jägerkorps)
Vergehen: Schuldenmachen bei seinen Untergebenen und Zivilpersonen
Urteil: ohne Entscheidung 1850

1377 Person: Bülck, Hinrich, Jäger (3. Kompanie/5. Jägerkorps)
Vergehen: Postenvergehen
Urteil: sechswöchiger Mittelarrest 1850

1378 Person: Carstensen, Carsten, Gefreiter (3. Kompanie/5. Jägerkorps)
Vergehen: Wachvergehen
Urteil: vierwöchiger strenger Arrest und Degradierung 1849

1399 Person: Collien, Albert, Oberjäger (5. Kompanie/2. Jägerkorps)
Vergehen: Gelddiebstahl und erster kleiner Diebstahl
Urteil: Entlassung 1850
Enthält auch: Verweis für den Bataillonskommandeur des 5. Jägerkorps und gleichzeitigen Chef der 5. Kompanie des 2. Jägerkorps durch das Generalkommando wegen der Entlassung des Collier

1436 Personen: Cölln, Claus Friedrich Hugo, Jäger (1. Kompanie/5. Jägerkorps)
Vergehen: lebensgefährliche Verwundung des Musketiers Aussendahl
Urteil: fünfjährige Festungsstrafe und Versetzung in den Soldatenstand 2. Klasse 1850

1420 Person: Dose, Heinrich, Gefreiter (8. Kompanie/5. Jägerkorps)
Vergehen: tätliche Beleidigung eines Vorgesetzten und ungebührliches Benehmen
Urteil: zwölfmonatige Festungsstrafe 1850-1851
Enthält auch: Untersuchungsakten gegen die beteiligten Sergeanten Schilling und Konsorten

1400 Person: Dünker, Julius Gustav Adolph, Jäger (1. Kompanie/5. Jägerkorps)
Vergehen: ungebührliches Benehmen gegenüber einem Vorgesetzten und Ungehorsam
Urteil: siebentägiger strenger Arrest 1850

1372 Person: Ermer, Johann Jacob, Jäger (6. Kompanie/5. Jägerkorps)
Vergehen: wiederholte Gehorsamsverweigerung, ungebührliches Benehmen, Trunkenheit und Ausschreitungen
Urteil: sechsmonatige Festungsstrafe und Versetzung in den Soldatenstand 2. Klasse 1850

1371 Person: Falck, Friedrich, Waffenmeister (4. Kompanie/5. Jägerkorps)
Vergehen: Veruntreuung von Militärvermögen und Verwahrlosung seiner Sachen
Urteil: neunmonatige Festungsstrafe, Degradierung und Ersetzung eines Militärmantels 1850

1422 Person: Friedrichs, Friedrich, Oberjäger (7. Kompanie/5. Jägerkorps)
Vergehen: Verdacht auf Erregung von Unzufriedenheit
Urteil: ohne Entscheidung 1851

1416 Person: Friedrichsen, Jäger (4. Kompanie/5. Jägerkorps)
Vergehen: Verdacht auf Wilddiebstahl
Urteil: Untersuchung eingestellt, da nach Gesetz vom 20. Februar 1850 sämtliche Forst- und Jagdvergehen nicht der Militärgerichtsbarkeit unterliegen 1850

1403 Person: Friedrichsen, Jacob Andreas, Jäger (2. Kompanie/5. Jägerkorps)
Vergehen: Gehorsamsverweigerung, ungebührliches Benehmen und Missbrauch der Dienstgewalt
Urteil: dreiwöchiger strenger Arrest 1850

1392 Person: Gronitzky, Theodor, Jäger (1. Kompanie/5. Jägerkorps)
Vergehen: erster kleiner Diebstahl
Urteil: achttägiger strenger Arrest und Versetzung in den Soldatenstand 2. Klasse 1850-1851

1395 Person: Großkopf, Premierleutnant (5. Jägerkorps)
Vergehen: Gefangenschaft der Patrouille bei Kropperbusch am 1. Januar 1851
Urteil: disziplinarische Bestrafung mit vierzehntägigem Arrest 1851

1373 Person: Haase, Heinrich, Jäger (1. Kompanie/5. Jägerkorps)
Vergehen: Entwendung einer Tabakspfeife
Urteil: Verfahren eingestellt, da der Angeklagte seit dem Sturm auf Friedrichstadt am 4. Oktober 1850 vermisst ist 1850

1386 Person: Hettgen, Feldwebel (1. Kompanie/5. Jägerkorps)
Vergehen: Klage des Hausmannes Jürgen Bock aus Audorf in einer Einquartierungsangelegenheit
Urteil: ohne Entscheidung 1850

1408 Person: Hubatsch, Albert, Sergeant (1. Kompanie/5. Jägerkorps)
Vergehen: Mitnahme seiner Militärausrüstung
Urteil: wegen Desertion keine Entscheidung 1850

1415 Person: Jans, Jacob, Jäger (2. Kompanie/5. Jägerkorps)
Vergehen: undiszipliniertes Verhalten im Dienst
Urteil: dreitägiger strenger Arrest und dreitägiger Mittelarrest 1850

1412 Person: Katzmann, Jäger (4. Kompanie/5. Jägerkorps)
Vergehen: Ungehorsam
Urteil: vierzehntägiger Mittelarrest 1849

1431 Person: Kloth, Johann Hinrich, Jäger (5. Kompanie/5. Jägerkorps)
Vergehen: Betrug
Urteil: ohne Entscheidung 1850

1421 Person: Knibbe, Jäger (7. Kompanie/5. Jägerkorps)
Vergehen: betrügerische Aneignung von zwei Uhren
Urteil: ohne Entscheidung 1850

1390 Person: Knibbe, Andreas Friedrich Ferdinand, Jäger (4. Kompanie/5. Jägerkorps)
Vergehen: fahrlässige Tötung des Rekruten Peter Langholz (3. Garnisons-Bataillon) durch die unvorsichtige Handhabung seines Gewehrs
Urteil: dreißigtägiger Mittelarrest 1850

1380 Person: Knibbe, Andreas Friedrich Ferdinand, Jäger (7. Kompanie/ 5. Jägerkorps)
Vergehen: Schuldenmachen und Betrug
Urteil: zwölfmonatige Festungsstrafe und Versetzung in den Soldatenstand 2. Klasse, später umgewandelt in sechswöchigen strengen Arrest 1850-1851

3047 Person: Kölln, Claus Friedrich Heinrich, Jäger (1. Kompanie/5. Jägerkorps)
Vergehen: lebensgefährliche Verwundung des Musketiers Georg Bernhardt Aussendahl (8. Infanterie-Bataillon)
Urteil: fünfjährige Festungsstrafe 1850

1387 Person: von Krohn, Oberleutnant und Kommandeur (1. Kompanie/ 4. Infanterie-Bataillon)
Vergehen: gewalttätiges Verfahren auf der Insel Fehmarn
Urteil: ohne Entscheidung 1848
Enthält auch: Beschwerde der klösterlichen Obrigkeit in Preetz über die Vorfälle bei der Beförderung einer nach Fehmarn bestimmten Abteilung des 4. Infanterie-Bataillons und das Benehmen des Leutnants von Krohn

1411 Person: Krohn, Christian Gerdus Alfred, Hauptmann (5. Jägerkorps)
Vergehen: vorschriftswidrige Behandlung des Unteroffiziers Hans Hinrichs vom 4. Infanterie-Bataillon
Urteil: sechswöchiger Stubenarrest 1849
Bemerkung: vgl. Abt. 55 Nr. 287

1401 Person: Laaß, Casper Wilhelm Friedrich, Gefreiter (4. Kompanie/5. Jägerkorps)
Vergehen: Dienstverletzung als Kommandeur einer Patrouille
Urteil: vierzehntägiger Mittelarrest und Degradierung 1850

1405 Person: Mantzen, Claus, Jäger (4. Kompanie/5. Jägerkorps)
Vergehen: Desertion
Urteil: sechswöchiger strenger Arrest 1850-1851

1382 Person: Meyer, Joachim Hinrich Christian, Oberjäger (8. Kompanie/5. Jägerkorps)
Vergehen: grobe Vernachlässigung seiner Pflichten als Kommandeur einer Feldwache
Urteil: sechswöchiger strenger Arrest und Degradierung 1850

1406 Person: Mittag, Johann Carl Julius, Sergeant (6. Kompanie/5. Jägerkorps)
Vergehen: wiederholte Gehorsamsverweigerung, ungebührliches Benehmen und tätliche Widersetzung oder tätliche Beleidigung eines Vorgesetzten
Urteil: Anrechnung der Untersuchungshaft als Strafe 1851

1385 Personen: Möller, Thomas, Jäger (2. Kompanie/Reserve-Jägerkorps)
Stolley, Johann, Jäger (2. Kompanie/Reserve-Jägerkorps)
Vergehen: Wachvergehen
Urteil: ohne Entscheidung, Fehlen des Standgerichtsprotokolls 1849

1438 Person: Müller, Jürgen Hinrich Christian, Jäger (6. Kompanie/5. Jägerkorps)
Vergehen: ungebührliches Benehmen gegen einen Vorgesetzen
Urteil: zweitägiger strenger Arrest 1850

1381 Person: Müller, Peter Carl Hartwig, Sergeant (7. Kompanie/5. Jägerkorps)
Vergehen: Verletzung seiner Dienstpflicht bei der Bewachung eines Arrestanten
Urteil: ohne Entscheidung 1851

1428 Person: Naewe, Claus Christian, Jäger (1. Kompanie/5. Jägerkorps)
Vergehen: Trunkenheit im Dienst
Urteil: viertägiger Mittelarrest 1850

1397 Person: Naht, Jürgen Conrad, Jäger (2. Kompanie/5. Jägerkorps)
Vergehen: unerlaubte Entfernung
Urteil: sechsmonatige Festungsstrafe unter Ausschluss einer noch zu vollstreckenden zwölfmal dreitägigen Arreststrafe 1849

1407 Person: Nößell, Hauptmann (1. Kompanie/5. Jägerkorps)
Vergehen: ungebührliches Benehmen gegen einen Vorgesetzten
Urteil: disziplinarische Bestrafung mit fünftägigem Stubenarrest 1851

1375 Person: Olshausen, Oberjäger (1. Kompanie/5. Jägerkorps)
Vergehen: unehrenhaftes Benehmen in der Schlacht bei Idstedt
Urteil: Freispruch 1850

1379 Person: Ploen, August Ferdinand, Jäger (4. Kompanie/5. Jägerkorps)
Vergehen: Ungehorsam
Urteil: vierzehntägiger Mittelarrest 1850

1370 Personen: Pulz, Hinrich, Trainfahrer (1. Kompanie/5. Jägerkorps)
Sindt, Carl, Musketier (4. Kompanie/8. Infanterie-Bataillon)
Meyer, Detlef, Jäger (3. Kompanie/5. Jägerkorps)
Peters, Johannes, Jäger (3. Kompanie/5. Jägerkorps)
Glissmann, Jürgen, Jäger (3. Kompanie/5. Jägerkorps)
Scharf, Hinrich, Jäger (3. Kompanie/5. Jägerkorps)
Timmermann, Hinrich, Jäger (3. Kompanie/5. Jägerkorps)
Kruse, Jasper, Jäger (3. Kompanie/5. Jägerkorps)
Vergehen: Widersetzlichkeit, tätliche Beleidigung eines Gefreiten, Urlaubsüberschreitung usw. 1849
Bemerkung: erster Teil; zweiter Teil vgl. Abt. 55 Nr. 1409

1409 Personen: Pulz, Hinrich, Trainfahrer (1. Kompanie/5. Jägerkorps)
Sindt, Carl, Musketier (4. Kompanie/8. Infanterie-Bataillon)
Meyer, Detlef, Jäger (3. Kompanie/5. Jägerkorps)
Peters, Johannes, Jäger (3. Kompanie/5. Jägerkorps)
Glissmann, Jürgen, Jäger (3. Kompanie/5. Jägerkorps)
Scharf, Hinrich, Jäger (3. Kompanie/5. Jägerkorps)
Kohlschön, Jürgen, Jäger (4. Kompanie/5. Jägerkorps)
Bartz, Friedrich, Hornist (1. Kompanie/5. Jägerkorps)
Brodersen, Jäger (2. Kompanie/5. Jägerkorps)
Köhler, Jochim, Hornist (3. Kompanie/5. Jägerkorps)
Vergehen: Widersetzlichkeit, tätliche Beleidigung eines Gefreiten, Urlaubsüberschreitung, Ausbleiben nach dem Zapfenstreich
Urteil: achtjährige (Pulz und Meyer), fünfjährige (Sindt), zweijährige (Glissmann und Peters) Festungsstrafe und Versetzungen in den Soldatenstand 2. Klasse; Freispruch (Brodersen, Bartz und Köhler)
Bemerkung: zweiter Teil; erster Teil vgl. Abt. 55 Nr. 1370 1849

1427 Personen: Reese, Johann Hinrich, Jäger (1. Kompanie/5. Jägerkorps)
Rehder, Johann Hinrich, Jäger (1. Kompanie/5. Jägerkorps)
Vergehen: Trunkenheit
Urteil: viertägiger Mittelarrest (Reese), ohne Entscheidung (Rehder) 1850

1440 Person: Robert, Hauptmann (5. Jägerkorps)
Vergehen: beleidigende Äußerungen über mehrere Offiziere
Urteil: Untersuchung eingestellt 1850-1851

1384 Person: Runge, Johann Hinrich, Jäger (1. Kompanie/Reserve-Jägerkorps)
Vergehen: Ungehorsam
Urteil: viertägiger strenger Arrest 1849

1393 Personen: Schilling, Hermann Rudolph, Sergeant (5. Kompanie/5. Jägerkorps)
Dose, Heinrich, Gefreiter (8. Kompanie/5. Jägerkorps)
Vergehen: Tätlichkeiten gegen den Oberjäger von Schirach, Beleidigung eines Vorgesetzten und ungebührliches Benehmen
Urteil: Entlassung in die Heimat (Schilling) sowie einjährige Festungsstrafe und anschließender Wiedereintritt in den Soldatenstand 1. Klasse (Dose) 1850-1851

1439 Person: Schlotfeldt, Carl, Oberjäger (4. Kompanie/5. Jägerkorps)
Vergehen: Zollvergehen
Urteil: ohne Entscheidung 1850

1396 Person: Schlüter, Sekondeleutnant (2. Kompanie/5. Jägerkorps)
Vergehen: Trunkenheit
Urteil: Dienstentlasssung 1850-1851

1418 Personen: Schmidt, Heinrich Friedrich Johann, Jäger (2. Kompanie/5. Jägerkorps)
Fick, Hinrich Christoph, Jäger (2. Kompanie/5. Jägerkorps)
Vergehen: angebliche Tätlichkeiten und Drohungen gegen die Waschfrau Ahrens
Urteil: Verfahren eingestellt 1850

1424 Person: Schmidt, Friedrich August, Jäger (6. Kompanie/5. Jägerkorps)
Vergehen: Trunkenheit, Streitsucht mit seinen Kameraden und Widerrede gegen einen Vorgesetzten
Urteil: achttägiger strenger Arrest 1850

1389 Person: Schneider, Ferdinand Friedrich August, Oberhornist (1. Kompanie/Reserve-Jägerkorps)
Vergehen: Verlassen der Kompanie beim Ausmarsch, leichtsinniges Schuldenmachen und wiederholtes Geldborgen
Urteil: fünfzehnmonatige Festungsstrafe und Versetzung in den Soldatenstand 2. Klasse 1849

1433 Personen: Schumann, Carl, Jäger (5. Kompanie/5. Jägerkorps)
Nordstädter, Heinrich, Jäger (5. Kompanie/5. Jägerkorps)
Vergehen: Postenvergehen
Urteil: disziplinarische Bestrafung mit dreitägigem strengem Arrest 1850

1426 Person: Schütt, Johann, Jäger (6. Kompanie/5. Jägerkorps)
Vergehen: Verlust eines ihm anvertrauten Dienstmantels
Urteil: ohne Entscheidung 1851

1376 Person: Siems, Johann, Jäger (2. Kompanie/5. Jägerkorps)
Vergehen: ungebührliches Benehmen gegen Vorgesetzte und Gehorsamsverweigerung
Urteil: vierwöchiger strenger Arrest 1850

1394 Person: Sindt, Carl, Festungssträfling (5. Jägerkorps), Strafabteilung Friedrichsort
Vergehen: Gehorsamsverweigerung vor versammelter Mannschaft
Urteil: dreiwöchiger strenger Arrest 1850

1391 Person: Steiners, Johann Friedrich, Jäger (Jägerabteilung)
Vergehen: Ausbleiben vom Exerzieren, Trunkenheit und unordentlicher Lebenswandel
Urteil: vierzehntägiger strenger Arrest 1849

1374 Person: Strübing, Johann Friedrich Wilhelm, Sergeant (1. Kompanie/5. Jägerkorps)
Vergehen: Missbrauch der Dienstgewalt und Pflichtverletzung auf einem Marsch
Urtreil: vierwöchiger strenger Arrest und Degradierung 1850

1423 Person: Stuhr, Johann Heinrich August, Jäger (8. Kompanie/5. Jägerkorps)
Vergehen: ungebührliches Benehmen gegen einen Vorgesetzten vor versammelter Mannschaft
Urteil: ohne Entscheidung 1850

1429 Personen: Tews, Claus, Jäger (3. Kompanie/5. Jägerkorps)
Meyer, Heinrich, Oberjäger (4. Kompanie/5. Jägerkorps)
Vergehen: Nachlässigkeit bei der Bewachung des Arrestanten Oberjäger Christoff
Urteil: disziplinarische Erledigung 1850

1404 Person: Ulbrich, Johann, Feldwebel (3. Kompanie/5. Jägerkorps)
Vergehen: wiederholte Gehorsamsverweigerung, ungebührliches Benehmen und Trunkenheit
Urteil: Freispruch wegen Gehorsamsverweigerung und ungebührlichen Benehmens, dagegen achttägiger Stubenarrest wegen Trunkenheit 1850

1425 Person: Weber, Johann Heinrich August, Jäger (5. Kompanie/5. Jägerkorps)
Vergehen: Ungehorsam
Urteil: siebentägiger strenger Arrest 1850

1398 Person: Wild, August Heinrich, Musketier (5. Jägerkorps)
Vergehen: Verdacht auf Umhertreiberei
Urteil: Entlassung aus dem Arrest 1850

## 6. (Ersatz-)Jägerkorps

2005 Personen: Bock, Jacob, Jäger (3. Kompanie/6. Jägerkorps)
Schmelz, Carl Ferdinand, Jäger (3. Kompanie/6. Jägerkorps)
Vergehen: unerlaubte Entfernung von der Wache
Urteil: fünftägiger strenger Arrest (Bock) und Anrechnung der Untersuchungshaft als Strafe (Schmelz) 1850

2004 Person: Butz, Herrmann Leopold, Jäger (3. Kompanie/Besatzungs-Jägerkorps)
Vergehen: Ausbleiben nach dem Zapfenstreich
Urteil: Anrechnung der Untersuchungshaft als Strafe 1850

2002 Personen: Fischer, Andreas, Jäger (5. Kompanie/6. Jägerkorps)
Geyer, Michael Adam, Jäger (5. Kompanie/6. Jägerkorps)
Vergehen: Desertion zur Kriegszeit
Urteil: zweijährige Festungsstrafen und Versetzungen in den Soldatenstand 2. Klasse (1843) 1850
Darin: Wanderbuch des Schlossers Fischer 1843

2009 Personen: Friedrichsen, Peter Wilhelm, Jäger (1. Kompanie/Ersatz-Jägerkorps)
Zacharias, Christopher, Jäger (1. Kompanie/Ersatz-Jägerkorps)
Vergehen: Diebstahl
Urteil: sechswöchiger strenger Arrest und Versetzung in den Soldatenstand 2. Klasse (Friedrichsen) sowie außer Verfolgung gestellt (Zacharias) 1850

2006 Person: Frietzel, Friedrich August, Gefreiter (4. Kompanie/Besatzungs-Jägerkorps)
Vergehen: Widersetzung gegen einen Gendarmen
Urteil: Anrechnung der dreitägigen Untersuchungshaft als Strafe 1850

2007 Person: Gumtau, Carl Julius Alexander, Jäger (2. Kompanie/6. Jägerkorps)
Vergehen: Verdacht auf Entwendung
Urteil: zehntägiger strenger Arrest und Versetzung in den Soldatenstand 2. Klasse 1850

2008 Person: Holm, Herrmann Friedrich, Jäger (1. Kompanie/Besatzungs-Jägerkorps)
Vergehen: Postenvergehen, Trunkenheit im Dienst und tätliche Beleidigung eines Kameraden
Urteil: dreiwöchiger strenger Arrest unter Anrechnung der Untersuchungshaft 1850

2003 Person: Mohr, Johann, Jäger (2. Kompanie/6. Jägerkorps)
Vergehen: Postenvergehen
Urteil: vierzehntägiger strenger Arrest 1850

2097 Person: Runge, Johann Hinrich, Jäger (1. Kompanie/Reserve-Jägerkorps)
Vergehen: Ungehorsam
Urteil: ohne Entscheidung 1849

## Kavallerie-Brigade

1678 Protokoll über die Bestrafungen nach Ermessen (arbiträr) bei der 1. Eskadron/1. Dragoner-Regiment vom 1. Januar 1839 bis 31. Dezember 1843 1839-1843

1670 Verzeichnis der noch nicht verpflichteten Rekruten und Freiwilligen der 2. Eskadron/2. Dragoner-Regiment 1848

1552 Verzeichnis der verheirateten Unteroffiziere des 2. Dragoner-Regiments (nach Eskadronen geordnet) 1848

1561 Verzeichnis der verpflichteten Rekruten und Freiwilligen der fünf Schwadronen des 2. Dragoner-Regiments (nach Schwadronen geordnet) 1848
Enthält auch: Verfügung über die Form der Verpflichtung der Rekruten

1562 Verzeichnis des an die Frauen der verheirateten Unteroffiziere und Mannschaften des 2. Dragoner-Regiments ausbezahlten Quartierservice und Bettgeldes 1848
Enthält auch: Korrespondenz über die Zulage an Geld und Brot der in Kiel wohnenden Frauen der Unteroffiziere und Militärhandwerker

1595 Personen: Dragoner des 2. Dragoner-Regiments
Vergehen: Lärmen und Einschlagen der Fenster hinter dem Klosterhof Itzehoe in der Nacht zum 31. Oktober 1848 1848

1603 Ersetzung der dänischen Kriegsartikel durch eine veränderte Eidesformel für die Kriegsrechte in Form des Richtereids 1848

1611 Untersuchung des 2. Dragoner-Regiments wegen der Schlägerei am 17. Dezember 1848 zwischen der Plöner Eskadron und Soldaten des 8. Infanterie-Bataillons (Untersuchung eingestellt) 1848-1849

1618 Unterstützungen der Familien der sich im Felde befindlichen Unteroffizier und Dragoner des 2. Dragoner-Regiments (alphabetisch geordnet) 1848-1850

1691 Verzeichnis der in Rendsburg aufbewahrten Untersuchungsakten der Kavallerie-Brigade einschließlich des 1. Dragoner-Regiments für die Zeit vom 12. Oktober 1848 bis 2. Januar 1850 1848-1850

1588 Personen: Offiziere des 1. Dragoner-Regiments
Vergehen: Gewalttat gegen den Postexpediteur Ivers in Wandsbek 1849

1568 Auditoriatsjournal des 2. Dragoner-Regiments Januar 1849-März 1850

1596 Expeditionsjournal des 2. Dragoner-Regiments vom 8. Januar 1850 bis 9. April 1851 sowie Verzeichnis der Untersuchungen von 1849 bis 1851 1849-1851

1693 Auseinandersetzung in Einquartierungsangelegenheiten zwischen der Kavallerie-Division in Itzehoe und dem Gastwirt Jacob Ehlers in Itzehoe 1850

1669 Grundzüge zur Verbesserung der Militärstrafprozessordnung 1850
Enthält auch: Protokolle über die Vereidigung der drei Schriftführer und des untersuchungsführenden Offiziers aus jedem Regiment

1674 Abänderung des zweiten Teils des Militärstrafgesetzbuchs für die Zeit während des Krieges einschließlich der Richterlisten der beiden Dragoner-Regimenter 1850

1675 Strafverzeichnisse der Kavallerie-Brigade für die Monate August bis Dezember 1850, nach Dekaden und Truppenteilen geordnet 1850

1677 Richtlinien für die Handhabung der Justiz in der Kavallerie-Brigade 1850

Enthält auch: Kommandierung der Auditeure Friederici, Fries und Hennings zur Kavallerie-Brigade

1684 Auszug aus dem Strafprotokoll der 1. Eskadron/2. Dragoner-Regiment 1850-1851

1591 Verzeichnis über Vergehen und anhängige Untersuchungen in den beiden Dragoner-Regimentern Januar-März 1851

1605 Übertragung der Untersuchungen gegen Mannschaften der Marine an eine vom Generalkommando bestimmte Justizbehörde des holsteinischen Kontingents 1851

Enthält auch: Rundschreiben an sämtliche Truppenabteilungen über die Disziplinargewalt der Truppenführer (8. September 1848)

1594 Komplettierung des Etats beim Holsteinischen Dragoner-Regiment durch Beurlaubung der älteren und Einberufung der jüngeren Mannschaften 1851

1642 Untersuchung des 1. Dragoner-Regiments wegen des Abhandenkommens von zwei vom 2. Bataillon/1. Jägerkorps von Delve nach Lunden abgesandter Geldbriefe 1851

1606 Personen: Soldaten des 6. Infanterie-Bataillons
Vergehen: Ausschreitungen im Wirtshaus von Staugaard und Iversen bei Gabel und Diebstahl der Dienstjacke des Dragoners Sos (5. Eskadron/2. Dragoner-Regiment)
Urteil: Bestrafung zugesichert 1848

1635 Personen: Angehörige der 4. Eskadron/1. Dragoner-Regiment
Vergehen: Ausschreitungen in Wandsbek am 3. Mai 1850 und Misshandlung des Fleckensvorstehers Elvers
Urteil: Verweis für Elvers und Konsorten 1850

1542 Person: Ahlers, Johann Claus Hinrichs, Dragoner (1. Eskadron/Holsteinisches Dragoner-Regiment)
Vergehen: unpassendes Raisonnieren über Vorgesetzte
Urteil: siebentägiger strenger Arrest 1851

1637 Person: Altenburg, Karl Ferdinand Friedrich, Dragoner (5. Eskadron/1. Dragoner-Regiment)
Vergehen: Desertion in Kriegszeiten
Urteil: ohne Entscheidung 1850
Bemerkung: vgl. Abt. 55 Nr. 1441

1688 Person: Altenburg, Carl, Dragoner (5. Eskadron/1. Dragoner-Regiment)
Vergehen: Betrug, unerlaubte Entfernung, Ungehorsam und Diebstahl
Urteil: vierjährige Zuchthausstrafe und Ausstoß aus dem Soldatenstand 1850
Bemerkung: vgl. Abt. 55 Nr. 1441

1582 Forderung von Löhnungsgeldern des Dragoners Hieronimus Andresen (2. Dragoner-Regiment) 1849

1646 Rücklieferung einer Reithose durch den entlassenen Dragoner Johann Friedrich Appel (3. Eskadron/2. Dragoner-Regiment) 1850

1537 Person: Bahlmann, Karl, Dragoner (3. Eskadron/Holsteinisches Dragoner-Regiment)
Vergehen: Ungehorsam
Urteil: dreimonatige Festungsstrafe und Versetzung in den Soldatenstand 2. Klasse 1851

1535 Person: Baldamus, Friedrich Gottlieb Emanuel, Stabstrompeter (Holsteinisches Dragoner-Regiment)
Vergehen: Beleidigung eines Vorgesetzten, Gehorsamsverweigerung, fortgesetztes ungebührliches Benehmen und unerlaubter Verkauf von Militärgegenständen
Urteil: neunwöchiger einfacher Arrest 1851

1559 Brief an den Oberwachtmeister Behrens (3. Eskadron/2. Dragoner-Regiment) in einem in der Nähe Rendsburgs gefundenen Knabenranzen 1848

1551 Gesuch der Ehefrau des Dragoners Jochim Hinrich Blöcker (5. Eskadron/2. Dragoner-Regiment) aus Schafhaus um Entlassung ihres Mannes 1848

1597 Personen: Bock, Nikolaus, Dragoner (3. Eskadron/2. Dragoner-Regiment)
Voss, Johann Peter Berthold, Signaltrompeter (4. Eskadron/2. Dragoner-Regiment)
Vergehen: wiederholter Ungehorsam und ausdrückliche Gehorsamsverweigerung 1849
Urteil: achtzehnmonatige Festungsstrafe, Überweisung der Akten an das Armee-Auditoriat 1851 1851

1554 Nachlass und Totenschein des im Gefecht bei Missunde verwundeten und später im Hospital in Flensburg verstorbenen Dragoners Hans Joachim Hinrich Böttcher 1848

1558 Stammblatt des am 5. Juli 1848 im Hospital in Flensburg verstorbenen Dragoners Hans Joachim Hinrich Böttcher (4. Eskadron/2. Dragoner-Regiment) 1848
Enthält auch: zwei Meldezettel vom 8. August 1848
Bemerkung: vgl. Abt. 55 Nr. 1554

1681 Personen: Breckwoldt, Johann Albert, Dragoner (2. Eskadron/2. Dragoner-Regiment)
Bobbers, Christian Friedrich, Dragoner (2. Eskadron/2. Dragoner-Regiment)
Ahrens, Johann Hinrich, Dragoner (2. Eskadron/2. Dragoner-Regiment)
Brede, Franz, Dragoner (2. Eskadron/2. Dragoner-Regiment)
Stoltenberg, Hans, Dragoner (2. Eskadron/2. Dragoner-Regiment)
Matthiesen, Hinrich Jochen, Dragoner (2. Eskadron/2. Dragoner-Regiment)
Vergehen: nächtlicher Unfug 1850

1614 Person: Brekwoldt, Johann Albert, Dragoner (1. Eskadron/2. Dragoner-Regiment)
Vergehen: Diebstahl
Urteil: vierzigtägiger strenger Arrest und Versetzung in den Soldatenstand 2. Klasse 1849
Bemerkung: vgl. Abt. 55 Nr. 1505

1654 Person: Bruhns, Dragoner (3. Eskadron/2. Dragoner-Regiment)
Vergehen: unerlaubtes Verlassen des Hospitals
Urteil: zweitägiger strenger Arrest 1850

1653 Person: Buhmann, Johann, Dragoner (6. Eskadron/2. Dragoner-Regiment)
Vergehen: Unzucht mit Catharina Marie Rosenberg 1850

1564 Ansprüche des Dragoners Christian Bühring (2. Dragoner-Regiment) an die Witwe Ziesemer vom Großen Kuhberg in Kiel auf Rückgabe eines Halstuchs und von Leinwand 1848

1600 Person: Bülsingsleben, Fähnrich (2. Dragoner-Regiment)
Vergehen: Flucht aus der Haft 1851

1589 Personen: Dahl, C. F., Dragoner (1. Eskadron/1. Dragoner-Regiment)
Schlüter, H., Dragoner (1. Eskadron/1. Dragoner-Regiment)
Sparr, Dragoner (1. Eskadron/1. Dragoner-Regiment)
Vergehen: Meuterei
Urteil: Gesuch um Beurlaubung vom Departement des Kriegswesens dem Generalkommando zugestellt 1851

1546 Personen: Dahl, Claus Friedrich, Dragoner (1. Eskadron/Dragoner-Regiment), Bockenhorst
Schlüter, Sievert, Dragoner (1. Eskadron/Dragoner-Regiment), Breitenburg
Sparr, Hans Hinrich, Dragoner (1. Eskadron/Dragoner-Regiment), Jersbek
Peters, Claus Heinrich, Dragoner (1. Eskadron/Dragoner-Regiment), Hennstedt
Scharrenberg, Johann Hinrich, Dragoner (1. Eskadron/Dragoner-Regiment), Meilsdorf
Wagener, Hans Hinrich, Dragoner (1. Eskadron/Dragoner-Regiment), Jersbek
Offen, Christoph Friedrich, Dragoner (1. Eskadron/Dragoner-Regiment), Wulksfelde
Norden, Hans, Dragoner (1. Eskadron/Dragoner-Regiment), Baumort
Evers, Hans, Dragoner (1. Eskadron/Dragoner-Regiment), Schenefeld
Charliebe, Detlef Ludwig, Dragoner (1. Eskadron/Dragoner-Regiment), Nortorf
Vergehen: Meuterei, Ungehorsam und Dienstbeschwerden im Komplott
Urteil: sechsmonatige Festungsstrafe (Dahl), vierwöchiger (Sievert und Sparr), dreiwöchiger (Norden und Offen) und vierzehntägiger (Peters, Scharrenberg, Wagener, Charliebe und Evers) strenger Arrest 1851
Enthält u. a.: Stammrolle der Mannschaften 1845-1847 der 1. Eskadron des Holsteinischen Dragoner-Regiments

1538 Person: Dahl, Claus Friedrich, Dragoner (1. Eskadron/Holsteinisches Dragoner-Regiment)
Vergehen: Meuterei
Urteil: sechsmonatige Festungsstrafe, Gesuch um Erlass oder Milderung vom Generalkommando abgelehnt 1851

1586 Erbantritt des Dragoners Heinrich Friedrich David (2. Dragoner-Regiment) 1849

1638 Person: Demlowsky, Albert Friedrich Theodor, Unteroffizier (4. Eskadron/1. Dragoner-Regiment)
Vergehen: Trunkenheit im Dienst
Urteil: ohne Entscheidung 1850

1623 Person: Diekmann, Johann, Dragoner (5. Eskadron/1. Dragoner-Regiment)
Vergehen: Trunkenheit
Urteil: Untersuchung niedergeschlagen 1848

1630 Person: Diekmann, Johann Carl Friedrich, Dragoner (5. Eskadron/1. Dragoner-Regiment)
Vergehen: tätliche Widersetzlichkeit gegen Vorgesetzte
Urteil: dreimonatige Freiheitsstrafe 1848
Bemerkung: vgl. Abt. 55 Nr. 1447

1633 Person: von Dittmar, Hermann Carl Martialis, Offiziersanwärter (1. Eskadron/1. Dragoner-Regiment)
Vergehen: wörtliche und tätliche Beleidigung des Tierarztes Deerts
Urteil: vierzehntägiger Mittelarrest 1850

1656 Zurückzahlung einer verlorenen Geldsumme durch den Unteroffizier Döring (5. Eskadron/2. Dragoner-Regiment) an den Unteroffizier Rohder 1850

1676 Person: Dreyer, Dragoner (5. Eskadron/1. Dragoner-Regiment)
Vergehen: Postenvergehen und Trunkenheit
Urteil: achttägiger Mittelarrest 1850

1622 Person: Eggers, Hans Christian, Dragoner (5. Eskadron/2. Dragoner-Regiment)
Vergehen: Trunkenheit im Dienst
Urteil: zweitägiger strenger Arrest 1848

1664 Person: Ewers, Johann Carl Hans, Dragoner (3. Eskadron/1. Dragoner-Regiment)
Vergehen: gewalttätige Wegführung eines Zivilgefangenen
Urteil: siebentägiger strenger Arrest 1850

1608 Personen: Freudenthal, Leutnant und Adjutant (Freikorps von der Tann)
Übersetzig, Sekretär (Freikorps von der Tann)
Vergehen: Unterschlagung eines Geldbriefes an Unteroffizier Benno Keydel (3. Eskadron/2. Dragoner-Regiment)
Urteil: ohne Entscheidung 1848-1849

1555 Pensionsgesuch des Dragoners Simon Friedland (3. Eskadron/2. Dragoner-Regiment) aus Rissen 1848

1598 Person: Friedrichsen, Dragoner (1. Eskadron/2. Dragoner-Regiment)
Vergehen: Diebstahl eines Waffenrocks
Urteil: ohne Entscheidung 1851

1686 Person: Gaetjens, Joachim, Dragoner (2. Eskadron/2. Dragoner-Regiment)
Vergehen: wiederholtes ungebührliches Benehmen mit Drohungen gegen Vorgesetzte 1850

1587 Person: Gehrling, Johann Heinrich, Regimentsbüchsenmacher (2. Dragoner-Regiment), Preetz
Vergehen: Pflichtversäumnis 1849

1685 Erbschaft des Gefreiten Hans Martin Geil (2. Eskadron/2. Dragoner-Regiment) 1850

1573 Anfrage des Dragoners Detlef Peter Hinrich Glöde (5. Eskadron/2. Dragoner-Regiment) zum Erhalt des Trauscheins und zu den Bedingungen einer Heirat mit Margaretha Anna Caecilia Wilhelmine Springer 1849

1643 Person: Gramm, Sekondeleutnant (5. Eskadron/1. Dragoner-Regiment)
Vergehen: fahrlässige Tötung
Urteil: ohne Entscheidung 1850
Bemerkung: vgl. Abt. 55 Nr. 1470

1666 Gesuch des in Rendsburg inhaftierten Sekondeleutnants von Gramm (5. Eskadron/1. Dragoner-Regiment) um die Erlaubnis zur Haltung eines Burschen und von Pferden 1850

1565 Personen: Grau, Detlef, Dragoner (2. Dragoner-Regiment)
Timm, Marx, Dragoner (4. Eskadron/2. Dragoner-Regiment)
Vergehen: Verlust eines Pferdes
Urteil: ohne Entscheidung 1849

1581 Person: Grell, Jochim Heinrich, Dragoner (4. Eskadron/2. Dragoner-Regiment)
Vergehen: Verkauf einer Paradehose im Jahr 1844
Urteil: 1844 fünfmal fünftägiger strenger Arrest, 1849 Anforderung der Untersuchungsakten 1849

1694 Person: Griese, Gottfried Heinrich Friedrich, Dragoner (6. Eskadron/1. Dragoner-Regiment), Lindewitt
Vergehen: mehrfache Veruntreuung im Schneidersaal in Rendsburg
Urteil: ohne Entscheidung 1850

1679 Bekleidungsstücke des Dragoners Claus Hinrich David Haase (3. Eskadron/1. Dragoner-Regiment) 1850

1563 Forderungen an Löhnungs- und Montierungsgeldern durch die Dragoner Hans Hinrich Hammerich (3. Eskadron/2. Dragoner-Regiment) und Hinrich Christian Samuel aus Kellenhusen 1848

1682 Ansprüche des Dragoners Johann Hinrich Hansen (4. Eskadron/ 2. Dragoner-Regiment) auf Unterstützung seiner Frau 1850

1583 Vollmacht für den Dragoner Heinrich Hartz (3. Eskadron/2. Dragoner-Regiment) zur Erbberechtigung aus dem Nachlass seines Vaters 1849

1575 Nachlass des verstorbenen Dragoners M. Hein (3. Eskadron/2. Dragoner-Regiment) 1849

1668 Entlassungsgesuch des Dragoners Heise (3. Eskadron/1. Dragoner-Regiment), genehmigt durch die Statthalterschaft 1850

1697 Begnadigung des wegen Plünderung zu zweijähriger Festungsstrafe verurteilten Dragoners Heinrich Diedrich Friedrich Heise 1850

1536 Person: von Hemm, Korporal (4. Eskadron/Holsteinisches Dragoner-Regiment)
Vergehen: Schlägerei im Haus des Gastwirts Thewes in Itzehoe
Urteil: ohne Entscheidung 1851

1651 Ernennung des Auditeurs Hennings zum Schriftführer im Verhör von Major von Seelhorst und Konsorten 1850

1652 Ernennung des Auditeurs Hennings zum Schriftführer in der Untersuchungssache gegen Major von Rathlev (2. Infanterie-Brigade) und Major von Seelhorst (9. Infanterie-Bataillon) 1850

1673 Reisevergütungen, Steuerangelegenheiten, Gehaltserhöhungen, Ausstellung und Gebrauch von Fuhrpässen, Transportweise für die Kavallerie-Auditeure, besonders Auditeur Hennings 1850

1690 Erbschaft des Dragoners Johann Thedens Hennings (1. Eskadron/ 1. Dragoner-Regiment) 1850

1576 Person: Hinrichs, Johann Nicolaus Behrend, Dragoner (5. Eskadron/2. Dragoner-Regiment)
Vergehen: Desertion 1849

1680 Ansprüche des Dragoners Johann Hoyer (1. Eskadron/1. Dragoner-Regiment) auf Unterstützung seiner kranken Frau 1850

1560 Einquartierung und Einstellung von Pferden nach der Verordnung vom 9. Mai 1806 in Itzehoe 1848

1662 Person: Jahn, Hans, Halbhufner in Fockbek
Vergehen: widerrechtliche Aneignung einer gefundenen Pferdedecke
Urteil: doppelter Schadensersatz und Übernahme der Untersuchungskosten 1850

1556 Pensionsgesuch des ehemaligen Beschlagschmiedes Janßen (2. Eskadron/2. Dragoner-Regiment) 1848

1667 Person: Janßen (genannt Kuntze), Unteroffizier (1. Eskadron/1. Dragoner-Regiment)
Vergehen: Desertion und Unterschlagung von Geldern
Urteil: aus der Schleswig-Holsteinischen Armee als ausgeschieden zu betrachten 1850

1659 Beschwerde des Premierleutnants Kartscher (3. sechspfündige Feldbatterie) über den Dienstknecht Peter Jessen (früher 2. Jägerkorps) in Satrupholm 1850

1592 Eid des zum untersuchungsführenden Offiziers beim Holsteinischen Dragoner-Regiment bestellten Leutnants Johannsen (2. Dragoner-Regiment) 1851

1593 Eid des zum untersuchungsführenden Offiziers beim Holsteinischen Dragoner-Regiment bestellten Leutnants Johannsen (2. Dragoner-Regiment) 1851

1543 Person: Jordan, Jürgen, Dragoner (4. Eskadron/Holsteinisches Dragoner-Regiment)
Vergehen: Ungehorsam
Urteil: sechswöchiger strenger Arrest 1851

1567 Person: Kähler, Jochim Friedrich, Dragoner (5. Eskadron/2. Dragoner-Regiment)
Vergehen: Ungehorsam
Urteil: ohne Entscheidung 1849

1601 Person: Kähler, Jochim Friedrich, Dragoner (5. Eskadron/2. Dragoner-Regiment)
Vergehen: Ungehorsam
Urteil: dreimal dreitägige Gefängnisstrafe 1849

1639 Person: Knesebeck, Dragoner (1. Eskadron/1. Dragoner-Regiment)
Vergehen: Desertion
Urteil: Empfehlung zur Begnadigung wegen seines beschränkten Verstandes 1849-1850

1574 Stellvertretung des Dragoners Hinrich Kölln (2. Eskadron/2. Dragoner-Regiment) aus Stelling durch den Dragoner Carl Wattstein 1849

1547 Personen: Koop, Hans Hinrich, Wachtmeister (3. Eskadron/Holsteinisches Dragoner-Regiment)
Bock, Claus F. H., Dragoner (3. Eskadron/Holsteinisches Dragoner-Regiment)
Mathiesen, H. J., Dragoner (3. Eskadron/Holsteinisches Dragoner-Regiment)
von Loosten, Fred, Dragoner (3. Eskadron/Holsteinisches Dragoner-Regiment)
Rathjens, H. J., Dragoner (3. Eskadron/Holsteinisches Dragoner-Regiment)
Wunder, C. F., Dragoner (3. Eskadron/Holsteinisches Dragoner-Regiment)
Hauschild, Dragoner (3. Eskadron/Holsteinisches Dragoner-Regiment)
Möller, Johann, Dragoner (3. Eskadron/Holsteinisches Dragoner-Regiment)
Steffen, August, Dragoner (3. Eskadron/Holsteinisches Dragoner-Regiment)
Struck, Johann, Dragoner (3. Eskadron/Holsteinisches Dragoner-Regiment)
Vergehen: Ausschreitungen in Oelixdorf in der Nacht zum 28. April 1851
Urteil: Verfahren eingestellt 1851

1629 Person: Körber, Alexander, Unteroffizier (4. Infanterie-Bataillon)
Vergehen: ungebührliches Benehmen im Lazarett
Urteil: ohne Entscheidung 1849

1620 Person: Kropp, Ludwig, Gefreiter (5. Eskadron/1. Dragoner-Regiment)
Vergehen: Trunkenheit im Dienst, Misshandlung eines Bauern und unerlaubtes Ausbleiben aus dem Quartier
Urteil: disziplinarische Erledigung 1849

1548 Nachlass des am 6. Oktober 1848 in Itzehoe an der Cholera verstorbenen Dragoners Hans Hinrich Kruse (3. Eskadron/2. Dragoner-Regiment) 1848

1628 Person: Kuphal, Fritz, Wachtmeister (5. Eskadron/1. Dragoner-Regiment)
Vergehen: Schlägerei in einem Salon auf St. Pauli
Urteil: Freispruch 1849

1687 Personen: Kuphal, Fritz, Unteroffizier 1. Klasse (5. Eskadron/1. Dragoner-Regiment)
Ewert, Julius, Unteroffizier 2. Klasse (5. Eskadron/1. Dragoner-Regiment)
Nielsen, Carsten, Gefreiter (5. Eskadron/1. Dragoner-Regiment)
Vergehen: Ausschreitungen im Englischen Garten in Altona, Gehorsamsverweigerung und Ausbleiben nach dem Zapfenstreich
Urteil: fünfwöchiger (Kuphal), sechswöchiger (Ewert) und vierzehntägiger (Nielsen) Mittelarrest 1850
Bemerkung: vgl. Abt. 55 Nr. 1471

1689 Person: Lensch, Hinrich, Dragoner (3. Eskadron/2. Dragoner-Regiment)
Vergehen: Diebstahl im Haus des Gastwirts Mordhorst in Krusenrott
Urteil: ohne Entscheidung 1850

1671 Anforderung der Kriegsgerichtsakten über den Dragoner von Levern (3. Eskadron/1. Dragoner-Regiment) durch den Auditeur Hennings 1850

1604 Kommandierung des Dragoners Claus Christian Lindau (3. Eskadron/1. Dragoner-Regiment) zur sechspfündigen Fahrbatterie 1848

1580 Person: Lindemann, Hans Hinrich, Dragoner (2. Dragoner-Regiment)
Vergehen: Mord im Jahr 1842
Urteil: 1842 lebenslängliches Stockhaus, 1849 Anforderung der Untersuchungsakten 1849
Bemerkung: vgl. Abt. 55 Nr. 1648

1648 Gnadengesuch für den wegen Mordes zu lebenslänglicher Zuchthausstrafe verurteilten Festungssträfling Hans Hinrich Lindemann (2. Dragoner-Regiment) 1850
Bemerkung: vgl. Abt. 55 Nr. 1580

1640 Personen: Löhndorf, Nikolay, Dragoner (3. Eskadron/1. Dragoner-Regiment)
Steen, Joachim, Dragoner (4. Eskadron/2. Dragoner-Regiment)
Vergehen: Diebstahl
Urteil: Untersuchung niedergeschlagen 1850

1636 Person: Lorenzen, Hans, Dragoner (6. Eskadron/1. Dragoner-Regiment), Löwenstedt
Vergehen: erster kleiner Diebstahl
Urteil: vierwöchiger strenger Arrest und Versetzung in den Soldatenstand 2. Klasse 1850
Bemerkung: vgl. Abt. 55 Nr. 1460

1698 Erbschaft des Dragoners Julius Lorenzen (3. Eskadron/2. Dragoner-Regiment) 1850

1610 Übersendung der Formulare zur Eidesleistung der Auditeure von Löwenstern und Hennings (Kavallerie-Brigade) 1849

1541 Person: Lüthje, Dragoner (3. Eskadron/Holsteinisches Dragoner-Regiment)
Vergehen: lebensgefährliche Verletzung des Arbeitsmannes Claus Dammann aus Reher beim Tanzfest in Sude am 20. Juli 1851
Urteil: ohne Entscheidung 1851

1621 Personen: Marholz, Hans, Dragoner (2. Eskadron/1. Dragoner-Regiment)
Corinth, Johann Christian, Dragoner (2. Eskadron/1. Dragoner-Regiment)
Vergehen: Ungehorsam gegen Dienstbefehle
Urteil: disziplinarische Erledigung 1849

1599 Untersuchungssache des Unterarztes Mencke (2. Dragoner-Regiment) gegen den Rittmeister von Grönig 1851

1619 Attest für den in Altona durch badische Soldaten verwundeten und seitdem dienstuntauglichen Dragoner Johann Mohr (2. Dragoner-Regiment) 1849

1649 Entwurf der Anklagegeschrift gegen den Dragoner Carsten Mohr (3. Eskadron/1. Dragoner-Regiment) durch den Brigade-Auditeur Hennings 1850

1607 Person: Mölk, Peter, Korporal (3. Eskadron/2. Dragoner-Regiment)
Vergehen: unerlaubte Entfernung
Urteil: vierzehntägiger Arrest 1848

1585 Nachlass des vor Fredericia verwundeten und später im Lazarett in Hadersleben verstorbenen Dragoners Hans Peter Mulzen (1. Eskadron/2. Dragoner-Regiment) 1849

1626 Person: Naue, Otto Erhard, Wachtmeister (5. Eskadron/1. Dragoner-Regiment)
Vergehen: ungebührliches Benehmen gegen seinen Vorgesetzten
Urteil: zweimal vierundzwanzigstündige Gefängnisstrafe 1848

1641 Personen: Nickelsen, Thomas, Dragoner (4. Eskadron/1. Dragoner-Regiment)
Kratz, Johann Friedrich Wilhelm, Dragoner (4. Eskadron/1. Dragoner-Regiment)
Sellhorn, Johann Hinrich, Dragoner (4. Eskadron/1. Dragoner-Regiment)
Bierend, Jürgen Hinrich, Dragoner (4. Eskadron/1. Dragoner-Regiment)
Vergehen: Ausschreitung am 3. Mai 1850 im Lokal des Gastwirts Elvers in Wandsbek
Urteil: Verweis (Kratz) und zweimal vierundzwanzigstündiger Quartierarrest (Nickelsen, Bierend und Sellhorn) 1850

1570 Inventar des Depotwachtmeisters Nissen (1. Dragoner-Regiment) 1849

1624 Person: Oesau, Claus, Dragoner (5. Eskadron/1. Dragoner-Regiment)
Vergehen: Trunkenheit, Unordnung im Dienst und Lügen vor Gericht
Urteil: vierundzwanzigstündiges Krummliegen 1848

1634 Person: Orth, Hans Heinrich, Dragoner (2. Eskadron/1. Dragoner-Regiment)
Vergehen: Diebstahl
Urteil: Verfahren eingestellt 1850

1625 Person: Ostergaard, Hans Lauritz, Dragoner (4. Eskadron/1. Dragoner-Regiment)
Vergehen: ordnungswidriger Aufenthalt in Schleswig während seiner Krankheit
Urteil: dreitägiger einfacher Arrest 1848

1617 Ansprüche des Zuchthäuslers und früheren Dragoners Christian Hinrich Passig (1. Eskadron/2. Dragoner-Regiment) auf rückständige Löhnungs- und Untermontierungsgelder 1851

1612 Person: Pehmüller, Johann, Dragoner (1. Eskadron/2. Dragoner-Regiment)
Vergehen: Trunkenheit auf der Wache
Urteil: fünfmal dreitägiger strenger Arrest 1849
Bemerkung: vgl. Abt. 55 Nr. 1501

1578 Person: Peters (Petersen), Hans, Dragoner (4. Eskadron/2. Dragoner-Regiment)
Vergehen: Desertion
Urteil: steckbriefliche Verfolgung 1849

1609 Person: Petersen, J. H., Dragoner (1. Dragoner-Regiment)
Vergehen: Einreichung eines Gesuchs unter Umgehung seines Vorgesetzten
Urteil: zweimal vierundzwanzigstündiger einfacher Arrest 1848

1539 Person: Petersen, Marquard, Dragoner (5. Eskadron/1. Dragoner-Regiment)
Vergehen: Ungehorsam und Diebstahl
Urteil: ohne Entscheidung 1851

1660 Gesuch zur Überwindung der dürftigen Vermögensverhältnisse des Unteroffiziers Poggensee (5. Eskadron/2. Dragoner-Regiment) 1850

1571 Person: Popp, Christian Friedrich, Dragoner (2. Dragoner-Regiment)
Vergehen: Abschneiden von Pferdeschweifen 1851

1665 Personen: Preal, Dragoner (4. Eskadron/1. Dragoner-Regiment)
Langheim, Dragoner (4. Eskadron/1. Dragoner-Regiment)
Vergehen: nächtliche Ruhestörung und ungebührliches Benehmen gegen eine Jägerpatrouille
Urteil: disziplinarische Erledigung 1850

1672 Anforderung der Vernehmungsakten des wegen Funddiebstahls verhafteten Dragoners Pries (1. Eskadron/Kavallerie-Brigade) durch das 2. Dragoner-Regiment 1850

1557 Gesuch des Dragoners Claus Hinrich Ramm (2. Eskadron/2. Dragoner-Regiment) um Entlassung aus dem Militärdienst 1848

1545 Person: Rantzau, Hermann Thomas, beurlaubter Dragoner (4. Eskadron/Holsteinisches Dragoner-Regiment)
Vergehen: Veruntreuung von Lebensmitteln
Urteil: Verfahren eingestellt 1851

1632 Personen: Rantzau, Hermann Thomas, Dragoner (4. Eskadron/1. Dragoner-Regiment)
Westphal, Emil August, Dragoner (5. Eskadron/1. Dragoner-Regiment)
Vergehen: Verwahrlosung eines Dragonermantels und von Dienstgegenständen
Urteil: dreitägiger Mittelarrest (Rantzau) und vierundzwanzigstündiger einfacher Arrest (Westphal) 1851

1631 Person: Rasmussen, Anton Jacob, Quartiermeister (4. Eskadron/1. Dragoner-Regiment)
Vergehen: Ungesetzlichkeiten beim Einquartierungswesen
Urteil: ernster Verweis (1849) 1850
Enthält u. a.: Verpflegungsberichte und Namenslisten der Offiziere, Militärbeamten und Fähnriche der 4. Eskadron/1. Dragoner-Regiment 1849-1850

1645 Warnung des Dragoners Carl Friedrich Rehbehn (2. Eskadron/2. Dragoner-Regiment) vor dem Missbrauch des erteilten Armenrechts 1850

1590 Personen: Reuss, Dragoner (5. Eskadron/1. Dragoner-Regiment)
Eichhorn, Dragoner (5. Eskadron/1. Dragoner-Regiment)
Petersen, Gefreiter (5. Eskadron/1. Dragoner-Regiment)
Vergehen: Verletzung eines Pferdes des Pferdehändlers Johannsen
1849

1661 Nachlass des in Hamdorf im Zweikampf gestorbenen Fähnrichs Babo von Rohr (5. Eskadron/1. Dragoner-Regiment) aus Penzlin 1850

1647 Gnadengesuch des Eisenbahnwärters Hans Hinrich Rönnau in Meimersdorf für seinen wegen wiederholter Desertion zu vierjähriger Zuchthausstrafe verurteilten Sohn, den Dragoner Heinrich Christian Rönnau (6. Eskadron/2. Dragoner-Regiment) 1850

1550 Personen: Köpke, Friedrich Hinrich, Dragoner (1. Eskadron/2. Dragoner-Regiment)
Köpke, Johann, Dragoner (4. Eskadron/2. Dragoner-Regiment)
Vergehen: Unzucht mit Margaretha Magdalena Dieckmann in Tökendorf und daraus folgende Alimente 1848

1577 Person: Sarau, Claus Jochim, Dragoner (3. Eskadron/2. Dragoner-Regiment)
Vergehen: Trunkenheit als Stallwache
Urteil: elftägiger strenger Arrest 1849

1549 Nachlass der am 13. Juli 1848 verstorbenen Margaretha Schmidt geb. Drenkhahn, Ehefrau des Wachtmeisters Schmidt (2. Dragoner-Regiment) 1848

1655 Person: Schmüser, Heinrich, Dragoner (3. Eskadron/2. Dragoner-Regiment)
Vergehen: Zollvergehen 1848
Urteil: Strafzahlung 1849-1850

1696 Gesuch des Dragoners A. Schneider (3. Eskadron/2. Dragoner-Regiment) um Ladung vor eine Kassationskommission 1850
Enthält auch: Schreiben des Generalkommandos an den Bäckermeister Jürgen Kölln wegen Beurlaubung seines Sohnes, des Gefreiten Hinrich Kölln (2. Kompanie/12. Infanterie-Bataillon)

1692 Person: Schreier, Hans Hinrich, Gefreiter (5. Eskadron/1. Dragoner-Regiment)
Vergehen: Desertion zur Kriegszeit
Urteil: ohne Entscheidung 1850
Bemerkung: vgl. Abt. 55 Nr. 1466

1602 Person: Schröder, Hans Friedrich, Dragoner (5. Eskadron/2. Dragoner-Regiment)
Vergehen: ungebührliches Benehmen
Urteil: vierzehntägiger einfacher Arrest 1848-1849

1683 Ansprüche des Dragoners Jochim Hinrich Schweim (4. Eskadron/2. Dragoner-Regiment) auf Unterstützung seiner Familie 1850

1663 Ansprüche des Dragoners Franz Friedrich Sell (3. Eskadron/2. Dragoner-Regiment) auf Auszahlung rückständiger Untermontierungsgelder 1850-1851

1657 Nachlass des im Lazarett in Rendsburg verstorbenen Trompeters Sievers 1850

1650 Person: Simonsen, Friedrich Franz Ernst Christian, Trompeter (2. Dragoner-Regiment)
Vergehen: Diebstahl
Urteil: ohne Entscheidung 1850

1566 Nachlass des am 25. April 1849 an den Folgen der bei Kolding erlittenen Verwundung im Lazarett Christiansfelde verstorbenen Unteroffiziers Carl Johann Hermann Sörensen (5. Eskadron/2. Dragoner-Regiment) 1849

1572 Nachlass des verstorbenen Dragoners Wilhelm Spaar (4. Eskadron/2. Dragoner-Regiment) 1849

1695 Personen: Staack, Hans Diederich, Unteroffizier (3. Eskadron/2. Dragoner-Regiment)
Gaetjens, Jochim, Dragoner (2. Eskadron/2. Dragoner-Regiment)
Vergehen: mehrfache Veruntreuungen im Schneidersaal in Rendsburg
Urteil: ohne Entscheidung 1850

1553 Erbvergleich des Dragoners Andreas Steffens (5. Eskadron/1. Dragoner-Regiment) mit seinem Schwager Hartwig Rose 1848

1584 Feststellung der Identität des Dragoners Johann Heinrich Christian Stölting (2. Eskadron/2. Dragoner-Regiment) 1849

1613 Person: Stürwoldt, Hans, Dragoner (3. Eskadron/2. Dragoner-Regiment)
Vergehen: Widersetzlichkeit, Trunkenheit und ungebührliches Benehmen
Urteil: vierzigtägiger strenger Arrest 1848
Bemerkung: vgl. Abt. 55 Nr. 1510

1658 Personen: Suhr, Kanonier (3. sechspfündige Batterie)
Jensen, Kanonier (3. sechspfündige Batterie)
Vergehen: Missbrauch des Seitengewehrs gegen den Stuhlmacher Schnoor in Kiel
Urteil: ohne Entscheidung 1850

1569 Person: Torm, Filialbankschreiber
Vergehen: versuchte Anstiftung des Wachtmeisters Köster (3. Eskadron/1. Dragoner-Regiment) zum Überlaufen zu den Dänen 1849

1627 Person: Voss, Detlef, Dragoner (5. Eskadron/1. Dragoner-Regiment)
Vergehen: Wachvergehen
Urteil: fünftägige Gefängnisstrafe 1848

1579 Person: Voss, Johann Ludwig Peter Bartholdy, Signaltrompeter (4. Eskadron/2. Dragoner-Regiment)
Vergehen: wiederholter Ungehorsam, Gehorsamsverweigerung und ungebührliches Benehmen
Urteil: achtzehnmonatige Festungsstrafe und Versetzung in den Soldatenstand 2. Klasse 1849
Bemerkung: vgl. Abt. 55 Nr. 1482

1540 Vernehmung des Dragoners Emil August Ferdinand Westphal (2. Eskadron/Holsteinisches Dragoner-Regiment) wegen des Diebstahls der Sophie Baß aus Itzehoe 1851

1644 Personen: Westy, Christian Ludwig Sophus, Unteroffizier (3. Kompanie/12. Infanterie-Bataillon)
Aschmily, Antonius, Jäger (3. Kompanie/4. Jägerkorps)
Vergehen: Widersetzung bei der Verhaftung durch Gendarmen wegen der Tätlichkeiten gegen den Eisenbahnschaffner Suxdorf in Neumünster
Urteil: ohne Entscheidung 1850
Bermerkung: vgl. Abt. 55 Nr. 1289

1616 Person: Witt, Thiess, Dragoner (3. Eskadron/2. Dragoner-Regiment)
Vergehen: Wachvergehen
Urteil: dreimal dreitägige strenge Gefängnisstrafe 1849
Bemerkung: vgl. Abt. 55 Nr. 1504

1544 Person: Wunder, Claus, Dragoner (3. Eskadron/Holsteinisches Dragoner-Regiment)
Vergehen: Gehorsamsverweigerung vor versammelter Mannschaft
Urteil: vierzehntägiger Mittelarrest 1851

1615 Einsetzung einer Kommission unter dem Vorsitz des Majors von Buchwaldt (2. Dragoner-Regiment) in einer Ehrensache des Premierleutnants von Zeska (3. Jägerkorps) 1849

## 1. Dragoner-Regiment

1476 Personen: Dragoner und Musketiere des 2. Dragoner-Regiments und des 8. Infanterie-Bataillons
Vergehen: Schlägerei am 17. Dezember 1848 in Plön
Urteil: Verfahren auf Vorschlag des Auditeurs Sachau niedergeschlagen 1848-1849

1481 Forderung des Parzellisten D. Tiedje vom St. Johanniskloster für geliefertes Stroh an die 4. Eskadron/1. Dragoner-Regiment (Forderung zurückgewiesen) 1848-1849

1441 Person: Altenburg, Carl, Dragoner (5. Eskadron/1. Dragoner-Regiment)
Vergehen: unerlaubte Entfernung, Ungehorsam, mehrfache Veruntreuung, Betrug, wiederholter Diebstahl
Urteil: vierjährige Zuchthausstrafe, später vom Generalkommando in zweijährige Zuchthausstrafe umgewandelt (1846-) 1849-1850
Enthält u. a.: Privatbriefe Altenburgs an seine Frau und eines Fritz Gasen an das Dienstmädchen Catherine Ehlers in Lübeck von 1846
Darin: „Altonaer Mercur“ vom 18. Oktober 1849
Bemerkung: vgl. Abt. 55 Nr. 1688

1446 Person: Andresen, Marcus Peter, Dragoner (1. Eskadron/1. Dragoner-Regiment)
Vergehen: Ungehorsam, ungebührliches Benehmen vor Gericht und unerlaubtes Ausbleiben
Urteil: sechsmonatige Festungsstrafe 1850
Bemerkung: nur Deckblatt

1479 Person: Baasch, Jürgen Friedrich, Gefreiter (5. Eskadron/1. Dragoner-Regiment)
Vergehen: verursachte Unordnung auf der Eisenbahn
Urteil: dreitägiger Mittelarrest (1844-) 1849
Darin: Polizeireglement der Ostseebahn 1844; Verordnung über Bestrafungen von Eisenbahnvergehen 1845

1455 Person: Baumann, Georg, Quartiermeister (4. Eskadron/1. Dragoner-Regiment)
Vergehen: Ungehorsam und ungebührliches Benehmen gegen Vorgesetzte
Urteil: dreißigtägige Gefängnisstrafe unter Anrechnung der Untersuchungshaft 1848

1451 Person: Beck, Hans, Dragoner (4. Eskadron/1. Dragoner-Regiment)
Vergehen: unzulässige Beschwerdeführung in einem öffentlichen Blatt
Urteil: neuntägiger strenger Arrest 1849
Darin: „Die Reform“ vom 13. Oktober 1849

1452 Person: Blinkmann, Heinrich Otto, Dragoner (2. Eskadron/1. Dragoner-Regiment)
Vergehen: wiederholter kleiner Diebstahl
Urteil: zwölftägiger strenger Arrest und Versetzung in den Soldatenstand 2. Klasse 1849

1475 Person: von Brockdorff, Rittmeister und andere Offiziere des 1. Dragoner-Regiments
Vergehen: Gewalttaten gegen den Postexpediteur Ivers in Wandsbek
Urteil: Klage abgewiesen 1849

1447 Person: Dieckmann, Johann Friedrich Ferdinand, Dragoner (5. Eskadron/1. Dragoner-Regiment)
Vergehen: tätliche Widersetzlichkeit gegen einen Vorgesetzten
Urteil: dreimonatige Festungsstrafe 1848

1463 Personen: Glückstadt, Claus, Dragoner (6. Eskadron/1. Dragoner-Regiment)
Wittrup, Heinrich August Theodor Christian, Dragoner (6. Eskadron/1. Dragoner-Regiment)
Thiel, Hans Christian, Dragoner (6. Eskadron/1. Dragoner-Regiment)
Hamdorf, Hans Joachim, Musketier (4. Kompanie/14. Infanterie-Bataillon)
Ehrich, Heinrich, Musketier (3. Kompanie/14. Infanterie-Bataillon)
Vergehen: Hausfriedensbruch
Urteil: sechswöchiger strenger Arrest (Thiel, Glückstadt und Wittrup), zweitägiger Mittelarrest (Ehrich) und Freispruch (Hamdorf) 1850

1470 Person: Gramm, Joseph Anton Theodor, Sekondeleutnant (5. Eskadron/1. Dragoner-Regiment)
Vergehen: Angriff mit blanker Waffe auf den Fähnrich Babo von Rohr und Totschlag
Urteil: zwölfmonatige Festungsstrafe 1850
Enthält auch: Anklage vom 28. Januar 1851 wegen öffentlicher Beleidigungen gegen die Statthalterschaft und das Generalkommando und wegen versuchten Mordes
Darin: „Staats- und Gelehrte Zeitung des Hamburgischen unpartheiischen Correspondenten" vom 20. und 26. Februar 1851; „Frankfurter Journal" vom 22. Februar 1851; „Altonaer Mercur" vom 20. Februar 1851
Bemerkung: vgl. Abt. 55 Nr. 1469

1469 Person: Gramm, Joseph Anton Theodor, Sekondeleutnant (5. Eskadron/1. Dragoner-Regiment)
Vergehen: fahrlässige Tötung
Urteil: Flucht aus der Haft in Rendsburg 1850-1851
Bemerkung: vgl. Abt. 55 Nr. 1470

1454 Person: Grube, Josias Friedrich, Dragoner (1. Eskadron/1. Dragoner-Regiment)
Vergehen: Verleumdung
Urteil: Klage abgewiesen 1848

1453 Person: Hagedorn, Peter Friedrich, Wachtmeister (1. Eskadron/1. Dragoner-Regiment)
Vergehen: Ungehorsam und Widersetzlichkeit gegen einen Vorgesetzten
Urteil: fünfmal dreitägiger einfacher Arrest 1849

1468 Personen: Hansen, Ernst Emil, Dragoner (4. Eskadron/1. Dragoner-Regiment)
Hansen, Sören, Dragoner (4. Eskadron/1. Dragoner-Regiment)
Vergehen: Postenvergehen und unerlaubte Entfernung
Urteil: vierzehntägiger strenger Arrest 1850-1851

1459 Personen: Hanssen, Hans Sören, Dragoner (4. Eskadron/1. Dragoner-Regiment)
Schwerdt, Peter Hinrich, Dragoner (5. Eskadron/1. Dragoner-Regiment)
Vergehen: Schlägerei mit württembergischen Infanteristen am 9. Dezember 1848
Urteil: Untersuchung niedergeschlagen 1848

1457 Person: Heide, Johann Hinrich Diedrich, Dragoner (5. Eskadron/1. Dragoner-Regiment)
Vergehen: Ungehorsam und Widersetzlichkeit gegen einen Vorgesetzten
Urteil: Entlassung unter Anrechnung der fünfwöchigen Untersuchungshaft als Strafe 1848

1448 Person: Heise, Heinrich Diedrich Friedrich, Dragoner (4. Eskadron/1. Dragoner-Regiment)
Vergehen: mehrfache Plünderung im betrunkenen Zustand
Urteil: zweijährige Festungsstrafe und Schadensersatz, später von der Statthalterschaft begnadigt 1848-1850

1450 Personen: Holm, Jens Knudsen, Dragoner (1. Eskadron/1. Dragoner-Regiment)
Sönksen, Hans Peter, Dragoner (1. Eskadron/1. Dragoner-Regiment)
Offen, Christoph Friedrich, Dragoner (1. Eskadron/1. Dragoner-Regiment)
Clausen, Friedrich Wilhelm, Dragoner (1. Eskadron/1. Dragoner-Regiment)
Vergehen: Ungehorsam
Urteil: sechswöchiger (Holm), vierwöchiger (Sönksen und Offen) und achttägiger (Clausen) strenger Arrest 1849

1461 Person: Holst, Jacob, Dragoner (6. Eskadron/1. Dragoner-Regiment)
Vergehen: Funddiebstahl
Urteil: vierzehntägiger strenger Arrest und Versetzung in den Soldatenstand 2. Klasse 1850

1444 Person: Knesebeck, Carl Friedrich Gottlieb, Dragoner (1. Eskadron/1. Dragoner-Regiment)
Vergehen: Desertion
Urteil: vierjährige Zuchthausstrafe, später in vierjährige Festungsstrafe umgewandelt 1849-1850

1442 Person: Knesebeck, Carl Friedrich Gottlieb, Festungssträfling (1. Eskadron/1. Dragoner-Regiment)
Vergehen: wiederholte Gehorsamsverweigerung vor versammelter Mannschaft
Urteil: sechsmonatige Festungsstrafe 1850
Bermerkung: vgl. Abt. 55 Nr. 1444

1467 Person: Kolls, Friedrich, Dragoner (1. Eskadron/1. Dragoner-Regiment)
Vergehen: erster kleiner Diebstahl
Urteil: dreiwöchiger strenger Arrest und Versetzung in den Soldatenstand 2. Klasse 1850-1851

1456 Person: Kuphal, Friedrich, Unteroffizier (5. Eskadron/1. Dragoner-Regiment)
Vergehen: Ungehorsam
Urteil: Entlassung unter Anrechnung der sechswöchigen Untersuchungshaft als Strafe 1848

1471 Personen: Kuphal, Fritz, Unteroffizier (5. Eskadron/1. Dragoner-Regiment)
Evert, Julius, Unteroffizier (5. Eskadron/1. Dragoner-Regiment)
Nielsen, Carsten, Gefreiter (5. Eskadron/1. Dragoner-Regiment)
Vergehen: Ausschreitungen am 17. und 18. März 1850 im Englischen Garten in Altona, unerlaubtes Ausbleiben nach dem Zapfenstreich, Aufsässigkeit und Trunkenheit außer Dienst
Urteil: fünfwöchiger (Kuphal), sechswöchiger (Evert) und zweiwöchiger (Nielsen) Mittelarrest 1850
Bemerkung: vgl. Abt. 55 Nr. 1687

1458 Person: Laussen, Johann Christian Friedrich, Dragoner (4. Eskadron/1. Dragoner-Regiment)
Vergehen: Desertion
Urteil: viermal fünftägige Gefängnisstrafe 1848

1460 Person: Lorenzen, Hans, Dragoner (6. Eskadron/1. Dragoner-Regiment)
Vergehen: erster kleiner Quartierdiebstahl
Urteil: vierwöchiger strenger Arrest und Versetzung in den Soldatenstand 2. Klasse 1850

1465 Person: Meyer, Claus, Dragoner (5. Eskadron/1. Dragoner-Regiment)
Vergehen: Diebstahl
Urteil: vierwöchiger strenger Arrest und Versetzung in den Soldatenstand 2. Klasse 1849-1850

1472 Person: Mohr, Carsten, Dragoner (3. Eskadron/1. Dragoner-Regiment)
Vergehen: eigenmächtiges Verlassen seines Platzes auf dem Marsch und ungebührliches Benehmen gegen Vorgesetzte
Urteil: zweitägiger Mittelarrest 1850

1473 Person: Nissen, Rudolf, Dragoner (6. Eskadron/1. Dragoner-Regiment)
Vergehen: Ungehorsam
Urteil: sechswöchiger strenger Arrest 1850

1480 Person: Peters, Joachim Hans, Dragoner (4. Eskadron/1. Dragoner-Regiment)
Vergehen: vorschriftswidriges Einreichen eines Gesuchs um Entlassung aus dem Militärdienst
Urteil: fünftägiger Wacharrest 1848-1849

1474 Person: Petersen, Marquardt, Dragoner (5. Eskadron/1. Dragoner-Regiment)
Vergehen: mehrfacher kleiner Diebstahl, ungebührliches und drohendes Benehmen gegen Vorgesetzte vor versammelter Mannschaft
Urteil: Flucht aus der Haft in Plön 1851

1464 Person: Reimers, Claus, Dragoner (4. Eskadron/1. Dragoner-Regiment)
Vergehen: Diebstahl
Urteil: achttägiger strenger Arrest und Versetzung in den Soldatenstand 2. Klasse 1849-1850

1443 Personen: Schröder, Boje, Dragoner (5. Eskadron/1. Dragoner-Regiment)
Jessen, Asmus, Dragoner (5. Eskadron/1. Dragoner-Regiment)
Vergehen: mehrfache Widersetzlichkeiten gegen einen Vorgesetzten und grober Unfug
Urteil: zwölfmonatige (Schröder) und sechsmonatige (Jessen) Festungsstrafe 1850

1449 Person: Schroeder, Johann Heinrich Louis, Quartiermeister (5. Eskadron/1. Dragoner-Regiment)
Vergehen: Verdacht auf Unterschleif
Urteil: Freispruch 1849

1477 Person: Schwarz, Johann Gottlieb Theodor, Unterarzt (1. Dragoner-Regiment)
Vergehen: Fälschung und Betrug
Urteil: Übergabe an die Polizeibehörde in Hamburg 1848
Enthält auch: Zuständigkeit der Gerichte bei Straffällen von Beamten und Angestellten des Militärwesens in Schleswig-Holstein

1466 Person: Schweier, Hans Hinrich, Gefreiter (5. Eskadron/1. Dragoner-Regiment)
Vergehen: Desertion zur Kriegszeit oder unerlaubte Entfernung, Veruntreuung, Trunkenheit außer Dienst, Vagabundieren und mehrfache Betrügereien
Urteil: achtjährige Festungsstrafe 1850

1445 Personen: Wagener, Hans Hinrich, Dragoner (1. Eskadron/1. Dragoner-Regiment)
Baade, Joachim Hinrich, Dragoner (1. Eskadron/1. Dragoner-Regiment)
Vergehen: Aufsässigkeit vor versammelter Mannschaft
Urteil: zwölfmonatige (Wagener) und neunmonatige (Baade) Festungsstrafe 1850

1478 Person: Wilckens, Wachtmeister und Arrestaufseher (1. Dragoner-Regiment)
Vergehen: Schuldforderung vom Kaufmann Sonderburg in Schleswig
Urteil: als erledigt zu betrachten 1850

1462 Personen: Wilken, Ernst, Trompeter (5. Eskadron/1. Dragoner-Regiment)
Jürgens, Friedrich, Trompeter (5. Eskadron/1. Dragoner-Regiment)
Helwig, Johann Martin Emil, Trompeter (2. Eskadron/1. Dragoner-Regiment)
Jürgensen, Peter Heinrich, Trompeter (4. Eskadron/1. Dragoner-Regiment)
Vergehen: Teilnahme an einer unzulässigen Demonstration wegen Missbrauchs der Dienstgewalt und beleidigendes Benehmen gegen Untergebene durch den Regimentskommandeur
Urteil: vierzehntägiger (Jürgensen) und achttägiger (Wilkens, Wilken und Helwig) Mittelarrest 1850

## 2. Dragoner-Regiment

1487 Person: Ahlers, Hans Friedrich, Dragoner (6. Eskadron/2. Dragoner-Regiment)
Vergehen: unerlaubte Entfernung unter erschwerenden Umständen und zweiter kleiner Diebstahl
Urteil: zwölfmonatige Festungsstrafe 1849

1521 Person: Ahlers, Hans Friedrich, Dragoner (1. Eskadron/2. Dragoner-Regiment)
Vergehen: erster kleiner Diebstahl an seinem Quartierwirt
Urteil: vierwöchiger strenger Arrest und Versetzung in den Soldatenstand 2. Klasse 1849

1507 Person: Behrens, Jakob Christian, Dragoner ( 2. Eskadron/Reserve-Kavallerie-Division)
Vergehen: wiederholte Trunkenheit im Dienst nach bereits erfolgten Bestrafungen
Urteil: dreiwöchiger strenger Arrest 1849
Enthält auch: Vorgang vom 1. Juli 1849 wegen Trunksucht (achttägiger Mittelarrest)

1483 Person: Bock, Nicolaus, Dragoner (3. Eskadron/2. Dragoner-Regiment)
Vergehen: wiederholte Gehorsamsverweigerung und ungebührliches Benehmen gegen Vorgesetzte vor versammelter Mannschaft
Urteil: zehnjährige Festungsstrafe 1850-1851

1505 Person: Brekwoldt, Johann Albert, Dragoner (1. Eskadron/2. Dragoner-Regiment)
Vergehen: Diebstahl
Urteil: vierzigtägiger strenger Arrest und Versetzung in den Soldatenstand 2. Klasse, später rehabilitiert durch das Generalkommando vom 1. November 1851 1849

1486 Personen: Burmeister, Hans Julius, Unteroffizier (2. Eskadron/2. Dragoner-Regiment)
Stuhr, Joachim Heinrich, Gefreiter (2. Eskadron/2. Dragoner-Regiment)
Willer, Hans Christian, Dragoner (2. Eskadron/2. Dragoner-Regiment)
Vergehen: Tätlichkeiten und Ungehorsam
Urteil: vierjährige (Burmeister) und halbjährige (Stuhr) Zuchthausstrafe sowie zwanzigtägige Gefängnisstrafe (Willer) 1848-1849

1526 Person: Friedrichsen, Johann Friedrich Christian, Dragoner (1. Eskadron/2. Dragoner-Regiment)
Vergehen: erster kleiner Diebstahl
Urteil: vierwöchiger strenger Arrest und Versetzung in den Soldatenstand 2. Klasse 1850

1494 Person: Glindemann, Claus, Dragoner (1. Eskadron/2. Dragoner-Regiment)
Vergehen: Trunkenheit und Ungehorsam
Urteil: zehntägiger strenger Arrest 1848

1502 Person: Glöhn, Jochim, Dragoner (3. Eskadron/2. Dragoner-Regiment)
Vergehen: Ungehorsam, Entlaufen und Trunkenheit
Urteil: vierwöchiger strenger Arrest 1849

1492 Person: Habersaat, Christian Diedrich, Gefreiter (1. Eskadron/ 2. Dragoner-Regiment)
Vergehen: Ungehorsam
Urteil: fünzehntägiger strenger Arrest 1848

1508 Person: Hargens, Johann Peter, Dragoner (2. Eskadron/2. Dragoner-Regiment)
Vergehen: unerlaubte Entfernung in trunkenem Zustand
Urteil: zehntägige Gefängnisstrafe 1848

1517 Person: Hein, Hinrich Mathias, Dragoner (5. Eskadron/2. Dragoner-Regiment)
Vergehen: ausdrückliche Gehorsamsverweigerung
Urteil: vierzehntägiger strenger Arrest 1849

1496 Person: Henning, Johann, Dragoner (3. Eskadron/2. Dragoner-Regiment)
Vergehen: Trunkenheit und ungebührliches Benehmen außer Dienst
Urteil: zweitägiger Mittelarrest 1850

1531 Personen: Hinsch, Dragoner (1. Eskadron/ 2. Dragoner-Regiment)
Karstens, Korporal (3. Eskadron/2. Dragoner-Regiment)
Glöhn, Jochim, Dragoner (3. Eskadron/2. Dragoner-Regiment)
Vergehen: Trunkenheit und Ungehorsam
Urteil: vierwöchiger strenger Arrest (Glöhn) sowie disziplinarische Bestrafung (Hinsch und Karstens) 1849
Bermekung: vgl. Abt. 55 Nr. 1502

1523 Person: von Holstein, Rittmeister und Eskadronchef (2. Dragoner-Regiment)
Vergehen: Versetzungsgesuch nach einer Auseinandersetzung mit seinem Regimentskommandeur
Urteil: Verfahren eingestellt 1849

1495 Person: Horn, Marx Hinrich, Gefreiter (3. Eskadron/2. Dragoner-Regiment)
Vergehen: Ungehorsam
Urteil: fünftägige Gefängnisstrafe 1848

1524 Person: Joost, Hans Hinrich, Dragoner (2. Eskadron/2. Dragoner-Regiment)
Vergehen: ungebührliches Benehmen
Urteil: sechswöchiger strenger Arrest 1850

1503 Person: Kähler, Johann Friedrich, Dragoner (5. Eskadron/2. Dragoner-Regiment)
Vergehen: ungebührliches Benehmen
Urteil: dreimal dreitägige Gefängnisstrafe 1849

1528 Person: Klüver, Friedrich Hinrich, Dragoner (4. Eskadron/2. Dragoner-Regiment)
Vergehen: wiederholtes unerlaubtes Ausbleiben nach dem Zapfenstreich und Ausschreitungen im betrunkenen Zustand
Urteil: sechswöchiger strenger Arrest 1850

1484 Personen: Knickrehm, Claus Heinrich Friedrich, Dragoner (5. Eskadron/2. Dragoner-Regiment)
Schröder, Hans, Dragoner (5. Eskadron/2. Dragoner-Regiment)
Kollbohm, Ferdinand Friedrich, Dragoner (5. Eskadron/2. Dragoner-Regiment)
Vergehen: unerlaubtes Beutemachen und mutwillige Zerstörung fremden Eigentums
Urteil: achtzehnmonatige Festungsstrafe und Versetzung in den Soldatenstand 2. Klasse (Knickrehm) und Freisprüche (Kollbohm und Schröder) 1849

1499 Person: Kröger, Paul Friedrich, Dragoner (3. Eskadron/2. Dragoner-Regiment)
Vergehen: Trunkenheit als Quartiermacher
Urteil: dreiwöchiger strenger Arrest 1849

1488 Personen: Mehlmann, Jacob, Dragoner (1. Eskadron/2. Dragoner-Regiment)
Gamm, Hans Christian, Dragoner (1. Eskadron/2. Dragoner-Regiment)
Vergehen: Schimpfen gegen Kameraden, Gewalttätigkeiten und Widersetzlichkeit
Urteil: dreivierteljährliche Zuchthausstrafe (Gamm) und disziplinarische Bestrafung mit vierundzwanzigstündigem Krummschließen (Mehlmann) 1848

1529 Personen: Mehlmann, Jacob, Dragoner (2. Dragoner-Regiment)
Maaß, Johann Friedrich, Dragoner (2. Dragoner-Regiment)
Grümmer, Claus Hinrich, Dragoner (2. Dragoner-Regiment)
Grell, Paul, Dragoner (2. Dragoner-Regiment)
Sieck, Johann Jürgen Christian, Dragoner (2. Dragoner-Regiment)
Kröger, Detlev, Dragoner (2. Dragoner-Regiment)
Heuer, Johann, Dragoner (2. Dragoner-Regiment)
Rönnau, Johann Hinrich Ludwig, Dragoner (2. Dragoner-Regiment)
Asbahr, Hans Hinrich, Dragoner (2. Dragoner-Regiment)
Lewern, Johann, Dragoner (1. Dragoner-Regiment)
Vergehen: unerlaubte Entfernung und Teilnahme an Ausschreitungen
Urteil: vierwöchiger (Mehlmann und Sieck) und zehntägiger (restliche Angeklagten) strenger Arrest 1850

1490 Personen: Meyer, Johann Jakob, Dragoner (1. Eskadron/2. Dragoner-Regiment)
Kröger, Paul Friedrich, Dragoner (1. Eskadron/2. Dragoner-Regiment)
Heuer, Johann, Dragoner (1. Eskadron/2. Dragoner-Regiment)
Vergehen: Ungehorsam
Urteil: zwanzigtägiger (Meyer) und zehntägiger (Kröger und Heuer) strenger Arrest 1848

1532 Person: Passig, Christian Hinrich, Dragoner (1. Eskadron/2. Dragoner-Regiment)
Vergehen: Desertion zum Feind, Gehorsamsverweigerung und Diebstahl
Urteil: Todesstrafe, später durch Resolution des Landesherrn und des Deutschen Bundes umgewandelt in einjährige Zuchthausstrafe 1849-1852 (1859)
Enthält auch: abgelehntes Begnadigungsgesuch (14. Februar 1852)

1533 Personen: Passig, Christian Hinrich, Dragoner (früher 1. Eskadron/ 2. Dragoner-Regiment)
Kracht, Johann Conrad, Musketier (früher 2. Kompanie/4. Infanterie-Bataillon)
Vergehen: gewaltsamer Ausbruch und mehrtägige Entfernung aus dem Arrest sowie Diebstahl
Urteil: zweijährige Zuchthausstrafe und Ausstoß aus dem Soldatenstand (Kracht) und Beibehaltung des Strafmaßes (Passig) 1851
Enthätl auch: Verfahren gegen den Musketier Kracht wegen Diebstahls

1501 Person: Peemöller, Johann, Dragoner (4. Eskadron/2. Dragoner-Regiment)
Vergehen: Trunkenheit auf der Wache
Urteil: fünfmal dreitägiger strenger Arrest 1849

1489 Person: Peemöller, Johann Hinrich, Dragoner (1. Eskadron/2. Dragoner-Regiment)
Vergehen: fortgesetzte Aufsässigkeit gegen Vorgesetzte unter Trunkenheit
Urteil: einjährige Festungsstrafe und Versetzung in den Soldatenstand 2. Klasse 1849
Enthält auch: Vorgang wegen böswilligen Verlassens seines Postens 1848 (siebenmal fünftägige Gefängnisstrafe)

1491 Personen: Priess, Jochim, Dragoner (5. Eskadron/2. Dragoner-Regiment)
Wittern, Asmus Friedrich, Dragoner (5. Eskadron/2. Dragoner-Regiment)
Vergehen: Ungehorsam
Urteil: dreißigtägiger strenger Arrest 1848

1516 Person: Priess, August, Dragoner (5. Eskadron/2. Dragoner-Regiment)
Vergehen: erster kleiner Diebstahl
Urteil: dreimal dreitägiger strenger Arrest und Versetzung in den Soldatenstand 2. Klasse 1849

1514 Personen: Priess, Hans Friedrich, Dragoner (1. Eskadron/2. Dragoner-Regiment)
Heitmann, Heinrich, Dragoner (1. Eskadron/2. Dragoner-Regiment)
Vergehen: unerlaubte Entfernung, Pflichtverletzung bei Stallwache und Ungehorsam gegen Dienstbefehle
Urteil: sechswöchiger (Priess) und dreiwöchiger (Heitmann) strenger Arrest 1850

1522 Personen: Rathje, Johann Friedrich Rudolph, Dragoner (5. Eskadron/2. Dragoner-Regiment)
Vogt, Johann Hinrich, Dragoner (5. Eskadron/2. Dragoner-Regiment)
Vergehen: unerlaubtes Beutemachen
Urteil: sechswöchiger strenger Arrest 1849

1511 Person: Repenning, Casper Georg Christian, Dragoner (3. Eskadron/2. Dragoner-Regiment)
Vergehen: wiederholte Trunkenheit
Urteil: vierzehntägiger strenger Arrest und Versetzung in den Soldatenstand 2. Klasse 1850

1530 Person: Repenning, Casper Georg Christian, Dragoner (3. Eskadron/2. Dragoner-Regiment)
Vergehen: ungebührliches Benehmen gegen seinen Vorgesetzten vor versammelter Mannschaft und Trunkenheit
Urteil: fünfwöchiger strenger Arrest 1850

1485 Person: Rönnau, Hinrich Christian, Dragoner (6. Eskadron/2. Dragoner-Regiment)
Vergehen: Desertion zur Kriegszeit
Urteil: vierjährige Zuchthausstrafe und Ausstoß aus dem Soldatenstand, von der Statthalterschaft im Januar 1851 begnadigt 1849

1493 Personen: Sarau, Claus Jochim, Dragoner (3. Eskadron/2. Dragoner-Regiment)
Treuel, Johann Hinrich, Dragoner (3. Eskadron/2. Dragoner-Regiment)
Vergehen: Trunkenheit im Dienst und Verleumdung
Urteil: zweitägige (Sarau) und achttägige (Treuel) Gefängnisstrafe 1848

1515 Person: Sarau, Claus Jochim, Dragoner (2. Eskadron/2. Dragoner-Regiment)
Vergehen: Trunkenheit im Dienst als Stallwache
Urteil: elftägiger strenger Arrest 1849

1525 Person: Schnoor, Detlef Hinrich, Dragoner (2. Eskadron/2. Dragoner-Regiment)
Vergehen: erster kleiner Diebstahl
Urteil: vierwöchiger strenger Arrest und Versetzung in den Soldatenstand 2. Klasse 1851

1520 Personen: Schoer, Friedrich, Dragoner (2. Eskadron/2. Dragoner-Regiment)
Timmermann, Hans, Dragoner (2. Eskadron/2. Dragoner-Regiment)
Sievers, Johann, Gefreiter (2. Eskadron/2. Dragoner-Regiment)
Vergehen: Ungehorsam, Trunkenheit außer Dienst und unerlaubtes Ausbleiben
Urteil: sechswöchiger (Schoer), zweiwöchiger (Timmermann) und vierwöchiger (Sievers) strenger Arrest 1849

1506 Person: Schröder, Hans Friedrich, Dragoner (5. Eskadron/2. Dragoner-Regiment)
Vergehen: ungebührliches Benehmen
Urteil: vierzehntägiger strenger Arrest 1849

1498 Personen: Schröder, Heinrich Friedrich, Dragoner (6. Eskadron/ 2. Dragoner-Regiment)
Duncker, Hans Hinrich, Dragoner (6. Eskadron/2. Dragoner-Regiment)
Vergehen: nächtlicher Unfug und Trunkenheit
Urteil: dreiwöchiger (Schröder) und dreitägiger (Duncker) Mittelarrest 1850

1513 Person: Sieck, Johann Jürgen Christian, Dragoner (4. Eskadron/ 2. Dragoner-Regiment)
Vergehen: unerlaubte Entfernung aus der Garnison unter erschwerenden Umständen
Urteil: vierzehntägiger strenger Arrest 1850

1527 Person: von Speecken, Johann Diedrich, Dragoner (6. Eskadron/ 2. Dragoner-Regiment)
Vergehen: erster kleiner Diebstahl
Urteil: achttägiger strenger Arrest und Versetzung in den Soldatenstand 2. Klasse 1850

1512 Person: Steen, Martin Friedrich, Dragoner (1. Eskadron/2. Dragoner-Regiment)
Vergehen: Beleidigung seiner Vorgesetzten außer Dienst
Urteil: vierwöchiger strenger Arrest 1850

1509 Person: Stürwoldt, Hans, Dragoner (3. Eskadron/2. Dragoner-Regiment)
Vergehen: Ungehorsam
Urteil: siebenmal fünftägige Gefängnisstrafe 1848

1510 Person: Stürwoldt, Hans, Dragoner (3. Eskadron/2. Dragoner-Regiment)
Vergehen: Ungehorsam
Urteil: vierzigtägiger strenger Arrest 1848
Bemerkung: vgl. Abt. 55 Nr. 1613

1519 Personen: Trapmann, Heinrich Ernst, Quartiermeister (2. Eskadron/2. Dragoner-Regiment)
Heyny, Wilhelm Dominicus Victor, Trompeter (2. Eskadron/2. Dragoner-Regiment)
Vergehen: Ungehorsam
Urteil: vierzehntägiger Mittelarrest 1849

1500 Person: Tretow, Hans Jochim, Dragoner (3. Eskadron/2. Dragoner-Regiment)
Vergehen: Postenvergehen
Urteil: sechswöchiger strenger Arrest 1849

1482 Person: Voss, Johann Ludwig Peter Bartholdy, Signaltrompeter (4. Eskadron/2. Dragoner-Regiment)
Vergehen: wiederholter Ungehorsam durch ausdrückliche Gehorsamsverweigerung und ungebührliches Benehmen
Urteil: achtzehnmonatige Festungsstrafe und Versetzung in den Soldatenstand 2. Klasse 1849
Bemerkung: vgl. Abt. 55 Nr. 1579

1518 Person: Voss, Johann Peter Ludwig Bartholdy, Trompeter (4. Eskadron/2. Dragoner-Regiment)
Vergehen: ausdrückliche Gehorsamsverweigerung
Urteil: vierzehntägiger strenger Arrest und Degradierung 1849

1534 Personen: Wiese, Claus, Dragoner (3. Eskadron/2. Dragoner-Regiment)
Jürgens, Claus Hinrich, Dragoner (3. Eskadron/2. Dragoner-Regiment)
Vergehen: Unfug im Quartier
Urteil: zweimal fünftägiger Arrest 1848

1504 Person: Witt, Thiess, Dragoner (3. Eskadron/2. Dragoner-Regiment)
Vergehen: Trunkenheit im Dienst
Urteil: dreimal dreitägiger strenger Arrest 1849

1497 Person: Wolff, Johann Wilhelm, Unteroffizier 2. Klasse (6. Eskadron/2. Dragoner-Regiment)
Vergehen: mutwillige Beschädigung eines „spanischen Reiters"
Urteil: dreitägiger Arrest 1850

## Artillerie-Brigade

2743 Verschiedene Justizangelegenheiten der Artillerie-Brigade 1848-1851
Enthält: Kriegsgerichte; Auditeure; einzelne Untersuchungen; Desertionen; Steckbriefe

2744 Einzelne militärgerichtliche Untersuchungen der Artillerie-Brigade 1848-1851

## Feld-Artillerie

1732 Untersuchung des Artillerie-Regiments wegen der Ausschreitungen auf dem Hof des Bauervogts in Bornhöved am 12. Mai 1850 1850
Enthält u. a.: Anklageschrift des Auditeurs Langenheim gegen mehrere Unteroffiziere und Mannschaften (3. zwölfpfündige Batterie) wegen Ungehorsams

1784 Personen: Mannschaften der 3. zwölfpfündigen Batterie
Vergehen: Ausschreitungen in Kellinghusen am 10. Februar 1851
Urteil: Untersuchung eingestellt 1851

1716 Personen: Albrecht, Unteroffizier (3. sechspfündige Batterie)
Kniese, Wilhelm Friedrich Theodor, Trompeter (3. sechspfündige Batterie)
Vergehen: vorschriftswidriges Verfahren und ungebührliches Benehmen
Urteil: zehntägiger (Albrecht) und zwanzigtägiger (Kniese) einfacher Arrest 1848

1738 Person: von Aspern, Johann Wilhelm Jacob, Kanonier (2. zwölfpfündige Batterie)
Vergehen: unerlaubte Entfernung
Urteil: vierwöchiger strenger Arrest 1849

1712 Person: Bauer, Heinrich Johann, Kanonier (1. Batterie/Artillerie-Regiment)
Vergehen: unerlaubte Entfernung
Urteil: dreimal fünftägige Gefängnisstrafe 1848

1713 Person: Bock, Friedrich Hinrich Claus, Kanonier (3. Batterie/Artillerie-Regiment)
Vergehen: Ungehorsam
Urteil: sechsmal fünftägige Gefängnisstrafe 1848

1708 Person: Bock, Friedrich, Kanonier (2. zwölfpfündige Batterie)
Vergehen: Ungehorsam
Urteil: dreimonatige Festungsstrafe 1849

1709 Person: Bock, Carl Martin Adolph Fr. Chr., Kanonier (1. sechspfündige Batterie)
Vergehen: wiederholte Widersetzlichkeit und beleidigendes Benehmen gegen einen Offizier
Urteil: zehnjährige Festungsstrafe und Versetzung in den Soldatenstand 2. Klasse 1849

1783 Person: von Boeckmann, Ferdinand Friedrich Otto Bernhard, Feldwebel (vierundzwanzigpfündige Granat-Batterie)
Vergehen: dienstliche Versäumnisse
Urteil: achtundvierzigstündiger Arrest unter Anrechnung der Untersuchungshaft als Strafe 1850

1781 Person: Böhme, Theodor, Sekondeleutnant (4. sechspfündige Batterie)
Vergehen: Unterschleif gegen Kameraden und Untergebene
Urteil: Entlassung aufgrund eines Ehrengerichts 1850

1785 Person: Christophersen, Friedrich Christian, Fahrer (2. zwölfpfündige Batterie)
Vergehen: lautes Raisonnement vor versammelter Mannschaft gegen die Befehle des Vorgesetzten
Urteil: ohne Vermerk, wegen guter Führung wahrscheinlich niedergeschlagen 1851

1751 Person: Clausen, Claus Jacob, Kanonier (3. sechspfündige Batterie)
Vergehen: Postenvergehen und böswillige Verletzung eines Kameraden unter Missbrauch der Waffe
Urteil: vierwöchiger strenger Arrest 1850-1851

1755 Person: Claussen, Heinrich Wilhelm, Unteroffizier (2. sechspfündige Batterie)
Vergehen: grobe Pflichtverletzung aus Fahrlässigkeit
Urteil: Freispruch 1850

1768 Person: Deters, Johann Christian Martin, Oberfeuerwerker (dreipfündige Batterie)
Vergehen: Veruntreuung, Pflichtwidrigkeit und Erstattung eines falschen Berichts
Urteil: Degradierung und Versetzung in den Soldatenstand 2. Klasse 1850

1728 Person: Dittmann, Johann Carl Heinrich, Bombardier (3. zwölfpfündige Batterie)
Vergehen: Verdacht auf Abfassung eines Briefes unter Pseudonym gegen den Feldwebel Schneider
Urteil: Untersuchung eingestellt 1850

1702 Person: Donau, Johann F., Kanonier (2. zwölfpfündige Batterie)
Vergehen: versuchter tätlicher Angriff auf einen Vorgesetzten
Urteil: zehnjährige Festungsstrafe 1849

1773 Person: Dreesen, Johann Hinrich Friedrich, Kanonier (1. sechspfündige Batterie)
Vergehen: Verlassen seines Posten
Urteil: vierwöchiger strenger Arrest 1849

1778 Person: Dreesen, Joachim, Kanonier (1. sechspfündige Batterie)
Vergehen: unerlaubte Entfernung
Urteil: achttägiger strenger Arrest 1849

1762 Person: Dreesen, Johann, Kanonier (1. sechspfündige Batterie)
Vergehen: Gehorsamsverweigerung vor versammelter Mannschaft
Urteil: vierzehntägiger strenger Arrest 1850

1758 Person: Dreyer, Friedrich, Kanonier (4. sechspfündige Batterie)
Vergehen: Trunkenheit und Hinausgehen über die Grenze
Urteil: sechswöchiger strenger Arrest und Versetzung in den Soldatenstand 2. Klasse 1850

1706 Person: Dröscher, Rudolph, Kanonier (1. sechspfündige Batterie)
Vergehen: öffentliche Kritik gegen Dienstbefehle und Aufwiegelung der Kameraden gegen den Vorgesetzten
Urteil: zwölfmonatige Festungsstrafe, danach Wiedereintritt in den Soldatenstand 1. Klasse 1850-1851

1765 Personen: Endress, Caspar, Kanonier (2. vierundzwanzigpfündige Granat-Batterie)
Fuchs, Joseph, Kanonier (2. vierundzwanzigpfündige Granat-Batterie)
Vergehen: Entfernung aus dem Quartierbezirk, Misshandlung eines Vorgesetzten und grober Ungehorsam gegenüber dem Feldwebel
Urteil: Freispruch wegen Misshandlung, dagegen sechswöchiger strenger Arrest wegen Gehorsamsverweigerung (Fuchs) 1851

1769 Person: Ewers, August Daniel, Kanonier (Reitende Batterie der 2. Abteilung der Feld-Artillerie)
Vergehen: Ungehorsam und Trunkenheit
Urteil: zwölftägiger einfacher Arrest 1849

1760 Person: Godbersen, Gob. Andreas, Kanonier (4. sechspfündige Batterie)
Vergehen: Körperverletzung
Urteil: zwölfmonatige Festungsstrafe 1849-1850

1774 Personen: Guttenberg, Gottfried, Fahrer (3. sechspfündige Batterie)
Carstens, Johann Friedrich, Fahrer (3. sechspfündige Batterie)
Vergehen: Hehlerei oder Begünstigung hinsichtlich des vom Fahrer Guttenberg verübten Diebstahls
Urteil: Freispruch 1850

1741 Person: Harder, Hermann Heinrich Theodor, Fahrer (4. sechspfündige Batterie)
Vergehen: Widersetzlichkeit, tätliche Beleidigung eines preußischen Unteroffiziers und ungebührliches Benehmen gegen einen Offizier
Urteil: vierzehntägiger strenger Arrest unter Anrechnung der Untersuchungshaft als Strafe 1851

1770 Person: Hell, Johann, Fahrer (vierundzwanzigpfündige Granat-Batterie)
Vergehen: Ausbleiben vom Dienst
Urteil: vierzehntägiger Arrest 1849

1767 Person: Hell, Johann, Fahrer (vierundzwanzigpfündige Granat-Batterie)
Vergehen: unerlaubte mehrtägige Entfernung
Urteil: vierwöchiger Mittelarrest 1850

1730 Person: Hellerich, Henning, Kanonier (2. zwölfpfündige Batterie)
Vergehen: Veruntreuung
Urteil: Freispruch 1851

1719 Person: Herbst, Conrad, Kanonier (3. sechspfündige Batterie)
Vergehen: Urlaubsüberschreitung und unerlaubte Entfernung
Urteil: dreiwöchiger strenger Arrest unter Anrechnung der Untersuchungshaft als Strafe 1849

1722 Person: Hofrichter, Wilhelm, Unteroffizier (1. zwölfpfündige Batterie)
Vergehen: Trunkenheit und Gehorsamsverweigerung
Urteil: sechswöchiger strenger Arrest und Degradierung 1850

1729 Person: Höpfner, Fritz, Kanonier (3. zwölfpfündige Batterie)
Vergehen: erster kleiner Kameradendiebstahl
Urteil: vierwöchiger strenger Arrest unter Anrechnung der Untersuchungshaft und Versetzung in den Soldatenstand 2. Klasse 1851

1780 Personen: Hoyer, Carl Julius Friedrich, Portopeefähnrich (2. Festungs-Batterie)
Maas, Asmus, Trompeter (vierundzwanzigpfündige Granat-Batterie)
Vergehen: fahrlässiger Verlust eines Dienstmantels sowie Entwendung und betrügerische Ablieferung eines Dienstmantels
Urteil: Freispruch 1850

1739 Person: Ingwersen, Jens Lorenz, Bombardier (5. sechspfündige Batterie)
Vergehen: ungebührliche Äußerungen über die schleswig-holsteinischen Kriegsverhältnisse
Urteil: disziplinarische Bestrafung mit siebentägigem Arrest unter Anrechnung der Untersuchungshaft als Strafe 1850

1747 Personen: Jordan, Johann Heinrich, Kanonier (Verstärkung II)
Thönsen, Peter, Kanonier (Verstärkung II)
Gerdau, Peter, Kanonier (Verstärkung II)
Hargens, Peter Hinrich, Kanonier (Verstärkung II)
Vergehen: Widersetzlichkeit
Urteil: sechsmal (Jordan), dreimal (Thönsen und Gerdau) und zweimal (Hargens) fünftägige Gefängnisstrafe 1848

1749 Person: Kartscher, Theodor Hugo, Premierleutnant (3. sechspfündige Batterie)
Vergehen: Trunkenheit und ungebührliches Benehmen am Tag der Schlacht bei Idstedt
Urteil: Freispruch wegen Trunkenheit, dagegen disziplinarische Bestrafung wegen ungebührlichen Benehmens 1850

1718 Person: Koberg, Johann Hinrich, Fahrer (1. sechspfündige Batterie)
Vergehen: Diebstahl
Urteil: vierzehntägiger Mittelarrest 1849

1700 Person: Koberg, Johann, Fahrer (1. sechspfündige Batterie)
Vergehen: ungebührliches Benehmen im Dienst und vor versammelter Mannschaft
Urteil: sechsmonatige Festungsstrafe und danach Wiedereintritt in den Soldatenstand 1. Klasse 1850

1782 Person: Koch, Johann, Kanonier (2. vierundzwanzigpfündige Granat-Batterie)
Vergehen: Liederlichkeit und Verkauf von Bekleidungsstücken
Urteil: vierzehntägiger strenger Arrest und Versetzung in den Soldatenstand 2. Klasse 1850

1724 Personen: Krambeck, Georg Friedrich, Kanonier (2. zwölfpfündige Batterie)
Langfeldt, Hans Joachim, Kanonier (2. zwölfpfündige Batterie)
Stender, Johann Friedrich, Kanonier (2. zwölfpfündige Batterie)
Vergehen: Trunkenheit im Dienst
Urteil: fünftägige einfache Gefängnisstrafe 1849

1703 Person: Kriegsmeyer, Christian, Fahrer (3. zwölfpfündige Batterie)
Vergehen: ungebührliches Benehmen, Gehorsamsverweigeung sowie Beleidigung und Bedrohung eines Vorgesetzten
Urteil: sechsjährige Festungsstrafe und Versetzung in den Soldatenstand 2. Klasse mit Verlust aller Dienstauszeichnungen 1850

1710 Personen: Krug, Christian, Unteroffizier (2. zwölfpfündige Batterie)
Kruse, Johann, Unteroffizier (2. zwölfpfündige Batterie)
Hinrichsen, Hans Hinrich Friedrich, Bombardier (2. zwölfpfündige Batterie)
Koch, Georg Ernst August, Trompeter (2. zwölfpfündige Batterie)
Schröder, Franz Hans Hinrich, Pionier (2. zwölfpfündige Batterie)
Gerdau, Johann Paul, Fahrer (2. zwölfpfündige Batterie)
Bachmann, Johann, Fahrer (2. zwölfpfündige Batterie)
Christophersen, Friedrich Christian, Fahrer (2. zwölfpfündige Batterie)
Clausen, Friedrich Christian, Fahrer (2. zwölfpfündige Batterie)
Vergehen: Teilnahme an einem Aufruhr gegen Vorgesetzte, Beleidigung, ungebührliches Benehmen, Ausbleiben nach dem Zapfenstreich und andere Vergehen
Urteil: zweijährige Festungsstrafe (Schröder), dreiwöchiger (Krug) und zweiwöchiger (Kruse) Mittelarrest sowie Freisprüche (restliche Angeklagten) 1850-1851

1711 Person: Kuhn, Karl August Ferdinand, Unteroffizier (2. zwölfpfündige Batterie)
Vergehen: Widersetzlichkeit gegen seinen Vorgesetzten vor versammelter Mannschaft
Urteil: dreijährige Festungsstrafe und Degradierung 1849
Enthält auch: Untersuchungssache des Unteroffiziers Kuhn wegen Ungehorsams und dessen Beschwerde über Leutnant Such wegen eines Artikels von Kuhn in Nr. 55 des „Schleswigholsteinischen Demokratischen Wochenblattes"
Darin: „Schleswigholsteinisches Demokratisches Wochenblatt" vom 21. September sowie vom 23. und 28. Oktober 1849

1746 Person: Maassen, Johann Hinrich, Kanonier (4. Batterie)
Vergehen: Anstiftung zur Schlägerei zwischen Dragonern und württembergischen Soldaten
Urteil: zweimal fünftägige Gefängnisstrafe 1848

1764 Person: Mangelsen, Peter H., Trompetereleve (1. vierundzwanzigpfündige Granat-Batterie)
Vergehen: Gehorsamsverweigerung
Urteil: vierzehntägiger strenger Arrest unter Anrechnung der Untersuchungshaft als Strafe 1850

1786 Selbstmord des Feldwebels Matthiesen (3. zwölfpfündige Batterie) 1850

1723 Person: Möllhausen, Johann Carl Friedrich, Bombardier (2. zwölfpfündige Batterie)
Vergehen: Verlassen seines Geschützes aus Angst vor persönlicher Gefahr
Urteil: sechswöchiger strenger Arrest, Degradierung und Versetzung in den Soldatenstand 2. Klasse 1849

1727 Person: Muhl, Jürgen, Sattler (1. zwölfpfündige Batterie)
Vergehen: Ungehorsam
Urteil: dreimal dreitägige Gefängnisstrafe 1849

1721 Personen: Nissen, Peter, Kanonier (1. sechspfündige Batterie)
Bornhoeft, Joachim Hinrich Friedrich, Kanonier (1. sechspfündige Batterie)
Schütt, Nicolaus, Kanonier (1. sechspfündige Batterie)
Olde, Friedrich, Fahrer (1. sechspfündige Batterie)
Bargmann, Claus Friedrich, Fahrer (1. sechspfündige Batterie)
Schramm, Peter, Fahrer (1. sechspfündige Batterie)
Matthiesen, Hans, Fahrer (1. sechspfündige Batterie)
Fedders, Hans Christoph, Fahrer (1. sechspfündige Batterie)
Koberg, Johann, Fahrer (1. sechspfündige Batterie)
Kracht, Johann, Fahrer (1. sechspfündige Batterie)
Vergehen: Ausschreitungen bei einem Tanzfest in Lockstedt am 28. Oktober 1849
Urteil: sechswöchiger (Kracht), fünfwöchiger (Koberg) und vierwöchiger (Schütt) strenger Arrest sowie achttägiger Mittelarrest (restliche Angeklagten) 1849

1701 Person: Nüßlein, Sebastian, Kanonier (1. zwölfpfündige Batterie)
Vergehen: unerlaubte Entfernung, Gehorsamsverweigerung und ungebührliches Benehmen
Urteil: einjährige Festungsstrafe 1850-1851

1734 Person: Oesterreich, Paul Friedrich, Unteroffizier (3. zwölfpfündige Batterie)
Vergehen: grobe Beleidigung seines Vorgesetzten und ungebührliches Benehmen gegen Untergebene
Urteil: zehntägiger Mittelarrest 1850

1763 Person: Otto, Johann, Fahrer (1. sechspfündige Batterie)
Vergehen: Trunkenheit im Dienst
Urteil: dreiwöchiger strenger Arrest 1850

1752 Personen: von Puttkammer, Otto Carl Eduard, Unteroffizier (4. sechspfündige Batterie)
Fehrle, August Ferdinand Louis, Unteroffizier (4. sechspfündige Batterie)
Vergehen: ungebührliches Benehmen, Ungehorsam und Gehorsamsverweigerung
Urteil: dreiwöchiger strenger Arrest und Degradierung 1850

1748 Person: Rahn, Hinrich Friedrich, Kanonier (Verstärkung II)
Vergehen: Desertion
Urteil: sechsmal fünftägige Gefängnisstrafe 1848

1707 Person: Ralfs, Paul Hinrich, Kanonier (1. zwölfpfündige Batterie)
Vergehen: erster kleiner Kameradendiebstahl
Urteil: sechsmonatige Festungsstrafe und Versetzung in den Soldatenstand 2. Klasse 1850

1740 Person: Reimers, Johann Wilhelm Diedrich, Bombardier (1. sechspfündige Batterie)
Vergehen: Pflichtverletzung als Wachkommandant
Urteil: vierzehntägiger Mittelarrest 1850

1735 Person: Rickers, Hans, Kanonier (2. zwölfpfündige Batterie)
Vergehen: Trunkenheit außer Dienst
Urteil: vierzehntägiger strenger Arrest 1850

1743 Personen: Rohde, Johann, Artillerist
Claussen, Peter Christian, Artillerist
Muck, Johann Friedrich, Artillerist
Groth, Carl Hinrich, Artillerist
Karck, Detlef Hinrich, Artillerist
Schneekloth, Christian Friedrich, Artillerist
Petersen, Hinrich, Artillerist
Vergehen: Postenvergehen
Urteil: fünftägige Gefängnisstrafe (Rohde und Claussen) sowie zweimal (Muck, Groth, Karck und Schneekloth) und fünfmal (Petersen) fünftägige Gefängnisstrafe 1848

1731 Person: Schlobohm, Hans Hinrich, Schlagschmied (1. zwölfpfündige Batterie)
Vergehen: Ungehorsam
Urteil: fünfwöchiger strenger Arrest 1849

1750 Person: Schlüter, Marcus, Fahrer (2. sechspfündige Batterie)
Vergehen: erster kleiner Diebstahl beim Quartierwirt
Urteil: fünfwöchiger strenger Arrest und Versetzung in den Soldatenstand 2. Klasse 1850

1779 Person: Schöneck, Heinrich, Kanonier (2. vierundzwanzigpfündige Granat-Batterie)
Vergehen: Diebstahl, Urlaubsüberschreitung, Gehorsamsverweigerung, ungebührliches Benehmen und Trunkenheit
Urteil: zweijährige Zuchthausstrafe und Ausstoß aus dem Soldatenstand 1850-1851

1714 Personen: Schröder, Harald Bruno Ottomar, Kanonier (2. Batterie/Artillerie-Regiment)
Lehmann, Johannes Gottlob Heinrich, Kanonier (4. Batterie/Artillerie-Regiment)
Mahrt, Friedrich, Kanonier (4. Batterie/Artillerie-Regiment)
Vergehen: ungebührliches Benehmen
Urteil: fünftägiger einfacher Arrest (Schröder und Lehmann) und Freispruch (Mahrt) 1848

1745 Personen: Schröder, Johann Heinrich Gottfried, Kanonier (4. Batterie)
Bennfeldt, Friedrich Christian Theodor, Kanonier (1. Batterie)
Vergehen: Verwundung des Soldaten Siller (8. württembergisches Infanterie-Regiment)
Urteil: dreimal fünftägiger Arrest (Bennfeldt), Anrechnung der Untersuchungshaft als Strafe (Schröder) und disziplinarische Bestrafung mit viertägigem Arrest (Siller) 1849

1699 Person: Schröder, Johann Heinrich Gottfried, Kanonier (2. sechspfündige Batterie)
Vergehen: Desertion zum Feind und Unterschlagung von Geldbriefen
Urteil: Tod durch Erschießen, später von der Statthalterschaft in eine fünfzehnjährige Zuchthausstrafe umgewandelt 1849-1850

1736 Person: Schulenburg, Hans, Kanonier (3. zwölfpfündige Batterie)
Vergehen: Unterschlagung eines Geldbriefs
Urteil: achttägiger strenger Arrest 1850
Enthält u. a.: Brief Schulenburgs an seinen Bruder

1771 Person: Schüler, Johann Ludwig, Kanonier (1. sechspfündige Batterie)
Vergehen: ungebührliches Benehmen gegen einen Offizier vor versammelter Mannschaft und Trunkenheit
Urteil: sechswöchiger strenger Arrest 1849

1704 Person: Schultz, Wilhelm, Fahrer (1. sechspfündige Batterie)
Vergehen: grober Ungehorsam
Urteil: zehnjährige Festungsstrafe 1849

1725 Person: Schultz, Theodor Detlef Friedrich, Kanonier (2. zwölfpfündige Batterie)
Vergehen: Wachvergehen
Urteil: fünftägige Gefängnisstrafe 1849

1742 Person: Schulz, Carl Friedrich Wilhelm, Fahrer und Festungssträfling (1. sechspfündige Batterie)
Vergehen: eigenmächtige Entfernung von der Strafabteilung
Urteil: dreiwöchiger strenger Arrest 1849

1756 Person: Schween, Ernst, Bombardier (1. sechspfündige Batterie)
Vergehen: Verdacht auf Feigheit in der Schlacht bei Idstedt
Urteil: Untersuchung niedergeschlagen 1849-1850

1737 Person: Sell, Joachim Hinrich, Kanonier (2. zwölfpfündige Batterie)
Vergehen: erster Diebstahl
Urteil: vierwöchiger strenger Arrest und Versetzung in den Soldatenstand 2. Klasse 1850-1851

1761 Person: Siemers, Johann Jacob, Kanonier (1. sechspfündige Batterie)
Vergehen: Ungehorsam
Urteil: Verfahren niedergeschlagen 1849-1850

1705 Person: Siemers, Johann Jacob, Kanonier (1. sechspfündige Batterie)
Vergehen: Ungehorsam
Urteil: einjährige Festungsstrafe, später zu achtzehnmonatiger Festungsstrafe verurteilt 1849-1850

1744 Person: Springe, Claus Heinrich Theodor, Konstabler (Artillerie-Regiment)
Vergehen: Verdacht auf Aufwiegelung und Erregung von Unzufriedenheit gegen die Obrigkeit
Urteil: Untersuchung niedergeschlagen 1848

1759 Person: Stöcks, Hieronymus, Fahrer (4. sechspfündige Batterie)
Vergehen: Diebstahl
Urteil: fünfwöchiger strenger Arrest und Versetzung in den Soldatenstand 2. Klasse 1850

1772 Person: Thams, Johann, Kanonier (Verstärkung)
Vergehen: Ausbleiben vom Dienst
Urteil: fünfzehntägiger Mittelarrest 1848-1849

1777 Personen: Thomsen, Hinrich, Kanonier
Stahl, Hinrich, Kanonier
Ketelsen, Peter Adolph, Kanonier
Grewe, Jürgen, Kanonier
Ahrens, Claus, Kanonier
Paap, Adolph, Kanonier
Staake, Christian Nicolaus Hugo, Kanonier
Bornholt, Heinrich, Kanonier
Vergehen: Dienstwidrigkeiten bei der Bewachung der Pulvertürme
Urteil: fünftägige (Thomsen und Stahl) und dreitägige (Ketelsen, Ahrens und Grewe) Gefängnisstrafe, Verweis (Paap und Staake) und Freispruch (Bornholt) 1849

1766 Person: Thomsen, Heinrich Christian, Fahrer (vierundzwanzigpfündige Granat-Batterie)
Vergehen: unerlaubte Entfernung aus dem Gefecht unter dem Vorwand einer Verwundung
Urteil: Freispruch 1850

1715 Personen: Tietjen, Hans, Fahrer (zwölfpfündige Batterie)
Krohn, Joachim Hinrich, Kanonier (2. sechspfündige Batterie)
Lüth, Johann Hinrich, Kanonier (2. sechspfündige Batterie)
Vergehen: unerlaubte Entfernung
Urteil: dreimal (Krohn und Lüth) und einmal (Tietjen) fünftägige Gefängnisstrafe 1848

1726 Person: Timm, Michael, Kanonier (1. zwölfpfündige Batterie)
Vergehen: Postenvergehen
Urteil: zehntägiger einfacher Arrest 1849

1775 Person: Umhaldt, Julius, Unteroffizier (3. sechspfündige Batterie)
Vergehen: wiederholte Nichtbefolgung von Befehlen, Gehorsamsverweigerung und ungebührliches Benehmen
Urteil: vierzehntägiger Mittelarrest 1850

1757 Person: Umhaldt, Julius, Unteroffizier (3. sechspfündige Batterie)
Vergehen: ungebührliches Benehmen gegen einen Vorgesetzten
Urteil: vierzehntägiger Mittelarrest unter Anrechnung der Untersuchungshaft als Strafe 1850

1733 Person: Voß, Andreas, Fahrer (1. zwölfpfündige Batterie)
Vergehen: Urlaubsüberschreitung und Trunkenheit
Urteil: zwanzigtägiger strenger Arrest 1849

1753 Personen: Vossgrau, Friedrich Heinrich Carl, Fahrer (2. sechspfündige Batterie)
Möller, Hans Hinrich, Fahrer (2. sechspfündige Batterie)
Peemüller, Johann, Fahrer (2. sechspfündige Batterie)
Steenbock, Johann Hinrich, Kanonier (2. sechspfündige Batterie)
Vergehen: Beteiligung an einem tätlichen Angriff auf den Unteroffizier Siemens (3. Kompanie/11. Infanterie-Bataillon) in Heide
Urteil: wegen fehlender Anzeige außer Verfolgung gestellt 1850

1754 Personen: Wehling, Hans, Unteroffizier (2. sechspfündige Batterie)
Koop, August, Fahrer (2. sechspfündige Batterie)
Vollborn, Jochim Friedrich, Fahrer (2. sechspfündige Batterie)
Vergehen: tätliche Beleidigung des Musketiers Schlichting und des Unteroffiziers Stoeckel
Urteil: achttägiger Mittelarrest (Wehling), Freispruch (Koop und Vollborn) 1850

1717 Person: Witt, Carl Heinrich Ludwig, Unteroffizier (3. Batterie/Artillerie-Regiment)
Vergehen: unerlaubter Kontakt zu Gefangenen durch das Zuwerfen eines Exemplars des Blattes „Die Reform“
Urteil: Verweis mit Anrechnung der Untersuchungshaft als Strafe 1848

1720 Personen: Wörmcke, Jacob, Kanonier (2. zwölfpfündige Batterie)
Holst, Detlef, Kanonier (2. zwölfpfündige Batterie)
von Aspern, I., Kanonier (2. zwölfpfündige Batterie)
Rönnau, Hans, Bombardier (2. zwölfpfündige Batterie)
Vergehen: Ungehorsam und unerlaubte Entfernung
Urteil: sechswöchiger (Wörmcke), fünftägiger (von Aspern) und dreitägiger (Holst) strenger Arrest sowie vierzehntägiger Mittelarrest (Rönnau) 1849

1776 Person: Zorn, Friedrich Maximilian, Hauptmann und Kommandeur (5. sechspfündige Batterie)
Vergehen: Verdacht auf Erstattung unrichtiger Meldungen hinsichtlich eines Munitionsmangels in der Schlacht bei Idstedt
Urteil: Freispruch 1850
Enthält auch: Liste der in der Schlacht verschossenen oder verlorengegangenen Munition der Artillerie-Brigade

## Festungs-Artillerie

1801 Personen: Rosenkrantz, Soldat (2. Infanterie-Bataillon)
Steffen, Christian Friedrich, Bombardier (2. Festungs-Batterie)
Vergehen: Ausschreitungen gegen württembergische Soldaten
Urteil: dreimal dreitägige Gefängnisstrafe (Steffen), Untersuchung gegen Rosenkrantz vorläufig zu den Akten gelegt 1848-1849

1787 Person: Adam, Peter, Kanonier (Depot-Batterie)
Vergehen: Trunkenheit im Dienst und fortgesetzte Gehorsamsverweigerung
Urteil: dreimonatige Festungsstrafe 1850

1830 Person: Amsink, Wilhelm, Kanonier (4. Festungs-Batterie)
Vergehen: Beleidigung des Unteroffiziers Kobling (4. Kompanie/1. Infanterie-Bataillon)
Urteil: Freispruch wegen Beleidigung, dagegen wegen Ausbleibens nach dem Zapfenstreich fünftägiger einfacher Arrest 1849

1815 Person: Arp, Mathias Peter, Kanonier (5. Festungs-Batterie)
Vergehen: Ungehorsam
Urteil: sechswöchiger strenger Arrest 1849

1823 Personen: Arp, Johann, Kanonier (Depot-Batterie)
Tusch, Ferdinand, Kanonier (Depot-Batterie)
Vergehen: Postenvergehen
Urteil: Entlassung (Tusch) und vierzehntägiger strenger Arrest (Arp)
1850-1851

1789 Personen: Beck, Johann, Kanonier (6. Festungs-Batterie)
Ehlert, Hinrich, Kanonier (6. Festungs-Batterie)
Vergehen: Versuch der unerlaubten Entfernung, Gehorsamsverweigerung, tätliche Widersetzung gegen Torwachtposten und die Wachmannschaft
Urteil: einjährige und zweieinhalbmonatige Festungsstrafe (Beck) und einjährige sowie anderthalbmonatige Festungsstrafe (Ehlers)
1850

Darin: handgezeichnete Skizze eines Abschnitts der Festung in Rendsburg

1827 Person: Bielefeldt, Johann, Fahrer (Stall-Etat)
Vergehen: widerrechtliche Aneignung eines Pferdekopfzeugs
Urteil: zwanzigtägiger Mittelarrest unter Anrechnung der Untersuchungshaft als Strafe 1849

1805 Person: Bock, Wilhelm Hinrich Christian, Kanonier (3. Festungs-Batterie)
Vergehen: Verdacht auf Fälschung seines Geburtsscheins
Urteil: Freispruch 1851

1803 Person: Buhmann, Heinrich Johann Friedrich, Kanonier (4. Festungs-Batterie)
Vergehen: ungebührliches Benehmen
Urteil: vierzehntägiger strenger Arrest 1850

1826 Person: Bülling, Johann, Fahrer (Stall-Etat)
Vergehen: erster kleiner Diebstahl und Trunkenheit im Dienst
Urteil: fünfwöchiger strenger Arrest und Versetzung in den Soldatenstand 2. Klasse 1850

1799 Person: Diedrich, Johann Ernst Christian, Unteroffizier (5. Festungs-Batterie)
Vergehen: Schlägerei, Trunkenheit und unerlaubtes Schuldenmachen bei Untergebenen
Urteil: achtwöchiger Mittelarrest 1849-1850

1806 Person: Dietrich, Johann Ernst Christian, Unteroffizier (5. Festungs-Batterie)
Vergehen: Ausbleiben nach dem Zapfenstreich und Ausschreitungen in betrunkenem Zustand
Urteil: vierzehntägiger Mittelarrest 1850

1829 Personen: Dühring, Carl Johann Theodor, Kanonier (3. Festungs-Batterie)
Schorr, Ferdinand, Kanonier (3. Festungs-Batterie)
Böckmann, Johann, Kanonier (3. Festungs-Batterie)
Vergehen: Aufbruch des Brettergebäudes auf der Prinz-Wilhelm-Bastion
Urteil: fünftägiger Mittelarrest und Schadensersatz 1849

1797 Person: Göttsche, Hinrich, Kanonier (1. Festungs-Batterie)
Vergehen: Verdacht auf Diebstahl
Urteil: Freispruch 1849

1800 Person: Grage, Hans Christian, Kanonier (4. Festungs-Batterie)
Vergehen: Postenvergehen
Urteil: fünfmal fünftägiger Arrest 1848

1821 Person: Groth, Carl Hinrich, Kanonier (6. Festungs-Batterie)
Vergehen: Nichtbefolgung eines Einberufungsbefehls
Urteil: außer Verfolgung gestellt 1850

1828 Personen: Hagen, Claus Friedrich Martin, Fahrer (Stall-Etat)
Hanemann, Johann, Kanonier (3. Festungs-Batterie)
Vergehen: ungebührliches Benehmen und Gehorsamsverweigerung
Urteil: sechswöchiger (Hagen) und dreiwöchiger (Hanemann) strenger Arrest 1850

1820 Person: Hamann, Jacob Hinrich, Kanonier (6. Festungs-Batterie)
Vergehen: Veruntreuung von Dienstsachen
Urteil: Freispruch 1850

1819 Person: Hellberg, Marx, Bombardier (6. Festungs-Batterie)
Vergehen: Unterschlagung eines preußischen Talers
Urteil: außer Verfolgung gestellt 1850
Enthält u. a.: hebräischer Brief des Sträflings Levy an seinen Bruder Nathan Levy und hebräischer Brief der Mutter Levys

1810 Person: Hinz, Claus Detlef, Kanonier (4. Festungs-Batterie)
Vergehen: Trunkenheit im Dienst und Urlaubsüberschreitung
Urteil: vierwöchiger strenger Arrest 1850

1796 Person: Hoeft, Hans Peter, Fahrer, Sulstorf
Vergehen: Ausbleiben vom Dienst
Urteil: vierzehntägiger Mittelarrest und Erstattung der entstandenen Kosten 1849

1794 Person: Kampradt, Johann Christian Julius, Kanonier (1. Festungs-Batterie)
Vergehen: Widersetzlichkeit
Urteil: vierwöchiger strenger Arrest 1849

1791 Personen: Kaven, Hinrich, Bombardier (4. Festungs-Batterie)
Rinck, Christian Theodor, Kanonier (4. Festungs-Batterie)
Gaetjens, Jochim, Dragoner (2. Eskadron/2. Dragoner-Regiment)
Vergehen: Ungehorsam am 20. Januar 1850 auf dem Schützenhof bei Rendsburg
Urteil: dreimonatige (Kaven) und sechsmonatige (Rinck) Festungsstrafe sowie sechswöchiger strenger Arrest (Gaetjens) 1850

1795 Person: Knoop, Claus, Festungssträfling und Kanonier (5. Festungs-Batterie)
Vergehen: dritter Diebstahl
Urteil: dreijährige Zuchthausstrafe und Ausstoß aus dem Soldatenstand; die noch nicht verbüßte zehnmonatige Gefängnisstrafe wurde am 10. Oktober 1849 durch das Generalkommando in eine fünfmonatige Zuchthausstrafe verwandelt 1849

1788 Person: Knoop, Claus, Kanonier (5. Festungs-Batterie)
Vergehen: wiederholter großer und mehrfacher kleiner Diebstahl
Urteil: dreijährige und fünfmonatige Zuchthausstrafe und Ausstoß aus dem Soldatenstand 1849
Enthält u. a.: Untersuchungsakten gegen Claus Knoop wegen zweiten großen Diebstahls

1811 Person: Koch, Thomas Heinrich, Unteroffizier (3. Festungs-Batterie)
Vergehen: unerlaubtes Schuldenmachen
Urteil: sechswöchiger Mittelarrest 1849-1850

1831 Person: Köckmeister, Behrend, Kanonier (1. Festungs-Batterie)
Vergehen: Desertion zur Kriegszeit und Flucht aus dem Untersuchungsarrest
Urteil: vierjährige Zuchthausstrafe und Ausstoß aus dem Soldatenstand 1849

1832 Person: Kölbye, Nicolaus, Bombardier (2. Festungs-Batterie)
Vergehen: mehrfache Desertion, Diebstahl, Betrug, bereits 1848 wegen zweiundzwanzig verschiedener Delikte zu einjähriger Zuchthausstrafe verurteilt
Urteil: fünfjährige Zuchthaustrafe und Ausstoß aus dem Soldatenstand 1850

1813 Person: Meier, Aaron, Kanonier (6. Festungs-Batterie)
Vergehen: mehrfache Diebstähle
Urteil: außer Verfolgung gestellt 1850
Enthält u. a.: Privatbriefe

1824 Personen: Möller, Johann, Kanonier (Depot-Batterie)
Langner, August, Kanonier (Depot-Batterie)
Vergehen: gegenseitige Beleidigungen unter Missbrauch der Waffe und Körperverletzung durch Langner
Urteil: dreitägiger Mittelarrest (Möller) und vierzehntägiger strenger Arrest (Langner) 1850

1807 Person: Petersen, Kanonier (6. Festungs-Batterie)
Vergehen: Unterschlagung
Urteil: Untersuchung niedergeschlagen 1850-1851
Enthält u. a.: Brief eines Claus Johann Hansen an seinen Schwager

1817 Person: Rebenstorff, Hans, Kanonier (6. Festungs-Batterie)
Vergehen: Beleidigung des Hornisten H. Fr. Jürgens
Urteil: vierzehntägiger strenger Arrest 1850

1816 Person: Reimers, Hans Jürgen, Kanonier (3. Festungs-Batterie)
Vergehen: Ausbleiben nach dem Zapfenstreich und Trunkenheit
Urteil: dreiwöchiger Mittelarrest unter Anrechnung der Untersuchungshaft als Strafe 1849

1802 Person: Schilzeth, Friedrich Theodor Christian, Kanonier (5. Festungs-Batterie)
Vergehen: Beleidigung eines dänischen Offiziers
Urteil: achttägiger strenger Arrest 1851

1808 Person: Schlüter, Hans, Kanonier (6. Festungs-Batterie)
Vergehen: Tätlichkeit gegen einen Vorgesetzten
Urteil: ohne Entscheidung 1849

1790 Person: Schlüter, Hans, Kanonier (6. Festungs-Batterie)
Vergehen: Tätlichkeit gegen einen Vorgesetzten
Urteil: Todesstrafe, später durch Generalkommando in fünfzehnjährige Festungsstrafe umgewandelt 1849
Darin: Schulterklappe

1818 Person: Schmidt, Hans, Kanonier (6. Festungs-Batterie)
Vergehen: Entwendung eines Leinenhemdes
Urteil: vierzehntägiger strenger Arrest und Versetzung in den Soldatenstand 2. Klasse 1850

1792 Person: Schmuck, Johann, Trainfahrer (Stall-Etat)
Vergehen: dritter Diebstahl
Urteil: dreijährige Zuchthausstrafe und Ausstoß aus dem Soldatenstand 1849-1850
Enthält auch: Wiederaufnahme dieser Untersuchung nach dem Kriegsgerichtsurteil sowie Begnadigungsantrag

1793 Person: Schröder, Friedrich August Ferdinand, Kanonier (2. Festungs-Batterie)
Vergehen: Trunkenheit im Dienst
Urteil: fünftägiger strenger Arrest 1849

1814 Person: Schultz, Heinrich Marcus, Kanonier (5. Festungs-Batterie)
Vergehen: erster kleiner Diebstahl und unerlaubte Entfernung
Urteil: achttägiger strenger Arrest und Versetzung in den Soldatenstand 2. Klasse 1850

1812 Person: Schulze, Heinrich Johann Theodor, Kanonier (4. Festungs-Batterie)
Lundt, Johann Christoph Friedrich, Kanonier (4. Festungs-Batterie)
Delfs, Carl, Kanonier (4. Festungs-Batterie)
Vergehen: Gehorsamsverweigerung
Urteil: Aussetzung mit Rücksicht auf den Dienst im Feld 1850

1825 Person: Schüssel, Johann Georg, Kanonier (Depot-Batterie)
Vergehen: erster kleiner Diebstahl, Betrug, unerlaubte Entziehung vom Dienst und Trunkenheit
Urteil: Freispruch wegen Diebstahls, dagegen wegen der anderen Vergehen sechswöchiger strenger Arrest und Versetzung in den Soldatenstand 2. Klasse 1850-1851

1833 Person: Staacke, Hugo, Kanonier (6. Festungs-Batterie)
Vergehen: Benutzung einer fremden Urlaubskarte und heimliches Verlassen des Lazaretts
Urteil: vierzigtägiger strenger Arrest 1850

1804 Personen: Thorbrügge, Carl Christian, Kanonier (4. Festungs-Batterie)
Feddersen, Johann Hinrich, Kanonier (4. Festungs-Batterie)
Vergehen: Beschädigung von Wallbäumen
Urteil: Untersuchung eingestellt 1850

1809 Person: Wiese, Ludwig, Bombardier (5. Festungs-Batterie)
Vergehen: leichtsinniges Schuldenmachen, unerlaubtes Geldleihen von Untergebenen, betrügerische Aneignung und Verwendung einer Geldsumme
Urteil: dreiwöchiger Mittelarrest 1850

1798 Person: Wittorf, Hans Heinrich Christian, Kanonier (4. Festungs-Batterie)
Vergehen: Entfernung vom Posten
Urteil: dreiwöchiger strenger Arrest 1849

1822 Personen: Würdig, Carl, Kanonier (6. Festungs-Batterie)
Pöpke, Johann Julius, Kanonier (6. Festungs-Batterie)
Vergehen: Gehorsamsverweigerung
Urteil: vierzehntägiger strenger Arrest (Pöpke) und Freispruch (Würdig) 1850

## Ingenieur-Korps

1876 Person: Anders, Julius, Pionier (1. Pionier-Kompanie)
Vergehen: unpassende Äußerungen in der Öffentlichkeit 1849
Enthält u. a.: Untersuchung gegen den Pionier Anders als Verbreiter demokratischer Parolen

1866 Person: Andresen, Lorenz, Pontonnier (Ingenieurkorps)
Vergehen: unerlaubte Entfernung aus der Garnison
Urteil: zweimal fünftägige Gefängnisstrafe 1848

1873 Person: von Bertouch, Premierleutnant (Ingenieurkorps)
Vergehen: Pflichtwidrigkeit
Urteil: Rehabilitierung durch den Kommandierenden General 1850
Enthält auch: Bericht des Portopeefähnrichs Boltze über das Gefecht bei Friedrichstadt

1843 Person: Claussen, Johann, Pionier (2. Pionier-Kompanie)
Vergehen: Entfernung aus dem Quartierbezirk in Nordermastrup
Urteil: in Abwesenheit wegen Desertion schuldig gesprochen 1849
Enthält auch: Veröffentlichung der Urteile in Abwesenheit der Angeklagten in Tageszeitungen

1835 Personen: Damo, Gideon, Pionier (2. Pionier-Kompanie)
Vergehen: Verwundung des Oberpioniers Friedrich Schuldt (2. Pionier-Kompanie) im Quartier und außer Dienst
Urteil: einjährige Festungsstrafe und Versetzung in den Soldatenstand 2. Klasse 1849

1845 Person: Feddern, Johann, Pionier (1. Pionier-Kompanie)
Vergehen: Ungehorsam
Urteil: zehntägiger strenger Arrest 1849

1869 Personen: Freese, Ferdinand, Pionier (2. Pionier-Kompanie)
Hilgert, Hans, Pionier (2. Pionier-Kompanie)
Vergehen: Beschwerdeführung über Schanzarbeiten
Urteil: Verfahren niedergeschlagen 1849

1871 Personen: Gjen, Carl Wilhelm Nicolai, Sergeant (1. Pionier-Kompanie)
Thiedemann, Otto Heinrich, Pionier (1. Pionier-Kompanie)
Rahlf, Johann Heinrich Martin, Pionier (1. Pionier-Kompanie)
Vergehen: Ausschreitungen beim Bürstenfabrikanten Johnsen in Rendsburg
Urteil: vierzehntägiger (Gjen) und zwanzigtägiger (Thiedemann) Arrest sowie einmonatige Festungsstrafe (Rahlf) 1849

1872 Person: Gleve, Unteroffizier (1. Pionier-Kompanie)
Vergehen: Ungehorsam
Urteil: ohne Urteil 1849

1865 Person: Grandt, Christian Hinrich, Pontonnier (Ingenieurkorps)
Vergehen: Verwundung des Dragoners Friedrich Horn (2. Dragoner-Regiment)
Urteil: Freispruch aus Mangel an Beweisen 1848

1867 Person: Haase, Lorenz, Pontonnier (Ingenieurkorps)
Vergehen: unerlaubte Entfernung
Urteil: zweimal fünftägige Gefängnisstrafe 1848

1848 Person: Heller, Jacob, Sappeur (Ingenieur-Kompanie)
Vergehen: Verdacht auf unfreiwillige Schwängerung der fünfjährigen Tochter eines Arbeitsmannes und Trunkenheit
Urteil: Freispruch wegen Schwängerung, dagegen wegen Erregung öffentlichen Ärgernis durch Trunkenheit fünfmal fünftägige Gefängnisstrafe 1848-1849

1856 Person: Iden, Hans Heinrich, Pionier (1. Pionier-Kompanie)
Vergehen: Trunkenheit im Dienst
Urteil: fünfzehntägiger strenger Arrest 1849

1862 Person: Iden, Hans Heinrich, Pionier (1. Pionier-Kompanie)
Vergehen: Trunkenheit im Dienst
Urteil: zwanzigtägiger strenger Arrest 1850

1858 Person: Jacobs, Friedrich, Pionier (2. Pionier-Kompanie)
Vergehen: Urlaubsüberschreitung
Urteil: Untersuchung niedergeschlagen 1850

1852 Person: Junge, Johann Detlef Heinrich, Pionier (3. Pionier-Kompanie)
Vergehen: Ausschreitung gegen den Unteroffizier Wolter (2. Kompanie/2. Infanterie-Bataillon)
Urteil: vierzehntägiger strenger Arrest 1850-1851

1874 Person: Jungmann, Major und Kommandant von Neustadt
Vergehen: eigenmächtige Requirierung eines Wagens
Urteil: Rüge durch den Kommandierenden General 1849

1841 Personen: Kartscher, Hugo, Leutnant (Artillerie-Regiment)
Canabaeus, Oberleutnant (Artillerie-Regiment)
Römeling, Sekondeleutnant (Artillerie-Regiment)
Vergehen: Tötung des Oberarztes Dr. Struve vom Ingenieurkorps im Pistolenduell oder Beihilfe
Urteil: vierjährige (Kartscher), sechsmonatige (Canabaeus) und zwölfmonatige (Römeling) Festungsstrafe, später in zwölfmonatige (Kartscher), dreimonatige (Canabaeus) und sechsmonatige (Römeling) Festungsstrafe umgewandelt 1849

1834 Personen: Klopp, Hans Hinrich, Pionier (1. Pionier-Kompanie)
Kahl, Jochim Hinrich, Pionier (1. Pionier-Kompanie)
Vergehen: Ungehorsam
Urteil: zweijährige (Klopp) und dreimonatige (Kahl) Festungsstrafe und Versetzungen in den Soldatenstand 2. Klasse 1850-1851

1842 Personen: Kobbe, J. H., Hauptmann und Chef (2. Pionier-Kompanie)
Rathje, Ludwig August, Pionier (1. Pionier-Kompanie)
Vergehen: Kobbe wegen tätlicher Misshandlung eines Untergebenen, Rathje wegen Ungehorsams
Urteil: dreiwöchiger Stubenarrest (Kobbe), Untersuchung niedergeschlagen (Rathje) 1849-1850

1853 Person: Köhncke, Johann Christian, Pionier (2. Pionier-Kompanie)
Vergehen: tätlicher Angriff auf den Unteroffizier Miersen
Urteil: zehnjährige Festungsstrafe, später von der Statthalterschaft in fünfjährige Festungsstrafe umgewandelt 1849-1850

1844 Person: Krohn, Andreas Friedrich Heinrich, Pionier (2. Pionier-Kompanie)
Vergehen: Ungehorsam
Urteil: fünfzehntägiger strenger Arrest 1849

1837 Personen: Krützfeldt, Daniel Christian Heinrich, Pionier (2. Pionier-Kompanie)
Reimers, Paul Heinrich, Pionier (1. Pionier-Kompanie)
Thamsen, Eduard Wilhelm Julius, Pionier (5. Festungs-Batterie)
Vergehen: Wachvergehen
Urteil: dreimonatige Festungsstrafe für Krützfeldt, später in dreiwöchigen Mittelarrest umgewandelt 1849-1850

1850 Person: Milhorn, Wilhelm Jürgen Heinrich Carl, Unteroffizier (2. Pionier-Kompanie)
Vergehen: laute Beschwerden und ungebührliches Benehmen
Urteil: vierzehntägiger strenger Arrest und Degradierung 1849

1859 Personen: Müller, Nikolaus Jacob, Pionier (1. Pionier-Kompanie)
Rathjen, Hans Hinrich, Pionier (2. Pionier-Kompanie)
Vergehen: Trunkenheit im Dienst
Urteil: zweitägiger Mittelarrest (Müller) und dreitägiger strenger Arrest (Rathje) 1850

1847 Person: Niemand, Hinrich Adam, Oberpionier (2. Pionier-Kompanie)
Vergehen: Trunkenheit
Urteil: Verfahren niedergeschlagen 1849-1850

1863 Person: Petersen, Ingwer Paul, Pionier (2. sechspfündige Batterie)
Vergehen: Gehorsamsverweigerung vor versammelter Mannschaft
Urteil: zweiwöchiger strenger Arrest 1850

1868 Person: Rath, Hans, Pontonnier (Ingenieurkorps)
Vergehen: Verwundung des Korporals Stoll durch schleswig-holsteinische Artilleristen
Urteil: Untersuchung niedergeschlagen 1849-1850

1839 Personen: Rathje, Ludwig, Sappeur (1. Pionier-Kompanie)
Martens, Diedrich, Sappeur (1. Pionier-Kompanie)
Lorenzen, Lorenz, Sappeur (1. Pionier-Kompanie)
Vergehen: Beschwerden vor versammelter Mannschaft
Urteil: zweimal (Martens) und sechsmal (Rathje und Lorenzen) fünftägige Gefängnisstrafe 1848

1857 Person: Rehder, Johann Friedrich Boladin, Pionier (2. Pionier-Kompanie)
Vergehen: Trunkenheit im Dienst nach mehrmaliger Bestrafung
Urteil: achttägiger strenger Arrest 1850

1851 Person: Reichert, Friedrich Ludwig, Ingenieur-Hauptmann (Ingenieurkorps)
Vergehen: Verhalten gegen Hauptmann von Krabbe
Urteil: Übergabe an Ehrengericht 1849-1851

1854 Person: Schlüter, Peter, Pionier (2. Pionier-Kompanie)
Vergehen: Ausbleiben vom Dienst
Urteil: sechstägiger Arrest 1849

1836 Personen: Schlüter, Peter, Pionier (2. Pionier-Kompanie)
Schleth, Hans Heinrich Karl, Feldwebel (2. Pionier-Kompanie)
Vergehen: ungebührliches Benehmen und Gehorsamsverweigerung mit Drohungen gegen Vorgesetzte
Urteil: sechsmonatige Festungsstrafe (Schlüter) und vierwöchiger Stubenarrest (Schleth) 1850

1875 Person: Schmidt, Premierleutnant (1. Infanterie-Bataillon)
Vergehen: Trunkenheit (?)
Urteil: Verfahren eingestellt 1851
Enthält auch: Zeugenvernehmung des Hauptmanns Kobbe wegen der Ausschreitungen auf der Marieninsel bei Hannover

1861 Person: Schnoor, Christian Friedrich, Pionier (1. Pionier-Kompanie)
Vergehen: Ungehorsam
Urteil: vierzehntägiger strenger Arrest 1850

1860 Person: Schwarck, Peter Friedrich, Pionier (1. Pionier-Kompanie)
Vergehen: kleiner Kameradendiebstahl
Urteil: Freispruch 1850-1851

1870 Personen: Thiedemann, Otto Heinrich, Pionier (1. Pionier-Kompanie)
Lisenberg, Paul Sievers, Dragoner (2. Eskadron/2. Dragoner-Regiment)
Vergehen: grobe Körperverletzung des Arbeitsmannes Jochim Christopher Maaß
Urteil: vierwöchiger strenger Arrest (Thiedemann) und vierzehntägiger Mittelarrest (Maaß) sowie Zahlungen von Schmerzensgeld 1849

1846 Personen: Thormann, Johann Hinrich, Sappeur (1. Pionier-Kompanie)
Bölk, Friedrich, Sappeur (1. Pionier-Kompanie)
Vergehen: Unordnung in den Lesestunden
Urteil: dreimal fünftägiger Arrest (Thormann) und Strafe nach Ermessen (arbiträr) (Bölk) 1849-1850

1838 Person: Thormann, Johann Jacob Joseph, Pionier (1. Pionier-Kompanie)
Vergehen: Trunkenheit im Dienst, Ungehorsam, Widersetzlichkeit gegen seinen Vorgesetzten und Verlassen seines Postens
Urteil: sechsmonatige Festungsstrafe 1850

1840 Person: Tiedemann, Otto Hinrich, Pionier (1. Pionier-Kompanie)
Vergehen: Entwendung einer Pfeife
Urteil: vierzehntägiger strenger Arrest, Versetzung in den Soldatenstand 2. Klasse und Verlust aller Dienstauszeichnungen und der Nationalkokarde 1851

1855 Personen: Wehling, Caspar, Trainfahrer (2. Pionier-Kompanie)
Claußen, Trainfahrer (2. Pionier-Kompanie)
Vergehen: Trunkenheit
Urteil: disziplinarische Bestrafung mit zweitägigem Arrest 1849

1849 Person: Wichelmann, Jacob Hinrich, Pionier (1. Pionier-Kompanie)
Hillers, Fritz, Pionier (1. Pionier-Kompanie)
Vergehen: Ausbleiben nach dem Zapfenstreich
Urteil: dreiwöchiger (Wichelmann) und zweiwöchiger (Hillers) strenger Arrest 1849

1864 Person: Wiehe, Adolph Heinrich, Pionier (1. Pionier-Kompanie)
Vergehen: Diebstahl in den Baracken
Urteil: sechswöchiger strenger Arrest und Versetzung in den Soldatenstand 2. Klasse 1850

## 1. Besatzungs-Bataillon

1930 Verunglückter Transport von Besatzungssoldaten von Möltenort zur Festung Friedrichsort 1850

1909 Person: Bischoff, Johann Jacob, Musketier (3. Kompanie/1. Besatzungs-Bataillon)
Vergehen: ungebührliches Benehmen und Ausbleiben nach dem Zapfenstreich
Urteil: vierwöchiger strenger Arrest 1850-1851

1897 Personen: Blick, Johann, Musketier (4. Kompanie/1. Besatzungs-Bataillon)
Wimmer, Leonhard, Musketier (4. Kompanie/1. Besatzungs-Bataillon)
Vergehen: unerlaubte Entfernung von der Wache und eigenmächtiges Verlassen ihrer Posten
Urteil: dreimonatige Festungsstrafe 1850-1851

1923 Person: Bockelmann, Friedrich Carl Christian, Unteroffizier (1. Kompanie/1. Besatzungs-Bataillon)
Vergehen: Gehorsamsverweigerung vor versammelter Mannschaft und Pflichtverletzung als Wachkommandeur
Urteil: zehnwöchiger Mittelarrest 1850

1927 Person: Böhning, Julius, Musketier (3. Kompanie/1. Besatzungs-Bataillon)
Vergehen: Überschreiten der Grenzen seines Postens
Urteil: vierzehntägiger strenger Arrest 1851

1908 Personen: Burchardy, Feldprediger (2. Reserve-Bataillon)
Griebel, Johann Christoph, Musketier (2. Reserve-Bataillon)
Vergehen: Instenausschreitungen auf dem Gut Farve
Urteil: ohne Entscheidung 1849

1924 Personen: Carstens, Jess, Unteroffizier (2. Kompanie/1. Besatzungs-Bataillon)
Martens, Hans Nicolaus, Musketier (2. Kompanie/1. Besatzungs-Bataillon)
Vergehen: Ungehorsam und Pflichtverletzung
Urteil: vierzehntägiger Mittelarrest unter Anrechnung der Untersuchungshaft (Carstens) und Freispruch (Martens) 1850

1929 Personen: Carstens, Jess, Unteroffizier (2. Kompanie/1. Besatzungs-Bataillon)
Freier, Heinrich, Musketier (3. Kompanie/1. Besatzungs-Bataillon)
Vergehen: Anstiftung von Ausschreitungen gegen die Militärpolizei (Carstens) und Verleumdung des Unteroffiziers Carstens (Freier)
Urteil: Freispruch (Carstens) und dreiwöchiger strenger Arrest (Freier) 1850

Enthält auch: Untersuchung gegen die Musketiere Freier und Joachim Piening (2. Kompanie/1. Besatzungs-Bataillon) wegen Diebstahls; Urteil: zweijährige Festungsstrafe und Ausstoß aus dem Soldatenstand (Freier) und Anrechnung der Untersuchungshaft als Strafe (Piening)

1920 Person: Feddern, Friedrich, Musketier (1. Kompanie/1. Besatzungs-Bataillon)
Vergehen: Postenvergehen
Urteil: vierzehntägiger strenger Arrest 1850

1896 Personen: Geiger, Jacob, Musketier (2. Kompanie/1. Besatzungs-Bataillon)
Behr, Anton, Musketier (2. Kompanie/1. Besatzungs-Bataillon)
Much, Reinhard, Musketier (2. Kompanie/1. Besatzungs-Bataillon)
Vergehen: Gehorsamsverweigerung vor versammelter Mannschaft, Trunkenheit und Ungehorsam gegen Dienstbefehle
Urteil: sechsmonatige (Geiger) und dreimonatige (Behr) Festungsstrafe sowie dreitägiger strenger Arrest (Much) 1850-1851

1904 Person: Gosch, Hans Hinrich, Musketier (1. Kompanie/1. Besatzungs-Bataillon)
Vergehen: Trunkenheit im Dienst und Entfernung von der Wache
Urteil: vierzehntägiger Mittelarrest 1850

1900 Person: Haase, Eberhardt, Musketier (4. Kompanie/1. Besatzungs-Bataillon)
Vergehen: Trunkenheit im Dienst
Urteil: siebentägiger strenger Arrest 1851

1902 Person: Hartje, Johann Mathias, Musketier (1. Kompanie/1. Besatzungs-Bataillon)
Vergehen: Trunkenheit im Dienst
Urteil: dreitägiger Mittelarrest 1850

1903 Personen: Heinen, Andreas, Musketier (1. Kompanie/1. Besatzungs-Bataillon)
Ohlenschlager, Friedrich, Musketier (1. Kompanie/1. Besatzungs-Bataillon)
Vergehen: Trunkenheit im Dienst und Verletzung der Dienstpflichten eines Patrouillenführers
Urteil: vierwöchiger (Heinen) und achttägiger (Ohlenschlager) strenger Arrest 1850

1926 Person: Jansen, Franz, Musketier (1. Kompanie/1. Besatzungs-Bataillon)
Vergehen: Verletzung seiner Dienstpflicht als Schildwache
Urteil: vierzehntägiger strenger Arrest 1851

1911 Person: Kallenberg, Friedrich, Musketier (4. Kompanie/1. Besatzungs-Bataillon)
Vergehen: ungebührliches Benehmen gegen einen Vorgesetzten vor versammelter Mannschaft
Urteil: vierwöchiger strenger Arrest 1850

1910 Person: Koch, Julius Carl Christian, Musketier (1. Kompanie/1. Besatzungs-Bataillon)
Vergehen: Verdacht auf Gelddiebstahl
Urteil: ohne Entscheidung 1850

1905 Person: Koch, Jacob, Musketier (1. Kompanie/1. Besatzungs-Bataillon)
Vergehen: Trunkenheit im Dienst
Urteil: außer Verfolgung gestellt 1850

1921 Person: Koch, Carl Dietrich, Musketier (3. Kompanie/1. Besatzungs-Bataillon)
Vergehen: Verdacht auf mehrfache Gelddiebstähle
Urteil: Verfahren eingestellt 1850-1851

1898 Person: Krawschik, Bendeck, Musketier (3. Kompanie/1. Besatzungs-Bataillon)
Vergehen: Postenvergehen
Urteil: Freispruch 1851

1913 Person: Krüger, August Heinrich, Musketier (3. Kompanie/1. Besatzungs-Bataillon)
Vergehen: Ausbleiben nach dem Zapfenstreich und Nichtbefolgung eines Dienstbefehls
Urteil: sechswöchiger strenger Arrest 1850
Enthält auch: Urteil zu vierwöchigem strengem Arrest wegen ungebührlichen Benehmens gegen einen Vorgesetzten und Trunkenheit

1912 Person: Kruse, Hans Hinrich, Musketier (1. Kompanie/1. Besatzungs-Bataillon)
Vergehen: Trunkenheit im Dienst
Urteil: dreiwöchiger Mittelarrest 1850

1922 Person: Löffler, Friedrich, Musketier (1. Kompanie/1. Besatzungs-Bataillon)
Vergehen: Vergewaltigung auf offener Landstraße und unter Missbrauch der Waffe sowie Trunkenheit außer Dienst
Urteil: vierundzwanzigstündiger Mittelarrest 1850-1851

1906 Person: Mohr, Hinrich, Musketier (1. Kompanie/1. Besatzungs-Bataillon)
Vergehen: Überschreiten über die Grenzen seines Posten
Urteil: vierzehntägiger strenger Arrest 1850

1925 Person: Müller, Gottlieb, Musketier (1. Kompanie/1. Besatzungs-Bataillon)
Vergehen: Trunkenheit im Dienst
Urteil: disziplinarische Bestrafung mit siebentägigem Mittelarrest 1850

1901 Person: Rasch, Henning, Musketier (1. Kompanie/1. Besatzungs-Bataillon)
Vergehen: Postenvergehen
Urteil: vierzehntägiger strenger Arrest 1850

1931 Person: Riehl, August, Musketier (4. Kompanie/1. Besatzungs-Bataillon)
Vergehen: Gehorsamsverweigerung vor versammelter Mannschaft
Urteil: vierwöchiger strenger Arrest unter Anrechnung der sechstägigen Untersuchungshaft 1850-1851

1907 Person: Roos, Christian, Musketier (4. Kompanie/1. Besatzungs-Bataillon)
Vergehen: eigenmächtiges Verlassen seiner Patrouille
Urteil: vierundzwanzigstündiger Mittelarrest unter Anrechnung der Untersuchungshaft 1851

1917 Person: Schildhauer, Jacob, Musketier (2. Kompanie/1. Besatzungs-Bataillon)
Vergehen: Missbrauch der Dienstgewalt
Urteil: disziplinarische Erledigung mit vierzehntägigem Mittelarrest 1850

1916 Person: Schmidts, Johann, Musketier (4. Kompanie/1. Besatzungs-Bataillon)
Vergehen: Trunkenheit im Dienst und ungebührliches Benehmen
Urteil: dreiwöchiger strenger Arrest 1850

1899 Person: Seemen, Christian, Musketier (4. Kompanie/1. Besatzungs-Bataillon)
Vergehen: Trunkenheit im Dienst
Urteil: siebentägiger strenger Arrest 1851

1915 Person: Stieck, Detlef, Musketier (2. Kompanie/1. Besatzungs-Bataillon)
Vergehen: Körperverletzung der Witwe Turtel
Urteil: Freispruch 1851

1895 Person: Voss, Heinrich Wilhelm Albert, Waffenmeister (4. Kompanie/1. Besatzungs-Bataillon)
Vergehen: Veruntreuung anvertrauter Dienstgegenstände
Urteil: Degradierung und Versetzung in den Soldatenstand 2. Klasse unter Anrechnung der Untersuchungshaft 1851

1914 Person: Wassmann, Georg Hartwig, Musketier (3. Kompanie/1. Besatzungs-Bataillon)
Vergehen: Trunkenheit im Dienst
Urteil: disziplinarische Bestrafung mit vierundzwanzigstündigem strengem Arrest 1850

1918 Person: Wassmann, Georg Hartwig, Musketier (3. Kompanie/1. Besatzungs-Bataillon)
Vergehen: wiederholte Gehorsamsverweigerung vor versammelter Mannschaft und ungebührliches Benehmen
Urteil: Freispruch 1850-1851

1928 Person: Wichard, Friedrich, Musketier (4. Kompanie/1. Besatzungs-Bataillon)
Vergehen: erster kleiner Diebstahl
Urteil: außer Verfolgung gestellt und zur disziplinarischen Bestrafung überwiesen 1851

1919 Person: Wörner, Johann, Musketier (1. Kompanie/1. Besatzungs-Bataillon)
Vergehen: unerlaubtes Abweichen von der Marschroute und mehrtägiges Umhertreiben
Urteil: vierzehntägiger Mittelarrest 1851

2. Besatzungs-Bataillon

1948 Beraubung des Marketenders Beckmann und Verhaftung einer Patrouille (2. Besatzungs-Bataillon) durch Mannschaften des 11. Infanterie-Bataillons (Untersuchung niedergeschlagen) 1850

1951 Person: Augenfort, Jacob, Musketier (1. Kompanie/2. Besatzungs-Bataillon)
Vergehen: Beschuldigung des Diebstahls
Urteil: Verfahren eingestellt 1851

1962 Person: Bäuscher, Johann, Musketier (4. Kompanie/2. Besatzungs-Bataillon)
Vergehen: Trunkenheit und Skandale im Dienst
Urteil: siebentägiger strenger Arrest 1851

1958 Person: Berger, Johann Friedrich August, Unteroffizier (2. Kompanie/2. Besatzungs-Bataillon)
Vergehen: Diebstahl oder betrügerische Unterschlagung fremden Eigentums
Urteil: fehlt 1850

1936 Person: Braun, Wilhelm Christian Siegmund, Musketier (1. Kompanie/2. Besatzungs-Bataillon)
Vergehen: unerlaubte Entfernung, Trunkenheit, tätliche Widersetzung und Gehorsamsverweigerung
Urteil: dreijährige Festungsstrafe 1850

1960 Personen: Bring, Carl, Musketier (4. Kompanie/2. Besatzungs-Bataillon)
Glamm, Carl Friedrich Herrmann, Unteroffizier (4. Kompanie/2. Besatzungs-Bataillon)
Vergehen: Ungehorsam und Pflichtverletzung
Urteil: vierzehntägiger strenger Arrest 1850-1851
Bemerkung: vgl. Abt. 55 Nr. 1943

1956 Person: Brüstle, Jacob, Musketier (3. Kompanie/2. Besatzungs-Bataillon)
Vergehen: Desertion
Urteil: vierzehntägiger strenger Arrest 1850

1964 Personen: Dahm, Peter, Unteroffizier (4. Kompanie/2. Besatzungs-Bataillon)
Panzer, Georg, Unteroffizier (4. Kompanie/2. Besatzungs-Bataillon)
Vergehen: Wirtshausbesuch während einer Pause des Kriegsgerichts
Urteil: vier- bis sechstägiger (Dahm) und drei- bis viertägiger (Panzer) Mittelarrest 1850-1851
Enthält auch: Akten über den Verbleib eines vom Förster Loeck an den Jäger Johann Carl Theodor Loeck (4. Kompanie/5. Jägerkorps) abgesandten Geldbriefs

1963 Person: Dutt, Johann Diedrich, Rekrut (1. Kompanie/2. Besatzungs-Bataillon)
Vergehen: Ausbleiben und Trunkenheit
Urteil: dreitägiger Mittelarrest 1850

1953 Person: Fischer, Bernhard, Unteroffizier (1. Kompanie/2. Besatzungs-Bataillon)
Vergehen: vorschriftswidrige Behandlung des Musketiers August Ferdinand Engel (1. Kompanie/2. Besatzungs-Bataillon) wegen Gehorsamsverweigerung
Urteil: zur disziplinarischen Erledigung überwiesen 1850

1938 Person: Freudentag, Friedrich, Musketier (1. Kompanie/2. Besatzungs-Bataillon)
Vergehen: Verdacht auf Desertion, Entwendung einer Pfeife und ungebührliches Benehmen gegen einen Vorgesetzten
Urteil: zweijährige Festungsstrafe und Versetzung in den Soldatenstand 2. Klasse 1850

1954 Person: Garchow, Carl, Unteroffizier (3. Kompanie/2. Besatzungs-Bataillon)
Vergehen: versuchter Selbstmord
Urteil: disziplinarische Überweisung 1850

1941 Person: von Gilsa, Hauptmann (5. Jägerkorps)
Vergehen: ungebührliche Äußerungen in einem Dienstschreiben an die Brigade
Urteil: disziplinarische Bestrafung mit zehntägigem Stubenarrest 1851

1943 Person: Glamm, Carl Friedrich Herrmann, Unteroffizier (4. Kompanie/2. Besatzungs-Bataillon)
Vergehen: Gehorsamsverweigerung vor versammelter Mannschaft
Urteil: sechswöchiger Mittelarrest 1851
Enthält auch: Akten über den Premierleutnant Arthur von Magius (12. Infanterie-Bataillon) wegen Missbrauch der Dienstgewalt gegen den Unteroffizier Glamm (Verfahren wegen zwischenzeitlicher Entlassung eingestellt)

1932 Personen: Hammerschmidt, Heinrich, Musketier (2. Kompanie/2. Besatzungs-Bataillon)
Müller, Emil Albert, Musketier (2. Kompanie/2. Besatzungs-Bataillon)
Kurth, Wilhelm, Musketier (2. Kompanie/2. Besatzungs-Bataillon)
Vergehen: Ungehorsam
Urteil: vierwöchiger strenger Arrest (Hammerschmidt und Müller) sowie zweijährige Festungsstrafe und danach Wiedereintritt in den Soldatenstand 1. Klasse (Kurth) 1850-1851

1944 Person: Hennig, Otto Herrmann, Hauptmann und Kommandeur (2. Ersatz-Bataillon, vorher 4. Jägerkorps)
Vergehen: mangelnde Entschlossenheit und Pflichtversäumnisse bei seinem Abzug aus Eckernförde
Urteil: vor Abschluss der Untersuchung im Festungsarrest in Rendsburg verstorben 1851

1965 Person: Heß, Johannes Christian, Waffenmeister (4. Kompanie/ 2. Besatzungs-Bataillon)
Vergehen: Verkauf von Staatseigentum
Urteil: Untersuchung eingestellt 1851

1952 Personen: Hocher, Ernst Eduard, Unteroffizier (1. Kompanie/2. Besatzungs-Bataillon)
Kern, Christian, Musketier (1. Kompanie/2. Besatzungs-Bataillon)
Vergehen: Verdacht auf Desertion
Urteil: vierzehntägiger Mittelarrest wegen Ausschreitungen und Trunkenheit (Hocher) sowie siebentägiger Mittelarrest wegen ungebührlichen Benehmens (Kern) 1851

1937 Person: Huck, Jeremias, Musketier (2. Kompanie/2. Besatzungs-Bataillon)
Vergehen: Desertion zur Kriegszeit und Verkauf von Militärgegenständen
Urteil: achtundzwanzigmonatige Festungsstrafe und Versetzung in den Soldatenstand 2. Klasse 1850-1851
Darin: Wanderbuch für den Steinhauer Huck, ausgestellt in Nürnberg 1849

1940 Person: Karle, Michael, Musketier (3. Kompanie/2. Besatzungs-Bataillon)
Vergehen: Ungehorsam
Urteil: sechswöchiger strenger Arrest 1850-1851

1934 Person: Kemmer, Heinrich Jacob, Musketier (4. Kompanie/2. Besatzungs-Bataillon)
Vergehen: betrügerisches Glücksspiel, Gehorsamsverweigerung und Beleidigung eines Vorgesetzten
Urteil: sechsmonatige Gefängnisstrafe und danach Wiedereintritt in den Soldatenstand 1. Klasse 1850-1851

1946 Person: Klamer, Jacob Wilhelm Herrmann, Musketier (4. Kompanie/2. Besatzungs-Bataillon)
Vergehen: Postenvergehen
Urteil: vierwöchiger strenger Arrest 1850

1961 Person: Liebetraut, Heinrich Carl Friedrich, Musketier (2. Kompanie/2. Besatzungs-Bataillon)
Vergehen: Desertion zur Kriegszeit und Verdacht auf Diebstahl
Urteil: sechswöchiger strenger Arrest 1850-1851
Enthält u. a.: mehrere Privatbriefe Liebetrauts
Darin: Abrechnungsbuch

1947 Personen: Lindemann, Carl, Unteroffizier (4. Kompanie/2. Besatzungs-Bataillon)
Schulz, Friedrich, Musketier (4. Kompanie/2. Besatzungs-Bataillon)
Zeitz, Johannes, Musketier (4. Kompanie/2. Besatzungs-Bataillon)
Sievert, Heinrich Friedrich, Musketier (4. Kompanie/2. Besatzungs-Bataillon)
Effinger, Carl, Musketier (4. Kompanie/2. Besatzungs-Bataillon)
Räuscher, Johann, Musketier (4. Kompanie/2. Besatzungs-Bataillon)
Dreyer, Johann Eduard Christian, Musketier (4. Kompanie/2. Besatzungs-Bataillon)
Vergehen: Schlägerei im Lokal des Gastwirts Schmidt in Rendsburg am 3. Dezember 1850
Urteil: Verfahren eingestellt 1850-1851

1935 Person: Löhser, Heinrich Christian August, Musketier (2. Kompanie/2. Besatzungs-Bataillon)
Vergehen: mehrfache Gehorsamsverweigerung mit Aufkündigung des Dienstes und ungebührliches Benehmen vor versammelter Mannschaft
Urteil: einjährige Festungsstrafe und danach Wiedereintritt in den Soldatenstand 1. Klasse 1851

1959 Person: Peuckert, Julius, Musketier (3. Kompanie/2. Besatzungs-Bataillon)
Vergehen: Ungehorsam und Trunkenheit im Dienst
Urteil: sechswöchiger strenger Arrest 1850

1942 Person: Pfannmüller, Heinrich, Musketier (3. Kompanie/2. Besatzungs-Bataillon)
Vergehen: Desertion und Betrug
Urteil: ohne Entscheidung 1851

1950 Person: Reimarus, Julius Leopold, Musketier (1. Kompanie/2. Besatzungs-Bataillon)
Vergehen: kleiner Funddiebstahl
Urteil: vierwöchiger strenger Arrest und Versetzung in den Soldatenstand 2. Klasse 1850

1955 Person: Stüver (Strüver), Ludwig Wilhelm, Musketier (4. Kompanie/ 2. Besatzungs-Bataillon)
Vergehen: unerlaubte Entfernung, Gehorsamsverweigerung, ungebührliches Benehmen und Trunkenheit
Urteil: achtwöchiger Mittelarrest 1850-1851

1949 Person: Tristram, Georg Heinrich, Musketier (1. Kompanie/2. Besatzungs-Bataillon)
Vergehen: Entwendung von neuen Waffenröcken und Militärhosen
Urteil: vierwöchiger strenger Arrest und Versetzung in den Soldatenstand 2. Klasse 1850

1957 Person: Wilke, Wilhelm, Musketier (3. Kompanie/2. Besatzungs-Bataillon)
Vergehen: Ungehorsam, Trunkenheit im Dienst und Unterschlagung
Urteil: vierwöchiger strenger Arrest unter Anrechnung der Untersuchungshaft 1850

1933 Person: Wille, Johann Heinrich, Gefreiter (Ersatz-Jägerkorps)
Vergehen: Misshandlung eines Postens
Urteil: zweijährige Festungsstrafe und danach Wiedereintritt in den Soldatenstand 1. Klasse 1851

1945 Person: Wörner, Johann Andreas, Rekrut (1. Kompanie/2. Besatzungs-Bataillon)
Vergehen: unerlaubte Korrespondenz an den Kommandierenden General
Urteil: Anrechnung der Untersuchungshaft als Strafe wegen Geistesschwäche 1850

1939 Person: Zarth, Joseph, Musketier (1. Kompanie/2. Besatzungs-Bataillon)
Vergehen: Desertion zur Kriegszeit
Urteil: vierwöchiger Mittelarrest und Versetzung in den Soldatenstand 2. Klasse 1851

### 3. Besatzungs-Bataillon

1985 Personen: von Blumenkorn, Hugo, Feldwebel (2. Kompanie/3. Besatzungs-Bataillon)
Rundzicher, August Paul, Musketier (2. Kompanie/3. Besatzungs-Bataillon)
Vergehen: verschiedene Betrügereien
Urteil: Verweis (von Blumenkorn) und Freispruch (Rundzicher) 1850

1966 Personen: von Blumenkorn, Hugo, Feldwebel (2. Kompanie/3. Besatzungs-Bataillon)
Westphal, Ferdinand, Fourier (2. Kompanie/3. Besatzungs-Bataillon)
Vergehen: Beleidigung eines Vorgesetzten und Gehorsamsverweigerung
Urteil: zwölfmonatiger Arrest und Degradierung (von Blumenkorn), Urteil wurde angefochten und später als nichtig aufgehoben 1851

1967 Personen: von Blumenkorn, Hugo, Feldwebel (2. Kompanie/3. Besatzungs-Bataillon)
Faster, Franz, Musketier (2. Kompanie/3. Besatzungs-Bataillon)
Vergehen: Teilnahme an der Unterschlagung eines Dienstmantels
Urteil: Freispruch (Faster) und vierzehntägiger strenger Arrest, Degradierung und Versetzung in den Soldatenstand 2. Klasse (von Blumenkorn) 1851

1978 Person: Breiholz, Johann Jochim Hinrich, Musketier (3. Besatzungs-Bataillon)
Vergehen: Desertion zur Kriegszeit
Urteil: vierzehntägiger strenger Arrest 1851

1969 Person: Bruhn, Heinrich, Musketier (3. Kompanie/3. Besatzungs-Bataillon)
Vergehen: Trunkenheit, gewaltsamer Ausbruch aus dem Arrestlokal, unerlaubte Entfernung und ungebührliches Benehmen
Urteil: zwölfmonatige Festungsstrafe 1851

1997 Person: Deckmann, Heinrich Friedrich Johann, Musketier (4. Kompanie/3. Besatzungs-Bataillon)
Vergehen: dritter Diebstahl aus einem dienstlichen Aufbewahrungsort
Urteil: zweijährige Zuchthausstrafe und Versetzung in den Soldatenstand 2. Klasse 1850-1851

1995 Person: Drechsel, Heinrich, Unteroffizier (2. Kompanie/3. Besatzungs-Bataillon)
Vergehen: Ausbleiben nach dem Zapfenstreich, Gehorsamsverweigerung und ungebührliches Benehmen mit Drohungen gegen Vorgesetzte
Urteil: sechswöchiger Mittelarrest 1850

1998 Personen: Ehrich, Johann, Musketier (4. Kompanie/1. Besatzungs-Bataillon)
Schmidt, Jochim Hinrich, Gefreiter (3. Kompanie/1. Besatzungs-Bataillon)
Vergehen: Trunkenheit
Urteil: siebentägiger strenger Arrest (Ehrich) und disziplinarische Bestrafung (Schmidt) 1851

1984 Person: Klawisch, Ernst, Musketier (1. Kompanie/3. Besatzungs-Bataillon)
Vergehen: Unterschlagung und erster kleiner Diebstahl
Urteil: achttägiger strenger Arrest 1850

1972 Personen: Koblank, August Friedrich Wilhelm, Musketier (1. Kompanie/3. Besatzungs-Bataillon)
Klüber, Johann, Musketier (1. Kompanie/3. Besatzungs-Bataillon)
Hornbach, Michael, Musketier (1. Kompanie/3. Besatzungs-Bataillon)
Vergehen: gemeinschaftliche Desertion zur Kriegszeit
Urteil: fünfjährige (Koblank und Klüber) und sechsjährige (Hornbach) Festungsstrafe sowie Versetzungen in den Soldatenstand 2. Klasse 1850

1987 Personen: Kolp, Wilhelm Theodor, Musketier (3. Kompanie/3. Besatzungs-Bataillon)
Schönewolf, Georg, Musketier (1. Kompanie/3. Besatzungs-Bataillon)
Vergehen: gemeinschaftlicher erster kleiner Diebstahl und Hehlerei
Urteil: vierzehntägiger strenger Arrest (Schönewolf) und Freispruch (Kolp) 1850

1999 Person: Koppe, Johann Christian Friedrich, Unteroffizier (1. Kompanie/3. Besatzungs-Bataillon)
Vergehen: tätliche Widersetzung gegen Vorgesetzte
Urteil: vierzehntägiger Mittelarrest 1851

1983 Person: Krug, Georg, Musketier (3. Kompanie/3. Besatzungs-Bataillon)
Vergehen: Fälschung
Urteil: dreiwöchiger strenger Arrest und Versetzung in den Soldatenstand 2. Klasse 1850

1996 Person: Krusi, Franz Carl, Musketier (4. Kompanie/3. Besatzungs-Bataillon)
Vergehen: erster kleiner Diebstahl
Urteil: Freispruch 1850-1851

1968 Personen: Liebermann (genannt Fröhlich), Martin, Musketier (2. Kompanie/3. Besatzungs-Bataillon)
Caroly, Farkos (Wolff, Carl, genannt Gustav Fröhlich, Musketier (2. Kompanie/3. Besatzungs-Bataillon)
Vergehen: Desertion zur Kriegszeit
Urteil: fünfjährige Festungsstrafe und Versetzung in den Soldatenstand 2. Klasse 1851

1989 Person: Manteca, Ferdinand, Musketier (1. Kompanie/3. Besatzungs-Bataillon)
Vergehen: unerlaubte Entfernung und Trunkenheit außer Dienst
Urteil: disziplinarische Bestrafung mit vierzehntägigem Mittelarrest 1850-1851

2000 Person: Martini, Johann Hinrich, Tambour (2. Kompanie/3. Besatzungs-Bataillon)
Vergehen: Unterschlagung
Urteil: zweimal fünftägige Gefängnisstrafe und Erstattung der Untersuchungskosten 1850

1975 Person: von Mathey, Johann, Hauptmann und Lazarettverwalter in Rendsburg
Vergehen: Beschuldigung der Veruntreuung sowie der verweigerten Übergabe des Lazarettarchivs und der Kasse an den Etappenkommandanten Major von Wittich
Urteil: ohne Entscheidung 1851

1976 Person: Paulsen, Hans Nicolaus, Unteroffizier (2. Kompanie/3. Besatzungs-Bataillon)
Vergehen: Vernachlässigung seiner Dienstpflicht
Urteil: dreitägiger Mittelarrest unter Anrechnung der Untersuchungshaft 1850

1991 Person: Prietsch, Otto, Musketier (3. Kompanie/3. Besatzungs-Bataillon)
Vergehen: Desertion zur Kriegszeit
Urteil: zu den Akten gelegt 1850

1990 Personen: Schmidt, Jürgen, Musketier (2. Kompanie/3. Besatzungs-Bataillon)
Schmidt, Claus, Musketier (3. Kompanie/3. Besatzungs-Bataillon)
Vergehen: Desertion
Urteil: beide Angeklagten desertiert 1850

1994 Person: Schmidt, Alois, Musketier (4. Kompanie/3. Besatzungs-Bataillon)
Vergehen: erster kleiner Diebstahl
Urteil: Entlassung aus der Armee 1850-1851

1974 Person: Schnack, Nicolaus, Musketier (4. Kompanie/3. Besatzungs-Bataillon)
Vergehen: erster kleiner Diebstahl und Funddiebstahl
Urteil: vierwöchiger strenger Arrest unter Anrechnung der Untersuchungshaft 1850-1851

1986 Person: Schultz, Ferdinand, Musketier (2. Kompanie/3. Besatzungs-Bataillon)
Vergehen: Ungehorsam und Trunkenheit im Dienst
Urteil: vierwöchiger Mittelarrest 1850

1992 Person: Sommer, Alwin, Musketier (1. Kompanie/3. Besatzungs-Bataillon)
Vergehen: Aufbrechen des Geldbriefs eines Kameraden, unerlaubte Entfernung, Ungehorsam und wiederholte Trunkenheit
Urteil: sechswöchiger strenger Arrest und Versetzung in den Soldatenstand 2. Klasse 1850

1993 Person: Sörensen, Peter Andreas, Musketier (3. Kompanie/3. Besatzungs-Bataillon)
Vergehen: kleiner Diebstahl und Trunkenheit im Dienst
Urteil: sechswöchiger strenger Arrest und Versetzung in den Soldatenstand 2. Klasse 1850

1982 Personen: Thomé, Eustachius, Musketier (3. Kompanie/3. Besatzungs-Bataillon)
Vogel, Philipp Gottlieb, Musketier (3. Kompanie/3. Besatzungs-Bataillon)
Vergehen: Diebstahl
Urteil: vierwöchiger strenger Arrest und Versetzung in den Soldatenstand 2. Klasse (Thomé) sowie außer Verfolgung gestellt (Vogel) 1850-1851

1979 Personen: Tönnes, Carl Friedrich Hubert, Sergeant (1. Kompanie/3. Besatzungs-Bataillon)
Lingenbrinck, Friedrich Joseph Theodor, Sergeant (1. Kompanie/3. Besatzungs-Bataillon)
Vergehen: Missbrauch der Dienstgewalt zu Privatzwecken
Urteil: Degradierungen 1850-1851

1980 Person: Tönnes, Carl Friedrich Hubert, Musketier (1. Kompanie/3. Besatzungs-Bataillon)
Vergehen: erster kleiner Diebstahl, unerlaubte Entfernung und Verwahrlosung seiner Dienstgegenstände
Urteil: vierzehntägiger Mittelarrest unter Anrechnung der Untersuchungshaft 1850-1851

1981 Person: Tönnes, Carl Friedrich Hubert, Unteroffizer (1. Kompanie/3. Besatzungs-Bataillon)
Vergehen: Beleidigung von Kameraden und Untergebenen sowie Trunkenheit
Urteil: disziplinarische Bestrafung mit achttägigem Mittelarrest, später vierzehntägiger Mittelarrest 1851

1973 Person: Ulrich, Carl Friedrich Wilhelm, Musketier (1. Kompanie/3. Besatzungs-Bataillon)
Vergehen: tätliche Widersetzung, Gehorsamsverweigerung, ungebührliches Benehmen mit Drohungen und Trunkenheit im Dienst
Urteil: fünfjährige Festungsstrafe 1850

1970 Person: Weigert, Heinrich Christian Ludwig, Unteroffizier (4. Kompanie/3. Besatzungs-Bataillon)
Vergehen: Gehorsamsverweigerung
Urteil: vierzehntägiger strenger Arrest und Degradierung 1850

1971 Person: Weigert, Heinrich Christian Ludwig, Unteroffizier (4. Kompanie/3. Besatzungs-Bataillon)
Vergehen: Desertion zur Kriegszeit unter Mitnahme der Waffe, Veruntreuung von Dienstgegenständen und Fälschung
Urteil: zweieinhalbjährige Festungsstrafe 1851

1977 Person: Weihe, Johann Adolph, Musketier (3. Kompanie/3. Besatzungs-Bataillon)
Vergehen: unerlaubte Entfernung, Desertion zur Kriegszeit und erster kleiner Diebstahl
Urteil: achttägiger strenger Arrest und Versetzung in den Soldatenstand 2. Klasse 1850-1851

2001 Person: Wichards, Friedrich, Rekrut (3. Kompanie/3. Besatzungs-Bataillon)
Vergehen: Trunkenheit
Urteil: siebentägiger strenger Arrest 1850

1988 Person: Wohlauer, Moritz, Musketier (2. Kompanie/3. Besatzungs-Bataillon)
Vergehen: wiederholtes ungebührliches Benehmen gegen Vorgesetzte
Urteil: vierzehntägiger strenger Arrest 1850

## Ersatz-Bataillon

1887 Person: Andresen, Lorenz, Musketier (4. Kompanie/4. Ersatz-Bataillon)
Vergehen: Verweigerung der Leistung des vorschriftsmäßigen Handschlags
Urteil: Anrechnung der Untersuchungshaft als Strafe 1850

1891 Person: Braun, August, Jäger (Ersatz-Jägerkompanie)
Vergehen: Diebstahl
Urteil: Untersuchung wegen eines Justizirrtums niedergeschlagen 1850-1851

1885 Person: Gust, Heinrich Friedrich Carl, Hornist (1. Kompanie/1. Ersatz-Bataillon)
Vergehen: mehrfacher kleiner Diebstahl
Urteil: vierzehntägiger einfacher Arrest und Versetzung in den Soldatenstand 2. Klasse unter Anrechnung der Untersuchungshaft 1850

1886 Person: Horn, Carl August, Jäger (Ersatz-Jägerkompanie)
Vergehen: erster kleiner Diebstahl und Unterschlagung
Urteil: vierwöchiger strenger Arrest und Versetzung in den Soldatenstand 2. Klasse 1850

1889 Personen: Kaiser, Wilhelm, Musketier (4. Kompanie/1. Besatzungs-Bataillon)
Schultz, Carl, Musketier (4. Kompanie/1. Besatzungs-Bataillon)
Bock, Johann Conrad, Musketier (2. Kompanie/1. Besatzungs-Bataillon)
Vergehen: Veruntreuung anvertrauter Dienstgegenstände, Beleidigung eines Kameraden, erster kleiner Diebstahl und tätliche Misshandlung eines Kameraden
Urteil: siebentägiger Mittelarrest (Schultz), siebentägiger strenger Arrest (Kaiser), außer Verfolgung gestellt (Bock) 1850

1892 Person: Nacke, Joachim, Musketier (3. Kompanie/2. Ersatz-Bataillon)
Vergehen: Desertion in der Kriegszeit
Urteil: zweijährige Festungsstrafe und Versetzung in den Soldatenstand 2. Klasse 1850
Darin: unbeschriebenes Notizbuch mit eingeklebtem Reisepass aus dem Königreich Hannover

1890 Person: Pohlmann, Hinrich Christoph, Unteroffizier (2. Kompanie/1. Ersatz-Bataillon)
Vergehen: Dienstvernachlässigung als Wachkommandeur
Urteil: Untersuchung eingestellt 1850

1894 Person: Pöhlmann, Otto Heinrich, Musketier (3. Kompanie/4. Ersatz-Bataillon)
Vergehen: Gehorsamsverweigerung
Urteil: dreijährige Festungsstrafe, später in eine dreimonatige Festungsstrafe umgewandelt 1850-1851
Enthält auch: Untersuchung vom Januar 1851 wegen wiederholter Dienstverweigerung, die am 4. Februar 1851 wegen Geistesverwirrung eingestellt wird

1893 Person: Truelsen, Hans Christian, Musketier (2. Kompanie/4. Ersatz-Bataillon)
Vergehen: tätliche Widersetzung, wiederholte Gehorsamsverweigerung, ungebührliches Benehmen und grobe Beleidigung gegen Vorgesetzte vor versammelter Mannschaft
Urteil: sechsmonatige Festungsstrafe, danach Wiedereintritt in den Soldatenstand 1. Klasse 1850

1884 Person: Uhl, Johann Jacob, Rekrut (2. Kompanie/1. Ersatz-Bataillon)
Vergehen: Verdacht auf Diebstahl
Urteil: außer Verfolgung gestellt 1850

1888 Person: Wilhelmsen, Franz, Musketier (4. Kompanie/4. Ersatz-Bataillon)
Vergehen: Verdacht auf Entwendung einer Taschenuhr des Musketiers Wilhelm Bardt
Urteil: Untersuchung eingestellt 1850

## Reserve-Bataillon

2067 Personen: Delffs, Johann Hinrich, Musketier (3. Kompanie/1. Reserve-Bataillon)
Anthony, Jacob Hinrich, Musketier (3. Kompanie/1. Reserve-Bataillon)
Vergehen: Ausbleiben vom Dienst
Urteil: vierwöchiger (Delffs) und fünfwöchiger (Anthony) strenger Arrest 1849

2069 Person: Andersen, Peter Moritz (Reserve-Bataillon), Niebüll
Vergehen: Ausbleiben vom Dienst
Urteil: viermal fünftägige Gefängnisstrafe 1848-1849

2077 Person: Andersen, Johann Daniel, Reservist (1. Reserve-Bataillon)
Vergehen: Ausbleiben vom Dienst
Urteil: dreiwöchiger strenger Arrest 1849

2081 Personen: Dietzel, Ludwig Christian, Festungssträfling (4. Kompanie/1. Infanterie-Bataillon)
Bruhns, Franz Conrad Martin, Musketier (4. Kompanie/1. Infanterie-Bataillon)
Schmidt, Asmus Hinrich, Musketier (1. Kompanie/2. Besatzungs-Bataillon)
Freitag, Peter Hansen, Jäger (3. Kompanie/4. Jägerkorps)
Klüver, Joseph, Musketier (4. Kompanie/5. Infanterie-Bataillon)
Sommer, Alwin Eden, Musketier (1. Kompanie/3. Besatzungs-Bataillon)
Bülling, Johann, Fahrer (Stall-Etat)
Zech, Albert, Musketier (3. Kompanie/10. Infanterie-Bataillon)
Rickert, Philipp, Jäger (1. Kompanie/6. Ersatz-Jägerkorps)
Vergehen: Desertion
Urteil: fünfzehnjährige (Bruhns), fünfjährige (Dietzel) Zuchthausstrafe, zehnjährige (Schmidt und Freitag) und einjährige Festungsstrafe (Zech), sechswöchiger strenger Arrest (Klüver) sowie sechswöchiger Mittelarrest (Bülling und Sommer) 1850-1851

2078 Person: Greisen, Jürgen, Reservist (2. Kompanie/1. Reserve-Bataillon)
Vergehen: Desertion
Urteil: fünftägiger einfacher Arrest 1848-1849

2072 Personen: Grelik, Johann Hinrich, Gefreiter (2. Kompanie/2. Reserve-Bataillon)
Brackel, Gerhard, Musketier (2. Kompanie/2. Reserve-Bataillon)
Vergehen: Wachvergehen
Urteil: vierzehntägiger strenger Arrest und Degradierung (Grelik) sowie vierzehntägiger Mittelarrest (Brackel) 1849

2076 Personen: Lorentzen, Christian, Musketier (4. Reserve-Bataillon)
Andersen, Erich, Musketier (4. Reserve-Bataillon)
Jordt, Andreas Adolph, Musketier (4. Reserve-Bataillon)
Vergehen: Ausbleiben vom Dienst
Urteil: dreimal fünftägige Gefängnisstrafe (Jordt) und Freisprüche (Andersen und Lorentzen) 1849
Darin: Rechnungsbücher Jordt 1842-1844, Andersen 1845-1847 und Lorentzen 1842-1844

2068 Person: Matthiesen, Christian Hansen (Reserve-Bataillon)
Vergehen: Ausbleiben vom Dienst
Urteil: fünftägiger einfacher Arrest 1848-1849

2071 Person: Meyer I, Johann Heinrich, Musketier (3. Kompanie/2. Reserve-Bataillon)
Vergehen: Postenvergehen
Urteil: fünfwöchiger strenger Arrest 1849

2073 Person: Must, Peter Moritz Valentin, Unteroffizier (4. Kompanie/ 1. Reserve-Bataillon)
Vergehen: Wachvergehen
Urteil: vierzehntägiger Mittelarrest 1849

2075 Person: Nagel, Peter, Landsoldat (Reserve-Bataillon)
Vergehen: Ausbleiben vom Dienst
Urteil: zweimal fünftägige Gefängnisstrafe unter Anrechnung der Untersuchungshaft 1848

2079 Person: Peters, Johann Hinrich, Inspektions-Unteroffizier (1. Kompanie/1. Infanterie-Bataillon)
Vergehen: fehlende Lazarettgegenstände
Urteil: Freispruch wegen Veruntreuung 1851

2074 Person: Philipps, Johann Christian, Musketier (4. Kompanie/1. Reserve-Bataillon)
Vergehen: Trunkenheit auf Posten
Urteil: fünfwöchiger Arrest 1849

2080 Ausweisung des preußischen Leutnants Adolph von Reder und des preußischen Fähnrichs August Laroche 1850

2082 Person: Rickert, Philipp, Jäger (1. Kompanie/6. Ersatz-Jägerkorps)
Vergehen: Diebstahl
Urteil: ohne Eintrag 1850

2070 Person: Schuldt, Peter Christian, Musketier (3. Kompanie/4. Reserve-Bataillon)
Vergehen: Wachvergehen
Urteil: zehntägiger Mittelarrest 1849

2083 Person: Zech, Albert, Musketier (3. Kompanie/10. Infanterie-Bataillon)
Vergehen: Diebstahl
Urteil: ohne Vermerk 1850-1851

## Train

1878 Person: Guttmann, Carl J. F., Fahrer (Trainkompanie)
Vergehen: Teilnahme an einem bewaffneten Überfall mit fahrlässiger Tötung des Zimmermanns Ploen und böswilliger Verwundung des Tischlergesellen Behrens in Nortorf
Urteil: dreijährige Festungsstrafe, danach Wiedereintritt in den Soldatenstand 1. Klasse 1849-1850

1882 Person: Key, Jochim, Fahrer (Trainkompanie)
Vergehen: Trunkenheit, Ausbleiben nach dem Zapfenstreich und Ausschreitungen
Urteil: disziplinarische Bestrafung mit dreitägigem strengem Arrest 1851

1877 Person: Klindworth, Carsten Andreas Ludwig, Fahrer (Trainkompanie)
Vergehen: Desertion zum Feind
Urteil: einjährige Festungsstrafe und Versetzung in den Soldatenstand 2. Klasse 1851

1880 Personen: Philipsen, Wilhelm, Fahrer (Trainkompanie)
Harders, Johann, Fahrer (Trainkompanie)
Stange, Carsten Christian, Fahrer (Trainkompanie)
Vergehen: ungebührliches Benehmen mit Drohungen gegen den Hauptmann Lettgau
Urteil: zweijährige (Philipsen) und anderthalbjährige (Harders) Festungsstrafe und Versetzungen in den Soldatenstand 2. Klasse sowie Anrechnung der Untersuchungshaft als Strafe (Stange) 1849-1850

1883 Person: Rehn, Claus Hinrich, Fahrer der Munitionskolonne Nr. 1 (Trainkompanie)
Vergehen: wiederholte Gehorsamsverweigerung vor versammelter Mannschaft, grobe Beleidigung, ungebührliches Benehmen und Trunkenheit außer Dienst
Urteil: sechswöchiger strenger Arrest 1850

1879 Personen: Roß, Thomas Herrmann, Fahrer (Trainkompanie)
Peters, Paul, Fahrer (Trainkompanie)
Vergehen: Trunkenheit im Dienst und Widersetzung
Urteil: zweijährige Festungsstrafe, danach Wiedereintritt in den Soldatenstand 1. Klasse (Peters) 1850

1881 Person: Thormählen, Hans, Fahrer (Trainkompanie)
Vergehen: Geldunterschlagung
Urteil: vierzehntägiger strenger Arrest und Versetzung in den Soldatenstand 2. Klasse 1850

## Montierungsdepot

2036 Diebstahl auf dem Schneidersaal: Verzeichnis der bis zum 20. Februar 1850 auf den Schneidersaal kommandierten Personen mit Angabe ihrer Truppenteile und Tag der Kommandierung 1850

2037 Diebstahl auf dem Schneidersaal: auf den Schneidersaal kommandierte Schneider 1850
Enthält u. a.: Stammblätter und Verzeichnisse der kommandierten Personen; Verzeichnis der teils wiederbeschafften, teils als verdächtig beschlagnahmten Sachen; Untersuchungsprotokoll

2038 Diebstahl auf dem Schneidersaal: polizeiliche Nachforschungen
Enthält u. a.: Auszüge aus dem Postbuch über verdächtige Pakete 1850

2039 Diebstahl auf dem Schneidersaal: Korrespondenz mit der zur Untersuchung eingesetzten Kontrollkommission 1850

2066 Diebstahl auf dem Schneidersaal: Untersuchungsakten und Korrespondenz 1850-1851

2060 Person: Bahlenhorst, Hinrich, Musketier (4. Kompanie/3. Infanterie-Bataillon)
Vergehen: Diebstahl auf dem Schneidersaal
Urteil: Untersuchung niedergeschlagen 1850

2051 Person: Blunck, Jochim Hinrich, Musketier (2. Kompanie/14. Infanterie-Bataillon)
Vergehen: Diebstahl auf dem Schneidersaal
Urteil: Untersuchung niedergeschlagen 1850

2056 Person: Boysen, Heinrich, Oberjäger (3. Kompanie/2. Jägerkorps)
Vergehen: Diebstahl auf dem Schneidersaal
Urteil: Untersuchung niedergeschlagen 1850

2040 Person: Ehlers, Johann Heinrich, Jäger (2. Kompanie/2. Jägerkorps)
Vergehen: Diebstahl auf dem Schneidersaal
Urteil: Untersuchung niedergeschlagen 1850

2058 Person: Fast, Friedrich, Gefreiter (2. Kompanie/4. Jägerkorps)
Vergehen: Diebstahl auf dem Schneidersaal
Urteil: Untersuchung niedergeschlagen 1850

2047 Person: Fleischer, Georg Nicolaus Albertinus, Gefreiter (3. Kompanie/10. Infanterie-Bataillon)
Vergehen: Diebstahl auf dem Schneidersaal
Urteil: Untersuchung niedergeschlagen 1850

2048 Person: Gaedcke, Jacob Friedrich, Musketier (1. Kompanie/12. Infanterie-Bataillon)
Vergehen: Diebstahl auf dem Schneidersaal
Urteil: Untersuchung niedergeschlagen 1850

2054 Person: Griese, Gottfried Heinrich Friedrich, Dragoner (6. Eskadron/1. Dragoner-Regiment)
Vergehen: Diebstahl auf dem Schneidersaal
Urteil: Untersuchung niedergeschlagen 1850

2061 Personen: Harms, Friedrich, Unteroffizier (2. Kompanie/7. Infanterie-Bataillon)
Zietz, Christian Hinrich Friedrich, Musketier (4. Kompanie/7. Infanterie-Bataillon)
Vergehen: Diebstahl auf dem Schneidersaal
Urteil: Untersuchung niedergeschlagen 1850

2045 Person: Heidorn, Johann Heinrich, Musketier (1. Kompanie/4. Infanterie-Bataillon)
Vergehen: Diebstahl auf dem Schneidersaal
Urteil: Untersuchung niedergeschlagen 1850

2063 Person: Johannsen, Johann Christian, Musketier (4. Kompanie/ 10. Infanterie-Bataillon)
Vergehen: Diebstahl auf dem Schneidersaal
Urteil: Untersuchung niedergeschlagen 1850

2062 Personen: Kleinfeldt, Heinrich, Unteroffizier (4. Kompanie/8. Infanterie-Bataillon)
Sieverkribbe, Peter, Musketier (1. Kompanie/8. Infanterie-Bataillon)
Vergehen: Diebstahl auf dem Schneidersaal
Urteil: Untersuchung niedergeschlagen 1850

2043 Person: Kohlmorgen, Johann Christian Friedrich, Musketier (3. Kompanie/7. Infanterie-Bataillon)
Vergehen: Diebstahl auf dem Schneidersaal
Urteil: Untersuchung niedergeschlagen 1850

2055 Personen: Kruse, Hans Heinrich, Unteroffizier (2. Festungs-Batterie)
Ahrens, Detlef, Kanonier (Handwerker-Etat)
Vergehen: Diebstahl auf dem Schneidersaal
Urteil: Untersuchung niedergeschlagen 1850

2041 Person: Möller, Dietrich Matthias Peter, Jäger (1. Kompanie/4. Jägerkorps)
Vergehen: Diebstahl auf dem Schneidersaal
Urteil: Untersuchung niedergeschlagen 1850

2049 Personen: Paustian, Hans Hinrich Theodor, Musketier (3. Kompanie/8. Infanterie-Bataillon)
Ahlers, Carl Heinrich Christian, Musketier (4. Kompanie/9. Infanterie-Bataillon)
Vergehen: Diebstahl auf dem Schneidersaal
Urteil: Untersuchung niedergeschlagen 1850

2044 Personen: Rathjen, Hartwig, Musketier (3. Kompanie/7. Infanterie-Bataillon)
Reimers, Hans Christian, Musketier (4. Kompanie/4. Infanterie-Bataillon)
Vergehen: Diebstahl auf dem Schneidersaal
Urteil: Untersuchung niedergeschlagen 1850

2057 Person: Reimers, Carl, Jäger (3. Kompanie/5. Jägerkorps)
Vergehen: Diebstahl auf dem Schneidersaal
Urteil: Untersuchung niedergeschlagen 1850

2042 Personen: Siems, Johann Christian Wilhelm, Jäger (4. Kompanie/3. Jägerkorps)
Janssen, Carl Marcus, Jäger (4. Kompanie/3. Jägerkorps)
Vergehen: Diebstahl auf dem Schneidersaal
Urteil: Untersuchung niedergeschlagen 1850

2053 Personen: Staack, Hans Friedrich, Unteroffizier (3. Eskadron/1. Dragoner-Regiment)
Gätjens, Jochim, Dragoner (2. Eskadron/2. Dragoner-Regiment)
Vergehen: Diebstahl auf dem Schneidersaal
Urteil: Untersuchung niedergeschlagen 1850

2050 Person: Stelling, Carl Heinrich Wilhelm, Musketier (4. Kompanie/14. Infanterie-Bataillon)
Vergehen: Diebstahl auf dem Schneidersaal
Urteil: Untersuchung niedergeschlagen 1850

2059 Personen: Stühmer, Christoph Carl Theodor Gustav, Sergeant (1. Kompanie/10. Infanterie-Bataillon)
Augustin, Carl Ludwig Albert, Unteroffizier (2. Kompanie/9. Infanterie-Bataillon)
Westphal, Heinrich, Unteroffizier (3. Kompanie/4. Infanterie-Bataillon)
Kirchner, Friedrich, Musketier (2. Kompanie/11. Infanterie-Bataillon)
Luther, Hans Friedrich, Musketier (3. Kompanie/9. Infanterie-Bataillon)
Breiholz, Jacob, Musketier (3. Kompanie/4. Infanterie-Bataillon)
Vergehen: Diebstahl auf dem Schneidersaal
Urteil: Untersuchung niedergeschlagen 1850
Darin: Aktien der Industriellen Aktien-Gesellschaft zur Förderung der Industrie

2064 Person: Thiessen, Johann Christian, Waffenmeister (3. Kompanie/12. Infanterie-Bataillon)
Vergehen: Diebstahl auf dem Schneidersaal
Urteil: Untersuchung niedergeschlagen 1850

2065 Personen: Thiessen, Unteroffizier (11. Infanterie-Bataillon)
Marsau, Gefreiter (11. Infanterie-Bataillon)
Embke, Johann Bernhard, Musketier (1. Kompanie/11. Infanterie-Bataillon)
Klinck, Paul, Musketier (3. Kompanie/11. Infanterie-Bataillon)
Andersen, Hans Hinrich, Musketier (4. Kompanie/11. Infanterie-Bataillon)
Vergehen: Diebstahl auf dem Schneidersaal
Urteil: Untersuchung niedergeschlagen 1850

2046 Person: Thordsen, August Anton Gerhard, Jäger (1. Kompanie/ 3. Jägerkorps)
Vergehen: Diebstahl auf dem Schneidersaal
Urteil: Untersuchung niedergeschlagen 1850

2052 Person: Wurm, Johann Asmus Ludolph, Kanonier (1. zwölfpfündige Batterie)
Vergehen: Diebstahl auf dem Schneidersaal
Urteil: Untersuchung niedergeschlagen 1850

## Zeug-Etat

2027 Person: Breyholz, Johann Jochim Hinrich, Musketier (Arbeiterkompanie)
Vergehen: Desertion
Urteil: ohne Urteil 1850-1851

2026 Person: Buher, Claus Hinrich, Militärhandwerker (Handwerkeretat)
Vergehen: Ausschreitungen am 12. Dezember 1849 auf dem Hof des Brauers Gosch in Rendsburg
Urteil: disziplinarische Bestrafung mit dreitägigem Mittelarrest
1849-1850

2030 Person: Klaun, Julius Theodor, Musketier (Arbeiterkompanie)
Vergehen: Diebstahl, Ausbleiben nach dem Zapfenstreich und Trunkenheit außer Dienst
Urteil: ohne Urteil 1850-1851

2031 Personen: Schmidt, Asmus Hinrich, Musketier (1. Kompanie/1. Ersatz-Bataillon)
Röh, Johann Hinrich Carsten, Arbeiter (Arbeiterkompanie)
Vergehen: gemeinschaftliche Desertion zur Kriegszeit und versuchte Desertion zum Feind
Urteil: zehnjährige Festungsstrafe, danach Eintritt in den Soldatenstand 2. Klasse (Schmidt) 1850-1851

2033 Person: Sörensen, Feuerwerker vom Arsenal
Vergehen: unzulässige Annahme von Geschenken
Urteil: disziplinarische Bestrafung mit vierzehntägigem Stubenarrest 1849

2032 Person: Stoffers, Johann Gottlieb Detlef, Arbeiter (Arbeiterkompanie)
Vergehen: Kameradendiebstahl am Tambour Hans Tegern (4. Kompanie/2. Besatzungs-Bataillon)
Urteil: Untersuchung niedergeschlagen 1851

2028 Person: Wilhelmsen, Franz, Musketier (Arbeiterkompanie)
Vergehen: Trunkenheit, nächtliches Umhertreiben und Verdacht auf Entwendung
Urteil: elftägiger strenger Arrest 1850

2029 Person: Wilhelmsen, Franz, Musketier (Ersatz-Bataillon)
Vergehen: unerlaubtes Ausbleiben
Urteil: disziplinarische Bestrafung mit siebentägigem Arrest 1850

## Lazarette

2940 Person: Lau, Johann, Krankenwärter (Krankenwärterkompanie)
Vergehen: unordentlicher Lebenswandel, Trunkenheit, Ausbleiben nach dem Zapfenstreich, nächtlicher Unfug
Urteil: zweijährige Festungsstrafe 1850

2941 Personen: Lau, Johann, Krankenwärter und Festungssträfling (Krankenwärterkompanie)
Düring, Lorenz Heinrich, Krankenwärter (Krankenwärterkompanie)
Vergehen: Ungehorsam, Trunkenheit und Unfug im Arrestlokal
Urteil: dreimonatige Festungsstrafe (Düring) und zusätzliche vierjährige Festungsstrafe (Lau) 1850

2943 Verschiedene Untersuchungen der Krankenwärterkompanie 1850-1851

Enthält: Krankenwärter Christian Gabriel Bock; Krankenwärter Wilhelm Heinrich Friedrich Meier; Krankenwärter Niels Thomsen; Krankenwärter Heinrich Theodor Brandes; Assistenzarzt Wittmack; Oberwärter Brockmann; Oberwärter Bruhn; Inspektionsunteroffizer Willing; Krankenwärter Ernst Peter Mathias Groth; Krankenwärter Lorenz Hinrich Düring; Krankenwärter Carl Buch; Krankenwärter Fedder Hansen; Krankenwärter Peter Behrens; Krankenwärter J. F. Carstens; Krankenwärter Christian Speck; Krankenwärter Johann Lau

2939 Person: Hinze, Nicolaus Christian, Musketier (Krankenwärterkompanie)
Vergehen: Veruntreuung von Lazarettgegenständen
Urteil: vierwöchiger strenger Arrest unter Anrechnung der Untersuchungshaft 1850-1851

2942 Person: Jensen, Christian Wilhelm, Krankenwärter (Krankenwärterkompanie)
Vergehen: Betrug und erster kleiner Diebstahl
Urteil: neunmonatige Festungsstrafe 1849

2197 Untersuchung gegen den Kommandeur des Feldlazaretts in Rendsburg und der Krankenwärterkompanie, Hauptmann Petersen, wegen des Verlusts von Bettzeug bei der Räumung der Festung Friedrichsort 1851

Enthält auch: Akten über den Transport von Festungsinventar bei Räumung der Festung Friedrichsort

## Strafabteilungen

2035 Person: Abel, Heinrich Ernst Carl, Sergeant (Strafabteilung Rendsburg)
Vergehen: Nachlässigkeiten in seinen Dienstpflichten
Urteil: Verfahren eingestellt 1850

2034 Person: Hagen, Adam Peter, Feldwebel (Strafabteilung Friedrichsort)
Vergehen: Aufwiegelung
Urteil: disziplinarische Bestrafung mit vierundzwanzigstündigem Stubenarrest 1850-1851

## Landgendarmerie

2024 Personen: Fatum, Wilhelm, Landgendarm (3. Eskadron/1. Dragoner-Regiment)
Hansen, Jürgen, Landgendarm (3. Eskadron/1. Dragoner-Regiment)
Vergehen: Diebstahl und Postenvergehen in betrunkenem Zustand
Urteil: Anrechnung der Untersuchungshaft als Strafe (Hansen) und Stellung außer Verfolgung (Fatum) 1850-1851

2025 Personen: Harder, Hans Jochim, Landgendarm (Holsteinische Landgendarmerie)
Jochims, Herrmann Matthias, Landgendarm (Holsteinische Landgendarmerie)
Fatum, Wilhelm, Landgendarm (Holsteinische Landgendarmerie)
Vergehen: Ausschreitungen, Trunkenheit und Postenvergehen
Urteil: dreiwöchiger strenger Arrest (Fatum), siebentägiger Mittelarrest (Harder) und Freispruch (Jochims) 1850

## Freikorps

2012 Person: Andreßen, Rudolph, freiwilliger Rekrut
Vergehen: Ungehorsam
Urteil: Untersuchung niedergeschlagen 1848-1850

2018 Person: Baron, Adolph, Schütze (2. Kompanie/Freikorps von der Tann)
Vergehen: Betrug
Urteil: achtwöchige Gefängnisstrafe 1848

2011 Personen: Boldt, Heinrich Wilhelm, Freiwilliger (Aldossersches Korps)
Vergehen: Desertion und Verdacht auf Unterschleif
Urteil: viermal fünftägige Gefängnisstrafe 1848

2019 Person: Bornholdt, Christian Heinrich, Freiwilliger (8. Kompanie/Freikorps von der Tann)
Vergehen: Diebstahl
Urteil: dreimal fünftägige Gefängnisstrafe und Ausstoß aus dem Korps 1848

2014 Personen: Ellefsen, Joachim Franz Ludwig Marius, freiwilliger Rekrut
Lautenbach, Johannes, freiwilliger Rekrut
Luckmann, Johann Christian Sophus, freiwilliger Rekrut
Eckermann, Ludwig Harald, freiwilliger Rekrut
Vergehen: Ausschreitungen der 2. und 4. Kompanie der freiwilligen Rekruten mit Ungehorsam, Dienstvergehen und ungebührlichem Benehmen
Urteil: sechsmal (Ellefsen) und zweimal (Lautenbach, Luckmann und Eckermann) fünftägige Gefängnisstrafe 1848

2016 Person: Fromm, Carl Heinrich, Freiwilliger (2. Kompanie/1. Freikorps)
Vergehen: tätliche Widersetzung gegen seinen Vorgesetzten unter Bedrohung mit Waffen
Urteil: Anrechnung der Untersuchungshaft als Strafe und Entlassung in die Heimat 1848

2015 Person: Glaser, Carl August Julius, Tischlergeselle
Vergehen: Betrug und Umhervagabundieren als Hauptmann von Knobelsdorf oder von Arnstedt
Urteil: einjährige Zuchthausstrafe im Januar 1849, bereits im Dezember im 1848 vom Altonaer Magistratsgericht zu einjähriger Zuchthausstrafe und Landesverweisung verurteilt 1848-1849

2010 Person: Krusen, Andreas, Unteroffizier (4. Kompanie/1. Freikorps)
Vergehen: Diebstahl
Urteil: Untersuchung niedergeschlagen 1848

2020 Person: Lesser, Samuel, Freiwilliger (4. Kompanie/Freikorps von der Tann)
Vergehen: Diebstahl und Betrug
Urteil: viermal fünftägige Gefängnisstrafe 1848

2013 Person: Möller, Hans, Rekrut
Vergehen: Verdacht auf Desertion
Urteil: eingestellt zum Dienst 1848-1850

2017 Person: Prehm, Ernst, Freiwilliger (6. Kompanie/Freikorps von der Tann)
Vergehen: fahrlässige Tötung
Urteil: sechsmal fünftägige Gefängnisstrafe 1848

2022 Person: Rodeck, Max, Freiwilliger (4. Kompanie/2. Freikorps)
Vergehen: Desertion und Unterschlagung
Urteil: Verfahren niedergeschlagen und Rodeck in die Heimat entlassen 1848

2023 Person: Rohde, Hans Petersen, Freiwilliger (4. Kompanie/10. Bataillon des Aldosserschen Freikorps)
Vergehen: Kriegsverrat durch Vereitlung der im Mai 1848 unternommenen Expedition gegen das dänische Kriegsschiff „Neptun" und Übergang zum Feind
Urteil: Freispruch wegen Kriegsverrats, später fünfwöchiger strenger Arrest unter Anrechnung der langen Untersuchungshaft 1848-1849
Bemerkung: vgl. Abt. 55 Nr. 2119

2021 Person: Wehle, Benedict, Freiwilliger (6. Kompanie/4. Freikorps), Student aus Prag
Vergehen: fahrlässige Tötung
Urteil: vierwöchiger Wacharrest 1848

## Marine

2146 Schema einer tabellarischen Übersicht über die 1849 behandelten Fälle für die Berichterstattung des Marineauditoriats an die Marinekommission 1850

2153 Untersuchung des Unglücks beim Transport von Besatzungssoldaten von Möltenort nach Friedrichsort mit Identifizierung der Toten:
Sander, Thomas, halbbefahrener Matrose, Altona
Sturm, Peter, seegewohnter Matrose, Dahme
Carstensen, Heinrich, Musketier, Schleswig
Siehrt, Jürgen, Musketier, Haby
Bremer, Johann, Musketier, Kappeln
Steen, Heinrich, Musketier, Eckhof
Reinberg, Claus, Musketier, Satrup 1850

2186 Protokoll über eine am 30. Januar 1851 abgehaltene Auktion 1851
Enthält nur Deckblatt

2189 Nachlass der am 9. November 1850 mit dem Kanonenboot Nr. 8 verunglückten vierzig Offiziere und Mannschaften 1851
Enthält u. a.: Auktionsprotokoll

2196 Protokoll über sämtliche im Marinehospital in Kiel zu versteigernden Gegenstände 1851

2148 Vernehmungen über die von Bülk und Stein vor dem Seegefecht zwischen den Kriegsdampfschiffen „Bonin“ und „Holger Danske“ an die Dänen übermittelten Signale 1850

2137 Person: Ahrberg, Johann Hinrich, seegewohnter Matrose
Vergehen: Entwendung
Urteil: achttägiger strenger Arrest 1850

2169 Person: Bammann, Johann Christian, seegewohnter Matrose, Dampfschiff „Bonin“
Vergehen: unerlaubte Entfernung
Urteil: vierzehntägiger Schiffsarrest und in dieser Zeit tägliche Strafwache 1850

2155 Nachlass des verstorbenen seegewohnten Matrosen Carsten Barkmann aus Krempe 1850

2177 Person: Bendixen, Auxiliarleutnant, Dampfschiff „Kiel“
Vergehen: Ungehorsam
Urteil: achttägiger Stubenarrest unter Anrechnung der Untersuchungshaft 1850-1851

2087 Person: Berner, Franz Wilhelm Detlev, Matrose
Vergehen: Entwendung
Urteil: elftägiger strenger Arrest 1849

2088 Person: Binge, Martin, Rekrut (4. Kompanie/4. Reserve-Bataillon)
Vergehen: Abwesenheit
Urteil: ohne Ergebnis 1849

2191 Nachlass des am 17. September 1850 im Gefecht vor Pellworm gefallenen seegewohnten Matrosen Johann Friedrich Herrmann Blunck 1851

2194 Nachlass des am 15. Januar 1851 im Lazarett in Altona verstorbenen halbbefahrenen Matrosen Johann Wilhelm Bock aus Arnis 1851

2111 Person: Bothmann, Johann Peter, Matrose
Vergehn: Trunkenheit und Ungehorsam
Urteil: achttägiger einfacher Arrest 1849

2154 Nachlass des in einem Seegefecht vor dem Hafen in Kiel gefallenen Matrosen Johann Jens Büdelig aus Tellingstedt 1850

2133 Personen: Bürow, Leutnant
Bernhard, Peter Carl, Feuerwerksmaat, Kappeln
Petersen, Wolf Christoph, Matrose, Kiel
Bothmann, Jürgen Peter, Matrose, Flensburg
Vergehen: Ungehorsam
Urteil: zehntägiger einfacher Arrest (Bernhard), zehntägiger Mittelarrest (Petersen und Bothmann) und vierzehntägiger Hausarrest (Bürow) 1849

2172 Personen: Bürow, Auxiliarleutnant, Kanonenboot Nr. 7, Station Süderstapel
Jacobsen, Auxiliarleutnant, Kanonenboot Nr. 10, Station Süderstapel
Vergehen: Nichtbefolgung von Dienstbefehlen, Ungehorsam und Beleidigung
Urteil: Freisprüche 1850-1851

2170 Person: Claasen, Meinert Johann, halbbefahrener Matrose, Sylt
Vergehen: Fälschung
Urteil: vierzehntägiger Mittelarrest 1850

2150 Nachlass des verstorbenen halbbefahrenen Matrosen Thomas Clausen aus Tönning (Selbstmord) 1850

2174 Personen: Claussen, Johann, Einwohner, Kronprinzenkoog
Meinert, Johann Hinrich, Einwohner, Kronprinzenkoog
Vergehen: Entkleidung der Leiche des Leutnants Lamp vom gestrandeten Kanonenboot Nr. 8, Diebstahl und Hehlerei
Urteil: zweimal fünftägige (Claussen) und dreitägige (Meinert) Gefängnisstrafe 1850-1851

2124 Person: Damlos, Carl Ferdinand, Matrose, Kiel
Vergehen: Verdacht auf Simulieren
Urteil: Erteilung des Abschieds 1849

2135 Person: Debel, Heinrich, nichtseegewohnter Matrose, Glückstadt
Vergehen: Entwendung
Urteil: Untersuchung mangels Beweis eingestellt 1850

2171 Person: Dehn, Johann Christoph August, Quartiermeister, Altona
Vergehen: Feigheit
Urteil: Freispruch wegen Feigheit, dagegen Anrechnung der Untersuchungshaft als Strafe wegen mehrfachen Geldleihens von Untergebenen und Ungehorsams gegen Vorgesetzte 1850

2166 Personen: Dittmann, Leutnant
Fischer, Leutnant
Wraa, Leutnant
Jacobsen, Leutnant
Bürow, Leutnant
Vergehen: Verlassen der Station
Urteil: disziplinarische Bestrafung mit fünftägigem Stubenarrest (Bürow) 1850

2117 Person: Duncker, August, Matrose, Kanonenboot Nr. 6
Vergehen: Entwendung
Urteil: disziplinarische Bestrafung mit achttägigem strengem Arrest 1849

2193 Nachlass des am 17. September 1850 im Gefecht vor Pellworm gefallenen halbbefahrenen Matrosen Herrmann Christian Dütsch aus Glückstadt 1851

2136 Person: Ehmen, Heinrich, halbbefahrener Matrose, Ludwigsdorf
Vergehen: Desertion
Urteil: steckbriefliche Verfolgung 1850

2181 Person: Fatum, Wilhelm, Landgendarm (Holsteinische Landgendarmerie)
Vergehen: Gelddiebstahl
Urteil: ohne Entscheidung 1850

2120 Person: Gellmann, Christian Marcus Anton, freiwilliger Feuerwerksmaat, Kanonenboot Nr. 4
Vergehen: Widersetzung
Urteil: vierzehntägiger Mittelarrest 1849

2190 Nachlass des am 17. September 1850 im Gefecht vor Pellworm gefallenen seegewohnten Matrosen Georg Andreas Christian Gerber aus Altona 1851

2138 Person: Gottschalk, Carl Marcus, vollbefahrener Matrose
Vergehen: Ausbleiben vom Dienst
Urteil: dreimal fünftägige Gefängnisstrafe und Erstattung der Kosten
1850

2091 Person: Graaf, Wilhelm Reimer, Matrose, Dampfschiff „Bonin"
Vergehen: Ungehorsam
Urteil: fünfundzwanzigtägiger strenger Arrest 1849

2096 Person: Grübel, Adolph Ernst Heinrich, freiwilliger Matrose, Düsternbrooker Batterie
Vergehen: Ungehorsam und ungebührliches Benehmen gegen Vorgesetzte
Urteil: Entlassung aus der Armee 1849

2129 Nachlass des in Tönning verstorbenen Marinearztes Dr. Habrowsky
1849-1850

2439 Person: Hagedorn, Hans Heinrich Friedrich, Matrose
Vergehen: böswillige Körperverletzung am Steuermann Christensen vom dänischen Dampfboot „Eideren", unerlaubte Entfernung aus dem Arrest und erster kleiner Diebstahl
Urteil: vierwöchiger strenger Arrest und Versetzung in den Soldatenstand 2. Klasse 1851

2086 Nachlass des verstorbenen Matrosen Peter Friedrich Hansen 1849

2131 Nachlass des in Kiel verstorbenen Matrosen August Christian Hansen 1849-1850

2140 Person: Harms, Johann Hinrich Adolph, halbbefahrener Matrose
Vergehen: Ausbleiben vom Dienst
Urteil: zweimal vierundzwanzigstündiger Arrest 1850

2115 Person: Hartmann, Georg, nichtseegewohnter Matrose
Vergehen: Diebstahl
Urteil: achttägiger strenger Arrest 1849

2123 Person: Hartmann, Georg, Matrose, Kanonenboot Nr. 12
Vergehen: Diebstahl
Urteil: Entbindung von der Instanz und Entlassung 1849

2187 Personen: Hasse, Gottlieb, Heizer, Marinedampfboot „Kiel“
von der Wehl, Johann Christian, Heizer, Marinedampfboot „Kiel“
Vergehen: Entwendung und ungebührliches Benehmen
Urteil: vierzehntägiger Mittelarrest 1851

2089 Identifizierung des Matrosen Heitmann von der Reichsfregatte „Eckernförde“ mit dem Matrosen Heide 1849

2101 Person: Hinrichsen, Friedrich, Sergeant
Vergehen: unerlaubte Entfernung
Urteil: disziplinarische Erledigung 1849

2127 Personen: von Holt, Peter Heinrich, Matrose
Dehn, Heinrich Wilhelm Johann, Matrose
Dahms, Wilhelm Christian Peter Mathäus, Matrose
Hinz, Johann Ludwig, Matrose
Clausen, Henning, Matrose
Vergehen: nächtlicher Straßenunfug
Urteil: achttägiger Schiffsarrest (alle Angeklagten), Verweis (Leutnante Hensen und Jacobsen) und Entlassung (Feuerwerker Urban)
Bemerkung: vgl. Abt. 55 Nr. 2128 1849

2144 Person: Iwersen, Iwer, halbbefahrener Matrose, Hadersleben, Dampfschiff „Bonin“
Vergehen: Entfernung von seiner Station
Urteil: Entlassung unter Anrechnung der Untersuchungshaft als Strafe 1850

2114 Person: Jäger, Wilhelm Ludwig, seegewohnter Matrose
Vergehen: Entwendung
Urteil: achttägiger strenger Arrest 1849

2195 Person: Jansen, Herrmann, halbbefahrener Matrose, Blankenese
Vergehen: Entwendung
Urteil: Verfahren mangels Beweisen eingestellt 1851

2107 Person: Jensen, Friedrich, Matrose, Kanonenboot Nr. 3
Vergehen: unerlaubte Entfernung
Urteil: disziplinarische Erledigung mit achttägigem strengem Arrest 1849

2185 Person: Jensen, Matrose, Hadersleben, Dampfschiff „Bonin“
Vergehen: Diebstahl
Urteil: Angeklagter seit Oktober 1850 desertiert 1850-1851

2122 Personen: Kähler, Leutnant
Meislahn, Fähnrich
Terben, Peter, Matrose, Kanonenboot Nr. 2
Schnor, Johann, Koch, Kanonenboot Nr. 2
Kraft, Wilhelm, Matrose
Vergehen: militärische Expedition zur Schlei
Urteil: fünftägiger strenger Arrest und anschließend vierwöchiger Schiffsarrest (Terben), vierwöchiger Schiffsarrest mit Verlust der halben Löhnung (Kraft), vierwöchiger Schiffsarrest mit Verlust eines Viertel der Löhnung (Schnor) sowie Entlassungen (Kähler und Meislahn) 1849

2180 Person: Kähler, Martin Hinrich, halbbefahrener Matrose, Altona
Vergehen: Diebstahl
Urteil: ohne Entscheidung 1850

2176 Person: Kniese, Christian, Feuerwerker, Kanonenboot Nr. 4
Vergehen: Dienstnachlässigkeiten
Urteil: Verweis 1850

2167 Person: Koch, Hans Christian, vollbefahrener Matrose, Apenrade
Vergehen: Widersetzung
Urteil: fünftägiger Mittelarrest 1850

2099 Person: Kähler, Wilhelm Heinrich Eduard, seegewohnter Matrose, Kanonenboot Nr. 9
Vergehen: Entlaufen vom Posten
Urteil: vierzehntägiger strenger Arrest 1849

2156 Nachlass des im Marinehospital in Kiel verstorbenen Thies Kröger 1850

2152 Person: Lange, Auxiliarleutnant
Vergehen: vorschriftswidrige Behandlung eines Untergebenen
Urteil: vierundzwanzigstündiger Schiffsarrest 1850

2183 Person: Lange, Auxiliarleutnant
Vergehen: Verlust des Dampfschraubenboots Nr. 1 im Gefecht mit dänischen Kriegsschiffen vor dem Hafen in Neustadt am 21. Juli 1850
Urteil: Verweis 1850-1851

2116 Person: Lütt, freiwilliger nichtseegewohnter Matrose
Vergehen: Entwendung
Urteil: disziplinarische Erledigung mit achttägigem strengem Arrest 1849

2118 Zeugenvernehmung des Matrosen Hans Jacob Matthiessen vom Schraubendampfboot Nr. 1 wegen einer Alimentationsangelegenheit 1849

2134 Person: Messer, Jürgen, halbbefahrener Matrose
Vergehen: Verdacht auf Fälschung
Urteil: Flucht aus Kiel, steckbriefliche Verfolgung 1850
Darin: „Staats- und gelehrte Zeitung des unpartheiischen Correspondenten" vom 2. Februar 1850; Briefbörse Messers mit Kontrabuch und Notizheft

2121 Nachlass des auf einem Kanonenboot in Tönning verunglückten seegewohnten Matrosen Hans Heinrich Diedrich Meyer aus Heiligenhafen 1849

2126 Nachlass des im Hafen von Kiel von einem Kanonenboot über Bord gefallenen Matrosen Albert Heinrich Wilhelm Meyer aus Kiel 1849

2162 Person: Mohr, Johannes, seegewohnter Matrose, Blankenese
Vergehen: Fälschung
Urteil: Anrechnung der Untersuchungshaft als Strafe 1850

2106 Person: Möller, Hans Peter, Matrose, Flensburg
Vergehen: Ausbleiben vom Dienst
Urteil: einunddreißigtägiger strenger Arrest 1849

2141 Person: Möller, Hans Peter, halbbefahrener Matrose, Hüsby
Vergehen: Verlassen seiner Station
Urteil: zweimal vierundzwanzigstündiger Arrest und anschließende Entlassung 1850

2094 Person: Nissen, Friedrich, Matrose, Flensburg
Vergehen: Desertion
Urteil: vierjährige Zuchthausstrafe und Ausstoß aus dem Soldatenstand, später vom Departement des Kriegswesens in eine viermal fünftägige Gefängnisstrafe umgewandelt 1849

2151 Person: Nissen, Detlev Ludwig, halbbefahrener Matrose, Friedrichstadt
Vergehen: mutwillige Beschädigung von Bäumen
Urteil: achttägiger strenger Arrest 1850

2113 Nachlass des im Lazarett in Kiel verstorbenen seegewohnten Marinesoldaten Christian Hinrich Wilhelm Ottensen 1849-1850

2139 Person: Pahl, Johann Gerhard, vollbefahrener Matrose
Vergehen: kleiner Diebstahl
Urteil: vierwöchiger strenger Arrest 1850

2160 Nachlass des gefallenen seegewohnten Matrosen Peter Pahl aus der Blomeschen Wildnis 1850

2142 Person: Pape, Peter Heinrich, halbbefahrener Matrose, Flensburg
Vergehen: Ungehorsam und ungebührliches Benehmen
Urteil: vierwöchiger strenger Arrest 1850

2192 Nachlass des am 20. Oktober 1850 im Lazarett in Rendsburg verstorbenen seegewohnten Matrosen Johann von Pein vom Kanonenboot Nr. 7 1850-1851

2108 Person: Petersen, Hans Hinrich, Jäger (4. Kompanie/Reserve-Jägerkorps)
Vergehen: Entwendung eines Paars Stiefel
Urteil: disziplinarische Erledigung mit achttägigem strengem Arrest 1849

2143 Person: Petersen, Heinrich Jürgen Anton, seegewohnter Matrose, Glücksburg
Vergehen: Gehorsamsverweigerung und Androhung tätlicher Widersetzung
Urteil: viermonatige Festungsstrafe 1850

2161 Person: Petri, Ferdinand Friedrich Ludwig, seegewohnter Matrose, Hamburg
Vergehen: unerlaubte Entfernung
Urteil: ohne Entscheidung 1850

2145 Person: Raabe, Heinrich Jacob, vollbefahrener Matrose, Husum
Vergehen: Widersetzung gegen die Wache
Urteil: dreimonatige Festungsstrafe 1850

2179 Person: Rasch, Matrose, und dessen Frau, Fort Delius
Vergehen: Ausschreitungen auf Posten der Festung Friedrichsort
Urteil: Untersuchung niedergeschlagen 1850

2149 Nachlass des im Marinehospital in Kiel verstorbenen halbbefahrenen Matrosen Johann Hinrich Rehder aus Kellenhusen 1850

2157 Person: Reinhard, A., Unteroffizier, Nordhausen
Vergehen: unerlaubte Entfernung und Missbrauch der Dienstgewalt
Urteil: zehntägiger Mittelarrest 1850

2175 Nachlass des beim Einsegeln in die Elbe ertrunkenen halbbefahrenen Matrosen Michael von Riegen vom Kanonenboot Nr. 11
1850-1851

2119 Person: Rohde, Hans Peter Pedersen, Matrose
Vergehen: Landesverrat
Urteil: Freispruch aus Mangel an Beweisen, dagegen wegen Desertion fünfwöchiger strenger Arrest und Ausstoß aus dem Marinedienst
Bemerkung: vgl. Abt. 55 Nr. 2023 1849

2159 Personen: Bothmann, Johann Peter, Unteroffizier
Mertens, Johann Friedrich Wilhelm, Unteroffizier
Vergehen: Beleidigung der Schildwache
Urteil: dreiwöchiger Mittelarrest (Rothmann) und zwölfwöchiger Festungsarrest (Mertens) 1850

2182 Person: Rüpke, Matrose, Dampfschiff „Bonin“
Vergehen: Ausschreitungen in betrunkenem Zustand
Urteil: Anrechnung der Untersuchungshaft als Strafe 1850-1851

2165 Nachlass des im Hafen in Kiel verunglückten Matrosen Cornelius Leopold Theodor Sander aus Altona 1850
Bemerkung: vgl. Abt. 55 Nr. 2153

2178 Person: Schau, Leutnant, Dampfschiff „Bonin“
Vergehen: Verlassen der Station
Urteil: vierzehntägiger Stubenarrest 1850-1851

2158 Personen: Schau, Leutnant
Wraa, Auxiliarleutnant
Vergehen: Beleidigung des Schleusenwärters Ebers in Holtenau
Urteil: Verweis 1850-1851

2098 Person: Schulze, Heinrich Hartwig, seegewohnter Matrose, Düsternbrooker Schanze
Vergehen: Ungehorsam und Entlaufen vom Posten
Urteil: zehntägiger Mittelarrest 1849

2093 Person: Segger, Matrose, Kiel
Vergehen: Ungehorsam und Aufwiegelung
Urteil: disziplinarische Erledigung 1849

2102 Person: Siems, Eduard, Matrose, Station in Holtenau
Vergehen: unerlaubte Entfernung
Urteil: zwölftägiger Mittelarrest 1849

2168 Nachlass des vor Friedrichstadt gefallenen halbbefahrenen Matrosen Johann Singelmann aus Horst 1850

2109 Person: Storch, Feuerwerker
Vergehen: ungebührliches Benehmen
Urteil: disziplinarische Erledigung mit achttägigem strengem Arrest und Kündigung zum 1. August 1849 1849

2164 Nachlass des im Hafen in Kiel verunglückten Matrosen Peter Heinrich Storm, Kanonenboot Nr. 10, Kellenhusen 1850

2103 Person: Thaysen, Proviantverwalter in Holtenau
Vergehen: Dienstnachlässigkeiten
Urteil: Erledigung durch das Kommando 1849

2163 Nachlass des in Heiligenhafen verstorbenen Matrosen Hans Friedrich Rudolph Tödtens aus Kiel 1850
Enthält u. a.: Auktionsprotokoll

2105 Person: Urban, Moritz Eduard, Unteroffizier, Dampfschiff „Bonin"
Vergehen: vorschriftswidrige Beschwerde
Urteil: disziplinarische Erledigung 1849

2128 Person: Urban, Oberfeuerwerker, Dampfschiff „Bonin"
Vergehen: ungebührliches Benehmen
Urteil: Entlassung aus der Marine 1849

2130 Personen: Wagner, Carl, Matrose
Blunck, Herrmann, Matrose
Frahm, Jacob Hinrich, Matrose
Seidel, Georg, Matrose
Vergehen: heimliche Entfernung aus dem Hospital in Kiel
Urteil: dreitägige Gefängnisstrafe (Wagner) und Dienstentlassung (alle Angeklagten) 1849

2112 Person: Wahrlich, F., Leutnant, Dampfschiff „Bonin"
Vergehen: ungebührliches Benehmen
Urteil: Erledigung durch das Kommando 1849

2132 Person: Wauer, Johann Gottfried, Matrose, Glückstadt
Vergehen: Diebstahl
Urteil: vierzehntägiger Schiffsarrest 1849

2173 Person: Wauer, Johann Gottfried, halbbefahrener Matrose, Altona
Vergehen: Trunkenheit
Urteil: disziplinarische Bestrafung mit zwölftägigem Mittelarrest 1850

2110 Person: Wernecke, Carl Friedrich Ludwig, seegewohnter Matrose, Parchim
Vergehen: Trunkenheit und Ungehorsam
Urteil: Verweis sowie Suspendierung des Leutnants Olsen wegen Missbrauchs der Disziplinargewalt 1849

2184 Person: Wertsch, Peter Gottfried, halbbefahrener Proviantverwalter, Husum
Vergehen: Ungehorsam
Urteil: Anrechnung der Untersuchungshaft als Strafe und Dienstentlassung 1851

2125 Person: Witt, Oberbootsmann, Dampfschiff „Bonin“
Vergehen: Ungehorsam
Urteil: Beurlaubung auf unbestimmte Zeit unter Anrechnung der Untersuchungshaft als Strafe 1849

2188 Untersuchung der Leiche des ertrunkenen vollbefahrenen Matrosen Andreas Wolff aus Friedrichstadt 1851

2095 Nachlass des bei einer Schießübung an Bord des Kriegsschiffs „Elbe“ verunglückten Matrosen Jochim Friedrich Ludwig Züchting aus Gosdorf 1849
Darin: Druckschrift zur Disziplinargewalt in der Reichsmarine

2104 Person: Zwang, Louis, Unteroffizier, Kanonenboot Nr. 8
Vergehen: Postenvergehen
Urteil: disziplinarische Erledigung 1849

### Akten- und Namensverzeichnisse

2228 Verzeichnisse von Auditorialakten und Justizakten einzelner Truppenteile sowie Korrespondenzen 1850-1851
Enthält: Glückstädter Garnisonsauditoriat; 4. und 5. Jägerkorps; Infanterie-Brigaden

2229 Namensverzeichnis der Untersuchungsakten der Schleswig-Holsteinischen Armee 1851

## Aushebung zum Land- und Seemilitärdienst

2932 Einberufungen 1848

2933 Krankenatteste 1848

2934 Kriegsreserve 1848

2935 Truppenkontingent aus dem Herzogtum Lauenburg 1848

2936 Deserteure, unerlaubt Abwesende und nicht zum Militärdienst erschienene Dienstpflichtige (Refraktäre) 1848

2937 Verstärkung der Artillerie 1848

2938 Entwichene Reservesoldaten 1848

2956 Listen über die zu Ende August 1848 einberufenen Rekruten aus dem Herzogtum Schleswig 1848

2957 Listen über die zu Ende August 1848 einberufenen Rekruten aus dem Herzogtum Holstein 1848

2958 Genehmigungen für Rekruten zum späteren Antritt ihres Militärdienstes August-September 1848

2959 Befreiung von Familienversorgern vom Militärdienst August-November 1848

2960 Ausgemusterte Rekruten September-Oktober 1848
Enthält u. a.: Ausmusterungsliste des 3. Jägerkorps

2963 Enrollierung von Rekruten im August 1848 1848

2993 Einberufung von Rekruten zum 14. September 1848 1848

3008 Liste der im März 1848 im zweiten Landkriegskommissariatsdistrikt ausgehobenen Rekruten Juni-Juli 1848

3009 Enrollierungskommission: eingegangene Schreiben Juni-Juli 1848
Enthält u. a.: Liste der im zweiten Landkriegskommissariatsdistrikt im März und Juni 1848 für die Artillerie ausgehobenen Rekruten; Verzeichnis der Freiwilligen aus Kiel; Verhaltensregeln für Rekruten

3010 Protokolle über die Enrollierungen in den Ämtern, Landschaften, Städten, Flecken und Güterdistrikten Juni 1848

3011 Liste der im ersten Landkriegskommissariatsdistrikt ausgehobenen Rekruten und der zur Verstärkung der Artillerie ausgeschriebenen Konstabler und Trainkonstabler 1848

3012 Liste der im März 1848 im dritten Landkriegskommissariatsdistrikt ausgehobenen Rekruten 1848

3013 Liste der im zweiten Landkriegskommissariatsdistrikt ausgehobenen Rekruten Juni-August 1848

2876 Enrollierung von Rekruten für das 2. Infanterie-Bataillon
September-Dezember 1848

2877 Liste über die seit dem 24. Juli 1848 ausgehobenen und noch nicht einberufenen Rekruten September 1848

2890 Gesuche von ausgehobenen Rekruten um Einberufung zu bestimmten Einheiten Oktober-November 1848

2891 Nachrichten über die Mitte Oktober 1848 einberufenen und nicht erschienenden Rekruten Oktober-November 1848

2892 Enrollierungslisten, Listen der Landkriegskommissare und sonstige Verzeichnisse zu den Aushebungen Oktober-November 1848

2903 Aushebung von Rekruten August 1848

2885 Aushebung von Rekruten Juli-August 1848

2886 Meldung über Aushebungen aus dem dritten Landkriegskommissariatsdistrikt September-Oktober 1848
Enthält u. a.: Einberufung von aus der Kriegsgefangenschaft zurückgekehrten Freiwilligen

2897 Militärsessionen nach Einführung der allgemeinen Wehrpflicht sowie Einberufung und Einquartierung von Rekruten Juni 1848

2898 Militärsessionen Mai-Juni 1848

2899 Von der Enrollierungskommission angenommene Freiwillige und ausgehobene Rekruten Juni-September 1848

2900 Heranziehung von Offizieren und Unteroffizieren zum Exerzieren der Rekruten 1848

2901 Militärsessionen Mai-Juli 1848

2811 Liste über die zu Mitte Oktober 1848 einberufenen einundzwanzigjährigen Rekruten Oktober-November 1848

2812 Liste über die zu Mitte Oktober 1848 einberufenen einundzwanzigjährigen Rekruten Oktober 1848

2895 Krankenatteste für die im Oktober 1848 einberufenen Rekruten
Oktober 1848-Januar 1849

2896 Enrollierung von Rekruten für das 5. Infanterie-Bataillon 1848-1849

2880 Ordnung der Lageverhältnisse durch anzufertigende Stammrollen der Bataillone und Regimenter 1848-1849

2874 Enrollierung von Rekruten für das 8. Infanterie-Bataillon 1848-1849

2875 Nach der Militärsession für 1849 zum Militärdienst gemeldete Rekruten 1848-1849

2998 Enrollierung von Rekruten: Artillerie, 1. Dragoner-Regiment, 5. Infanterie-Bataillon und 1. Jägerkorps November 1848-Januar 1849

2961 Aus Krankheitsgründen nicht zum Militärdienst erschienene Rekruten
August-September 1848, Februar 1849

2991 Aushebung 1849
Enthält u. a.: Desertionen und nicht zur Militärsession erschienene Dienstpflichtige; entwichene Reservesoldaten

2992 Einberufung der sechsundzwanzig- bis dreißigjährigen Mannschaft und die Aushebung der zwanzigjährigen Mannschaft
Juli-September 1849

2878 Ausmusterung des Musketiers Heinrich Carl Dose (7. Infanterie-Bataillon) März 1849

2879 Einstellung von sich seit Dezember 1848 zum Militärdienst gemeldeten Rekruten Februar-März 1849

2410 Entbindung des Landkriegskommissars von Stemann von den Geschäften des ersten Landkriegskommissariatsdistrikts in Rendsburg
August 1849

3030 Enrollierung und Einberufung von Rekruten auf einer außerordentlichen Militärsession in Rendsburg im März 1849 1849
Enthält u. a.: Reserve aus Amt und Stadt Hadersleben

3031 Einberufung von 200 Trainkutschern im März 1849 1849

3032 Einberufung der drei- bis fünfundzwanzigjährigen Freigelosten im Mai 1849 1849

3033 Enrollierung der Rekruten aus dem Amt und der Stadt Hadersleben im Juni 1849 sowie die Einberufung der in der Militärsession 1848 für die Kavallerie ausgehobenen und noch nicht einberufenen Rekruten 1849

2503 Dienstpflicht 1849-1850
Enthält: Entwurf einer Instruktion für die Landkriegskommissare

2920 Aushebung und Ergänzung: 1. Infanterie-Brigade 1849-1850

2952 Aushebung und Kontrolle der zwanzigjährigen Mannschaft für 1850 Juni-Juli, Oktober 1850

2953 Einberufung von dienstpflichtigen Mannschaften Juni-Juli 1850
Enthält u. a.: Gesuche um Zurückstellungen; Verzeichnisse; Protokoll der Diensttüchtigkeit der zwanzig- bis dreißigjährigen Mannschaft in Burg auf Fehmarn

2292 Stammrolle der in der Zeit vom 11. Juli bis zum 16. Juli ausgehobenen Trainkutscherreserven aus dem zweiten Landkriegskommissariatsdistrikt (erbliche Hofbesitzer und helfende Söhne) 1850

2293 Stammrolle der vom 15. Mai bis 18. Juni 1850 im dritten Landkriegskommissariatsdistrikt ausgehobenen Mannschaft 1850

2294 Liste der im dritten Landkriegskommissariatsdistrikt aus der Klasse der Trainkutscherreserven, helfenden Söhne und erblichen Hofbesitzer ausgehobenen Mannschaft Mai-Juni 1850

2909 Sendung von Stammrollen an die Landkriegskommissare des zweiten und dritten Distrikts 1850-1851
Enthält: 1.-3. Besatzungs-Bataillon; Abteilung zur Bewachung der Gefangenen in Glückstadt; Arbeiterkompanie; Krankenwärterkompanie

### Unterstützungswesen

2388 Unterstützungsgesuche von Militärpersonen und Hinterbliebenen von gefallenen Oldenburgern 1848-1851

Enthält u. a.: Verzeichnis der in dänischen Lazaretten befindlichen deutschen Kriegsgefangenen und wöchentliche Anzeigen für das Fürstentum Lübeck vom 16. Dezember 1848

2386 Unterstützung der im Krieg gegen Dänemark verwundeten preußischen Offiziere, Unteroffiziere und Mannschaften für das erste Quartal 1849 1849

Enthält u. a.: Auszahlung der Regierungs-Hauptkassen Stettin, Potsdam, Stralsund und Düsseldorf auch an Witwen und Waisen

2387 Unterstützung der im Krieg gegen Dänemark verwundeten preußischen Offiziere, Unteroffiziere und Mannschaften für das zweite bis vierte Quartal 1849 1849

2504 Errichtung einer Halbinvalidensektion 1849-1850

## Militärökonomie

### Allgemeines

2519 Geschäftskreis der Intendantur und des Oberquartiermeisters, Besetzung von Offiziersstellen, Verteilung der Truppen 1848-1851

Darin: zahlreiche gedruckte Verordnungen zur Militärverwaltung

2612 Ökonomie 1848-1852

Enthält: Designation der Akten der vierten Abteilung des Departements; Entschädigung für zu Befestigungszwecken enteignete Grundstücke; Bau der Schiffbrücke bei Missunde; Unteroffizierswitwenkasse des früheren Schleswig-Holsteinischen Infanterie-Regiments; Meleysche Hilfskasse; Intendanturbeamte und Geschäftsverkehr mit der Intendantur

2613 Ökonomie 1848-1852

Enthält: Zinszahlung für Kautionsleistungen der Büchsenmacher und andere Kautionen; Kriegsentschädigungen; Entschädigung aufgrund der Überflutung der Festung Rendsburg; Lazarettwesen der auswärtigen Truppen; Garnisonsschule in Rendsburg; Inventare über Staatseigentum in den Lazaretten und Garnisonsanstalten; Rückzahlung von einigen Rechnungsführern vor dem März 1848 gezahlten Kautionen

2854 Listen und Formulare 1849
Enthält u. a.: Formulare über Magazinlieferungen; Kranke in den Lazaretten; Versorgungslisten; Wachtposten in Tondern

## Intendantur

2580 Intendantur Band 1 1848
Enthält u. a.: Geschäftskreis der Intendantur

2581 Intendantur Band 2 Januar-Mai 1849

2582 Intendantur Band 3 Mai-Oktober 1849
Enthält u. a.: Verzeichnis der angestellten Intendanturbeamten

2583 Intendantur Band 4 Oktober-Dezember 1849

2584 Intendantur Band 1 Januar-Mai 1850

2585 Intendantur Band 2 Mai-Dezember 1850

2586 Intendantur Band 1 Dezember 1850-Februar 1852

2589 Intendantur: Rechnungsführer Band 1
(1838-) August 1848-Februar 1849

2590 Intendantur: Rechnungsführer Band 2 Februar-Oktober 1849

2591 Intendantur: Rechnungsführer Band 3 August 1850-Oktober 1851

2592 Intendantur: Rechnungsführer Band 4 1849-1851
Enthält u. a.: Liste der Rechnungsführer vom November 1849

2587 Feldintendantur März-Oktober 1849

2588 Feldintendantur Juli 1850-Januar 1851

## Kassen-, Rechnungs- und Budgetwesen

2855 Ordonanzquittungen von verschiedenen Kommandanturen 1849

2614 Militärhaushalt für 1849 1849

2520 Staatshaushalt für 1850 1850

2615 Ausgaben des Departements des Kriegswesens für 1849 1849

3020 Finanzen der Marine 1848-1851
Enthält u. a.: Reisekostenvergütungen; Haushalt der Marine für April-Juni 1850

3019 Geldanweisungen für die Marine 1849-1851

3037 Anweisungen für Ausgaben der Marine 1850-1851

3038 Rechnungswesen der Marine 1850-1851
Enthält u. a.: Namensverzeichnis von Kadetten der Seekadettenschule

2919 Verpflegungsrechnungen über die in den verschiedenen Lazaretten aufgenommenen Kranken der preußischen Truppen 1849

2861 Anweisungen auf Geldentschädigungen für Freiwillige 1850-1851

### Lazarette

3036 Marinelazarett Februar-März 1849

3045 Generalverwaltung der Lazarette 1849-1850
Enthält u. a.: Errichtung der Generalverwaltung; Rechnungslegung; Unterstellung der Generalverwaltung unter die Intendantur

3061 Lazarettbuch Juli-Dezember 1850
Enthält: aus verschiedenen Lazaretten (u. a. aus dem Lazarett Gottorf III unter der Leitung von Dr. Friedrich von Esmarch) zusammengetragene Notizen über Verwundungen von Soldaten (gegliedert nach Körperpartien)

## Marine

### Organisation

2467 Designationen zu Marineakten (Abt. 55 Nr. 2449-2463) [1850]

2147 Vereinbarungen zwischen der Eiderdampfschifffahrtsgesellschaft und der Marinekommission [1850]

3029 Marinekommission, Anstellung im Büro, Marinekommando und Kommandobefehle 1848-1851
Enthält u. a.: Personalangelegenheiten von Kapitän Donner; Verfügung über die Errichtung einer Marinekommission

2449 Bildung der Marinekommission und ihre Stellung zum Departement des Kriegswesens 1849-1850
Enthält u. a.: provisorische Dienstinstruktion
Darin: Bekanntmachung über die Aufhebung des Kriegsdepartements 1849; Verfügung über die veränderte Einrichtung des Departements des Kriegswesens 1850

3018 Ausgaben der Marinekommission 1849-1851
Enthält u. a.: Zusammenstellung der Einnahmen und Ausgaben der Marinekasse für 1849

2456 Auflösung der Marinekommission und Ablieferung der Marine an den dänischen Kommandeur Gandil Februar-Mai 1852

## Personal

2455 Übereinkunft zwischen dem in den Reichsmarinedienst übergetretenen Schiffsbaukonstrukteur Schau und dem Schiffsbauinspektor Ernst Dreyer in Altona 1848-1849

2460 Auszahlung von Uniformierungsgeldern an Marineoffiziere und -ärzte
Enthält auch: ärztliche Versorgung der Marineoffiziere und -angestellten 1849

2461 Quartiervergütung der Marineoffiziere und -beamten April-Oktober 1849

2463 Hilfsoffiziere der Reichsmarine für das Marinekommando Juli 1849

2450 Tätigkeit des Kapitäns Donner von seinem Eintritt in die Marinekommission bis zu seinem Ausscheiden aus dem Marinedienst Februar-April 1849

2433 Auszahlung von Prisengeldern aus dem Erlös der auf Sylt erbeuteten Steinkohle an die Marineangehörigen August 1849

2430 Anwerbung von Mannschaften zur Besatzung der Kriegsschiffe, Verwendung von unter den Kriegsgefangenen befindlichen Schleswig-Holsteinern zum Dienst in der schleswig-holsteinischen Flotte 1849

2090 Diätenforderung der Marineoffiziere und Auszahlung von Diäten und Reisegeldern an Offiziere und Mannschaften durch den Auditeur 1849
Enthält auch: Abgabe eines vom Fähnrich Wraal einem dänischen Offizier abgenommenen Degens

2431 Marine: Sessions- und Entlassungslisten 1849-1850
Enthält auch: Befehle des Generalkommandos vom 30. März bis 30. April 1851; Armeebefehle vom 10. bis 20. Februar 1851; Instruktion über die Kasernenverwaltung in der Festung Rendsburg vom Dezember 1850

2451 Bewerbungen um Anstellung im Büro der Marinekommission 1849-1850
Enthält auch: Geschäftsordnung des Büros sowie dessen Verlegung in das Gebäude der Seekadettenschule

2457 Ernennung von Marineoffizieren 1849-1850
Enthält auch: Status der zur Marinekommission gehörenden Personen und deren Unterbeamten als Militärbeamte

2448 Listen und Rollen über die zum Seedienst ausgehobenen Mannschaften aus den drei Land- und Seekriegskommissariatsdistrikten Februar 1849-Mai 1850

2462 Bewerbungen von Marineoffizieren um Aufnahme in die Artillerieschule in Rendsburg Oktober 1849-Januar 1850
Enthält auch: Antrag des Leutnants Bay auf Erlaubnis zur Ablegung einer Prüfung im Seefach

2971 Marine: Befreiung vom Seedienst, Beurlaubungen, Ausmusterungen, Todesfälle 1849-1850

2944 Gesuche und Resolutionen zur Aufnahme in den Marinedienst 1849-1850

2948 Gesuche und Resolutionen zur Aufnahme in den Marinedienst als Offiziere und Beamte 1849-1850

2969 Marine: Besatzung und Enrollierte 1849-1850

2459 Verwendung der Marineoffiziere und Marinebeamten 1849-1851
Enthält auch: Urlaubsgesuche; Belehrung des Oberleutnants Kier wegen Missbrauchs der Dienstgewalt; Beerdigung des Leutnants Lamp

2441 Schriftwechsel über Privatschulden von Offizieren und Beamten der Marine 1849-1851
Enthält: Leutnant Beck; Auditeur Christiansen; Leutnant Jacobsen und Fähnrich Wraa

2454 Geldentschädigungen für Marineoffiziere und -beamte 1849-1851
Enthält u. a.: Besteuerung von Marineangehörigen; Ansetzung zur Einkommensteuer; Anträge auf Bewilligung von Gagen, Kleider-, Quartier- und Beköstigungsgeldern sowie Reisediäten und Abfindungssummen

2429 Aushebung von See-Enrollierten, Einberufungen, Übertragungen von der Land- in die Seerolle, Anstellungen und Beförderungen 1849-1851

2453 Entlassungen von Marineoffizieren und -beamten wegen der Reduzierung der Marine 1849-1852
Enthält u. a.: Kündigungen, Abschiedsgesuche, Entlassungspatente; Anträge auf Bewilligung von Gagen sowie Bestandsliste der gesamten Marine seit der Reduzierung

2428 Mannschaftslisten der schleswig-holsteinischen Marine 1850

2458 Personalblätter der Marineoffiziere 1850-1851
Enthält u. a.: Verzeichnis der bei der Marine angestellten Offiziere und Militärbeamten sowie Übersicht der Gesamtstärke der Marine

2979 Marine: Aushebungen 1850-1851
Enthält u. a.: Übersicht über die Toten und Verwundeten der Marine von 1849 bis April 1851

2452 Entbindung des Oberstleutnants von Jeß von seiner Funktion als Chef der dritten Abteilung des Departements des Kriegswesens und die Übergabe des Archivs der Abteilung an die Marinekommission März 1851

## Justiz

2432 Entwurf eines Marinestrafgesetzes und -prozessgesetzes 1849

2085 Marinestrafgesetz 1849-1850

2968 Marine: Justiz und Erlasse 1849
Enthält u. a.: Einführung des Marinestrafgesetzes
Darin: „Schleswigholsteinisches Demokratisches Wochenblatt" vom 4. November 1849

2437 Durchführung von Untersuchungen gegen Mannschaften der Marine von einer vom Generalkommando zu bestimmenden Justizbehörde August 1851

2443 Untersuchungen, Vernehmungen, Verhöre von Matrosen sowie Verhängung von Disziplinarstrafen 1849-1850

2444 Desertionen von Matrosen 1849-1850
Enthält: H. A. Binge; Johannes Friedrich Frauen; Carl Marcus Gottschalk; Johann Abraham Christian Hasenbalg; Friedrich Nissen; Hans Petersen Rohde; Eduard Siems

2446 Nachlassregelung bei der Marine für verstorbene oder gefallene Beamte und Matrosen 1849-1851

2440 Streitangelegenheiten und Vergehen von Offizieren der Marine 1849-1851
Enthält: Leuntant Bendixen (Kompetenzfragen); Leutnante Bürow und Jacobsen (Ungehorsam); Leutnant Kier (Schmähungen durch die demokratisch eingestellte Presse); Leutnant Lange (Verhalten auf einer dänischen Fregatte); Leutnant Schau (Beleidigung des Schleusenwärters Ebers); Leutnant Søndergaard (Anmaßung der Dienstgewalt); Leutnant Wahrlich (Streitsache mit Leutnant Schau); Fähnrich von Warnstedt und Leutnant Jacobsen (Klage des Matrosen Christian Jacob Ohnesorg); Leutnant Wraa (Duell mit dem Kommis Mazanti aus Vejle)

2445 Regelung der Nachlässe der mit dem Kanonenboot Nr. 8 an der Westküste verunglückten Offiziere, Unteroffiziere und Matrosen 1850-1851
Enthält auch: Anspruch auf Vergütung für überlassene Begräbnisplätze auf der Kirchenparzelle im Kronprinzenkoog

2447 Disziplinarisch geahndete Vergehen, Untersuchungen und Recherchen von Unteroffizieren und Mannschaften der Marine oder über solche 1850-1852

## Flottenbeiträge

2529 Freiwillige Flottenbeiträge 1848

2530 Freiwillige Flottenbeiträge 1848-1850
Enthält u. a.: Übersicht über die aus den Herzogtümern eingegangenen Beiträge für die deutsche Flotte 1850

## Flotte, Ausrüstung, Küstenschutz

2526 Gründung einer Flotte, Anlage von Kriegshäfen und eines Kanals 1848-1849

2527 Bau, Ankauf und Ausrüstung von Kriegsfahrzeugen der Marine 1848-1849

2536 Verhandlungen mit dem Reich wegen Übernahme oder Überlassung von Kriegsfahrzeugen 1848-1850
Enthält u. a.: Linienschiff „Christian VIII.“

2531 Reichsschiffe und Reichseigentum 1848-1851
Enthält u. a.: Linienschiff „Christian VIII.“; Fregatte „Gefion“; Erschießung des Matrosen Maas aus Kiel durch den Fähnrich Kinderling auf der Fregatte „Eckernförde“; Lagerung von Steinkohle und Pulver für die deutsche Marine in Kiel und Glückstadt

2532 Dänische Kriegsschiffe: Linienschiff „Christian VIII.“ und Fregatte „Gefion“ („Eckernförde“) 1848-1851

2576 Bewaffnung der Marine 1848-1851
Enthält u. a. Schießlisten

2577 Bewaffnung der Marine 1848-1851

2533 Expeditionen, Stationierung und Stärke der Flottille 1849-1850

2528 Bau, Ankauf und Ausrüstung von Kriegsfahrzeugen der Marine
Enthält u. a.: Schoner „Elbe“, Dampfschiffe „Kiel“ und „Eider“ 1849-1850

2466 Wochenrapporte des Dampfschiffs „Kiel“ vom 18. November 1849 bis 7. Juli 1850 1849-1850

Enthält auch: Anforderung eines Arztes für das Dampfschiff „Bonin“; Entwaffnung der Küstenbatterien Laboe, Möltenort und Ellerbek

2464 Übersicht über den Stand der schleswig-holsteinischen Flottille im Juni 1849 1849-1851

Enthält u. a.: Berichte von der Küstenbatterie Laboe über Truppenbewegungen; Unterrichtung des Generals von Prittwitz über den Stand der Marinerüstung

Enthält auch: Beanstandung des Generalkommandos über die Veröffentlichung von militärischen Erlassen wegen Spionagegefahr

2575 Anlage und Bewaffnung der Strandbatterien, Einrichtung der Telegrafen 1849-1851

2535 Verlust an Kriegsfahrzeugen der Marine 1850-1851

Enthält: Unfall des Kanonenboots Nr. 8; Sprengung des Kanonenboots Nr. 1 und dessen Neubau

2436 Bergung, Instandsetzung und Abholung des bei Friedrichsort gesunkenen Prahms der Stadt Kiel März-April 1851

## Militärische Operationen

2534 Expedition gegen die dänische Korvette „Galathea“ 1848

2578 Militärische Operationen an der Westküste und der Schlei 1849

2435 Kommandierung von vier Marinematrosen für eine Expedition nach Schwansen August 1850

2579 Militärische Operationen an der Westküste und der Schlei 1850-1852

## Verschiedenes

2438 Ansprüche auf Forderungen, Entschädigungen und Vergütungen für durch die Marine erlittene Schäden sowie geleistete Dienste an Privatleuten und Mannschaften der Marine 1849-1851

2442 Ansprüche auf Forderungen, Entschädigungen und Vergütungen für durch die Marine erlittene Schäden sowie geleistete Dienste von Privatleuten 1849-1851

2434 Haft des Konsuls Nommensen aus Wyk auf Föhr auf dem Dampfschiff „Kiel“ 1850

2465 Vorbereitungen für den Besuch des englischen Vizeadmirals Dean Dundas in Kiel 1850

2100 Auftrag der Marinekommission an den Marineauditeur Christiansen zur Ausarbeitung eines Reglements zur Uniformierung der Militärs und Beamten der schleswig-holsteinischen Marine 1849

2092 Schreiben an den Kanalinspektor Mommsen in Kiel wegen des Fehlens der deutschen Flagge auf dem Lotsengebäude in Bülk 1849

## Seekadettenschule

2427 Seekadettenschule: Geburtsscheine von Anwärtern 1839-1849

2423 Seekadettenschule: Auswahl und Anstellung des Chefs 1848-1849

2424 Seekadettenschule: Gehaltsansprüche und vorläufige Verträge von Lehramtsbewerbern 1848-1850

2425 Seekadettenschule: Bewerbungen um Anstellung 1848-1850

2537 Seekadettenschule 1848-1851
Enthält u. a.: Schulbau

2538 Seekadettenschule: Schüler 1848-1851

2426 Seekadettenschule: Zeugnisse, Kündigungen, Entlassungen, Gehaltszulagen, Unterrichtsvergütungen und Vergünstigungen 1849-1851

## Oberkriegskommissariat

2617 Oberkriegskommissariat: Registratur über ausgehende Schreiben 1848

2618 Oberkriegskommissariat: Registratur über eingehende Schreiben 1848

2620 Oberkriegskommissariat: Hauptbuch 1848-1849

2621 Oberkriegskommissariat: Beibuch zum Hauptbuch Januar-Oktober 1849

2622 Oberkriegskommissariat: Beibuch zum Hauptbuch
Enthält u. a.: Konto für die deutschen Reichstruppen Januar-Oktober 1849

2623 Oberkriegskommissariat: Zahlungsanweisungen für Ausgaben aus dem Jahr 1848 1849

2616 Oberkriegskommissariat: Journal Januar 1849-Februar 1850

2619 Oberkriegskommissariat: Kassenjournal Januar 1849-Februar 1850

## Schleswig-Holsteinische Hauptkasse

2624 Ausgaben des Landmilitärs für 1849: Hauptbuch 1849-1850

2627 Ausgaben des Landmilitärs für 1849: Beibuch zum Hauptbuch 1849-1850

2628 Ausgaben des Landmilitärs für 1850: Beibuch zum Hauptbuch (Titel II) 1850

2629 Ausgaben des Landmilitärs für 1850: Beibuch zum Hauptbuch (Titel III) 1850-1851

2630 Ausgaben des Landmilitärs für 1850: Beibuch zum Hauptbuch (Titel IV) 1849-1851

2631 Ausgaben des Landmilitärs für 1850: Beibuch zum Hauptbuch (Titel VI) 1850-1851

2632 Ausgaben des Landmilitärs für 1850: Beibuch zum Hauptbuch (Titel IX) 1850-1851

2633 Ausgaben des See-Etats für 1850 1850-1851
Enthält u. a.: Gesamtübersicht über Einnahmen und Ausgaben des Landmilitär- und See-Etats

2634 Übersicht über Einnahmen und Ausgaben im Militärwesen 1850-1851

2635 Verzeichnis deponierter Gelder für verschiedene Truppenteile 1850-1851

2625 Ausgaben des Landmilitärs für 1850: Journal 1850-1851

2626 Ausgaben des Landmilitärs für 1850: Vorschüsse 1850-1851

# GENERALKOMMANDO

## Allgemeines

2593 Auszug aus dem Parolebuch des Generalkommandos vom 14. September 1848 bis 4. Juli 1849 1848-1849

2729 Generalkommando: Registratur über eingegangene Schreiben vom 24. März bis 15. April 1848 1848-1851

2730 Organisation, Ausrüstung, Bewaffnung und Ausbildung der Schleswig-Holsteinischen Armee 1848-1851
Darin: gedruckte Reglements und Gesetze

2731 Generalkommando 1848-1851
Enthält u. a.: Armee-, Korps- und Brigadebefehle 1848-1851; Stärkelisten über die um Flensburg stehenden Truppen 1848; Marschtabellen und Dislokationslisten von September bis Dezember 1848

2595 Generalkommando: Korrespondenz vom 7. Mai bis 30. Juli 1849, insbesondere mit dem Oberkommando der Reichstruppen 1849

## Personal

2887 Namenslisten der neuen Einheiten: 2.-4. Jägerkorps sowie 7., 8. und 10. Infanterie-Bataillon August-September 1848

2815 Personal: Militärbeamte und Offiziere Mai 1848-März 1849

2548 Personal: Offiziersanwärter Juli 1848-Februar 1849

2543 Personal: Offiziere Juli 1848-November 1849

2816 Personal: Militärbeamte und Offiziere 1848-1850
Enthält u. a.: Entlassungen von Militärärzten; Verheiratungen; Witwenversorgung; Anstellung deutscher Offiziere in die Schleswig-Holsteinische Armee

2546 Namenslisten der Offiziere der Infanterie-Bataillone und Jägerkorps 1848-1851

2547 Gehälter der Offiziere und Ärzte 1849

2549 Personal: Offiziersanwärter 1849

2814 Militärbeamte und Offiziere: Pensionierung, Versetzung, Entlassung, Verheiratung, Desertion März-Oktober 1849

3004 Patente der Stabsoffiziere November-Dezember 1849
Enthält u. a.: Entwurf einer Anciennititätsliste

2291 Verzeichnis der Offiziere und Beamten des 12., 13. und 14. Infanterie-Bataillons September 1849

3005 Feststellung der Anciennitätsverhältnisse einzelner Offiziere 1849-1850

2813 Militärbeamte und Offiziere: Pensionierung, Versetzung, Entlassung, Verheiratung, Desertion November 1849-August 1850

2912 Militärärzte 1849-1850
Enthält u. a.: Verteilung der Ärzte auf einzelne Truppenteile während des Waffenstillstandes

2913 Krankenwärterkompanie 1849-1850
Enthält vor allem: Personalangelegenheiten

2945 Generalkommando: Personalangelegenheiten 1849-1850
Enthält u. a.: Versetzungen; Entlassungen; Beförderungsvorschläge

2544 Personal: Offiziere November 1849-August 1850

2550 Personal: Offiziersanwärter Oktober 1849-Januar 1851

2552 Pensionswesen, Halbinvalidensektion 1849-1851

2995 Generalkommando des Bundeskontingents: Pensionierung, Versetzung, Entlassung, Verheiratung, Desertionen der Unteroffiziere und Mannschaften Juli-September 1850

2914 Personal: Auditeure 1850

3003 Namenslisten der Offiziere der Armee Januar-Februar 1850

3015 Namenslisten der Offiziere der Armee März-November 1850

3034 Namenslisten der Offiziere der Armee Dezember 1850

2820 Militärbeamte und Offiziere: Pensionierung, Versetzung, Entlassung, Verheiratung, Desertion Juli 1850-Februar 1851

2545 Personal: Offiziere August 1850-März 1851

2373 Namensverzeichnis sämtlicher in den Jahren 1850 und 1851 pensionierter Unteroffiziere und Mannschaften 1850-1851

2320 Versetzung von preußischen Untertanen zur Linie
August 1850-Januar 1851
Enthält auch: Zuteilung der nur zum leichten Garnisonsdienst tauglichen Personen zum 3. Besatzungs-Bataillon

2551 Personal: Unterroffiziere 1851

2821 Militärbeamte und Offiziere: Entlassungen Januar-April 1851

2818 Militärbeamte und Offiziere: Entlassungen aus dem holsteinischen Bundeskontingent 1851

2819 Militärbeamte und Offiziere: Allgemeine Bestimmungen und Listen zu Entlassungen Februar-März 1851

2866 Verzeichnisse der Militärbeamten und Offiziere des 6., 7., 10., 13. und 15. Infanterie-Bataillons (1837, 1845-) 1851

2996 Generalkommando des Bundeskontingents: Pensionierung, Versetzung, Entlassung, Verheiratung, Desertionen der Unteroffiziere und Mannschaften April-November 1851

2994 Generalkommando des Bundeskontingents: Pensionierung, Versetzung, Entlassung, Verheiratung, Desertionen der Unteroffiziere und Mannschaften Juli-November 1851

2980 Offiziere und Militärbeamte: 1.-5. Jägerkorps (1850) Januar-Februar 1851

2981 Offiziere und Militärbeamte: 1.-15. Infanterie-Bataillon (1850) Februar 1851
Enthält: Listen von Offizieren und Beamten, die im Dienst verbleiben wollen

2990 Erklärungen von Offizieren über ihren Verbleib oder ihr Ausscheiden aus dem Militärdienst Februar-März 1851

3035 Namenslisten der Offiziere der Armee April-November 1851

3026 Verzeichnisse von Offizieren und Militärbeamten der Kavallerie, Artillerie und des Ingenieurkorps, die im Dienst verbleiben wollen Februar 1851

3027 Entlassene Militärärzte (1848-) Februar 1851

2985 Jägerinspektion: Beförderungsvorschläge für 1849 und 1850 1849-1851

## Befehle

2930 Einzelne Gouvernements- und Brigadebefehle September-Dezember 1849, Juli-November 1850

2926 Armeebefehle April-Juli 1850
Enthält: Nr. 1-126

2927 Armeebefehle August-Dezember 1850
Enthält: Nr. 127-443

2910 Armeebefehle April-Dezember 1850

2929 Disponible Armeebefehle April-Dezember 1850

2965 Abgelegte Armeebefehle November-Dezember 1850
Enthält: Nr. 355-442

2955 Armeebefehle Dezember 1850
Enthält: Nr. 401-426

2962 Armeebefehle Dezember 1850
Enthält: Nr. 429-442

2924 Korpsbefehle März-April 1850
Enthält: Nr. 133, 135, 142, 144-146, 148, 153, 155, 158-160

2928 Korpsbefehle März-April 1850
Enthält: Nr. 140-160

2732 Generalkommando-, Korps- und Gouvernementsbefehle (mit Inhaltsverzeichnis) 1850-1851

2733 Korps- und Armeebefehle: Journal 1850-1851
Enthält: Armeebefehle von April bis Dezember 1850 und Januar bis März 1851; Korpsbefehle von Februar bis April 1850 und April 1851

2734 Korps- und Armeebefehle sowie Generalkommandobefehle für das holsteinische Bundeskontingent 1850-1851
Darin: Kriegsartikel der Schleswig-Holsteinischen Armee; Leitfaden beim Unterricht des Infanteristen bei der Schleswig-Holsteinischen Armee; Exerzierreglement für die schleswig-holsteinische Infanterie

2735 Korps- und Armeebefehle sowie verschiedene Schreiben des Generalkommandos an die Brigaden 1850-1851
Enthält u. a.: Marschtabellen; Schlachtordnungen; Befehlsbücher

2966 Ansprache an die Armee vom 1. Januar 1851 1851

2817 Generalkommandobefehle Februar-März 1851
Enthält: Nr. 1-139, es fehlen Nr. 7-9

2904 Generalkommandobefehle Mai-November 1851
Enthält: Nr. 41-139; es fehlen Nr. 114, 117, 125, 128, 129, 131, 136, 137

2964 Armeebefehle Januar 1851
Enthält: Nr. 1-56

2954 Abgelegte Armeebefehle Januar-März 1851
Enthält: Nr. 1-133

2925 Armee- und Generalkommandobefehle Januar-April 1851
Enthält: Nr. 1-133 (Armee), Nr. 3-11 (Generalkommando für April 1851)

2922 Verteilung der Armeebefehle 1851

2923 Beiträge zum Armeebefehl 1851

## Meldungen

2596 Generalkommando: Meldungen vom 26. Februar bis 6. Mai 1849 1849

2597 Generalkommando: Meldungen vom 6. Mai bis 5. Juli 1849 1849

2598 Generalkommando: Meldungen und Marschtabellen für den Rückmarsch der Armee vom 6. Juli bis 23. August 1849 1849
Darin: „Preußischer Staats-Anzeiger“ vom 20. Juli 1849 über den Waffenstillstand

## Gefechtsberichte, Verlust-, Stärke- und Dislokationslisten

2385 Verlustlisten der Schleswig-Holsteinischen Armee 1848-1851

2557 Verlustlisten und Gefechtsberichte 1849-1850
Darin: „Altonaer Mercur“ vom 13. Juli 1849; Extrablatt der „Norddeutschen Freien Presse“ vom 28. August 1850

2741 Verlust-, Stärke- und Dislokationslisten 1849-1850

2742 Verlust-, Stärke- und Dislokationslisten 1850

Enthält u. a.: Verlustlisten zur Schlacht bei Idstedt; Verzeichnisse über Verwundete im Lazarett der Stadt Schleswig, Verzeichnis der bei Idstedt gemachten dänischen Kriegsgefangenen

2599 Gefechtsberichte über den Feldzug von 1849 bis 9. Mai 1849 1849

2600 Gefechtsberichte über den Feldzug von 1849 vom 9. Mai bis 6. Juli 1849 1849

2601 Gefechtsberichte über den Feldzug von 1849 vom 6. Juli 1849 bis 29. Januar 1850 1849-1850

2594 Tagebücher mehrerer Offiziere der Schleswig-Holsteinischen Armee aus dem Feldzug 1849 1849

Darin: Pläne zum Gefecht bei Kolding

## Intendantur

2540 Dienstverhältnisse der Intendantur und des Oberquartiermeisters, Besetzung der Offiziersstellen, Verteilung der Truppen, Listen der Offiziere 1848-1849

2541 Dienstverhältnisse der Intendantur und des Oberquartiermeisters, Besetzung der Offiziersstellen, Verteilung der Truppen, Listen der Offiziere 1849-1850

2542 Dienstverhältnisse der Intendantur und des Oberquartiermeisters, Besetzung der Offiziersstellen, Verteilung der Truppen, Listen der Offiziere 1850-1851

2556 Geschäftsverkehr und Rundschreiben der Intendantur 1848-1851

## Justiz

2808 Desertionen 1849-1851

2555 Justizwesen 1850-1851

Enthält u. a.: Abschriften von Armee-, Korps- und Generalkommandobefehlen
Darin: „Bestimmungen zur Disziplinar-Bestrafung in der Armee"; „Regulativ über die Behandlung und Verpflegung der zur militärischen Festungsstrafe verurtheilten Soldaten (Militair-Sträflinge)"

## Befestigungen

2554 Befestigungsanlagen 1850

2553 Befestigungsanlagen 1850-1851

## Holsteinisches Bundeskontingent

2867 Stammblätter der Unteroffiziere und Mannschaften des holsteinischen Bundeskontingents Juni 1851

2868 Formierung des holsteinischen Bundeskontingents 1851

2869 Namensverzeichnis der bei der Formierung des Bundeskontingents entlassenen Unteroffiziere 1851

2870 Verzeichnis der Tierärzte beim Bundeskontingent 1851

Enthält auch: Liste der schleswig-holsteinischen Offiziere und Militärbeamten, die vor 1848 gedient haben und erst später Offiziere wurden

2871 Bestand an Unteroffizieren bei Formierung des Bundeskontingents Februar-März 1851

2872 Verzeichnis der Büchsenmacher, die im Dienst des Bundeskontingents verbleiben wollen Februar 1851

2873 Vorschläge zu Feldwebeln und Stabshornisten für das Bundeskontingent März 1851

# ARCHIVE DER EINZELNEN TRUPPENABTEILUNGEN

## Infanterie

### Infanterie-Brigaden

2698 1. Infanterie-Brigade: Justiz 1848-1851
Enthält u. a.: Untersuchung gegen Major und Bataillonskommandeur Hacke

2344 1. Infanterie-Brigade: Bestandslisten, monatliche Ab- und Zugangslisten 1850-1851
Enthält u. a.: Liste der wegen heimatlicher Verhältnisse entlassenen Soldaten (März 1850)

2699 2. Infanterie-Brigade: Justiz 1848-1851
Enthält vor allem: einzelne Untersuchungen
Enthält auch: Formationsplan für die 2. Infanterie-Brigade und Stammliste über die Mannschaft des 5. Jägerkorps, die im März 1850 zur 2. Infanterie-Brigade wechselte

2345 2. Infanterie-Brigade: Bestandslisten, monatliche Ab- und Zugangslisten und Stammblätter 1850-1851
Enthält u. a.: Liste der wegen heimatlicher Verhältnisse entlassenen Soldaten (März 1850)

3025 3. Infanterie-Brigade: Personalangelegenheiten der Offiziere
Enthält auch: 4. Infanterie-Brigade/Reserve-Brigade 1848-1850

2911 3. Infanterie-Brigade: Stammblätter der Offiziere 1849-1850

2558 3. Infanterie-Brigade: Annahme und Beförderung von Offizieren, Verstärkung der Linien-Bataillonen 1849-1850

2700 3. Infanterie-Brigade: Journal und Justiz 1849-1851

2915 3. Infanterie-Brigade: Verzeichnis über kranke und verwundete Offiziere 1850

2346 3. Infanterie-Brigade: Bestandslisten, monatliche Ab- und Zugangslisten und Stammblätter 1850-1851
Enthält u. a.: Liste der wegen heimatlicher Verhältnisse entlassenen Soldaten (März 1850)

## Infanterie-Bataillone

2705 1. Infanterie-Bataillon: Brigade-, Bataillons- und Kommandantschaftsbefehle 1848-1851

2704 1. Infanterie-Bataillon: eingegangene Schreiben vom Juli 1849 bis August 1850 1849-1851
Enthält auch: Verzeichnis der zum Wehrdienst einberufenen, jedoch nicht erschienenen Mannschaften der zwanzigjährigen Altersklasse; Ab- und Zugangslisten von August 1850 bis März 1851; Ordrebuch der 1. Kompanie vom 29. März bis 17. September 1849

2349 1. Infanterie-Bataillon: Stammblätter der auf unbestimmte Zeit beurlaubten Mannschaft aus den drei Landkriegskommissariatsdistrikten 1850
Enthält u. a.: Stammblätter der zur Verfügung des 1. Infanterie-Bataillons stehenden, in den drei Landkriegskommissariatsdistrikten beurlaubten Mannschaft

2350 1. Infanterie-Bataillon: Stammblätter der Mannschaft aus den drei Landkriegskommissariatsdistrikten März 1850

2328 1. Infanterie-Bataillon: monatliche Ab- und Zugangslisten 1850-1851

2351 1. Infanterie-Bataillon: Stammblätter der beurlaubten Inländer der drei Landkriegskommissariatsdistrikte Januar 1851
Enthält u. a.: Ab- und Zugangslisten für die drei Distrikte (Februar 1851)

2706 2. Infanterie-Bataillon: Rechnungen vom April bis Dezember 1848, Korrespondenzen von November 1848 bis März 1850 1848-1850

2708 2. Infanterie-Bataillon: Stammbuch 1850

2352 2. Infanterie-Bataillon: Stammblätter der aufgrund der Verringerung der Armee bis zum 20. Februar 1851 in die Heimat beurlaubten Mannschaften sowie Stammblätter der auf unbestimmte Zeit beurlaubten Mannschaften 1850-1851
Enthält auch: Stammblätter der auf unbestimmte Zeit beurlaubten, zum Etat der Linie gehörenden Mannschaften

2329 2. Infanterie-Bataillon: monatliche Ab- und Zugangslisten 1850-1851
Enthält auch: Bestandslisten des 2. Infanterie-Bataillons der drei Landkriegskommissariatsdistrikte (März 1850)

2707 2. Infanterie-Bataillon: Stammbuch 1851

2711 3. Infanterie-Bataillon: Kassenjournal 1849-1851

2712 3. Infanterie-Bataillon: Beibuch zum Kassenjournal 1849-1851
Enthält: Verpflegungsgelder

2713 3. Infanterie-Bataillon: Beibuch zum Kassenjournal 1849-1851

2709 3. Infanterie-Bataillon: Korrespondenzjournal vom 25. Februar bis 19. Oktober 1850 1850

2714 3. Infanterie-Bataillon: Erinnerungskreuze 1850-1851
Enthält u. a.: Namenslisten; Verleihungsurkunden

2353 3. Infanterie-Bataillon: Ab- und Zugangslisten sowie Stammblätter 1850-1851

2710 3. Infanterie-Bataillon: Stammbuch 1851

2715 4. Infanterie-Bataillon: Ordrebuch und Korrespondenzprotokoll der Kassenkommission des Bataillons für 1849; Stammliste der 3. und 4. Kompanie; Rechnungen; Korrespondenzprotokoll vom 5. Oktober 1848 bis 17. Januar 1850 1848-1850

2736 4. Infanterie-Bataillon: Befehlsbuch der 1. Kompanie vom 27. April bis 24. Juni 1849 1849

2917 4. Infanterie-Bataillon: Stammrolle der beurlaubten einheimischen Mannschaften, monatliche Ab- und Zugangslisten 1851

2259 5. Infanterie-Bataillon: Stammbuch der 3. Kompanie 1848-1849
Enthält auch: Einträge der vorhergehenden Jahre

2716 5. Infanterie-Bataillon 1848-1851
Enthält u. a.: Stammbücher; Ausmusterungsatteste; Justiz; Monatsberichte; Krankenliste

2951 5. Infanterie-Bataillon: Stammrolle der beurlaubten Inländer, monatliche Ab- und Zugangslisten, Stammrolle der zur Linie gehörigen Mannschaften 1850-1851

2999 5. Infanterie-Bataillon: Personalangelegenheiten 1850-1851

2717 6. Infanterie-Bataillon: eingegangene Schreiben (Journal B, C und D) 1848-1851

2718 6. Infanterie-Bataillon: eingegangene Schreiben (Journal F, G, H und K) 1848-1851
Enthält auch: Stammlisten; Ausmusterungsatteste; Bataillonsberichte

3050 6. Infanterie-Bataillon: Korps- und Brigadebefehle 1849
Enthält auch: Rapportbuch des Bataillons

2260 6. Infanterie-Bataillon: Stammbuch der 1. Kompanie 1850
Enthält auch: Einträge der vorhergehenden Jahre

2354 6. Infanterie-Bataillon: Ab- und Zugangslisten sowie Stammblätter 1850-1851
Enthält u. a.: Achselklappen der an das Besatzungs-Bataillon abzugebenden vierzig Mann des 6. Infanterie-Bataillons

2261 7. Infanterie-Bataillon: Stammbuch 1848-1850

2262 7. Infanterie-Bataillon: Stammbuch der 1. Kompanie 1848-1850

3000 7. Infanterie-Bataillon: Personalangelegenheiten 1848-1850
Enthält u. a.: Erbrezess über den Nachlass des Küsters und Schullehrers Traugott Schellhorn und seiner Frau

2719 7. Infanterie-Bataillon: Stammlisten, Justiz, eingegangene Schreiben 1848-1851

2738 7. Infanterie-Bataillon: Befehlsbücher 1848-1851

3051 7. Infanterie-Bataillon: Kopiebuch für Rundschreiben des Generalkommandos, des Departements des Kriegswesens sowie für Korpsbefehle 1850

2355 7. Infanterie-Bataillon: Stammblätter der vorhandenen Mannschaften aus den Landkriegskommissariatsdistrikten für Februar 1850 1850
Enthält auch: Stammblätter des Ersatzes für zufälligen Ausfall aus den drei Landkriegskommissariatsdistrikten

2330 7. Infanterie-Bataillon: Ab- und Zugangslisten der Mannschaften aus den Landkriegskommissariatsdistrikten 1850-1851

2356 7. Infanterie-Bataillon: Stammblätter der beurlaubten Mannschaften aus den drei Landkriegskommissariatsdistrikten für Januar bis März 1851 1851
Enthält auch: Angaben zum zweiten und dritten Distrikt für März 1850

2263 8. Infanterie-Bataillon: Stammbuch der 1. Kompanie 1848-1850
Enthält auch: Einträge der vorhergehenden Jahre

2264 8. Infanterie-Bataillon: Stammbuch der 2. Kompanie 1848-1850
Enthält auch: Einträge der vorhergehenden Jahre

2265 8. Infanterie-Bataillon: Stammbuch der 2. Kompanie 1848-1850
Enthält auch: Einträge der vorhergehenden Jahre

2266 8. Infanterie-Bataillon: Stammbuch der 4. Kompanie 1848-1850

2267 8. Infanterie-Bataillon: Stammbuch der 4. Kompanie (unvollständig) 1848-1850

2268 8. Infanterie-Bataillon: Stammbuch der 4. Kompanie 1848-1851
Enthält auch: Einträge der vorhergehenden Jahre

3023 8. Infanterie-Bataillon: Personalangelegenheiten 1848-1851

2720 8. Infanterie-Bataillon: Stammlisten und -bücher, Stärkelisten, Beurlaubungen, Beförderungsvorschläge, freiwillig eingetretene Personen 1848-1851

2721 8. Infanterie-Bataillon 1848-1851
Enthält u. a.: Ausmusterungsatteste; Sterbebescheinigungen; Lazarettkranke; Justiz; Medizinalwesen; Ausrüstung und Bekleidung

3022 8. Infanterie-Bataillon: Personalangelegenheiten der Offiziere
Darin: Bleistiftporträt eines Offiziers 1849-1850

2357 8. Infanterie-Bataillon: Stammblätter der auf unbestimmte Zeit beurlaubten, des Ersatzes für zufälligen Ausfall und der vorhandenen Mannschaften aus den drei Landkriegskommissariatsdistrikten für März und Juni 1850 1850

2331 8. Infanterie-Bataillon: Ab- und Zugangslisten der Mannschaften aus den Landkriegskommissariatsdistrikten 1850-1851

3017 9. Infanterie-Bataillon: Personalangelegenheiten der Offiziere
Enthält u. a.: Stammrollen 1849-1850

2332 9. Infanterie-Bataillon: monatliche Ab- und Zugangslisten sowie Stammblätter 1850-1851

3024 10. Infanterie-Bataillon: Personalangelegenheiten 1848-1851

2916 10. Infanterie-Bataillon: Meldungen, Berichte, Eingaben 1849-1850
Enthält u. a.: Verzeichnis aller Offiziere des Bataillons

2333 10. Infanterie-Bataillon: monatliche Ab- und Zugangslisten sowie Stammblätter 1850-1851

3016 11. Infanterie-Bataillon: Personalangelegenheiten der Offiziere 1849-1850

2334 11. Infanterie-Bataillon: monatliche Ab- und Zugangslisten sowie Stammblätter 1850-1851

3048 12. Infanterie-Bataillon: Stammblätter, Ab- und Zugangslisten 1850-1851

2335 13. Infanterie-Bataillon: monatliche Ab- und Zugangslisten sowie Stammblätter 1850-1851

2232 14. Infanterie-Bataillon: Stammbuch der 3. Kompanie 1848-1850
Enhält auch: Eintragungen für die vorhergehenden Jahre

2233 14. Infanterie-Bataillon: Stammbuch der 4. Kompanie 1848-1850
Enhält auch: Eintragungen für die vorhergehenden Jahre

2737 14. Infanterie-Bataillon: Befehlsbücher 1848-1851

2725 14. Infanterie-Bataillon: Stamm-, Aushebungs- und Beurlaubungslisten 1849-1851

2726 14. Infanterie-Bataillon: Personalangelegenheiten der Unteroffiziere und Mannschaften, Organisation und Ausbildung, Justizbehörden 1849-1851

2727 14. Infanterie-Bataillon 1849-1851
Enthält u. a.: Beförderungsvorschläge; Polizei und Untersuchungen; Bekleidung und Ausrüstung; Lazarett- und Verpflegungswesen; Marsch und Requisitionen

2230 14. Infanterie-Bataillon: Stammbuch der 1. Kompanie 1849-1851
Enhält auch: Eintragungen für die vorhergehenden Jahre

2231 14. Infanterie-Bataillon: Stammbuch der 2. Kompanie 1849-1851
Enhält auch: Eintragungen für die vorhergehenden Jahre

3052 14. Infanterie-Bataillon: Kopiebuch für Armee-, Korps- und Brigadebefehle Februar-Juli 1850

2336 14. Infanterie-Bataillon: monatliche Ab- und Zugangslisten sowie Stammblätter 1850-1851
Enthält auch: Verwendung von Angehörigen der Ersatz-Kompanie des 14. Infanterie-Bataillons im Mobilmachungsfall als Nichtkombattanten (Krankenwärter)

2723 15. Infanterie-Bataillon: Stammrolle 1837-1850

2234 15. Infanterie-Bataillon: Stammbuch der 1. Kompanie 1848-1850
Enhält auch: Eintragungen für die vorhergehenden Jahre

2235 15. Infanterie-Bataillon: Stammbuch der 3. Kompanie 1848-1851
Enhält auch: Eintragungen für die vorhergehenden Jahre

2236 15. Infanterie-Bataillon: Stammbuch der 4. Kompanie 1848-1851
Enhält auch: Eintragungen für die vorhergehenden Jahre

2401 15. Infanterie-Bataillon: Stärke- und Krankenliste September 1849

2722 15. Infanterie-Bataillon: Journal vom 14. August 1850 bis 17. März 1851 1850-1851

2337 15. Infanterie-Bataillon: monatliche Ab- und Zugangslisten sowie Stammblätter 1850-1851

2272 16. Infanterie-Bataillon: Stammbuch (1.-4. Kompanie) 1844-1849

2238 16. Infanterie-Bataillon: Stammbuch der 2. Kompanie 1849

2239 16. Infanterie-Bataillon: Stammbuch der 3. Kompanie 1849

2237 16. Infanterie-Bataillon: Stammbuch (1.-4. Kompanie) 1849-1850

2273 17. Infanterie-Bataillon: Stammbuch (1.-4. Kompanie) 1843-1850

2240 17. Infanterie-Bataillon: Stammbuch 1849-1851

2274 18. Infanterie-Bataillon: Stammbuch (1.-4. Kompanie) 1843-1849

2241 18. Infanterie-Bataillon: Stammbuch 1849-1850

2275 19. Infanterie-Bataillon: Stammbuch (1.-4. Kompanie) 1843-1849

2258 19. Infanterie-Bataillon: Stammbuch der 4. Kompanie (spätere 3. Kompanie/4. Reserve-Bataillon) 1848-1850
Enthält auch: Einträge der vorhergehenden Jahre

2242 19. Infanterie-Bataillon: Stammbuch 1849-1850

2276 20. Infanterie-Bataillon: Stammbuch (1.-4. Kompanie) 1840-1849

2243 20. Infanterie-Bataillon: Stammbuch 1849-1850

2244 20. Infanterie-Bataillon: Stammbuch der 1. Kompanie (1. Ersatz-Bataillon) 1850

2277 21. Infanterie-Bataillon: Stammbuch (1.-4. Kompanie) 1840-1849

2245 21. Infanterie-Bataillon: Stammbuch 1850

2278 22. Infanterie-Bataillon: Stammbuch (1.-4. Kompanie) 1840-1849

2246 22. Infanterie-Bataillon: Stammbuch 1849-1850

2247 22. Infanterie-Bataillon: Stammbuch der 2. Kompanie 1850-1851

2279 23. Infanterie-Bataillon: Stammbuch (1.-4. Kompanie) 1840-1849

2248 23. Infanterie-Bataillon: Stammbuch (1.-4. Kompanie) 1849-1850
Enthält auch: Einträge der vorhergehenden Jahre

2559 Holsteinisches Bundeskontigent/Holsteinisches 1. Infanterie-Bataillon: Parole-Journal 1851-1852
Bemerkung: Orderbuch für Premierleutnant von Lundt

2728 Notizbuch unbekannter Herkunft mit militärischem Inhalt 1850-1851
Enthält u. a.: Armeebefehle, Schießpläne, Parolen und Losungen

## Jägerinspektion

2984 Jägerinspektion 1848-1850
Enthält u. a.: Bracklowsches Schützenkorps und dessen Auflösung; Besichtigung der Kompanien

2987 Jägerinspektion 1848-1850
Enthält u. a.: Bildung eines Komitees zur Unterstützung von Familien gefallener, verwundeter oder erkrankter Soldaten; Unterstützungskasse für Unteroffiziere und Hornisten des ehemaligen 5. Jägerkorps (mit Verzeichnissen); Ausmusterungen und Entlassungen

2986 Jägerinspektion 1848-1851
Enthält vor allem: Personalangelegenheiten

2975 Jägerinspektion: Namensverzeichnisse der Offiziere und Unteroffiziere 1849-1850

2972 Jägerinspektion: Personalangelegenheiten der einzelnen Jägerkorps (1847-) 1849-1850
Enthält u. a.: Protokolle über Vereidigungen; Führungszeugnisse

2973 Jägerinspektion: Verzeichnisse der Reserve 1849-1850

2347 Jägerinspektion: Ab- und Zugangslisten sowie Verlustlisten 1850
Enthält u. a.: Entlassungsvorgänge von Angehörigen der Jägerkorps

2974 Jägerinspektion: Listen über beurlaubte Altersklassen 1850-1851

2724 1. Jägerkorps 1848-1849
Enthält u. a.: Anciennitäts- und Stammlisten der Offiziere; Ausmusterungsatteste

2338 1. Jägerkorps: monatliche Ab- und Zugangslisten sowie Stammblätter 1850-1851

2253 2. Jägerkompanie (früher 4. Kompanie/20. Infanterie-Bataillon): Stammbuch 1850
Enthält auch: Einträge der vorhergehenden Jahre

2339 2. Jägerkorps: monatliche Ab- und Zugangslisten sowie Stammblätter 1850-1851

2740 3. Jägerkorps: Befehlsbücher 1848-1850

2340 3. Jägerkorps: monatliche Ab- und Zugangslisten sowie Stammblätter 1850-1851

2602 4. Jägerkorps: Meldungen, Berichte und Korrespondenzen (mit Inhaltsverzeichnis) 1849
Enthält u. a.: Verlustlisten

2341 4. Jägerkorps: monatliche Ab- und Zugangslisten sowie Stammblätter 1850-1851

2342 5. Jägerkorps: monatliche Ab- und Zugangslisten sowie Stammblätter 1850-1851

2280 6. Jägerkorps: Stammbuch (1.-4. Kompanie) 1843-1849

2250 6. Jägerkorps: Stammbuch (1.-4. Kompanie) 1849-1850
Enthält auch: Einträge der vorhergehenden Jahre

2282 6. Jägerkorps: Stammbuch der 1. Kompanie 1850

2283 6. Jägerkorps: Stammbuch der 2. Kompanie 1850

2284 6. Jägerkorps: Stammbuch der 3. Kompanie 1850

2285 6. Jägerkorps: Stammbuch der 4. Kompanie 1850

2281 7. Jägerkorps: Stammbuch (1.-4. Kompanie) 1840-1849

2251 7. Jägerkorps: Stammbuch (1.-4. Kompanie) 1849-1850
Enthält auch: Einträge der vorhergehenden Jahre

2252 Ersatz-Jägerkompanie: Stammbuch 1849-1850
Enthält auch: Einträge der vorhergehenden Jahre

2299 Stammblätter der Rekruten des Ersatz-Jägerkorps 1850

## Kavallerie-Brigade

2702 Kavallerie-Brigade: Stellung und Ersatz von Pferden 1848-1850

2982 Kavallerie-Brigade: Versetzung, Verheiratung, Entlassung und Desertion von Offizieren und Militärbeamten 1848-1851

2983 Kavallerie-Brigade: Versetzung, Verheiratung, Entlassung und Desertion von Mannschaften 1848-1851

2810 1. und 2. Dragoner-Regiment: Versetzungen und Entlassungen von Unteroffizieren und Mannschaften 1850

2361 Dragoner-Regimenter: Stammblätter der zur Formierung des Gendamerie-Korps einberufenen Dragoner der Jahrgänge 1843 und 1844 aus den Landkriegskommissariatsdistrikten 1850
Enthält auch: Formation und Ausrüstung der Gendamerie

2360 Dragoner-Regimenter: Stammblätter der für die 4. Landgendamerie nach Kiel und zur 4. Infanterie-Brigade einberufenen, der zur Ersatz-Brigade überführten sowie der zum Stall-Etat und zum Pferde-Depot des Generalkommandos abgegebenen Dragoner 1850-1851
Enthält auch: Einberufung von Reserve-Mannschaften zur Komplettierung der Dragoner-Regimenter
Enthält u. a.: Verzeichnis der zum Kriegsdienst auf Gut Salzau einberufenen ein- bis achtjährigen Mannschaft

2358 1. Dragoner-Regiment: Ab- und Zugangslisten sowie Stammblätter der beurlaubten, des Ersatzes für zufälligen Ausfall und der vorhandenen Mannschaften 1850-1851
Enthält auch: Stammblätter der zur Reserve überführten Mannschaften des Regiments sowie Namenslisten über die an das Regiment abgegebenen Rekruten

2359 2. Dragoner-Regiment: Ab- und Zugangslisten sowie Stammblätter 1850-1851
Enthält auch: Namenslisten der Kombattanten und Nichtkombattanten der 2. Eskadron/1. Dragoner-Regiment, des Stabes der Kavallerie-Brigade, die an den Kämpfen 1848-1849 teilgenommen haben, sowie Namenslisten über die an das 2. Dragoner-Regiment abgegebenen Rekruten

2343 2. Dragoner-Regiment: monatliche Ab- und Zugangslisten 1850-1851

2809 2. Dragoner-Regiment: Entlassungen 1850-1851

2739 Reserve-Kavallerie-Divison: Befehlsbuch März-September 1849
Enthält u. a.: Verzeichnis der Offiziere, Unteroffiziere und Spielleute

## Artillerie-Brigade

2748 Artillerie-Brigade: Ausbildung, Anciennität und Rangverhältnisse, Ärzte, Anstellungen, Abgang 1848-1851

2749 Artillerie-Brigade: Burschen und Ordonannzen, Beförderungen, Kantonnements, Korpsbefehle, Korrespondenz 1848-1851

2750 Artillerie-Brigade: Dienstreglements, Einjährige Freiwillige, Elevenschule, Ersatz und Einberufung 1848-1852

2751 Artillerie-Brigade: Freiwillige, Generalkommandobefehle, Gouvernementsbefehle, Heiraten, Invalidität und Pensionierung 1848-1852

2752 Artillerie-Brigade: Lazarettwesen, Marsch und Transport, Musik, Offiziere, Ökonomie-Kommission, Bestimmungen der Intendantur und des Departements des Kriegswesens, Post und Reisen 1848-1852

2753 Artillerie-Brigade: Pferde, Quartiere 1848-1851

2754 Artillerie-Brigade: Rapporte; Schreiben und Rundschreiben des Generalkommandos, des Departements des Kriegswesens und anderer Behörden 1848-1851

2755 Artillerie-Brigade: Schreiben und Rundschreiben des Generalkommandos, des Departements des Kriegswesens und anderer Behörden, Schulden; Seekadettenschule, Stall-Etat, Subskriptionen und Sammlungen 1848-1851

2756 Artillerie-Brigade: Tierärzte und Beschlagschmiede, Trainkompanien, Unterstützungen, Urlaub, Verfügungen der Intendantur, Verschiedenes 1848-1851

2757 Artillerie-Brigade: Verpflegung, Gehalt, Versetzungen 1848-1851

2764 Artillerie-Brigade: Korrespondenzprotokoll August-Dezember 1848

2767 Artillerie-Brigade: Journal für die erste Abteilung der Feldartillerie Oktober 1848-Dezember 1849

2771 Artillerie-Brigade: Brief-Journal März 1849-Februar 1850

2775 Artillerie-Brigade: Brief-Journal Mai 1849-Oktober 1850

2772 Artillerie-Brigade: Brief-Journal der zweiten Abteilung der Feldartillerie April 1850-März 1851

2768 Artillerie-Brigade: Journal für die erste Abteilung der Feldartillerie Juni 1850-März 1851

2760 Artillerie-Brigade: Brief-Journal Juli 1850-März 1851

2762 Artillerie-Brigade: Brief-Journal März-November 1851

2761 Artillerie-Brigade: Brief-Journal August 1850-März 1851

2759 Artillerie-Brigade: Brief-Journal November 1850-März 1851

2765 Artillerie-Brigade: Brief-Journal April 1851

2763 Artillerie-Brigade: Brief-Journal November 1851-August 1853

2766 Artillerie-Brigade: Korrespondenzprotokoll Dezember 1851-März 1852

2769 Artillerie-Brigade: Brief-Journal und Korrespondenzprotokoll (Kladden) 1850-1852

2701 Artillerie-Brigade: Kassenbuch August 1850-März 1851

2770 Artillerie-Brigade: Befehls- und Parolebuch März-September 1849

2565 Artillerie-Brigade: Gouvernements-, Generalkommando-, Brigade- und Abteilungsbefehle 1849-1850

2564 Artillerie-Brigade: Armeebefehle August 1850-März 1851
Enthält: Nr. 127-437 (1850) und Nr. 1-129 (1851)

2773 Artillerie-Brigade: Befehls- und Parolebuch der zweiten Abteilung September 1849-Oktober 1850

2774 Artillerie-Brigade: Befehls- und Parolebuch der zweiten Abteilung Oktober 1850-April 1851

2570 Artillerie-Brigade: Ersatz (Einberufung, Wehrpflicht, Ab- und Zugangslisten) 1848-1850

2567 Artillerie-Brigade: Personal 1848-1851
Enthält u. a.: Anciennitätsliste sämtlicher Unteroffiziere der Artillerie-Brigade; Führungszeugnisse; Ab- und Zugangsliste über die Mannschaften der einzelnen Batterien; Stammlisten

2569 Artillerie-Brigade: Prüfungen und Beförderungen 1848-1851

2321 Kassation der Krankenwärter-Kompanie und der 1. Festungs-Batterie sowie Korrespondenz der Regimenter, Abteilungen und Batterien mit der Artillerie-Brigade 1848-1851

2780 Artillerie-Brigade: Stammbuch 1849-1850

2779 Artillerie-Brigade: Stammbuch 1849-1851

2568 Artillerie-Brigade: Personal 1849-1851
Enthält u. a.: Anciennitätsliste; Stammlisten

2566 Artillerie-Brigade: Stammblätter der Offiziere und Ärzte 1849-1851

2571 Artillerie-Brigade: Entlassungen, Reklamationen, Dienstbefreiungen 1849-1851

2572 Artillerie-Brigade: Zusammenstellung der Bestände an Mannschaften und Pferden der einzelnen Abteilungen sowie Formationsangelegenheiten 1849-1851

2367 Artillerie-Brigade: monatliche Ab- und Zugangslisten der wegen heimatlicher Verhältnisse entlassenen Mannschaften, Stammblätter der Ausländer und der vorhandenen Mannschaften sowie der einberufenen Artilleristen, Pioniere und Dragoner des zweiten und dritten Landkriegskommissariatsdistrikts 1850
Enthält auch: Übersicht über die Ab- und Zugangslisten

2368 Artillerie-Brigade: monatliche Ab- und Zugangslisten des Stabes des Artillerie-Regiments, des Stabes der zwei Abteilungen der Feld-Artillerie, des Brigadestabes, des Handwerker-Etats, des Laboratorium-Etats, der Depot-Batterie und der Munitionskolonne 1850-1851
Enthält u. a.: Einteilung der Artillerie-Brigade

2362 Artillerie-Brigade: monatliche Ab- und Zugangslisten der 1.-6. Festungs-Batterie und des Stall-Etats 1850-1851

2363 Artillerie-Brigade: monatliche Ab- und Zugangslisten der wegen heimatlicher Verhältnisse entlassenen Mannschaften, des Stall-Etats, des Handwerker- und Laboratorium-Etats, der Trainkompanie, der Depot-Batterie, der Reitenden Batterie und der Munitionskolonne 1850-1851
Enthält auch: Namensliste der seit dem 12. Oktober 1850 einberufenen Reservisten
Enthält u. a.: Beanstandung der Artillerie durch das Generalkommando wegen Einberufung einer zu großen Anzahl von Reservekavalleristen

2364 Artillerie-Brigade: monatliche Ab- und Zugangslisten der wegen heimatlicher Verhältnisse entlassenen Mannschaften, des Stall-Etats, des Handwerker- und Laboratorium-Etats, der Trainkompanie, der Depot-Batterie, der Reitenden Batterie und der Munitionskolonne 1850-1851

2365 Artillerie-Brigade: monatliche Ab- und Zugangslisten der Feld-Artillerie 1850-1851

2366 Artillerie-Brigade: monatliche Ab- und Zugangslisten der Feld-Artillerie, der Trainkompanie, der Depot-Batterie und der Reitenden Batterie 1850-1851

2573 Artillerie-Brigade 1849-1851
Enthält u. a.: Aktenverzeichnisse; Auszüge aus Generalkommandoschreiben; Ausrüstungslisten
Darin: Notizbuch mit Eintragungen zum Verhalten einzelner Offiziere und Mannschaften (mit alphabetischem Register)

2758 Artillerie-Brigade 1849-1852
Enthält u. a.: Bestimmungen über Material und Ausrüstung; Instruktionen; Übergabeprotokolle; Stärkelisten; Ausmusterungslisten; Straflisten; Krankenlisten

2563 Artillerie-Brigade: Tagebücher der Batterien 1849-1851
Enthält: 1.-4. sechspfündige Batterie; 1.-3. zwölfpfündige Batterie; vierundzwanzigpfündige Granat-Batterie; Reitende Batterie; Küstenbatterien; Munitionskolonne Nr. 1

3053 4. sechspfündige Batterie: Kopiebuch für Korps- und Brigadebefehle Dezember 1849-Mai 1850

3054 4. sechspfündige Batterie: Kopiebuch für Korps- und Brigadebefehle Mai 1850-Januar 1851

3055 4. sechspfündige Batterie: Kopiebuch für Korps- und Brigadebefehle Juli 1850-März 1851

2776 Stall-Etat: Korrespondenzprotokoll Oktober 1850-Mai 1851

2777 Stall-Etat: Strafkassenbuch 1850-1851

2778 Stall-Etat: Löhnungs- und Abrechnungsbuch 1850-1851

2298 Stammblätter der der Arbeiterkompanie zugeteilten Mannschaft [1850]

2297 Namensliste der Abteilung zur Bewachung der Kriegsgefangenen in Glückstadt 1850

2781 Holsteinische Kontingent-Artillerie: Befehlsbuch des Rechnungsführers März-November 1851

2782 Holsteinische Kontingent-Artillerie: Korrespondenzprotokoll des Rechnungsführers April-November 1851

2783 Holsteinische Kontingent-Artillerie: Beibuch (Manual) zum Kassenjournal April-Oktober 1851

2784 Holsteinische Kontingent-Artillerie: Kassenjournal April-Oktober 1851

## Ingenieurkorps

2785 Ingenieurkorps: Korrespondenzen 1848
Enthält u. a.: Festungsarbeiten; Friedrichsort; Korrespondenzprotokoll

2786 Ingenieurkorps: Korrespondenzen 1848
Enthält u. a.: Verpflegung und Gage; Stärkelisten; Ingenieurkompanie; Generalkommandobefehle

2787 Ingenieurkorps: Korrespondenzen 1849
Enthält u. a.: Festungsarbeiten; auswärtige Aufträge; Generalkommando- und Korpsbefehle; Arbeitsberichte

2788 Ingenieurkorps: Korrespondenzen 1849
Enthält u. a.: Wiederaufbau privater Gebäude; Personal; Rechnungen; Verpflegung und Gage; Friedrichsort

2789 Ingenieurkorps: Korrespondenzen 1850
Enthält u. a.: Enteignungen; Artilleriegebäude; auswärtige Aufträge

2790 Ingenieurkorps: Korrespondenzen 1850
Enthält u. a.: Festungsarbeiten; Justiz; Friedrichsort

2791 Ingenieurkorps: Korrespondenzen 1850
Enthält u. a.: Arbeitsberichte; Rechnungen; Personal

2792 Ingenieurkorps: Korrespondenzen 1850
Enthält: Korps- und Armeebefehle; Wiederaufbau; Verpflegung und Gage

2793 Ingenieurkorps: Korrespondenzen 1851
Enthält u. a.: Inventar; Ausrüstung; Justiz; Geräte; Festungsarbeiten und -gebäude; Zimmerleute; auswärtige Arbeiten

2794 Ingenieurkorps: Korrespondenzen 1851
Enthält u. a.: Verpflegung und Gage; Arbeitsberichte; Personal; Rechnungen

2795 Ingenieurkorps: Korrespondenzen Januar-Februar 1852

2802 Ingenieurkorps: Korrespondenzprotokoll vom 1. Januar bis 24. März 1848 und 1. Januar bis 31. Dezember 1849 1848-1849

2801 Ingenieurkorps: Korrespondenzprotokoll März-Oktober 1848

2800 Ingenieurkorps: Korrespondenzprotokoll Oktober-Dezember 1848

2803 Ingenieurkorps: Registratur 1848-1851

2804 Ingenieurkorps: Bekanntmachungen, Reglements, Amtsblätter, Gesetzesblätter 1848-1851

2805 Ingenieurkorps: Armee- und Korpsbefehle, Parolebuch 1848-1851

2807 Ingenieurkorps: Rechnungsabschriften 1850

2806 Ingenieurkorps: Kassenbuch 1851-1852

2703 Ingenieurkorps: Stärkelisten, Gagenlisten für Offiziere, verschiedene Rechnungsübersichten, Kranken- und Straflisten, Einkommensteuer
Darin: „Schleswig-Holsteinische Zeitung" vom 10. August 1848 1848-1852

2369 Ingenieurkorps: monatliche Ab- und Zugangslisten der Pionierkompanie und Mannschaftslisten 1850-1851
Enthält auch: Einberufung der Reserven des Ingenieurkorps

2796 Verhandlungen über Landabtretungen zum Bau von Befestigungswerken in Rendsburg 1850-1851

2797 Gesuch des Agenten Lohse um Baugenehmigung in Rendsburg 1851

## Besatzungs-Bataillone

2286 1. Besatzungs-Bataillon: Stammbuch der 1. Kompanie 1850

2287 1. Besatzungs-Bataillon: Stammbuch der 2. Kompanie 1850

2288 1. Besatzungs-Bataillon: Stammbuch der 3. Kompanie 1850

2289 1. Besatzungs-Bataillon: Stammbuch der 4. Kompanie 1850

2290 2. Besatzungs-Bataillon: Stammbuch der Mannschaften (1.-4. Kompanie) 1850

2269 3. Besatzungs-Bataillon: Stammbuch der 1. Kompanie [1850]

2270 3. Besatzungs-Bataillon: Stammbuch der 3. Kompanie [1850]

2271 3. Besatzungs-Bataillon: Stammbuch der 4. Kompanie [1850]

2249 3. Besatzungs-Bataillon: Stammbuch (1.-4. Kompanie) 1849-1850
Enthält auch: Einträge der vorhergehenden Jahre

## Reserve- und Ersatz-Brigade (4. Infanterie-Brigade)

2295 Namensverzeichnis der zur Reserve überführten Mannschaften der Jahrgänge 1840-1845 aus den Jägerkorps und dem 1.-3. Infanterie-Bataillon [1850]

2300 Stammblätter der den Ersatz-Bataillonen zugeteilten Rekruten (mit Listen der Offiziere) [1850]

2824 Stammrollen über die den verschiedenen Bataillonen zugewiesenen Reservisten [1850]

2831 Verzeichnis der von der Reserve zum 15. Infanterie-Bataillon zurücküberwiesenen Mannschaften [1850]

2841 Stammrolle der von der Krankenwärterkompanie zur Reserve überwiesenen Mannschaften [1849]

2905 Stammblätter der wegen heimatlicher Verhältnisse vom Militärdienst vorläufig befreiten Personen 1848-1849

2842 Stammrolle der von der 3. Infanterie-Brigade zur Reserve überwiesenen Mannschaften November 1849

2843 Stammrolle der von der 2. Infanterie-Brigade zur Reserve überwiesenen Mannschaften November 1849

2838 Stammrolle der an die Reserve-Brigade überwiesenen Unteroffiziere der 1. und 2. Kompanie des 14. Infanterie-Bataillons August 1849

2839 Beurlaubung der sechsundzwanzig- bis dreißigjährigen Mannschaft vom Militärdienst 1849

2840 Stammrolle der vom 15. Infanterie-Bataillon zur Reserve überwiesenen Mannschaft 1849

2845 Stammrolle der vom 11.-15. Infanterie-Bataillon zur Reserve überwiesenen Mannschaften 1849

2846 Stammrolle der zur Reserve überwiesenen Mannschaften der Altersklassen 1840-1845 1849

2835 Stammrolle der von der Jäger-Inspektion zur Reserve überwiesenen Mannschaften 1849

2560 Reserve-Brigade: Formation und Dienstbetrieb des 1.-4. Reserve-Bataillons 1849

2561 Reserve-Brigade: Untersuchungen und Bestrafungen 1849

2562 Reserve-Brigade: Gefechtsberichte April-Mai 1849

2402 Aufstellung und Rekrutierung des 15. Infanterie-Bataillons in Itzehoe und Stärkenachweis 1849

2403 Gesuch des Rekruten Heinrich Friedrich Wilhelm Lienau (1. Kompanie/15. Infanterie-Bataillon) um Verwendung als Schreiber bei der Reserve-Brigade September 1849

2404 Versetzung des Sergeanten Stoldt wegen Altersschwäche zur Reserve-Brigade August 1849

2405 Anfrage an die Reserve-Brigade wegen der unerlaubten Entfernung des Rekruten Friedrich August Kahl (4. Kompanie/13. Infanterie-Bataillon) aus Muggesfelde September 1849

2406 Berechnung der Untermontierungsgelder und Gehälter für die von der 3. Infanterie-Brigade der Reserve-Brigade überwiesenen Leute 1849

2407 Verzeichnis der von der Reserve-Brigade den Infanterie-Bataillonen überwiesenen Mannschaften 1849

2408 Entlassung des Landmilitär-Reservisten Hans Peter Meyer vom 4. Reserve-Bataillon in die Heimat Juli 1849

2409 Befreiung des bei der Reserve-Brigade eingeschriebenen Schiffsbaumeisters Johannes Hinrich Bernitt in Neustadt (Lage 9 Nr. 175) vom Militärdienst 1849

2411 Gesuch des Rekruten Friedrich Heinrich Otto Siegmund (3. Kompanie/2. Reserve-Bataillon) aus Quickborn um Befreiung vom Militärdienst August 1849

2412 Befreiung vom aktiven Militärdienst und befristete Urlaubsbewilligungen von Angehörigen der Reserve-Brigade 1849

Enthält: Hans Jürgen Hinrich Oetzmann in Hamdorf; Verwalter Christian Beck auf Freienberg; Jürgen Hinrich Rehder in Weddingstedt; Tuchmacher Leopold Creutzfeldt in Plön; Kandidat der Theologie J. C. L. Japsen in Segeberg; Jacob Timm in Wisch; Kopist Hinrich Timm in Horst; Hofbesitzer Josias Petersen auf dem Sande im Amt Tondern; Heinrich Nicolaus Leck in Glückstadt; Kandidat der Rechte Wittrock in Wandsbek; Kaufmann Hermann Eduard Veers in Heide; Hufenbesitzer Marcus Marcussen in Merlingfeldt im Amt Tondern; Gerber Jacob Moritz Todsen in Tondern; Handlungskommis August Lorenzen in Tondern; Reifschläger Christian Friedrich Reinhold in Tondern; Klempner Jacob Emilius Brodersen in Tondern; Schuster Chr. H. Petersen in Tondern; Hans Ahlmann in Gravenstein; Hinrich Christian Lamprecht in Westerborstel; Fabrikantensohn Heinrich Zeise in Altona; Tuchmacher Hans Hinrich Detlev Stender in Apenrade; Tuchmacher Hans Hinrich Hansen in Vorbrügge; Apotheker Fr. W. Pollitz in Kellinghusen; Kandidat der Rechte Adolf Ipsen in Groß Flintbek; Holzhändler Peter Wilhelm Glaub in Altona; Verwalter Hans Hinrich Theodor Dreyer auf Seegaard; Hinrich Hagge in Duvenstedt; Hans Detlef Tank in Krumstedt; Provisor Rudolf Ernst Schmedto in Meldorf; Apothekergehilfe Herrmann Wilhelm Heinrich Eller in Glückstadt; Segelmacher Friedrich Wilhelm Claaßen in Altona; Sattlermeister Eggert Christoph Stegemann in Wilster; Rademacher Peter Söhrens in Wilster; Weber Johann Hinrich Penje in Schenefeld; Nicolay Christian Dall in Klipleff; Hans Adolph Ehmsen in Buckhagen; Pächter Gustav Stoppel in Wilhelminenhof; Advokat Wilhelm Mordhorst in Kiel; Schlosser Fedder Hans Peters in Tönning; Carl Albrecht Nicolaus Timm in Uetersen; Berend Jacob Tobias in Altona; Ökonom Ferdinand Lentz in Kuhhof; Amtssekretär Christian Hermann Fabricius in Itzehoe; Verwalter auf Pronstorf Ernst Nicolaus Theodor Richers in Reinfeld; Amtssekretär Ferdinand von Warnstedt in Bordesholm; Jeß Tychsen Jürgensen in Bützholm; Hofbesitzer Peter August Petersen vom Marienkoog; Claus Peter Ewoldsen in Hoheluft; Peter Hansen in Rödemis; Manufakturwarenhändler Hugo Wurmb in Altona; Manufakturwarenhändler Johnn Hinrich Suhr in Altona; Buchhändler Adolf Lehmkuhl in Altona; Zimmermeister Georg Friedrich Graue in Altona; Branntweinbrenner A. G. O. Sanche in Altona; Hutfabrikant Johannes Dubbers in Altona; Zimmermeister Wilhelm Ahrens in Altona; Gewürzhändler Jacob Kahrs in Altona; Weinhändler J. A. F. Hackius in Altona; Gewürzhändler Julius Witte in Altona; Eisenbahnbeamter Lorenz Petersen in Altona; Kaufmann Gustav Stößinger in Altona; Kaufmann Heinrich Zeise in Altona; Fortepianofabrikant Blaun in Altona

2413 Verzeichnis der früher bei der Garde in Kopenhagen dienenden Mannschaften sowie der in den Jahren 1840-1845 für die Garde ausgehobenen und später beurlaubten Mannschaften 1849

2414 Stammrolle des zweiten Land- und Seekriegskommissariatsdistrikt über die vom 10. bis 17. März 1849 für die Reserve-Brigade ausgehobenen Infanterierekruten 1849

2415 Stammblätter von der 2. Kompanie des 3. Reserve-Bataillons, des 4. Reserve-Bataillons, der 2. Kompanie des 5. Infanterie-Bataillons und der vom 1. Reserve-Bataillon an das 3. Reserve-Bataillon abzugebenden vier Unteroffiziere 1849

2416 Stammrollen der 1., 3. und 4. Kompanie/3. Reserve-Bataillon, Verzeichnisse über die aus dem ersten und zweiten Landkriegskommissariatsdistrikt einberufenen Rekruten für das 6.-8. Infanterie-Bataillon 1849

2417 Ausmusterung der Musketiere Johann Rohardt (1. Kompanie/2. Reserve-Bataillon) und Hans Struve (4. Kompanie/3. Reserve-Bataillon) Juni 1849

2418 Anfrage der Platzkommandantschaft in Rendsburg beim Reserve-Jägerkorps über den Verbleib des Rekruten Martin Lorentzen vom Reserve-Jägerkorps (steckbriefliche Verfolgung wegen Desertion) April 1849

2419 Verwendung des Rekruten Hans Hinrich Alsen aus Rundhof als Krankenwärter im Lazarett in Apenrade Juli 1849

2420 Entlassung von dienstuntüchtigen Wehrpflichtigen: Reserve-Jägerkorps, 4. Infanterie-Bataillon, 1.-4. Reserve-Bataillon März-August 1849

2421 Kontrolle über die zum Dienst bei der Reserve-Brigade einberufenen Wehrpflichtigen mit Verzeichnissen über die der Reserve-Brigade vom 1.-13. Infanterie-Bataillon überwiesenen Mannschaften 1849

2422 Der Reserve-Brigade überwiesene Mannschaften 1849

Enthält:

1. Reserve-Bataillon: Johann Hinrich Dose aus Seedorf; Musketier Fritz Kirchner (1. Kompanie/1. Infanterie-Bataillon) aus Wesselburen; Landsoldat Herrmann Knoop (17. Infanterie-Bataillon) aus Egenbüttel; Hans Marsau (4. Kompanie/1. Infanterie-Bataillon); Christian Rostock aus Fahren; Claus Stoltenberg aus Pronstorf; Dücke Thomsen aus Katzhörn; Johann Wilhelm Verdiek

2. Reserve-Bataillon: Matth. Nicolay Birch aus Flensburg; Hinrich Ferdinand Louis Ewald aus Dammholm; Jacob Friedrich Gädke aus Eiderstede; Marten Hass aus Krempdorf; Musketier Johann Henningsen (4. Kompanie/6. Infanterie-Bataillon) aus Bönstrup; Freiwilliger Johann Lau aus Brokdorf; Zigarrenmachergeselle Peter Nicolay Leisner aus Flensburg; Hinrich Oehlers aus Elmshorn; Johann Peters aus Delve; Christian Friedrich Ruser aus Futterkamp; Medizinstudent Ernst Friedrich Wilhelm Volquarts aus Süderstapel; Peter Friedrich Wees aus Flensburg

3. Reserve-Bataillon: Musketier Heinrich Ehrich (3. Kompanie/3. Infanterie-Bataillon) aus Hasselburg; Uwe Petersen Floy aus Wimmersbüll; C. A. Hoeck aus Glückstadt; Sekretär und Infanterist Eduard Paul Joh. Diedr. Kirchner aus Pronstorf; Jäger Hans Christian Lüders aus Waabs; Claus Peters aus Seeth; Schiffszimmermann Jacob Toulleur aus Altona; Rekrut Sally Wolff aus Wandsbek

2395 Stammblätter der bei der 1.-3. Infanterie-Abteilung des Rekruten-Bataillons vorhandenen Mannschaften sowie der bei der Jäger-Abteilung des Rekruten-Bataillons eingestellten Mannschaft einschließlich der zur 3. Infanterie-Brigade von der Reserve-Brigade überführten Mannschaften 1849

2396 Namenslisten über die zum 1. und 2. Dragoner-Regiment, 11.-14. Infanterie-Bataillon, Pionierkorps, Ponton-Train und Train als Fahrer abgegebene Mannschaften 1849

2397 Stammblätter der vom 11.-14. Infanterie-Bataillon an die Reserve-Brigade abgegebenen Mannschaften 1849

2398 Namensliste der zur Bildung des 15. Infanterie-Bataillons bestimmten Mannschaft sowie der nach der Aufstellung übrig bleibenden Mannschaften 1849

2399 Stärkeberichte des Rekruten-Bataillons September-Oktober 1849

2400 Rangliste der Schleswig-Holsteinischen Armee vom 25. August 1849 einschließlich organisatorischer Veränderungen bei der Reserve-Brigade 1849

3049 Reservekavallerie-Divisions-Korps: Korps- und Brigadebefehle Januar-Juli 1849

2255 4. Reserve-Bataillon: Stammbuch der 2. Kompanie 1849
Enthält auch: Einträge der vorhergehenden Jahre

2906 Stammblätter der wegen heimatlicher Verhältnisse vom Militärdienst vorläufig befreiten Personen 1849-1850

2907 Nicht zum Militärdienst erschienene Mannschaften 1850

2908 Stammrolle der zum Militärdienst einberufenen oder durch Krankheit verhinderten Mannschaften 1850

2884 Entlassung von Freiwilligen 1850

2978 4. Infanterie-Brigade: Einstellung von Freiwilligen August-Dezember 1850

2931 Ersatz- und Besatzungstruppen (4. Infanterie-Brigade): Stärkeberichte 1850

2832 Stammblätter der neunzehnjährigen Mannschaft aus dem zweiten Landkriegskommissariatsdistrikt November-Dezember 1850

2825 Stammrollen der neunzehnjährigen Mannschaft aus dem dritten Landkriegskommissariatsdistrikt November 1850
Enthält: Zugangslisten der Bataillone

2826 1840 bis 1845 ausgehobene Mannschaft mit unbekannter Verwendung 1850

2827 Stammblätter der ausgehobenen, aber nicht erschienenen Mannschaft aus dem zweiten und dritten Landkriegskommissariatsdistrikt 1850

2828 Einberufene Personen aus dem Herzogtum Schleswig, die sich im Herzogtum Holstein aufhalten August-September 1850

2829 Rekruten für die 4. Infanterie-Brigade aus dem zweiten Landkriegskommissariatsdistrikt August 1850
Enthält: Gesamtverzeichnis

2830 Stammrolle der Ersatzkompanie 1850

2822 Einberufene Mannschaft infolge des Rundschreibens des Departements des Innern vom 27. Juli 1850 August 1850

2823 Kontrolle der Reservisten 1850

2372 Listen der aufgrund der Entscheidung der Kassationskommission ausscheidenden Soldaten 1850
Enthält auch: Verzeichnis der von einer ärztlichen Kommission untersuchten Wehrpflichtigen

2302 Reserve-Brigade: Namensverzeichnis 1850

2314 Liste der Stammblätter der vom 1. Dezember 1850 bis zum 11. Januar 1851 von der 4. Infanterie-Brigade eingestellten schleswigholsteinischen Freiwilligen August 1850-Januar 1851

2318 Entlassungen aus dem Militärdienst wegen Untauglichkeit Dezember 1850-Januar 1851

2319 Desertionen November 1850-Januar 1851

2348 Reserve-Brigade: Beurlaubungen 1850-1851
Enthält u. a.: Entlassung von aus dänischem Kriegsdienst beurlaubten Schleswigern aus der Schleswig-Holsteinischen Armee auch im Fall des Wiederausbruchs des Krieges

2296 Stammblätter der von den Ersatz-Bataillonen an einzelne Truppenteile überwiesenen Unteroffiziere und Mannschaften 1850-1851
Enthält u. a.: zwei Verstorbenenlisten

2883 Verzeichnis der Enrollierungskommission über die nach Rendsburg verschickten Mannschaften 1850-1851

2836 Stammrollen der von den Besatzungs-Bataillonen zur Infanterie versetzten Mannschaften 1851

2847 Ab- und Zugangslisten des 1.-3. Besatzungs-Bataillons für Dezember 1850 1851

2848 Krankenwärterkompanie: Ab- und Zugangslisten für Dezember 1850 1851

2849 Ausgemusterte Mannschaften der Krankenwärterkompanie im Januar und Februar 1851 März 1851

3002 5. Infanterie-Brigade: Korrespondenz des Leutnants von Lenski 1851

2256 4. Reserve-Bataillon: Stammbuch der 3. Kompanie 1849
Enthält auch: Einträge der vorhergehenden Jahre

2257 4. Reserve-Bataillon: Stammbuch der 4. Kompanie 1849
Enthält auch: Einträge der vorhergehenden Jahre

2254 4. Reserve-Bataillon: Stammbuch der Mannschaft der 1. Kompanie
Enthält auch: Einträge der vorhergehenden Jahre 1849

2837 4. Infanterie-Brigade: Ab- und Zugangslisten für November 1850

## Freikorps

2389 Freikorps: Entschädigungsansprüche von Freiwilligen für eingebüßte Zivilsachen, Spenden und Gratifikationen für Freikorpsangehörige, Verwaltung und Ausrüstung der Freikorps 1848

2390 Freikorps von der Tann: Nachweis über Verteilung der Ausrüstung, Bekleidung und Munition sämtlicher Kompanien, Namensliste der wegen kommunistischer Tendenz aufgelösten 6. Kompanie 1848

2391 Freikorps: Auflösung, Verwendung der nichtaufgelösten Freiwilligenkorps und deren Reorganisation 1848

2392 Freikorps Duisburg, Halle, Mainz, Nußbaumer und Reichenbach 1848
Enthält auch: Anstellungs-, Versetzungs- und Entlassungsgesuche von Freiwilligen

2393 Freikorps: Stammlisten der Freikorps von Krogh, von Rantzau, von Wasmer, von der Tann, Scharfschützenkorps Bracklow 1848
Enthält auch: Verzeichnis der mit förmlichem Abschied entlassenen Freiwilligen

2497 Formation der Freikorps im Allgemeinen April-Juli 1848

2574 Freikorps: von Krogh, von Rantzau und von der Tann 1848
Enthält u. a.: verschiedene Verzeichnisse über Mannschaftsstärken und Löhnung; Protokollbuch des Freikorps von der Tann

2394 Freikorps: Namensliste der Kompanie von Mathay 1850

## Kommandanturen

2322 Kommandantur in Altona: Wacht- sowie Morgenrapporte der Haupt- und Rathauswache in Altona sowie der Depotwache in Ottensen für die Zeit von Januar bis März 1851, Quittungen vom Juli 1850 bis Januar 1851 1850-1851

2603 Kommandantur in Horsens 1849 (1913)
Enthält u. a.: Listen über Wachdienste, ausgegebene Verpflegung und Krankenstand
Darin: Siegel (1913 in einen Umschlag verpackt und versiegelt)

2746 Kommandantur in Kiel: Korrespondenzen 1848-1852
Enthält u. a.: Korrespondenzbuch

2798 Platzkommandantschaft in Rendsburg: eingegangene Schreiben 1849

2799 Platzkommandantschaft in Rendsburg: eingegangene Schreiben 1850

2694 Kommandantschaft in Rendsburg: Parolejournal April 1848-November 1849

2695 Kommandantschaft in Rendsburg: Parolejournal November 1849-Juni 1850

2696 Gouvernement in Rendsburg: Kopiebuch der Gouvernementsbefehle Juli 1850-Januar 1851

# ALTE FINDMITTEL

| | | |
|---|---|---|
| 2468 | Zwei Verzeichnisse über die frühere Abt. 55 | um 1935, 1950 |
| 3056 | Verzeichnis der Berliner Abgabe | 1929-2007 |
| 3057 | Verzeichnis der Kopenhagener Abgabe | 1933-2007 |
| 3059 | Findbuch Abt. 55 Auditoriat | 1971-2007 |
| 3060 | Register zum Findbuch Abt. 55 Auditoriat | 1971-2007 |
| 3058 | Findbuch Abt. 55 ungeordneter Bestand | 1973-2007 |

# Gemeinsames Register der Bestände Abt. 51 bis Abt. 55

## PERSONENREGISTER

# SACHREGISTER

# ORTSREGISTER

# Konkordanzen

## Konkordanz zu Abt. 51 Provisorische Regierung und Gemeinsame Regierung

| alte Nr. | neue Nr. | alte Nr. | neue Nr. |
|---|---|---|---|
| 1 I | 1 | 36 | Abt. 52 Nr. 2 |
| 1 II | 2 | 37 | 38 |
| 1 III | 3 | 38 | 39 |
| 2 | 4 | 39 | 40 |
| 3 | 5 | 40 | fehlt |
| 4 | 6 | 41 | 71 |
| 5 | 7 | 42 | 41 |
| 6 | 8 | 43 | 42 |
| 7 | 9 | 44 | 43 |
| 8 | 10 | 45 | 44 |
| 9 | 11 | 46 | 45 |
| 10 | 12 | 47 | 46 |
| 11 | 13 | 48 | 47 |
| 12 | 14 | 49 | 48 |
| 13 | 15 | 50 | 49 |
| 14 | 16 | 51 | 50 |
| 15 | 17 | 52 | 51 |
| 16 | 18 | 53 | 52 |
| 17 | 19 | 54 | fehlt |
| 18 | 20 | 55 | 53 |
| 19 | 21 | 56 | 54 |
| 20 | 22 | 57 | 55 |
| 21 | 23 | 58 | 56 |
| 22 | 24 | 59 | 57 |
| 23 | 25 | 60 | 58 |
| 24 | 26 | 61 | 59 |
| 25 | 27 | 62 | 60 |
| 26 | 28 | 63 | 61 |
| 27 | 29 | 64 | 62 |
| 28 | 30 | 65 | 63 |
| 29 | 31 | 66 | 64 |
| 30 | 32 | 67 | 65 |
| 31 | 33 | 68 | 66 |
| 32 | 34 | 69 | 67 |
| 33 | 35 | 70 | 68 |
| 34 | 36 | 71 | 69 |
| 35 | 37 | 72 | 70 |

## Konkordanz zu Abt. 51 Departement für Justiz

| alte Nr. | neue Nr. | alte Nr. | neue Nr. |
|---|---|---|---|
| 1 | 77 | 11 | 87 |
| 2 | 78 | 12 | 88 |
| 3 | 79 | 13 | 89 |
| 4 | 80 | 14 | 90 |
| 5 | 81 | 15 | 91 |
| 6 | 82 | 16 | 92 |
| 7 | 83 | 17 | 93 |
| 8 | 84 | 18 | 94 |
| 9 | 85 | 19 | 95 |
| 10 | 86 | 20 | 96 |

## Konkordanz zu Abt. 51 Departement für geistliche und Unterrichtsangelegenheiten

| alte Nr. | neue Nr. | alte Nr. | neue Nr. | alte Nr. | neue Nr. |
|---|---|---|---|---|---|
| 21 | 97 | 70 | 145 | 119 | 193 |
| 22 | 98 | 71 | 146 | 120 | 194 |
| 23 | 99 | 72 | 147 | 121 | 195 |
| 24 | 100 | 73 | 148 | 122 | 196 |
| 25 | 101 | 74 | 149 | 123 | 197 |
| 26 | 102 | 75 | 150 | 124 | 198 |
| 27 | 103 | 76 | 151 | 125 | 199 |
| 28 | 104 | 77 | 152 | 126 | 200 |
| 29 | 105 | 78 | fehlt | 127 | 201 |
| 30 | 106 | 79 | 153 | 128 | 202 |
| 31 | 107 | 80 | 154 | 129 | 203 |
| 32 | 108 | 81 | 155 | Abt. 80 Nr. 6273 | 204 |
| 33 | 109 | 82 | 156 | 131 | 205 |
| 34 | 110 | 83 | 157 | 132 | 206 |
| 35 | 111 | 84 | 158 | 133 | 207 |
| 36 | 112 | 85 | 159 | 134 | 208 |
| 37 | 113 | 86 | 160 | 135 | 209 |
| 38 | 114 | 87 | 161 | 136 | 210 |
| 39 | 115 | 88 | 162 | 137 | 211 |
| 40 | 116 | 89 | 163 | 138 | 212 |
| 41 | 117 | 90 | 164 | 139 | 213 |
| 42 | 118 | 91 | 165 | 140 | 214 |
| 43 | 119 | 92 | 166 | 141 | 215 |
| 44 | 120 | 93 | 167 | 142 | 216 |
| 45 | 121 | 94 | 168 | 143 | 217 |
| 46 | 122 | 95 | 169 | 144 | 218 |
| 47 | 123 | 96 | 170 | 145 | 219 |
| 48 | 124 | 97 | 171 | 146 | 220 |
| 49 | 125 | 98 | 172 | 147 | 221 |
| 50 | 126 | 99 | 173 | 148 | 222 |
| 51 | 127 | 100 | 174 | 149 | 223 |
| 52 | 128 | 101 | 175 | 150 | 224 |
| 53 | 129 | 102 | 176 | 151 | 225 |
| 54 | 130 | 103 | 177 | 152 | 226 |
| 55 | 131 | 104 | 178 | 153 | 227 |
| 56 | 132 | 105 | 179 | 154 | 228 |
| 57 | 133 | 106 | 180 | 155 | 229 |
| 58 | 134 | 107 | 181 | 156 | 230 |
| 59 | 135 | 108 | 182 | 157 | 231 |
| 60 | 136 | 109 | 183 | 158 | 232 |
| 61 | 137 | 110 | 184 | 159 | 233 |
| 62 | 138 | 111 | 185 | 160 | 234 |
| 63 | 139 | 112 | 186 | 161 | 25 |
| 64 | 140 | 113 | 187 | 162 | 236 |
| 65 | 141 | 114 | 188 | 163 | 237 |
| 66 | 142 | 115 | 189 | 164 | 238 |
| 67 | 143 | 116 | 190 | 165 | 239 |
| 68 | 144 | 117 | 191 | 166 | 240 |
| 69 | fehlt | 118 | 192 | 167 | 241 |

## Fortsetzung: Konkordanz zu Abt. 51 Departement für geistliche und Unterrichtsangelegenheiten

| alte Nr. | neue Nr. | alte Nr. | neue Nr. | alte Nr. | neue Nr. |
|---|---|---|---|---|---|
| 168 | 242 | 217 | 291 | 266 | 340 |
| 169 | 243 | 218 | 292 | 267 | 341 |
| 170 | 244 | 219 | 293 | 268 | 342 |
| 171 | 245 | 220 | 294 | 269 | 343 |
| 172 | 246 | 221 | 295 | 270 | 344 |
| 173 | 247 | 222 | 296 | 271 | 345 |
| 174 | 248 | 223 | 297 | 272 | 346 |
| 175 | 249 | 224 | 298 | 273 | 347 |
| 176 | 250 | 225 | 299 | 274 | 348 |
| 177 | 251 | 226 | 300 | 275 | 349 |
| 178 | 252 | 227 | 301 | 276 | 350 |
| 179 | 253 | 228 | 302 | 277 | 351 |
| 180 | 254 | 229 | 303 | 278 | 352 |
| 181 | 255 | 230 | 304 | 279 | 353 |
| 182 | 256 | 231 | 305 | 280 | 354 |
| 183 | 257 | 232 | 306 | 281 | 355 |
| 184 | 258 | 233 | 307 | 282 | 356 |
| 185 | 259 | 234 | 308 | 283 | 357 |
| 186 | 260 | 235 | 309 | 284 | 358 |
| 187 | 261 | 236 | 310 | 285 | 359 |
| 188 | 262 | 237 | 311 | 286 | 360 |
| 189 | 263 | 238 | 312 | 287 | 361 |
| 190 | 264 | 239 | 313 | 288 | 362 |
| 191 | 265 | 240 | 314 | 289 | 363 |
| 192 | 266 | 241 | 315 | 290 | 364 |
| 193 | 267 | 242 | 316 | 291 | 365 |
| 194 | 268 | 243 | 317 | 292 | 366 |
| 195 | 269 | 244 | 318 | 293 | 367 |
| 196 | 270 | 245 | 319 | 294 | 368 |
| 197 | 271 | 246 | 320 | 295 | 369 |
| 198 | 272 | 247 | 321 | | |
| 199 | 273 | 248 | 322 | | |
| 200 | 274 | 249 | 323 | | |
| 201 | 275 | 250 | 324 | | |
| 202 | 276 | 251 | 325 | | |
| 203 | 277 | 252 | 326 | | |
| 204 | 278 | 253 | 327 | | |
| 205 | 279 | 254 | 328 | | |
| 206 | 280 | 255 | 329 | | |
| 207 | 281 | 256 | 330 | | |
| 208 | 282 | 257 | 331 | | |
| 209 | 283 | 258 | 332 | | |
| 210 | 284 | 259 | 333 | | |
| 211 | 285 | 260 | 334 | | |
| 212 | 286 | 261 | 335 | | |
| 213 | 287 | 262 | 336 | | |
| 214 | 288 | 263 | 337 | | |
| 215 | 289 | 264 | 338 | | |
| 216 | 290 | 265 | 339 | | |

## Konkordanz zu Abt. 51 A XXV

| alte Nr. | neue Nr. | alte Nr. | neue Nr. |
|---|---|---|---|
| 480 | 370 | 516 | 406 |
| 481 | 371 | 517 | 407 |
| 482 | 372 | 518 | 408 |
| 483 | 373 | 519 | 409 |
| 484 | 374 | 520 | 410 |
| 485 | 375 | 521 | 411 |
| 486 | 376 | 522 | 412 |
| 487 | 377 | 523 | 413 |
| 488 | 378 | 524/528 | 414 |
| 489 | 379 | | |
| 490 | 380 | | |
| 491 | 381 | | |
| 492 | 382 | | |
| 493 | 383 | | |
| 494 | 384 | | |
| 495 | 385 | | |
| 496 | 386 | | |
| 497 | 387 | | |
| 498 | 388 | | |
| 499 | 389 | | |
| 500 | 390 | | |
| 501 | 391 | | |
| 502 | 392 | | |
| 503 | 393 | | |
| 504 | 394 | | |
| 505 | 395 | | |
| 506 | 396 | | |
| 507 | 397 | | |
| 508 | 398 | | |
| 509 | 399 | | |
| 510 | 400 | | |
| 511 | 401 | | |
| 512 | 402 | | |
| 513 | 403 | | |
| 514 | 404 | | |
| 515 | 405 | | |

## Konkordanz zu Abt. 51 Departement des Innern

| alte Nr. | neue Nr. | alte Nr. | neue Nr. | alte Nr. | neue Nr. | alte Nr. | neue Nr. |
|---|---|---|---|---|---|---|---|
| 1 | 415 | 49 | 464 | 98 | 512 | 147 | 561 |
| 2 | 416 | 50 | 465 | 99 | 513 | 148 | 562 |
| 3 | 417 | 51 | 466 | 100 | 514 | 149 | 563 |
| 4 | 418 | 52 | 467 | 101 | 515 | 150 | 564 |
| 5 | 419 | 53 | 468 | 102 | 516 | 151 | 565 |
| 6 | 420 | 54 | 469 | 103 | 517 | 152 | 566 |
| 7 | 421 | 55 | 470 | 104 | 518 | 153 | 567 |
| 8 | 422 | 56 | 471 | 105 | 519 | 154 | 568 |
| 9 | 423 | 57 | 472 | 106 | 520 | 155 | 569 |
| 10 | 424 | 58 | 473 | 107 | 521 | 156 | 570 |
| 11 | 425 | 59 | 474 | 108 | 522 | 157 | 571 |
| 12 | 426 | 60 | 475 | 109 | 523 | 158 | 572 |
| 13 | 427 | 61 | 476 | 110 | 524 | 159 | 573 |
| 14 | 428 | 62 | 477 | 111 | 525 | | |
| 15 | 429 | 63 | 478 | 112 | 526 | | |
| 16 | 430 | 64 | 479 | 113 | 527 | | |
| 17 | 431 | 65 | 480 | 114 | 528 | | |
| 18 | 432 | 66 | 481 | 115 | 529 | | |
| 19 | 433 | 67 | 482 | 116 | 530 | | |
| 20 | 434 | 68 | 483 | 117 | 531 | | |
| 21 | 435 | 69 | 484 | 118 | 532 | | |
| 22 | 436 | 70 | 485 | 119 | 533 | | |
| 23 | 437 | 71 | 486 | 120 | 534 | | |
| 24 | 438 | 72 | 487 | 121 | 535 | | |
| 25 | 439 | 73 | 488 | 122 | 536 | | |
| 26 | 440 | 74 | 489 | 123 | 537 | | |
| 27 | 441 | 75 | 490 | 124 | 538 | | |
| 28 | 442 | 76 | 491 | 125 | 539 | | |
| 29 | 443 | 77 | fehlt | 126 | 540 | | |
| 30 | 444 | 78 | 492 | 127 | 541 | | |
| 31 | 445 | 79 | 493 | 128 | 542 | | |
| 32 | 446 | 80 | 494 | 129 | 543 | | |
| 33 | 447 | 81 | 495 | 130 | 544 | | |
| 34 | 448 | 82 | 496 | 131 | 545 | | |
| 35 | 449 | 83 | 497 | 132 | 546 | | |
| 36 | 450 | 84 | 498 | 133 | 547 | | |
| 37 | 451 | 85 | 499 | 134 | 548 | | |
| 37a | 452 | 86 | 500 | 135 | 549 | | |
| 38 | 453 | 87 | 501 | 136 | 550 | | |
| 39 | 454 | 88 | 502 | 137 | 551 | | |
| 40 | 455 | 89 | 503 | 138 | 552 | | |
| 41 | 456 | 90 | 504 | 139 | 553 | | |
| 42 | 457 | 91 | 505 | 140 | 554 | | |
| 43 | 458 | 92 | 506 | 141 | 555 | | |
| 44 | 459 | 93 | 507 | 142 | 556 | | |
| 45 | 460 | 94 | 508 | 143 | 557 | | |
| 46 | 461 | 95 | 509 | 144 | 558 | | |
| 47 | 462 | 96 | 510 | 145 | 559 | | |
| 48 | 463 | 97 | 511 | 146 | 560 | | |

## Konkordanz zu Abt. 51 Departement der Finanzen

| alte Nr. | neue Nr. | alte Nr. | neue Nr. | alte Nr. | neue Nr. | alte Nr. | neue Nr. |
|---|---|---|---|---|---|---|---|
| 1 | 574 | 50 | 623 | 99 | 672 | 148 | 721 |
| 2 | 575 | 51 | 624 | 100 | 673 | 149 | 722 |
| 3 | 576 | 52 | 625 | 101 | 674 | 150 | 723 |
| 4 | 577 | 53 | 626 | 102 | 675 | 151 | 724 |
| 5 | 578 | 54 | 627 | 103 | 676 | 152 | 725 |
| 6 | 579 | 55 | 628 | 104 | 677 | 153 | 726 |
| 7 | 580 | 56 | 629 | 105 | 678 | 154 | 727 |
| 8 | 581 | 57 | 630 | 106 | 679 | 155 | 728 |
| 9 | 582 | 58 | 631 | 107 | 680 | 156 | 729 |
| 10 | 583 | 59 | 632 | 108 | 681 | 157 | 730 |
| 11 | 584 | 60 | 633 | 109 | 682 | 158 | 731 |
| 12 | 585 | 61 | 634 | 110 | 683 | 159 | 732 |
| 13 | 586 | 62 | 635 | 111 | 684 | 160 | 733 |
| 14 | 587 | 63 | 636 | 112 | 685 | 161 | 734 |
| 15 | 588 | 64 | 637 | 113 | 686 | 162 | 735 |
| 16 | 589 | 65 | 638 | 114 | 687 | 163 | 736 |
| 17 | 590 | 66 | 639 | 115 | 688 | 164 | 737 |
| 18 | 591 | 67 | 640 | 116 | 689 | 165 | 738 |
| 19 | 592 | 68 | 641 | 117 | 690 | 166 | 739 |
| 20 | 593 | 69 | 642 | 118 | 691 | 167 | 740 |
| 21 | 594 | 70 | 643 | 119 | 692 | | |
| 22 | 595 | 71 | 644 | 120 | 693 | | |
| 23 | 596 | 72 | 645 | 121 | 694 | | |
| 24 | 597 | 73 | 646 | 122 | 695 | | |
| 25 | 598 | 74 | 647 | 123 | 696 | | |
| 26 | 599 | 75 | 648 | 124 | 697 | | |
| 27 | 600 | 76 | 649 | 125 | 698 | | |
| 28 | 601 | 77 | 650 | 126 | 699 | | |
| 29 | 602 | 78 | 651 | 127 | 700 | | |
| 30 | 603 | 79 | 652 | 128 | 701 | | |
| 31 | 604 | 80 | 653 | 129 | 702 | | |
| 32 | 605 | 81 | 654 | 130 | 703 | | |
| 33 | 606 | 82 | 655 | 131 | 704 | | |
| 34 | 607 | 83 | 656 | 132 | 705 | | |
| 35 | 608 | 84 | 657 | 133 | 706 | | |
| 36 | 609 | 85 | 658 | 134 | 707 | | |
| 37 | 610 | 86 | 659 | 135 | 708 | | |
| 38 | 611 | 87 | 660 | 136 | 709 | | |
| 39 | 612 | 88 | 661 | 137 | 710 | | |
| 40 | 613 | 89 | 662 | 138 | 711 | | |
| 41 | 614 | 90 | 663 | 139 | 712 | | |
| 42 | 615 | 91 | 664 | 140 | 713 | | |
| 43 | 616 | 92 | 665 | 141 | 714 | | |
| 44 | 617 | 93 | 666 | 142 | 715 | | |
| 45 | 618 | 94 | 667 | 143 | 716 | | |
| 46 | 619 | 95 | 668 | 144 | 717 | | |
| 47 | 620 | 96 | 669 | 145 | 718 | | |
| 48 | 621 | 97 | 670 | 146 | 719 | | |
| 49 | 622 | 98 | 671 | 147 | 720 | | |

## Konkordanz zu Abt. 51 Departement des Kriegswesens

| alte Nr. | neue Nr. | alte Nr. | neue Nr. |
|---|---|---|---|
| 1 | 741 | 36 | 776 |
| 2 I | 742 | 37 | 777 |
| 2 II+III | 743 | 38 | 778 |
| 3 | 744 | 39 | 779 |
| 4 | 745 | 40 | 780 |
| 5 | Abt. 55 Nr. 2229 | 41 | 781 |
| 6 | 746 | 42 | 782 |
| 7 | 747 | 43 | 783 |
| 8 | 748 | 44 | 784 |
| 9 | 749 | 45 | 785 |
| 10 | 750 | 46 | 786 |
| 11 | 751 | 47 | 787 |
| 12 | 752 | 48 | 788 |
| 13 | 753 | 49 | 789 |
| 14 | 754 | 50 | 790 |
| 15 | 755 | 51 | 791 |
| 16 | 756 | 52 | 792 |
| 17 | 757 | 53 | 793 |
| 18 | 758 | 54 | 794 |
| 19 | 759 | 55 | 795 |
| 20 | 760 | | |
| 21 | 761 | | |
| 22 | 762 | | |
| 23 | 763 | | |
| 24 | 764 | | |
| 25 | 765 | | |
| 26 | 766 | | |
| 27 | 767 | | |
| 28 | 768 | | |
| 29 | 769 | | |
| 30 | 770 | | |
| 31 | 771 | | |
| 32 | 771 | | |
| 33 | 773 | | |
| 34 | 774 | | |
| 35 | 775 | | |

## Konkordanz zu Abt. 51 Protokolle

| alte Nr. | neue Nr. | alte Nr. | neue Nr. |
|---|---|---|---|
| 8 | 802 | 76 | 841 |
| 9 | 803 | 77 | 842 |
| 10 | 804 | 78 | 843 |
| 11 | 805 | 79 | 844 |
| 12 | 806 | 80 | 845 |
| 13 | 807 | 81 | 846 |
| 14 | 808 | 82 | 847 |
| 15 | 809 | 83 | 848 |
| 16 | 810 | 84 | 849 |
| 17 | 811 | 85 | 850 |
| 18 | 812 | 86 | 851 |
| 19 | 813 | 87 | 852 |
| 20 | 814 | 88 | 853 |
| 21 | 815 | 89 | 854 |
| 26 | 816 | 90 | 855 |
| 44 | 817 | 91 | 856 |
| 45 | 818 | 92 | 857 |
| 46 | 819 | 93 | 858 |
| 47 | Abt. 53 Nr. 20 | 94 | 859 |
| 48 | Abt. 53 Nr. 19 | 95 | 860 |
| 49 | 822 | 96 | 861 |
| 50 | 823 | 97 | 862 |
| 51 | Abt. 53 Nr. 21 | 98 | 863 |
| 52 | Abt. 53 Nr. 22 | 99 | 864 |
| 53 | 826 | 100 | 865 |
| 54 | 827 | 101 | 866 |
| 55 | Abt. 53 Nr. 23 | 102 | 867 |
| 56 | 829 | 103 | 868 |
| 57 | 830 | 104 | 869 |
| 58 | Abt. 53 Nr. 24 | 105 | 870 |
| 59 | 832 | 106 | 871 |
| 60 | Abt. 53 Nr. 25 | 107 | 872 |
| 61 | Abt. 53 Nr. 28 | 108 | 873 |
| 62 | Abt. 53 Nr. 27 | 109 | 874 |
| 63 | Abt. 53 Nr. 26 | 110 | 875 |
| 64 | 833 | 111 | 876 |
| 65 | 834 | 112 | 877 |
| 66 | 835 | 113 | 878 |
| 67 | 836 | 114 | 879 |
| 68 | 837 | 116 | 880 |
| 69 | 838 | 117 | 881 |
| 73 | 839 | 118 | 882 |
| 74 | 840 | | |

## Konkordanz zu Abt. 51 A XIV

| alte Nr. | neue Nr. | alte Nr. | neue Nr. | alte Nr. | neue Nr. |
|---|---|---|---|---|---|
| 1 | 883 | 49 | 933 | 109 | 983 |
| 2 | 884 | 50 | 934 | 110 | 984 |
| 3 | 885 | 51 | 935 | 111 | 985 |
| 4 | 886 | 52 | 936 | 112 | 986 |
| 5 | 887 | 53 | 937 | 113 | 987 |
| 6 | 888 | 54 | 938 | 114 | 988 |
| 7 | 889 | 55 | 939 | 115 | 989 |
| 8 | 890 | 56 | 940 | 116 | 990 |
| 9 | 891 | 57 | 941 | 117 | 991 |
| 9a | 892 | 58 | 942 | 118 | 992 |
| 10 | 893 | 59 | 943 | 119 | 993 |
| 11 | 894 | 60 | 944 | 120 | 994 |
| 12 | 895 | 61 | 945 | 121 | 995 |
| 13 | 896 | 62 | 946 | 122 | 996 |
| 14 | 897 | 63 | 947 | 123 | 997 |
| 15 | 898 | 64 | 948 | 124 | 998 |
| 16 | 899 | 65 | 949 | 125 | 999 |
| 17 | 900 | 66 | 950 | 126 | 1000 |
| 18 | 901 | 67 | 951 | 127 | 1001 |
| 19 | 902 | 68 | 952 | 128 | 1002 |
| 20 | 903 | 68a | 953 | 129 | 1003 |
| 21 | 904 | 68a | 954 | 130 | 1004 |
| 21a | 905 | 81 | 955 | 131 | 1005 |
| 22 | 906 | 82 | 956 | 132 | 1006 |
| 23 | 907 | 83 | 957 | 133 | 1007 |
| 24 | 908 | 84 | 958 | 134 | 1008 |
| 25 | 909 | 85 | 959 | 135 | 1009 |
| 26 | 910 | 86 | 960 | 136 | 1010 |
| 27 | 911 | 87 | 961 | 137 | 1011 |
| 28 | 912 | 88 | 962 | 138 | 1012 |
| 29 | 913 | 89 | 963 | 139 | 1013 |
| 30 | 914 | 90 | 964 | 140 | 1014 |
| 31 | 915 | 91 | 965 | 141 | 1015 |
| 32 | 916 | 92 | 966 | 142 | 1016 |
| 33 | 917 | 93 | 967 | 143 | 1017 |
| 34 | 918 | 94 | 968 | 144 | 1018 |
| 35 | 919 | 95 | 969 | 145 | 1019 |
| 36 | 920 | 96 | 970 | 146 | 1020 |
| 37 | 921 | 97 | 971 | 147 | 1021 |
| 38 | 922 | 98 | 972 | 148 | Abt. 54 Nr. 1 |
| 39 | 923 | 99 | 973 | 149 | Abt. 54 Nr. 2 |
| 40 | 924 | 100 | 974 | | |
| 41 | 925 | 101 | 975 | | |
| 42 | 926 | 102 | 976 | | |
| 43 | 927 | 103 | 977 | | |
| 44 | 928 | 104 | 978 | | |
| 45 | 929 | 105 | 979 | | |
| 46 | 930 | 106 | 980 | | |
| 47 | 931 | 107 | 981 | | |

## Veröffentlichungen des Landesarchivs Schleswig-Holstein

Band 1: Findbuch der Bestände Abt. 268 und 285: Lübecker Domkapitel mit Großvogtei und Vikarien sowie Amt Großvogtei, von Wolfgang Prange. 1975. XVII, 324 Seiten. ISBN 3-931292-01-0

Band 2: Findbuch des Bestandes Abt. 400.5: Von der Universitätsbibliothek Kiel übernommene Handschriften, von Wolfgang Prange. 1975. IV, 84 Seiten. ISBN 3-931292-02-9

Band 3: Findbuch des Bestandes Abt. 320 Eckernförde: Kreis Eckernförde, von Hans Wilhelm Schwarz. 1976. VIII, 89 Seiten. Vergriffen. Neuauflage siehe Band 44. ISBN 3-931292-03-7

Bände 4 und 5: Findbuch des Bestandes Abt. 7: Herzöge von Schleswig-Holstein-Gottorf 1544-1713. 1. und 2. Band, von Kurt Hector. 1977. XVI, XII, 852 Seiten. Vergriffen. Auf die Nachträge und Indices, die als Band 11 erschienen sind, wird ausdrücklich verwiesen. ISBN 3-931292-04-5

Band 6: Findbuch des Bestandes Abt. 320 Eiderstedt: Kreis Eiderstedt 1867-1950, von Reimer Witt. 1978. VIII, 144 Seiten. Vergriffen. Neuauflage siehe Band 62. ISBN 3-931292-06-1

Band 7: Findbuch des Bestandes Abt. 218: Lauenburgisches Konsistorium zu Ratzeburg, von Wolfgang Prange. 1979. V, 148 Seiten. ISBN 3-931292-07-X

Band 8: Findbuch des Bestandes Abt. 320 Steinburg: Kreis Steinburg, von Robert Knull und Dagmar Unverhau. 1980. XVI, 215 Seiten. ISBN 3-931292-08-8

Band 9: Findbuch des Bestandes Abt. 65.1: Deutsche Kanzlei zu Kopenhagen bis 1730, von Konrad Wenn. 1981. VII, 171 Seiten. ISBN 3-931292-09-6

Band 10: Findbuch des Bestandes Abt. 107: Ämter Cismar und Oldenburg, von Wolfgang Prange. 1982. VIII, 73 Seiten. ISBN 3-931292-10-X

Band 11: Findbuch des Bestandes Abt. 7: Herzöge von Schleswig-Holstein-Gottorf 1544-1713. 3. Band, von Kurt Hector und Heinrich Frhr. von Hoyningen gen. Huene. 1983. Enthält Nachträge und Indices zu Band 4 und 5. XXIV, 422 Seiten. ISBN 3-931292-11-8

Band 12: Findbuch der Bestände Abt. 231, 232, 233 und 234: Ämter Lauenburg, Ratzeburg, Schwarzenbek und Steinhorst, von Wolfgang Prange und Konrad Wenn. 1984. XVII, 358 Seiten. ISBN 3-931292-12-6

Band 13: Findbuch des Bestandes Abt. 210: Lauenburgische Regierung zu Ratzeburg, von Wolfgang Prange und Konrad Wenn. 1985. XVII, 597 Seiten. ISBN 3-931292-13-4

Band 14: Findbuch des Bestandes Abt. 320 Segeberg: Kreis Segeberg, von Robert Knull und Dagmar Unverhau. 1985. XVIII, 140 Seiten. ISBN 3-931292-14-2

Band 15: Findbuch des Bestandes Abt. 320 Plön: Kreis Plön, von Hartmut Haase und Hans Wilhelm Schwarz. 1986. VIII, 262 Seiten. ISBN 3-931292-15-0

Bände 16 und 17: Findbuch der Reichskammergerichtsakten (Abt. 390 und andere), von Hans-Konrad Stein-Stegemann. 1986. XIX, 734 Seiten. 2 Bände: Titelaufnahmen und Indices. Nur zusammen zu beziehen. ISBN 3-931292-16-9

Bände 18 und 19: Findbuch der Reichskammergerichtsakten im Archiv der Hansestadt Lübeck, von Hans-Konrad Stein-Stegemann. 1987. XXI, 1067 Seiten. 2 Bände: Titelaufnahmen und Indices. Nur zusammen zu beziehen. ISBN 3-931292-18-5

Band 20: Schleswig-Holsteinische Archivtage 1985-1987 - Ansprachen und Vorträge. Hrsg. von Angelika Menne-Haritz. 1987. 140 Seiten. ISBN 3-931292-20-7

Band 21: Schleswig-Holsteinische Regesten und Urkunden. Band 9: Herrschaft Breitenburg 1256-1598. Bearb. von Kurt Hector und Wolfgang Prange. Neumünster 1988. XI, 657 Seiten. Nur im Buchhandel erhältlich. ISBN 3-931292-21-5

Band 22: Landschaft und Siedlung im Wandel. Alte Flurkarten aus Schleswig-Holstein, Erdbücher, Urkunden, Vermessungsinstrumente. Eine Ausstellung im Landesarchiv Schleswig-Holstein 1989/1990, von Susanna Misgajski. 1989. 64 Seiten. ISBN 3-931292-22-3

Band 23: Schleswig-Holsteinische Regesten und Urkunden. Band 10: Kloster Ahrensbök 1328-1565. Bearb. von Wolfgang Prange. Neumünster 1989. 455 Seiten. Nur im Buchhandel erhältlich. ISBN 3-931292-23-1

Band 24: Findbuch des Bestandes Abt. 8.1: Schleswig-Holstein-Gottorfisches (Großfürstliches) Geheimes Regierungs-Conseil zu Kiel 1720-1773, von Wolfgang Prange und Konrad Wenn. 1989. X, 258 Seiten. ISBN 3-931292-24-X

Band 25: Findbuch des Bestandes Abt. 8.2: Schleswig-Holstein-Gottorfische (Großfürstliche) Rentekammer zu Kiel 1720-1778, von Wolfgang Prange. 1990. IX, 207 Seiten. ISBN 3-931292-25-8

Band 26: Schleswig-Holsteinische Regesten und Urkunden. Band 11: Die Protokolle des Lübecker Domkapitels 1535-1540. Bearb. von Wolfgang Prange. Neumünster 1990. 330 Seiten. Nur im Buchhandel erhältlich. ISBN 3-931292-26-6

Band 27: Durchs Objektiv gesehen. Aspekte der Filmgeschichte in Schleswig-Holstein. Eine Ausstellung im Landesarchiv Schleswig-Holstein 1992/1993, von Jutta Matz. 1992. 59 Seiten. ISBN 3-931292-27-4

Band 28: Historisches Ortsnamenlexikon von Schleswig-Holstein. 2. völlig veränderte und erweiterte Auflage, von Wolfgang Laur. Neumünster 1992. 755 Seiten. Vergriffen. ISBN 3-931292-28-2

Band 29: Findbuch der Bestände Abt. 216 und 217: Lauenburgische Gerichte, von Wolfgang Prange. 1992. 149 Seiten. ISBN 3-931292-29-0

Band 30: Schleswig-Holsteinische Regesten und Urkunden. Band 12: Die Protokolle des Lübecker Domkapitels 1522-1530. Bearb. von Wolfgang Prange. Neumünster 1992. 874 Seiten. Nur im Buchhandel erhältlich. ISBN 3-931292-30-4

Bände 31 bis 33: Findbuch des Bestandes Abt. 66: Rentekammer zu Kopenhagen, Schleswig-Holsteinische Kammer auf Gottorf, General-Landwesens-Kollegium, Steuerkommissionen, von Wolfgang Prange und Konrad Wenn. 1993. 3 Bände, 1078 Seiten. Nur zusammen zu beziehen. ISBN 3-931292-31-2

Band 34: Findbuch des Bestandes Abt. 320 Bordesholm: Kreis Bordesholm 1867-1932, von Veronika Eisermann und Hans Wilhelm Schwarz. 1993. V, 86 Seiten. ISBN 3-931292-34-7

Band 35: Urkundenbuch des Bisthums Lübeck. Teil 1. Hrsg. von Wilhelm Leverkus. Neudruck der Ausgabe von 1856. Neumünster 1994. XXX, 901 Seiten. Nur im Buchhandel erhältlich. ISBN 3-931292-35-5

Band 36: Schleswig-Holsteinische Regesten und Urkunden. Band 13: Urkundenbuch des Bistums Lübeck. Band 2: Urkunden 1220-1439. Bearb. von Wolfgang Prange. Neumünster 1994. XIV, 656 Seiten. ISBN 3-931292-36-3

Band 37: Schleswig-Holsteinische Regesten und Urkunden. Band 8: Kloster Itzehoe 1256-1564. Bearb. von Hans Harald Hennings. Neumünster 1993. XIV, 569 Seiten. ISBN 3-931292-37-1

Band 38: Schienen zum Fortschritt. 150 Jahre Eisenbahn in Schleswig-Holstein. Ausstellungen zum Jubiläum der Eisenbahn in Schleswig-Holstein, von Christian Küster, Susanna Misgajski, Manfred Schulz und Günther Ungerbieler. 1994. 116 Seiten. ISBN 3-931292-38-X

Band 39: „Der Stand der Frauen, wahrlich, ist ein harter Stand". Frauenleben im Spiegel der Landesgeschichte. Hrsg. von Elke Imberger. 1994. 231 Seiten. ISBN 3-931292-39-8

Band 40: Schleswig-Holsteins Lied und Farben im Wandel der Zeiten. Vorträge und Diskussionen eines wissenschaftlichen Symposiums: „150 Jahre Schleswig-Holstein-Lied". Hrsg. vom Schleswig-Holsteinischen Heimatbund und dem Landesarchiv Schleswig-Holstein. 1995. 112 Seiten. ISBN 3-931292-40-1

Band 41: Der 8. Mai als politische Zäsur. Ansprachen und Vorträge zum Symposium „Ende und Anfang im Mai 1945" in der Marineschule Mürwik am 17. Mai 1995 (Landeszentrale für Politische Bildung. Labskaus 4). 42 Seiten. ISBN 3-931292-41-X

Band 42: Der Kaiser, der Kanal und die Kinematographie. Begleitheft zur Ausstellung im Landesarchiv Schleswig-Holstein: Birt Acres - 100 Jahre Film in Schleswig-Holstein, von Hauke Lange-Fuchs. 1995. 72 Seiten. ISBN 3-931292-42-8

Band 43: Archive in Schleswig-Holstein. Bearb. von Veronika Eisermann und Hans Wilhelm Schwarz. 1996. 115 Seiten. ISBN 3-931292-43-6

Band 44: Findbuch des Bestandes Abt. 320.3: Kreis Eckernförde 1867-1950, von Veronika Eisermann und Hans Wilhelm Schwarz. 1996. 2. wesentlich erweiterte Auflage. VIII, 290 Seiten. ISBN 3-931292-44-4

Band 45: Schleswig-Holsteinische Regesten und Urkunden. Band 14: Urkundenbuch des Bistums Lübeck. Band 3: Urkunden 1439-1509. Bearb. von Wolfgang Prange. Neumünster 1995. 806 Seiten. ISBN 3-931292-45-2

Band 46: Schleswig-Holsteinische Regesten und Urkunden. Band 15: Urkundenbuch des Bistums Lübeck. Band 4: Urkunden 1510-1530 und andere Texte. Bearb. von Wolfgang Prange. Neumünster 1996. 840 Seiten. ISBN 3-931292-46-0

Band 47: Landgraf Carl von Hessen 1744-1836. Statthalter in den Herzogtümern Schleswig und Holstein. Eine Ausstellung im Landesarchiv Schleswig-Holstein, von Jens Ahlers, Jürgen Ostwald, Reimer Witt und Heyo Wulf. 1996. 142 Seiten. Vergriffen. ISBN 3-931292-47-9

Band 48: Findbuch des Bestandes Abt. 320.9: Kreis Husum 1867-1950, von Marion Dernehl und Reimer Witt. 1997. VII, 119 Seiten. ISBN 3-931292-48-7

Band 49: Die Wappen der Kreise, Ämter, Städte und Gemeinden in Schleswig-Holstein. Bearb. von Martin Reißmann unter Mitwirkung von Uta Hess, Jutta Matz und Hans Wilhelm Schwarz. Husum 1997. 415 Seiten. ISBN 3-931292-49-5

Bände 50 bis 53: Findbuch des Bestandes Abt. 260: Regierung des Bistums, Fürstentums, Landesteils Lübeck zu Eutin, von Gertrud Nordmann, Wolfgang Prange und Konrad Wenn. 1997. 4 Bände, 1896 Seiten. Nur zusammen zu beziehen. ISBN 3-931292-50-9

Band 54: Die Anfänge des Landes Schleswig-Holstein. Vier Vorträge aus Anlaß des 50jährigen Landesjubiläums. Hrsg. vom Schleswig-Holsteinischen Heimatbund und dem Landesarchiv Schleswig-Holstein. 1997. 104 Seiten mit 10 Abb. ISBN 3-931292-51-7

Band 55: Landgraf Carl von Hessen 1744-1836. Vorträge zu einer Ausstellung. Hrsg. von Reimer Witt und Heyo Wulf. 1997. 163 Seiten. Vergriffen. ISBN 3-931292-52-5

Band 56: Der Hesterberg. 125 Jahre Kinder- und Jugendpsychiatrie und Heilpädagogik in Schleswig. Eine Ausstellung im Landesarchiv Schleswig-Holstein, von Susanna Misgajski. 1997. 158 Seiten. ISBN 3-931292-53-3

Band 57: Die Gottorfer auf dem Weg zum Zarenthron. Russisch-gottorfische Verbindungen im 18. Jahrhundert. Katalog zur Ausstellung im Landesarchiv Schleswig-Holstein, von Michail Lukitschev und Reimer Witt, unter Mitwirkung von Svetlana Dolgova, Jutta Matz, Marina Osekina und Sven Schoen. 1997. 199 Seiten. Vergriffen. ISBN 3-931292-54-1

Band 58: Schleswig-Holsteinische Regesten und Urkunden. Band 16: Urkundenbuch des Bistums Lübeck. Band 5: Siegelzeichnungen, Überlieferung, Indices. Bearb. von Wolfgang Prange. Neumünster 1997. 363 Seiten. ISBN 3-931292-32-0

Band 59: Schleswig-Holsteinische Beamte 1816-1848, von Gertrud Nordmann. 1997. VII, 445 Seiten. ISBN 3-931292-56-8

Band 60: Findbuch des Bestandes Abt. 170: Landschaft Stapelholm 1699-1867 (-1925), von Marion Dernehl. 1998. V, 52 Seiten. ISBN 3-931292-17-7

Band 61: Findbuch des Bestandes Kreis Herzogtum Lauenburg (Ratzeburg) 1873-1950, von Cordula Bornefeld und Hartmut Haase. 2001. 2 Bände. XII I, 693 Seiten. ISBN 3-931292-33-9

Band 62: Findbuch des Bestandes Abt. 320.4: Kreis Eiderstedt 1867-1950. Neu bearb. von Marion Dernehl und Reimer Witt. 1998. 2. erweiterte Auflage. IX, 172 Seiten. ISBN 3-931292-19-3

Band 63: Die Staatsgrundgesetze 1848/49 in Schleswig-Holstein und Lauenburg: Reprint zeitgenössischer Drucktexte. Hrsg. vom Verein zur Förderung des Landesarchivs Schleswig-Holstein e. V. 1998. 64 Seiten. ISBN 3-931292-55-X

Band 64: Heinrich Rantzau (1526-1598) - Statthalter in Schleswig und Holstein. Ein Humanist beschreibt sein Land. Katalog zur Ausstellung im Landesarchiv Schleswig-Holstein. Landesbeschreibung - Aufsätze - Katalog. Hrsg. von Marion Bejschowetz-Iserhoht, Hans Braunschweig, Reimer Witt und Heyo Wulf. 1999. 346 Seiten. ISBN 3-931292-57-6

Band 65: Findbuch der Bestände: Tønder kreds/Kreis Tondern 1867-1920 und/og Kreis Südtondern/Sydtønder kreds 1920-1950 i/im Landsarkivet for Sønderjylland und/og Landesarchiv Schleswig-Holstein. Redaktion Bettina Reichert und Hans Schultz Hansen. 1999. 353 Seiten. ISBN 3-931292-58-4

Band 66: Staatsgrundgesetze 1848/49 in Schleswig-Holstein und Lauenburg. Katalog zur Ausstellung im Haus Mecklenburg, Ratzeburg, 11. Mai bis 7. November 1999, von Hans Wilhelm Schwarz. 1999. 112 Seiten. ISBN 3-931292-61-4

Band 67: Findbuch des Bestandes Abt. 20: Herzöge von Schleswig-Holstein-Sonderburg-Plön, von Wolfgang Prange und Konrad Wenn. 1999. XVIII, 220 Seiten. ISBN 3-931292-62-2

Band 68: Findbuch des Bestandes Abt. 2002: Landesfilmarchiv, von Dirk Jachomowski. 1999. XII, 258 Seiten mit 70 Abb. ISBN 3-931292-59-2

Band 69: Gilden in Schleswig-Holstein. Vorträge zur Ausstellung im Landesarchiv Schleswig-Holstein. Hrsg. von Marion Bejschowetz-Iserhoht, Reimer Witt und Heyo Wulf. 2000. 172 Seiten mit 17 Abb. ISBN 3-931292-63-0

Band 70: Findbuch Helgoländer Bestände: Abt. 174 Landschaft und britische Kronkolonie Helgoland; Abt. 131 Helgoland, Landgemeinde; Abt. 320.22 Inselkreis Helgoland, von Malte Bischoff und Robert Knull. 2003. 70 Seiten. ISBN 3-931292-60-6

Band 71: Wappen - Zwischen Tradition und Fortschritt. Begleitheft zur Ausstellung im Landesarchiv Schleswig-Holstein, von Martin Reißmann. 2000. 36 Seiten mit 24 Abb. ISBN 3-931292-65-7

Band 72: Findbuch des Bestandes Abt. 3: Grafschaft Holstein-Schauenburg-Pinneberg. Bearb. von Malte Bischoff und Lars E. Worgull. 2002. 89 Seiten. ISBN 3-931292-66-5

Band 73: Findbuch der Bestände: Tønder amt til 1867/Amt Tondern bis 1867 i/im Landsarkivet for Sønderjylland og/und Landesarchiv Schleswig-Holstein, von Bettina Reichert und Jesper Thomassen. 2001. XXX, 377 Seiten. ISBN 3-931292-67-3

Band 74: Im Spannungsfeld zwischen Regional- und Landesgeschichte. Vorträge eines Regionalsymposiums im Landesarchiv Schleswig-Holstein. Hrsg. von Reimer Witt. 2003. 116 Seiten. ISBN 3-931292-64-9

Band 75: Von Gottesfurcht und Kirchenzucht. Aspekte kirchlichen Lebens in Schleswig-Holstein im 17. Jahrhundert. Katalog zur Ausstellung im Landesarchiv Schleswig-Holstein. Hrsg. von Marion Bejschowetz-Iserhoht, Malte Bischoff und Reimer Witt. 2001. 72 Seiten mit 38 Abb. ISBN 3-931292-68-1

Band 76: Beiträge zur schleswig-holsteinischen Geschichte. Ausgewählte Aufsätze, von Wolfgang Prange. Neumünster 2002. ISBN 3-529-02212-8

Band 77: Archivalien zur Geschichte Schleswig-Holsteins im Niedersächsischen Staatsarchiv in Stade, von Robert Gahde. 2002. 91 Seiten. ISBN 3-931292-69-X

Band 78: Kirchliches Leben in Schleswig-Holstein im 17. Jahrhundert. Vorträge zu einer Ausstellung im Landesarchiv Schleswig-Holstein. Hrsg. von Marion Bejschowetz-Iserhoht und Reimer Witt. 2003. 216 Seiten. ISBN 3-931292-71-1

Band 79: nicht erschienen.

Band 80: Schleswig-Holstein und die Niederlande - Aspekte einer historischen Verbundenheit. Katalog zur Ausstellung im Landesarchiv Schleswig-Holstein. Hrsg. von Ernst Joachim Fürsen und Reimer Witt. 2003. 184 Seiten. ISBN 3-931292-72-X

Band 81: Findbuch des Bestandes Abt. 320.12: Kreis Pinneberg, von Robert Knull. 2003. 126 Seiten. ISBN 3-931292-73-8

Band 82: Das dritte Elbherzogtum. Der Kreis Herzogtum Lauenburg und seine Geschichte. Eine Ausstellung des Landesarchivs Schleswig-Holstein und des Kreises Herzogtum Lauenburg, von Eckardt Opitz und Martin Knauer. 2003. 34 ungezählte Blätter. Vergriffen. ISBN 3-931292-74-6

Band 83: Von ehrbaren Handwerkern und Böhnhasen. Handwerksämter in Schleswig-Holstein. Katalog zur Ausstellung im Landesarchiv Schleswig-Holstein. Hrsg. von Marion Bejschowetz-Iserhoht und Reimer Witt. 2004. 76 Seiten mit 36 Abb. ISBN 3-931292-75-4

Band 84: Findbuch des Bestandes Abt. 320.11: Kreis Oldenburg 1867-1950. Bearb. von Veronika Eisermann. 2004. VI, 53 Seiten. ISBN 3-931292-76-2

Band 85: Findbuch des Bestandes Abt. 314: Oberversicherungsamt, von Wulf Pingel. 2005. 72 Seiten. ISBN 3-931292-77-0

Band 86: Heinrich Rantzau (Christianus Cilicius Cimber): Belli Dithmarsici vera descriptio - Wahre Beschreibung des Dithmarscher Krieges. Übersetzt, ediert und eingeleitet von Fritz Felgentreu. 2009. 252 Seiten mit 12 Abb. ISBN 978-3-931292-78-2

Band 87: Findbuch des Bestandes Abt. 301: Oberpräsidium und Provinzialrat der Provinz Schleswig-Holstein, von Elke Imberger. 2005. 584 Seiten. ISBN 3-931292-79-7

Band 88: Findbuch des Bestandes Abt. 111: Ämter Reinbek, Trittau, Tremsbüttel, von Dirk Jachomowski und Wulf Pingel. 2006. 261 Seiten. ISBN 3-931292-80-0

Band 89: Roland Lucht: Das Landesarchiv Schleswig-Holstein. Eine Betrachtung aus archivtechnischer Sicht. 2006. 51 Seiten. Vergriffen. ISBN 3-931292-81-9

Band 90: Findbuch des Bestandes Abt. 47: Christian-Albrechts-Universität Kiel. Teil 1: 1665-1945, von Georg Asmussen. 2007. 197 Seiten. ISBN 978-3-937816-43-2

Band 91: Findbuch des Bestandes Abt. 47.1: Kuratorium der Christian-Albrechts-Universität, von Georg Asmussen. 2007. 75 Seiten. ISBN 978-3-937816-44-9

Band 92: 99 Silbermünzen. Der Haselauer Münzfund aus der Zeit des Dreißigjährigen Krieges. Katalog zur Ausstellung im Landesarchiv Schleswig-Holstein. Hrsg. von Marion Bejschowetz-Iserhoht und Rainer Hering. 2008. 216 Seiten mit 151 Abb. ISBN 978-3-931292-82-9

Band 93: Die Ordnung der Natur. Historische Gärten und Parks in Schleswig-Holstein. Katalog zur Ausstellung des Landesarchivs Schleswig-Holstein in Zusammenarbeit mit dem Archiv für Architektur und Ingenieurbaukunst. Hrsg. von Marion Bejschowetz-Iserhoht und Rainer Hering. 2008. 216 Seiten mit 121 Abb. ISBN 978-3-931292-83-6

Band 94: Findbuch des Bestandes Abt. 79: Ministerium für das Herzogtum Schleswig zu Kopenhagen 1851-1864, von Jörg Rathjen. 2008. 137 Seiten. ISBN 978-3-937816-48-7

Band 95: Archive zwischen Konflikt und Kooperation/Arkiver mellem konflikt og samarbejde. 75 Jahre deutsch-dänisches Archivabkommen von 1933/75 år dansk-tysk arkivoverenskomst af 1933. Hrsg. von/udgivet af Rainer Hering, Johan Peter Noack, Steen Ousager und/og Hans Schultz Hansen (Landesarchiv Schleswig-Holstein/Statens Arkiver i Danmark). 2008. 159 Seiten mit 1 Abb. ISBN 978-3-937816-59-3

Band 96: Die Ordnung der Natur. Vorträge zu historischen Gärten und Parks in Schleswig-Holstein. Hrsg. von Rainer Hering. 2009. 271 Seiten mit 119 Abb. ISBN 978-3-937816-65-4

Band 97: Findbuch der Bestände Abt. 80 und 56: Ministerium für die Herzogtümer Holstein und Lauenburg zu Kopenhagen 1852-1864 sowie Holsteinische Regierung zu Kopenhagen bzw. Plön 1862-1864, von Jörg Rathjen. 2010. 646 Seiten. ISBN 978-3-937816-66-1

Band 98: Findbuch des Bestandes Abt. 109: Ämter Reinfeld, Rethwisch, Traventhal, von Wulf Pingel. 2010. 128 Seiten. ISBN 978-3-937816-77-7

Band 99: Findbuch der Bestände Abt. 51, 52, 53, 54 und 55: Regierungen der Herzogtümer während der Erhebung 1848-1851, Dänische Immediatkommission zur gemeinsamen Regierung der Herzogtümer in Sonderburg 1848-1849, Landesverwaltung für das Herzogtum Schleswig 1849-1851 und Dänischer Regierungskommissar 1850-1851, Oberste Zivilbehörde für das Herzogtum Holstein in Kiel 1851-1852 sowie Militärische Behörden der Erhebungszeit 1848-1851, von Jörg Rathjen. 2010. 626 Seiten. ISBN 978-3-937816-78-4

Bestellungen sind zu richten an:

Landesarchiv Schleswig-Holstein
Prinzenpalais
24837 Schleswig
Tel. 04621 8618-00
Fax 04621 8618-01
E-Mail: landesarchiv@la.landsh.de
http://www.landesarchiv.schleswig-holstein.de

Die Bände 90, 91 sowie 94 bis 99 der Reihe tragen die ISSN 1864-9912 und können über den Buchhandel und über den Verlag bezogen werden:

Hamburg University Press
Verlag der Staats- und Universitätsbibliothek Hamburg Carl von Ossietzky
Von-Melle-Park 3
20146 Hamburg
Tel.: 040 42838-7146
Fax: 040 42838-3352
E-Mail: order.hup@sub.uni-hamburg.de
http://hup.sub.uni-hamburg.de

Die Ausstellungskataloge sind direkt über das Landesarchiv zu beziehen.